中国社会科学院创新工程学术出版资助项目

中国哲学社会科学学科发展报告·当代中国学术史学系列

行政法学的新发展

NEW DEVELOPMENT OF ADMINISTRATIVE LAW

周汉华 ● 主　编
李洪雷 ● 副主编

中国社会科学出版社

图书在版编目(CIP)数据

行政法学的新发展 / 周汉华主编 . —北京：中国社会科学出版社，2013.12

（中国法学新发展系列丛书）

ISBN 978 – 7 – 5161 – 3782 – 6

Ⅰ.①行⋯　Ⅱ.①周⋯　Ⅲ.①行政法学 – 研究 – 中国　Ⅳ.①D922.101

中国版本图书馆 CIP 数据核字（2013）第 302614 号

出 版 人	赵剑英
责任编辑	任　明
责任校对	林福国
责任印制	李　建

出　　版	中国社会科学出版社
社　　址	北京鼓楼西大街甲 158 号（邮编 100720）
网　　址	http：//www.csspw.cn
	中文域名：中国社科网　　010 – 64070619
发 行 部	010 – 84083685
门 市 部	010 – 84029450
经　　销	新华书店及其他书店
印刷装订	北京市兴怀印刷厂
版　　次	2013 年 12 月第 1 版
印　　次	2013 年 12 月第 1 次印刷
开　　本	710 × 1000　1/16
印　　张	23.5
插　　页	2
字　　数	391 千字
定　　价	60.00 元

凡购买中国社会科学出版社图书，如有质量问题请与本社联系调换
电话：010 – 64009791
版权所有　侵权必究

《中国哲学社会科学学科发展报告》编辑委员会

主　任　王伟光

副主任　李　扬

编　委　（以姓氏笔画为序）

卜宪群　王国刚　王　巍　唐绪军　邢广程　张宇燕
张顺洪　李汉林　李　平　李　周　李向阳　李　林
李　薇　李培林　王建朗　吴恩远　陈众议　陈泽宪
陆建德　房　宁　金　碚　杨　光　卓新平　周　弘
郝时远　郑秉文　赵剑英　晋保平　刘丹青　黄　平
朝戈金　程恩富　谢地坤　裴长洪　蔡　昉　潘家华

总策划　赵剑英

统　筹　曹宏举　王　浩　任　明

总　序

当今世界正处于前所未有的激烈的变动之中，我国正处于中国特色社会主义发展的重要战略机遇期，正处于全面建设小康社会的关键期和改革开放的攻坚期。这一切为哲学社会科学的大繁荣大发展提供了难得的机遇。哲学社会科学发展目前面对三大有利条件：一是中国特色社会主义建设的伟大实践，为哲学社会科学界提供了大有作为的广阔舞台，为哲学社会科学研究提供了源源不断的资源、素材。二是党和国家的高度重视和大力支持，为哲学社会科学的繁荣发展提供了有力保证。三是"百花齐放、百家争鸣"方针的贯彻实施，为哲学社会科学界的思想创造和理论创新营造了良好环境。

国家"十二五"发展规划纲要明确提出："大力推进哲学社会科学创新体系建设，实施哲学社会科学创新工程，繁荣发展哲学社会科学。"中国社会科学院响应这一号召，启动哲学社会科学创新工程。哲学社会科学创新工程，旨在努力实现以马克思主义为指导，以学术观点与理论创新、学科体系创新、科研组织与管理创新、科研方法与手段创新、用人制度创新为主要内容的哲学社会科学体系创新。实施创新工程的目的是构建哲学社会科学创新体系，不断加强哲学社会科学研究，多出经得起实践检验的精品成果，多出政治方向正确、学术导向明确、科研成果突出的高层次人才，为人民服务，为繁荣发展社会主义先进文明服务，为中国特色社会主义服务。

实施创新工程的一项重要内容是遵循哲学社会科学学科发展规律，完善学科建设机制，优化学科结构，形成具有中国特色、结构合理、优势突出、适应国家需要的学科布局。作为创新工程精品成果的展示平台，哲学社会科学各学科发展报告的撰写，对于准确把握学科前沿发展状况、积极推进学科建设和创新来说，是一项兼具基础性和长远性的重要工作。

中华人民共和国成立以来，伴随中国社会主义革命、建设和改革发展的历史，中国特色哲学社会科学体系也处在形成和发展之中。特别是改革开放以来，随着我国经济社会的发展，哲学社会科学各学科的研究不断拓展与深化，成就显著、举世瞩目。为了促进中国特色、中国风格、中国气派的哲学社会科学观念、方法和体系的进一步发展，推动我国哲学社会科学优秀成果和优秀人才走向世界，更主动地参与国际学术对话，扩大中国哲学社会科学话语权，增强中华文化的软实力，我们亟待梳理当代中国哲学社会科学各学科学术思想的发展轨迹，不断总结各学科积累的优秀成果，包括重大学术观点的提出及影响、重要学术流派的形成与演变、重要学术著作与文献的撰著与出版、重要学术代表人物的涌现与成长等。为此，中国社会科学出版社组织编撰"中国哲学社会科学学科发展报告"大型连续出版丛书，既是学术界和出版界的盛事，也是哲学社会科学创新工程的重要组成部分。

"中国哲学社会科学学科发展报告"分为三个子系列："当代中国学术史"、"学科前沿研究报告"和"学科年度综述"。"当代中国学术史"涉及哲学、历史学、考古学、文学、宗教学、社会学、法学、教育学、民族学、经济学、政治学、国际关系学、语言学等不同的学科和研究领域，内容丰富，能够比较全面地反映当代中国哲学社会科学领域的研究状况。"学科前沿研究报告"按一级学科分类，每三年发布，"学科年度综述"每年度发布，并都编撰成书陆续出版。"学科前沿研究报告"内容包括学科发展的总体状况，三年来国内外学科前沿动态、最新理论观点与方法、重大理论创新与热点问题，国内外学科前沿的主要代表人物和代表作；"学科年度综述"内容包括本年度国内外学科发展最新动态、重要理论观点与方法、热点问题，代表性学者及代表作。每部学科发展报告都应当是反映当代重要学科学术思想发展、演变脉络的高水平、高质量的研究性成果；都应当是作者长期以来对学科跟踪研究的辛勤结晶；都应当反映学科最新发展动态，准确把握学科前沿，引领学科发展方向。我们相信，该出版工程的实施必将对我国哲学社会科学诸学科的建设与发展起到重要的促进作用，该系列丛书也将成为哲学社会科学学术研究领域重要的史料文献和教学材料，为我国哲学社会科学研究、教学事业以及人才培养作出重要贡献。

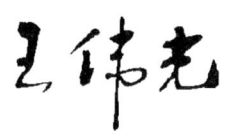

王伟光

中国法学新发展系列丛书
编　委　会

总 主 编　陈 甦

编　　委　王家福　梁慧星　李　林　陈　甦
　　　　　　陈泽宪　孙宪忠　刘作翔　莫纪宏
　　　　　　李明德　王敏远　周汉华　邹海林
　　　　　　张广兴　熊秋红　田　禾　冀祥德
　　　　　　沈　涓　赵建文　朱晓青　柳华文

学术秘书　席月民

《中国法学新发展系列》序

历史给了中国机会，而我们在场。历史正在给中国法治进步和法学繁荣以机会，而我们正好也在场。回首历史，恐怕没有哪个时代会像当今这样，给予法学研究者这样多的可以有所作为也必须有所作为的机会与责任。社会发展需要法治进步，法治进步需要法学繁荣。我们真的看到，在社会发展和法治进步的期望与现实的交织作用下，在以改革、发展、创新为时代价值的理论生成机制中，中国法学的理论建树与学科建设均呈现出前所未有的成就，其具体表现是那样的明显，以至于任何法学研究者均可随意列举一二。因此，在中国法学的理论形成与学科发展的场域中，我们有足够的与我们学术努力和事业贡献相关的过程及结果事例作为在场证明。

但是，我们作为法学研究者，是否对我们的理论创造过程以及这一过程的结果，特别是这一过程中的自己，有着十分清醒与充分准确的认识，这恐怕不是单靠态度端正或者经验丰富就能简洁回答的问题。在当前的学术习惯中，对法学研究成果的认识与评价缺乏总体性和系统性，往往满足于某项单一指标的概括标识和简要评述。对于法学研究成果，通常依赖著述发表载体、他引次数、获奖等级等指标进行衡量；对于法学研究过程，通常要在教科书的理论沿革叙述、项目申报书的研究现状描述中获得了解；对于法学研究主体，通常要靠荣誉称号、学术职务甚至行政职务予以评价。（当然，这种学术习惯并不为法学专业所专有，其他学科亦然。）这些指标都是有用的，作为一定范围或一定用途的评价依据也是有效的。但是，这些指标也都是有局限的，都在有目标限定、范围限定和方法限定的体系中发挥着有限的评价功能。由于这些指标及其所在评价体系的分散运作，其运作的结果不足以使我们在更宏大的视野中掌握中国法学的理论成就和学科发展的整体状况，更不足以作为我们在更深入的层次上把握法学研究与学科建设规律性的分析依据。然而，这种对法学理论与学科现状的整体掌握，对法学研究与学科规律性的深入把握，都是十分重要的，因为这是法学研究者得以自主而有效地进行学术研究的重要前提。因其对法学理论与学科现状的整体掌握和对法学研究与学科建设规律性的深入把握，法学研究者才能在法学的理论形成与学科发展的过程中，明晰其理论生长点的坐标、学术努力的方向和能动创造的维度，从而作出有效的学术贡献，而不是兴之所至地投入理论形成机制中，被法学繁荣的学术洪流裹挟前行。为有效的法学研究助力，就是我们撰写"中国法学的学科新发展系列丛书"的初衷。

在规划和撰写本系列丛书时，我们对"学术研究的有效性"予以特别的关注和深入的思考。什么是"有效的"学术研究，"有效的"学术研究有何意义，如何实现"有效的"学术研究，如此，等等，是始终萦绕本系列丛书整个撰写过程的思维精灵。探求学术研究的有效性，不是我们意图为当今的学术活动及其成果产出设置标准，实在是为了本系列丛书选粹内容而设置依据，即究竟什么才是理论与学科"新发展"的判断依据。

首先，有效的法学研究是产生创新性成果的研究，而不是只有重复性效果的研究。学术研究的生命在于创新，法学研究的过程及其成果要能使法学理论得以丰富，使法治实践得以深入，确能实现在既有学术成果基础上的新发展。但由于读者、编辑甚而作者的阅读范围有限或者学术记忆耗损，许多只能算作更新而非创新的法学著述仍能持续获得展示机会，甚而旧作的迅速遗忘与新作的迅速更新交替并行。法学作为一门应用性很强的学科，观点或主张的反复阐释固然能加深世人印象并有助于激发政策回应，但低水平重复研究只能浪费学术资源并耗减学术创新能力，进而会降低法学研究者群体的学术品格。通过与最新的法学研究既有成果进行再交流与再利用，有助于识别与判定法学理论创新的生长点，从而提高法学知识再生产的创新效能。

其次，有效的法学研究是有真实意义的研究，而不是只有新奇效应的研究。法学应是经世致用之学，法学研究应当追求研究成果的实效性，其选题确为实际中所存在而为研究者所发掘，其内容确能丰富法学理论以健全人们的法治理念、法治思维与法治能力，其对策建议确有引起政策回应、制度改善的可能或者至少具有激发思考的价值。当然，法学研究不断取得发展的另外一个结果就是选题愈加困难，法学研究者必须不断提高寻找选题的学术敏感性和判断力以应对这种局面，而不是在选题的闭门虚设与故作新奇上下工夫。谁也不希望在法学研究领域出现"标题党"与"大头军"，无论是著述标题亮丽而内涵无着的"标题党"，还是题目宏大而内容单薄的"大头军"，都不可能成为理论创新的指望。力求真实选题与充实内容的质朴努力，才是推进有效的法学研究的主要力量。

再次，有效的法学研究是有逻辑力量的研究，而不是只有论断效用的研究。法学研究的创新并不止步于一个新理论观点的提出或者一个新制度措施的提倡，而是要通过严格的论据、严谨的论证构成严密的论点支撑体系，由此满足理论创新的逻辑自洽要素。法学创新的判断标准实质上不在于观点新不新，也不在于制度建议是不是先人一步提出，而是在于新观点、新建议是否有充分的逻辑支撑和清晰的阐发论述。因为缺乏论证的新观点只能归属于学术武断，而学术武断只能引起注意却不能激发共鸣。法学研究者常常以其学术观点或制度建议被立法采纳作为其学术创新及其价值的证明，其实在理论观点或制度建议与立法采纳之间，很难确立以特定学者为连接点的联系，即使能够建立这种联系，导致立法采纳的缘由也并不在于观点或建议的新颖性，而在于观点或建议的论证充分与表述清晰。

最后，有效的法学研究是有利他效应的研究，而不是只有自我彰显效能的研究。在法学研究的运作机制中，学术成果固然是学者个人学术创造力的结晶，其学术影响力是作品的学术质量与作者的学术声誉的综合评判，但学术成果的正向价值却是其学术影响力的本质构成要素。法学研究成果必须有益于法治进步、社会发展和人民福祉，也就是具有超越彰显个人能力与成就的利他效应。如果法学研究成果的形成目的只是在于作者的自我满足，或者其表达效果只有作者自己能够心领神会，其作用结果无益于甚至有损于法治进步、社会发展和人民福祉，那就绝不能视为有效的法学研究。所以，坚守学术成果的正向价值，提高具有正向价值的学术成果的可接受性，是实现法学研究有效性的根本要件。

本系列丛书最为主要的撰写目的，就是通过对一定时期我国法学研究成果的梳理与选粹，在整体上重构我国法学研究既有成果的表述体系，从中析出确属"新发展"的内容成分并再行彰显，以有助于对中国法学研究现状的整体掌握与重点检索，从而促使当今的法学研究能够实现如上所述的有效性。在此主要目的之外，还有一些期望通过本系列丛书达到的目的。诸如其一，有助于提高法学专业学生的学习效率与研读效果。本系列丛书将法学二级或三级学科在近期的知识积累和学术发展予以综合、梳理和评价，从而构成一般法学教科书之外并超越一般法学教科书的知识文本体系。通过阅读本系列丛书，可以更为系统准确地掌握中国法学某一领域的知识体系、学术重点、研究动态、理论沿革、实践效果以及重要学者。其二，有助于强化法学研究人员的学术素质养成。一个学者能够完成法学某个二级学科或三级学科新发展的撰写，就一定会成为这个法学二级学科或三级学科的真正专家。因为他或她要近乎被强迫地对该学科领域学术著述进行普遍阅读，由此才能谈得上对该学科领域新发展的基本把握；要深下工夫对该学科领域的各种学术事件和各家理论观点进行比较分析，由此才能做出是否确属法学新发展的准确判断。通过对法学某个二级学科或三级学科新发展的撰写，可以提高作者对法学研究成果的学术判断力和法学科研规律的认识能力。其三，有助于加强科研人才队伍建设。本系列丛书的主要作者或主编均为中国社会科学院法学研究所和国际法研究所的科研人员，通过本系列丛书的撰写，不仅使法学所和国际法所科研人员的个人科研能力获得大幅度提升，也使得法学所和国际法所的科研人员学科布局获得质量上的均衡，从而使法学所和国际法所的整体科研能力获得大幅度提高。说来有些自利，这也是法学所和国际法所何以举两所之力打造本系列丛书的重要原因之一。

本系列丛书以法学某个二级或三级学科作为单本书的撰写范围，基本上以《××学的新发展》作为书名，如《法理学的新发展》、《保险法学的新发展》等。如果不便称为"××学的新发展"，便以《××研究的新发展》作为书名，如《商法基础理论研究的新发展》。本系列丛书的规划初衷是尽可能地涵括所有的法学二级学科或三级学科，但由于法学所和国际法所现有科研人员的学科布局并不完整，尤其是从事不同法学二级或三级学科研究的科研人员的素质能力并不均衡，即使联合外单位的一二学界同道助力，最终也未能实现本系列丛书涵括范围的完整性。这种规划上的遗憾再次提醒我们，加强科研队伍建设，既要重视科研人员个体科研能力的提高，也要重视一个机构整体科研能力的提高。我们希望，如果五年或十年之后再行撰写中国法学新发展系列丛书时，其所涵括的法学二级或三级学科将会更多更周延。

本系列丛书对各个法学二级或三级学科研究成果的汇集范围，限于2000—2012年间已发表的专业著述。既然阐释学科新发展，总得有一个适当的标定期间范围。期间太短，则不足以看清楚学科新发展的内容、要点、意义与轨迹；期间太长，则不便称为学科的"新发展"。本系列丛书选粹材料的发表期间截至2012年，这是本系列丛书的撰写规划年份，也是能够从容汇集材料并析出其中"新发展"要素的最近年份；本系列丛书选粹材料的发表期间起始为2000年，倒不是因为2000年在法学研究的学术历史中有什么特别意义，只是因为前至2000年能够确立一个易于阐释学科新发展的适当期间。当然，人们通常认为2000年是新世纪的起点，以2000年为起始年份，多少有些借助万象更新好兆头的意思。

本系列丛书中每本书的具体内容由其作者自行把握，在丛书规划上只是简略地做出一些要求。其一，每本书要从"史、评、论"三方面阐释一个法学二级或三级学科的新发展。所谓"史"，是指要清晰地描述一个学科的发展脉络与重要节点，其中有意义的学术事件的起始缘由与延续过程，重点理论或实践问题研究的阶段性结果，以及各种理论观点的主要内容与论证体系，特别是各种观点之间的起承转合、因应兴替。所谓"评"，是指对一个学科的学术事件和各家观点予以评述，分析其在学术价值上的轻重，在理论创新上的得失，在实践应用上的可否。所谓"论"，是指作者要对撰写所及的该学科重要理论或实践问题阐释自己的看法，提出自己的观点并加以简明论证。"史、评、论"三者的有机结合，可以使本系列丛书摆脱"综述大全"的单调，提升其作为学术史研究的理论价值。这里特别需要说明的是，因本书撰写目的与方法上的限定，"论必有据"中"据"的比重较大，肯定在重复率检测上会获得一个较高的数值。对属于学术史研究的著述而言，大量而准确地引用学界既有论述是符合学术规范的必要而重要之举。可见，重复率检测也是很有局限性的原创性判定方法，本系列丛书的重复率较高并不能降低其原创性。其二，每本书要做一个本学科的关键词索引，方便读者对本书的检索使用。现在的大多数学术著作欠缺关键词索引，不方便读者尤其是认真研究的读者对学术著作的使用。本系列丛书把关键词索引作为每本书的必要构成，意在完备学术规范，提高本系列丛书在学术活动中的利用价值。其三，每本书在其书后要附上参考资料目录。由于2000—2012年间的法学著述洋洋洒洒、蔚为大观，在确定参考资料目录上只得有数量限制，一般是每本书所列参考资料中的学术论文限100篇，学术专著限100本，只能少列而不能多列。这种撰写要求的结果，难免有对该学科学术成果进行重要性评价的色彩。但因作者的阅读范围及学术判断力难以周全，若有"挂百漏万"之处，万望本系列丛书的读者海涵。

中国社会科学院正在深入推进的哲学社会科学创新工程，是哲学社会科学研究机制的重大改革。其中一项重要的机制性功能，就是要不断提高科研人员和科研机构的科研效能、科研效率与科研效果。深入系统地掌握具体学科的发展过程与当前状况，不仅是技术层面的学术能力建设，更是理念层面的学术能力建设。因为对既有科研过程和学术成果的审视与省察，可以强化科研人员的学术自省精神和学者社会责任，从而提高理论创新的动力与能力。中国社会科学出版社以其专业敏锐的学术判断力，倾力打造学科新发展系列图书，不仅是"中国法学新发展系列丛书"的创意者，更是本系列丛书的规划者、资助者和督导者。正因法学所、国际法所与中国社会科学出版社之间的良性互动，本系列丛书才得以撰写完成并出版面世。可见，科研机构与出版机构之间的良性互动与真诚合作，确是学术创新机制的重要构成。

陈　甦

2013 年 7 月 1 日于北京

《行政法学的新发展》
编辑委员会

主　编　周汉华

副主编　李洪雷

编　者　（以姓氏笔画为序）

丁　渠　邓小兵　朱宝丽　汤洪源

许　琳　李洪雷　李　霞　周汉华

崔明逊

目　　录

第一章　转型中的中国行政法与行政法学 ………… （1）
　　一　中国行政法的结构性变革 ………………………… （1）
　　二　中国行政法学的新路向 …………………………… （11）
　　三　中国行政法释义学的建构 ………………………… （16）
　　四　结语 ………………………………………………… （27）

第二章　行政法基础理论研究的新发展 ……………… （31）
　第一节　行政法基础理论概述 …………………………… （31）
　　一　关于何谓"行政法"的争鸣 ……………………… （32）
　　二　关于基础理论研究的新动力 ……………………… （35）
　　三　关于"统一公法学"的讨论 ……………………… （37）
　　四　小结 ………………………………………………… （39）
　第二节　行政法基本原则研究的新发展 ………………… （41）
　　一　关于行政法基本原则的含义与标准 ……………… （41）
　　二　关于行政法基本原则体系的构建 ………………… （43）
　　三　关于信赖保护原则与比例原则研究 ……………… （44）
　第三节　行政法学研究方法的新发展 …………………… （46）
　　一　行政法学方法论的反思与争鸣 …………………… （47）
　　二　关于案例研究方法的应用 ………………………… （50）
　　三　关于行政法学方法论的研究趋向 ………………… （53）

第三章　行政组织法和公务员法研究的新发展 ……… （57）
　第一节　行政主体理论的式微 …………………………… （58）
　　一　行政主体理论的兴起 ……………………………… （58）

二　行政主体理论的内涵、分类和功能 …………………… (60)
　　三　对行政主体理论的反思和批判 ………………………… (62)
第二节　行政组织法研究的新课题 ……………………………… (65)
　　一　行政组织法研究范式的兴起 …………………………… (65)
　　二　行政组织法研究范式的问题取向 ……………………… (66)
　　三　行政组织法研究方法的转变 …………………………… (68)
第三节　公务员法研究 …………………………………………… (69)
　　一　对《公务员法》的解读、评述和修改建议 …………… (70)
　　二　行政组织法视野中的公务员法研究 …………………… (73)
第四节　行政相对人和行政第三人研究 ………………………… (74)
　　一　行政相对人研究 ………………………………………… (74)
　　二　行政第三人研究 ………………………………………… (79)

第四章　行政行为法一般理论研究的新发展 …………………… (82)
　第一节　行政行为的概念 ………………………………………… (83)
　　一　关于概念界定的共识与分歧 …………………………… (83)
　　二　关于概念研究的重点领域 ……………………………… (84)
　　三　关于概念研究的评价 …………………………………… (87)
　第二节　行政行为的分类 ………………………………………… (88)
　　一　关于常见分类组别的研究 ……………………………… (88)
　　二　关于分类的"概念重构"或"正本清源" …………… (91)
　第三节　行政行为的效力 ………………………………………… (94)
　　一　关于效力内涵与内容的研究 …………………………… (94)
　　二　关于"效力判断基准与规则" ………………………… (95)
　　三　关于效力状态或形态 …………………………………… (96)

第五章　行政立法和行政规定研究的新发展 …………………… (102)
　第一节　行政立法研究的新发展 ………………………………… (102)
　　一　研究概况 ………………………………………………… (102)
　　二　行政立法的利弊 ………………………………………… (104)
　　三　行政立法的价值追求 …………………………………… (105)
　　四　行政立法程序 …………………………………………… (106)

五　行政立法中的公众参与 …………………………………… (109)
　　六　行政立法的监督 ……………………………………………… (111)
　　七　行政立法回避 ………………………………………………… (113)
　　八　行政立法不作为 ……………………………………………… (116)
　　九　区域性行政立法协作 ………………………………………… (118)
　　十　行政立法性事实 ……………………………………………… (121)
　第二节　行政规定研究的新发展 ………………………………… (122)
　　一　研究概况 ……………………………………………………… (122)
　　二　行政规定的性质 ……………………………………………… (122)
　　三　行政规定的种类 ……………………………………………… (125)
　　四　行政规定的功能 ……………………………………………… (126)
　　五　行政规定的可复议性 ………………………………………… (127)
　　六　行政规定的可诉性 …………………………………………… (128)

第六章　政府监管、行政许可和行政规划研究的新发展 ………… (131)
　第一节　政府监管 ………………………………………………… (131)
　　一　政府监管研究之兴起——自觉回应入世与政府监管
　　　　体制改革 ……………………………………………………… (131)
　　二　政府监管研究之规模化发展——对行政法学方法论
　　　　的系统反思 …………………………………………………… (132)
　　三　政府监管研究的基本状况 …………………………………… (134)
　第二节　行政许可 ………………………………………………… (139)
　　一　研究概况 ……………………………………………………… (139)
　　二　行政许可的基本概念 ………………………………………… (141)
　　三　行政许可的设定范围与评价机制 …………………………… (149)
　　四　行政许可实施中的听证程序 ………………………………… (150)
　　五　行政许可的裁量基准与审查深度 …………………………… (150)
　　六　行政许可的信赖保护 ………………………………………… (152)
　　七　相对集中行政许可 …………………………………………… (153)
　第三节　行政规划 ………………………………………………… (154)
　　一　研究概况 ……………………………………………………… (154)
　　二　行政规划的基本范畴研究 …………………………………… (157)

三　行政规划的程序控制 …………………………………… (161)
　　四　行政规划的司法救济 …………………………………… (164)

第七章　行政执法、行政强制和行政处罚研究的新发展 ………… (166)
　第一节　行政执法研究 ………………………………………… (166)
　　一　行政执法含义辨析 ……………………………………… (167)
　　二　行政执法体制中的问题及其完善 ……………………… (168)
　　三　综合行政执法 …………………………………………… (169)
　　四　行政执法责任制 ………………………………………… (171)
　　五　多元化行政执法方式 …………………………………… (172)
　第二节　行政强制研究 ………………………………………… (174)
　　一　研究概况 ………………………………………………… (174)
　　二　行政强制概念的再辨析与检讨 ………………………… (176)
　　三　比例原则的适用 ………………………………………… (179)
　　四　行政强制手段的规范 …………………………………… (180)
　　五　行政强制执行模式 ……………………………………… (185)
　　六　行政强制程序的研究 …………………………………… (188)
　　七　行政强制的法律救济研究 ……………………………… (189)
　　八　有关行政强制其他问题的研究 ………………………… (189)
　第三节　行政处罚研究 ………………………………………… (190)
　　一　行政处罚裁量基准 ……………………………………… (190)
　　二　相对集中行政处罚权制度 ……………………………… (196)
　　三　行政处罚种类的设定与辨析 …………………………… (198)
　　四　行政处罚与刑罚的衔接 ………………………………… (200)
　　五　合作治理视野下的处罚 ………………………………… (201)

第八章　行政指导和行政合同研究的新发展 ………………… (203)
　第一节　行政指导研究的新发展 ……………………………… (204)
　　一　研究概述 ………………………………………………… (204)
　　二　行政指导的概念辨析 …………………………………… (207)
　　三　行政指导的性质 ………………………………………… (209)
　　四　行政指导的分类 ………………………………………… (211)

五　行政指导的兴起背景和独特功能 …………………………（212）
　　六　行政指导实践中的突出问题 ……………………………（213）
　　七　行政指导的法治化 ………………………………………（214）
第二节　行政合同研究的新发展 …………………………………（218）
　　一　研究概述 …………………………………………………（218）
　　二　行政合同概念的"适法性" ………………………………（220）
　　三　行政合同的识别 …………………………………………（222）
　　四　行政合同的适用范围 ……………………………………（230）
　　五　行政合同的分类 …………………………………………（231）
　　六　行政合同的法律适用 ……………………………………（234）
　　七　行政合同的法律化 ………………………………………（238）

第九章　行政程序、政府信息公开和个人信息保护研究的新发展 ……………………………………………………（239）

第一节　行政程序研究 ……………………………………………（239）
　　一　行政程序的基本理论研究 ………………………………（239）
　　二　行政程序法 ………………………………………………（244）
　　三　部门法领域中的行政程序 ………………………………（247）
第二节　政府信息公开研究 ………………………………………（249）
　　一　《政府信息公开条例》制定之前的理论准备 …………（250）
　　二　《政府信息公开条例》颁布后的研究状况 ……………（251）
第三节　个人信息保护研究 ………………………………………（256）
　　一　个人信息保护的必要性和急迫性 ………………………（257）
　　二　个人信息的定义及其法律名称 …………………………（258）
　　三　个人信息与相关法律制度关系 …………………………（260）
　　四　域外个人数据保护的研究 ………………………………（262）
　　五　个人信息保护的立法模式和立法框架 …………………（262）
　　六　个人信息保护的主要内容 ………………………………（263）
　　七　特定行业的个人信息保护 ………………………………（265）
　　八　小结 ………………………………………………………（266）

第十章　行政监督和救济法研究的新发展 (268)
第一节　行政复议研究的新发展 (268)
一　研究概况 (268)
二　行政复议的性质 (269)
三　行政复议的定位 (270)
四　行政复议组织改革 (272)
五　行政复议委员会 (273)
六　禁止不利变更原则 (275)
七　行政复议调解制度 (276)
八　行政复议终局裁决 (278)
九　行政复议审查程序 (279)
十　行政复议与行政诉讼的关系 (279)

第二节　行政监察研究的新发展 (281)
一　研究概况 (281)
二　行政监察管理体制 (282)
三　行政监察专员制度 (284)
四　行政监察中的公众参与 (284)
五　《行政监察法》的缺陷及其完善 (285)
六　对行政监察权的制约 (286)

第三节　信访研究的新发展 (288)
一　研究概况 (288)
二　信访的性质 (288)
三　信访的功能 (289)
四　信访的优势 (290)
五　信访的成因 (291)
六　信访制度的困境 (293)
七　完善信访制度的对策 (294)

第十一章　国家赔偿和补偿法研究的新发展 (296)
第一节　国家赔偿的归责原则 (296)
一　国家赔偿责任的性质 (296)
二　国家赔偿的归责原则 (297)

第二节　国家赔偿的范围 …………………………………… (301)
　　一　关于行政赔偿范围的概念 ……………………………… (301)
　　二　关于行政赔偿范围的内容 ……………………………… (302)
　　三　关于精神损害赔偿问题 ………………………………… (304)
　　四　关于抽象行政行为的国家赔偿问题 …………………… (307)
　　五　关于公共设施致害问题 ………………………………… (311)
第三节　国家赔偿的程序 …………………………………… (312)
　　一　关于确认程序 …………………………………………… (312)
　　二　关于追偿程序 …………………………………………… (313)
　　三　关于先行处理程序 ……………………………………… (314)
第四节　国家赔偿的方式和计算标准 ……………………… (315)
第五节　行政补偿研究 ……………………………………… (317)
　　一　行政补偿的概念 ………………………………………… (317)
　　二　行政补偿的性质 ………………………………………… (318)
　　三　行政补偿的制度建构 …………………………………… (319)

第十二章　中国行政法学的发展趋势 ……………………… (322)
　　一　中国行政法学的成功经验 ……………………………… (322)
　　二　中国行政法学面临的挑战 ……………………………… (327)
　　三　中国行政法学的发展趋势 ……………………………… (332)

关键词索引 …………………………………………………… (337)

主要参考文献 ………………………………………………… (341)

后记 …………………………………………………………… (353)

第一章

转型中的中国行政法与行政法学

自1970年代末改革开放国策施行以降，在社会主义法制建设高歌猛进的大背景下，我国的行政法制度不断健全与完善，与此同时，行政法学术研究也取得了丰硕的成果，为行政法制建设提供了重要的智识支撑。进入21世纪以后，在经济社会改革走向深入、全球化进程加速的历史背景下，法治政府建设全面推进，行政法学研究亦在新的起点上继续前行。另一方面，中国行政法与行政法学的发展也面临着诸多挑战，主要表现在行政法发展的目标和方向仍不清晰，行政法制度设计的质量不高、实效性不足，行政法学概念体系的科学性仍有欠缺，行政法学的研究方法过于单一，回应现实行政问题的能力不强。这些问题已经引起了中国行政法学界的关注，并已有相关研究成果相继问世。本章对新世纪以来行政法学界对我国行政法制度变革和行政法学发展走向的讨论，作一概要述评。

一 中国行政法的结构性变革

（一）"平衡论"的推进与发展

1980年代中期以后，为制定《行政诉讼法》作理论准备，我国行政法学界曾围绕行政法与行政权的关系、行政法的性质和功能、行政法的基本原则等问题，展开一场关于行政法要"控权"、"保权"，还是"既要保权又要控权"的争论。平衡论的提出，在相当程度上是对这一争论以及制度实践的积极反思和抽象整理。[1] "平衡论"的主张者归纳、提炼出三

---

[1] 罗豪才：《行政法的核心与理论模式》，《法学》2002年第8期。

种对立的行政法理论模式，即管理论、控权论和平衡论，并明确主张现代行政法应当体现平衡论的精神。

行政法的平衡论自1993年提出后，引起了行政法学界的广泛关注，《现代行政法的平衡理论》[①] 成为该时期我国有关行政法理论基础问题的集大成之作。此后数年，尽管平衡论不似初提出时显得具有轰动效应，但扎实的理论研究一直在推进。《现代行政法的平衡理论》（第二辑）[②] 汇编了1997年以后有关平衡论的主要文章，向读者集中展示了平衡论研究所取得的新成绩。2009年，罗豪才以"中国行政法的平衡理论"为题，做了"中国法学创新讲坛"的首场讲演（中国法学会和清华大学共同举办，2009年6月25日）。此后，平衡论的几位主力在北大宪法与行政法博士生研究班上，陆续以平衡论为主题做了几场讲演，开展讨论。这些讲演后结集为《行政法平衡理论讲演录》[③] 出版。罗豪才还组织了北大行政法学专业的博士研究生，集体撰写了《现代行政法制的发展趋势》[④]，该书作者认为，我国行政法制建设表现出以下八个发展趋势：行政法制观念进一步更新、行政法价值取向更趋合理、行政法权利（力）结构趋向平衡、行政程序价值日益重视与法典化、行政法机制更加完善、行政管理方式趋于多样化、权利救济趋于多元化与有效性、行政法制方法更加丰富，平衡论的理念贯穿全书。此外，宋功德《行政法的均衡之约》[⑤] 和《论经济行政法的制度结构》[⑥]，也贯穿了平衡论的思想。

沈岿归纳了在平衡论的视野下，现代行政法所应具备的品格。（1）现代行政法的目的和价值取向，既不是片面地维护和促进行政法的高效运作，也不是片面地以追求市场、社会和个人自治为基点而一味地约束与控制行政权。行政权收或放以及收放的程度，须视具体情境而定，不可执其一端。（2）现代行政法治原则并不苛守单一的、严格的、机械的形式法治原则，即通常所谓的"无法则无行政"。相反，由于现代行政集规则制

[①] 罗豪才主编：《现代行政法的平衡理论》，北京大学出版社出版1997年版。
[②] 罗豪才等：《现代行政法的平衡理论》（第二辑），北京大学出版社2003年版。
[③] 罗豪才等：《行政法平衡理论讲演录》，北京大学出版社2011年版。
[④] 罗豪才主编：《现代行政法制的发展趋势》，法律出版社2004年版。
[⑤] 宋功德：《论经济行政法的制度结构》，北京大学出版社2002年版。
[⑥] 宋功德：《行政法的均衡之约》，北京大学出版2004年版。

定、执行和裁决职能于一身,存在的广阔行政裁量空间,以及"合意行政"模式与"命令—服从"模式的并存,行政法治原则已经大大地充实。(3)从法学的权利义务关系分析工具入手,现代行政法的调整对象涉及行政管理过程中发生的"行政关系"和监督行政过程中发生的"监督行政关系",二者缺一不可。(4)现代行政法将气象万千的行政过程放在显要位置,从而使得行政手段和行政程序成为关注的焦点。(5)在一个综合、复杂而有效的激励与制约机制中,行政法主体皆可进入行政过程之中、表达各自利益诉求、进行平等博弈,从而促成"对策均衡"。①

(二)行政法治正当性的寻求

行政活动或行政判决的正当性(合法性,legetimicy)何在?是在于形式上的符合现行法的规定,还是在于结果上促进实质正义,抑或在于从程序上保障当事人对决策过程的参与?《实质法治:寻求行政判决的合法性》②对这一问题进行了探究。该书从法治运作机制的视角,根据法治建设中不同理念和制度安排,将法治归纳为"形式法治"和"实质法治"两个理想类型,并认为根据我国当前行政法治的基本信条("有法必依"、"唯法是从")和制度形态(立法体制、法律解释体制、法律监督体制、法律适用制度),可以将其归入称为"形式法治"。作者对形式法治的负面效应进行了分析,认为形式法治最大的问题在于对法律的理解褊狭、司法地位低微,导致法制统一不能很好维持、形式合法与实质合法相背离,并提出和阐述了实质法治的主张,即建立以多元法律渊源为评价标准、以司法为重心的统一的合法性评价制度。该书将概念梳理与实证考察紧密结合,以独特的视角深入研究了行政法基础理论部分的重大问题,具有重要的理论和实践价值。但这一课题还有进一步研究的必要,例如,对于处于转型期的中国行政法制而言,理想类型的方法是否有其局限?将法治分为形式法治与实质法治两种类型是否足够,(例如,是否可以在形式法治与实质法治之外,提出程序法治或反思性法治或回应性法治的理想类型)?如何评价实质法治对于法律安定性的影响?如此等等。

同样是从行政合法性(或正当性)的视角出发,沈岿提出了"开放

---

① 沈岿:《行政法理论基础回眸——一个整体观的变迁》,《中国政法大学学报》2008年第6期。

② 何海波:《实质法治:寻求行政判决的合法性》,法律出版社2009年版。

反思型的形式法治"的主张。① 作者认为，与形式主义地对待实在法、并把政府行为"合法性"等同于"合法律性"的方法不同，"开放反思型的形式法治"面向的是对政府行为可接受性（另一种意义更为宽广、深厚且复杂的合法性）的挑战。为应对这一挑战，其基本主张是：（1）形式法治是重要的，应当通过各种形式的实在法建制及执行予以促进，包括对宪法的谨慎修改和执行。考察政府行为的可接受性，在相当程度上，仍然是判断政府行为与规制该行为的实在法的一致性。（2）实在法（包括其内含的价值偏好）具有假定的可适用性。（3）实在法可适用性的假定，应当建立在开放的实在法建制过程的基础之上。（4）实在法的执行，也应当与一个开放的过程紧密勾连。（5）针对实在法本身以及实在法执行结果的异议，应当由一个富有意义的反思过程予以处理，并通过该过程，使有关的政府行为获得一时的可接受性。作者本人指出，这些主张只是基本的而没有更细致的展开。何种程度的开放和反思是适当的？开放和反思的制度结构安排应该是怎样的？开放和反思的过程是否需要诸如结社、表达等自由权利的充分性为前提和保障？开放反思型形式法治的形成动力何在？诸如此类的一系列问题，都有待进一步研究，并影响上述基本主张的有效性。但作者确信，这些基本主张至少可以为应对转型中国复杂的政府行为可接受性问题，提供一种思路。

对于同一问题，王锡锌则认为，从形式上看，行政法所关注的是行政活动的"合法律性"，但这种对形式合法性的关注，本质上却是为了解释和评价行政活动的民主正当性。传统行政法的逻辑是通过形式合法性而解释行政正当性，其核心技术是评估行政与法律的一致性。随着行政内部功能变异和外部环境变迁，传统模式的解释框架所需的前提条件，在当代行政现实中已很难满足，这导致通过形式合法性而向行政活动"传送"正当性的模式面临功能障碍。因此，当代行政提出了行政正当性回归的直接吁求。回应这一现实，应当在反思传统行政法合法化逻辑与制度框架基础上，引入直接面向行政正当化需求的资源，拓展"新行政法"的制度框架和模式。这是一个"面向行政过程的合法化框架"，具体而言，这是一个"以形式合法化、理性合法化、民主合法化为路径的复合式行政合法

---

① 沈岿：《公法变迁与合法性》，法律出版社2010年版。

化框架"。① 在《公众参与和行政过程》一书中，作者从"合法化"（正当性）的视角，对传统行政法模式的特征，进行了归纳并分析了其在"合法化"方面的框架，倡导通过建立一种公平代表、有效参与的"制度过程"（institutional process），搭建各种利益表达、交流、协商、妥协的平台，并在此过程中使行政政策和决定合法化的"公众参与模式"。"公众参与模式"有三大要素：公众参与的基础性制度——利益组织化与信息开放；公众参与的程序性制度——均衡的利益代表、平等和有效的协商、理性和负责任的选择；公众参与的支持性制度——"公益代表"制度、为分散利益的组织化提供资源信息和技术上的支持、专家知识的支持、司法审查。总之，相较于传统模式，"公众参与模式"在积极行政、行政自由裁量过程等更加宽泛的领域，依靠行政过程中的参与和协商机制，使行政活动"自我合法化"，以实现实质正义和实质合法性，并在政府主导、自上而下的改革推动力之外，成为政府体制改革与法治政府建设的另一推动引擎。②

（三）当代行政法的发展趋势与"新行政法"

姜明安一直对行政法的发展趋势进行关注。③ 在 2002 年，他将行政法的发展置于经济全球化、信息化、市场化与民主化四大世界潮流之中，从行政法调整的对象及其范围——行政的"疆域"、行政权行使的主体、行政法治原则、行政的目标和手段、行政控权机制五个方面，探讨了行政法的变迁和变革的主要内容。④ 其相关论述后来被明确置于"新行政法"的名称之下。姜明安提出，"新行政法"源于传统行政法，但又不同于传统行政法，是在内容和形式上都在传统行政法基础上发生了重大变革和演进的现代行政法。"新行政法"之"新"在三个方面：一是新的调整范围——从仅调整公域到既调整公域、也调整私域，从仅规范国家公权力到既规范国家公权力、也规范社会公权力；二是新的调整方式——从管制到自治，从命令—服从到协商—参与，从刚性管理到柔性指导；三是新的法

---

① 王锡锌：《公众参与和行政过程》，中国民主法制出版社 2007 年版。
② 王锡锌：《行政正当性需求的回归——中国新行政法概念的提出、逻辑与制度框架》，《清华法学》2009 年第 2 期。
③ 姜明安：《澳大利亚"新行政法"的产生及其主要内容》，《中外法学》1995 年第 2 期。
④ 姜明安：《新世纪行政法发展的走向》，《中国法学》2002 年第 1 期。

源形式——从静态到动态，从硬法到软法，从单一法源到多元法源。① 作者的相关研究成果汇集成一部论文集，后来以《法治思维与新行政法》为名出版。②

（四）公共行政改革与行政法的范式转换

部分与姜明安所关心的主题相关，石佑启则结合公共行政改革，提出了行政法范式转换的命题。他考察了现代公共行政改革与发展的状况，归纳了公共行政发展的主要表现，即从管制行政到服务行政观念的转变，公共管理的社会化与权力结构上的均衡，放松管制与权力运作方式的多样化，公民的有效参与行政服务质量的提高。石佑启认为，为回应公共行政的这一发展，行政法需要进行范式转换：行政法从规范国家行政的法转换到规范公共行政的法，行政主体多元化，行政相对人法律地位提升，行政行为多样化，行政救济有效化。③

（五）"制度建构型"的行政法发展模式

薛刚凌紧密结合改革开放以来中国行政法的发展状况，在批判传统行政法"控权模式"的基础上，倡导一种以利益调控为核心的"制度建构"型行政法发展模式。作者认为，二十年来行政法的控权模式对中国社会的发展作出了贡献，但也越来越显示出其内在的不足和局限，尤其是控权模式对社会的回应能力差，无法满足社会发展的需求。其主要问题为：第一，调整范围狭小。控权模式主要关心行政权的下游问题，即行政权的运行是否合法公正，至于行政权的上游问题，如政府与个人、政府与市场以及政府与社会的界分，行政权的设定和配置等都难以成为"控权模式"的关注点，这导致公共行政中的许多重大问题游离于行政法的调控之外。如政府间关系、公共财政体制、国有企业和事业单位的改革、社会自治以及公共行政自身的改革调整等，都似乎与行政法没有关联。第二，忽略实体制度建设。控权模式并不全然否定制度建设，但其关注的主要是控制行政权的程序制度，包括行政诉讼、行政复议、行政处罚、行政许可和行政程序等方面的制度。而大量的行政实体法律制度，如政府与经济、社会的三元结构，政府间的关系调整以及公共行政的社会化和多元化改革等所需

---

① 姜明安：《全球化时代的"新行政法"》，《法学杂志》，2009年10期。
② 姜明安：《法治思维与新行政法》，北京大学出版社2012年版。
③ 石佑启：《论公共行政与行政法学范式转换》，北京大学出版社2003年版。

要的实体制度等，都在控权模式的关注之外。第三，漠视利益调整。经济改革、社会转型的背后，是各种利益的重新洗牌和调整。由于控权模式并不重视实体制度建设，利益配置不合理，其结果导致了大量的利益冲突。第四，过分依赖司法。控权模式需要强大的司法支持，而我国的现实是司法不够强大，而且在短时间里难以快速强大，这就造成了期待与现实的紧张关系。作者认为，控权模式的上述弊端影响到行政法整体功能的发挥，尤其表现为行政法对社会变革缺乏应有的回应能力，主张借鉴大陆法系国家的经验，在现阶段确立以利益调控为核心的制度建构的发展模式，比较符合我国国情。[①]

（六）"新管理论"对中国行政法发展的意义

朱维究、徐文星在引介英国公法传统中的"功能主义学派"相关学说的基础上，强调了"新管理论"对中国行政法发展的意义。作者认为，基于我国行政管理现状和世界范围内的法治的趋势，在吸收管理学的研究成果和借鉴公共行政改革实践基础上提出的贴近我国现实国情的"新管理论"，可能为我们阐述、解决一些困扰"控权论"、"平衡论"无法完美解决的本土问题，提供一种新的视角和理论工具。

"新管理论"对我国行政和法治现状作出了客观的评价，该学派最大的特点是其强烈的现实主义关怀。基于生态福利法治行政国家的理念，政府的角色由消极行政、干预行政、管制行政转向了给付行政和服务行政，由一中心、一元化的行政管理转向了多元化、多中心的社会治理，因此行政法的发展趋势就是全方位的社会管理法，是一种新的管理法。新管理法体系是福利国家"服务行政"的理念与行政学中"新管理论"相结合，既秉持传统公法的法治精髓又汲取相关学科新成果而构建起来的。"新管理论"的本质内涵是：行政法是管理管理者的法；规制管理者行为的法；对管理者及其行为进行监督的法。从以上三方面，"新管理论"体现了"管理即服务"的基本理念，既顺应了世界发展的潮流，也是我国法治发展的自身需要。应当说，新管理论正在为我国行政法乃至公法学的发展贡献着自己的智识成果。新管理论者在政治价值取向上，明确采取自由左派（新左派）而非自由派的立场，强调基于国家职能发展与转变，在解决现

[①] 薛刚凌：《行政法发展模式之检讨与重构》，《公民与法》2006年第3期；后收入薛刚凌《行政法治道路探索》，中国法制出版社2006年版。

代社会基本问题上，如生态、环保、福利、全球经济一体化等，应果断抛弃前工业社会对政府角色的定位——"消极政府"。当今我国社会的根本问题，不在于国家职能过于庞大，而必须收缩；而在于国家职能在许多领域的缺位，诸如在教育、社会保障、劳动就业、生态环境、资源保护等领域的情形。人们真正担心的不是国家职能的庞大，而是违法行使的国家职能和怠于履行的国家职能。①

（七）多样化的当代行政法原则

周汉华考察了当代行政法的原则和理论。他认为，尽管各国行政法在产生条件和制度构造上各具特点，但传统行政法无一例外地根植于传统立法权原则之上，以控权为其核心价值。以控权为核心而构筑的传统行政法，仅以对行政权力的消极防范为目的，以控制行政权力滥用为核心，保证行政机关发挥传送带作用，负责忠实地履行议会的决定，不以超越职权或滥用职权的方式侵犯个人权利。然而，就公共利益与社会发展的观点而言，行政机关不仅必须做到不非法地侵犯个人权利，而且还必须有效地履行其法律义务。传统行政法的致命缺陷，就在于它无法保证行政机关积极有效地履行法律义务。随着福利国家的发展，议会以越来越模糊的规定对行政机关授权，传统行政法开始崩溃，根本无法回答日益膨胀的行政立法所带来的种种问题。这样，各国不得不超越传统行政法找寻答案，由此而刺激了当代行政法的产生，并使当代行政法在原则、内容、范围和体例等方面，均大大不同于传统行政法。针对当代行政法的基本问题——行政机关行使广泛的立法权所带来的问题，近三十年来，利益平衡论在各国异军突起，成为取代传统行政法的一种最普遍、最系统的当代行政法原则。除利益平衡论以外，较为有影响的行政法原则还有：司法能动论、私法优位论、议会监督论、效益优先论等。包括利益平衡论在内的当代行政法原则或理论，都有合理的作用范围，也有其固有的缺陷，这是每一原则的相对性特征。对于某一原则不能解决的问题，只有尝试其他的原则或理论，这是当代行政法原则的多样性特征。他认为，法律与社会之间的协调发展，要求对行政权进行合理的定位，既要发挥其推动社会进步的工具作用，又

---

① 朱维究、徐文星：《英国公法传统中的"功能主义学派"及其启示——兼论中国二十一世纪"统一公法学"的走向》，《浙江学刊》2005年第6期。

要对可能的滥用施以有效的监督。①

（八）协调发展导向型行政法

于安主要从给付行政和社会行政法发展的角度，讨论了行政法体系的变革。现代行政法本来应当是防止危害和提供给付两方面功能的统一体，但我国现行的行政法体系，是20世纪80年代后期建立起来的，它以命令型行政权力为主要规范对象，以保护公民个体自主权和自由权为中心。这种以保护公民、法人和其他组织个体权利为中心的行政法，是在特定历史条件下形成的。第一，民事权利保护对行政法的需求。第二，经济体制改革确立企业自主权的需求。近些年来我国社会立法有了很大的发展，现行行政法在手段、机制和构建方法无法适应规范行政给付行为的需要。行政法必须作出系统性和方向性调整，以适应社会法发展对政府职能提出的新要求和协调社会权与民事自由权之间的关系，为政府履行发展职能提供合法性准则。他主张，根据我国全面协调可持续发展战略和政府在发展中的作用，通过政府的统筹兼顾实现社会权和民事自由权的协调和统一，建立协调发展导向型行政法体系。协调发展导向型行政法的制度建设，主要是以政策协调为目标的行政组织体制和行政决策制度为重心，在法律制度上限制对GDP的不当偏好和对经济增长的片面追求，实现全体社会成员平等参与和平等发展的权利。规范行政体制及其行政决策过程的客观行政法，是协调发展导向型行政法的主导性制度。在客观法性质的行政法体系中，政府发展权的合法性保障机制主要是对政策性决策的政治控制和行政监督；保障方法也将更多地依靠政策分析、绩效评估和信息公开制度，法院诉讼和对抗性审理等用于保护个人权利的传统方法不再是主要角色。②

（九）"合法性"与"最佳性"二维结构中的"新行政法"

朱新力、唐明良等透过"合法性"与"最佳性"这一二维结构，开展了到目前为止关于"新行政法"进行的最为集中的探讨。他们认为，传统行政法局限于"合法性"的考量，"新行政法"视野或者说行政法基础理论的改革框架，应当包括"合法性"和"最佳性"两个考量基点，实现"合法性"与"最佳性"的二维互动。传统行政法与新行政法就合

---

① 周汉华：《现实主义法律运动与中国法制改革》，山东人民出版社2002年版。
② 于安：《论我国社会行政法的构建》，《法学杂志》2007年第3期。于安：《论协调发展导向型行政法》，《国家行政学院学报》2010年第1期。

法性与最佳性不同关注的区别，主要表现为：在价值导向上，前者强调权力控制和权利保障，后者强调行政理性、行政民主化和行政效能；在功能定位上，前者重防御性机能，后者重形成性机能；在考量重点上，前者是消极地谋其不违法，后者则是积极地谋其行政正当性和理性；在保护法益上，前者以个人权利保障为主，后者以整体公益和制度福祉推进为主；在考量节点上，前者以司法审查的下游为主，后者以增加法政策学的分量为主；在研究方法上，前者以法教义学、法解释学为主，后者则增加了法政策学分量；在基本构成上，前者包括职权法定、行政行为形式论、程序控权、司法审查和权利救济；后者包括行政任务与行政组织形态的匹配、行政守法与政策工具的选择、程序设计与决策理性、司法政策功能与国家政策多元化。作者从这一新的视角，对行政法的基本原则、行政组织法、行政行为法、行政程序法、行政救济法以及行政法总论改革和部门行政法的体系构成等，进行了全面深入地分析。

（十）简评

20世纪末叶提出的平衡论，促发了中国行政法学界对行政法制度目标和价值取向的思考。自进入新世纪以来，对这一问题的讨论走向深入。行政法学者或着眼于经济全球化、信息化、市场化与民主化的世界潮流，或关注中国经济社会变迁对行政与行政法制改革的特别需求，对中国行政法制建设的价值导向、功能定位、正当性基础、保障机制等进行了探析。

与20世纪末主要着力于对传统"管理论"的批判不同，新世纪的中国行政法学者愈加强调"控权论"的缺失。控权论以控制行政权、保障公民权利自由作为行政法的核心任务，这既是其所长：它契合了中国行政法制度建设需要补上近代法治主义未完成的课题、大力加强对私人权利自由保护的现实需要；但也是其所短：它忽视了现代行政法通过建立新的法制框架、保障行政权有效行使、增进社会福祉的功能。本章所介绍的关于中国行政法制度改革的若干构想，都从不同的视角涉及了对控权论这种两面性的认识。中国的行政法制度，需要在对其目标和功能进行反思的基础上，进行结构性的重塑。中国行政法的目标和功能不应局限于对私人权利自由的保障，也应为提高行政效率效能、保障公共利益、进行利益协调提供制度保障；行政法制度建设不仅要致力于对秩序行政的规范与制约，也要探究对服务行政的保障之道；行政法的正当性不仅来自法的形式权威，也应来自法本身的价值合理性以及公民对于行政过程的参与；行政法的合法性保障机制不仅局限于司法审查制度，也应扩展到成本效益分析和信息公开等行政过程中的制度设计；行政法的制度建设不仅需要借鉴吸收西方法治发达国家的先进经验，亦应扎根于中国的经济社会政治现实。

二 中国行政法学的新路向

（一）中国的过渡或转型行政法学

于1970年代末肇端的中国体制改革，导致了中国社会结构全面而深刻的转型。这种社会转型对行政法学的冲击和挑战，受到一些行政法学者的关注。张树义是中国行政法学界从社会结构变迁角度讨论法学转型的代表性学者。他认为，中国法学落后最主要的表现，就在于法学在思维方式还没有跳出"西方中心主义"的窠臼。由于近代以来西方经济的发达所造成的强势，在社会科学研究中掌握了"话语霸权"，法学研究中所使用的概念、术语基本上是来自西方。中国法学界存在着一种削足适履的思维方式，偏要把中国"现实之物"，装进西方"理论之鞋"。但是中国法治发展的背景，与西方却有很大的差异。"我们放弃了人治而选择了法治，但在人治向法治的过渡中，西方法治理论中却缺少相应的指导，应该说这是中国法学所能做的贡献。故此我们可有中国过渡法学之说。"他从中国体制改革和社会结构变迁角度，对政府职能、行政主体、司法与行政关系等，进行了深入分析。[①]

包万超则提出中国的"转型行政法学"的概念，也即"关于描述、解释、预测中国转型时期的特殊行政法现象的知识体系"。他认为，"转型行政法学"在下列五方面要作出创新研究：第一，提出中国行政法学的研究对象，即揭示和描述中国独特的转型行政法现象。第二，发展一种关于中国转型行政法"是什么"和"如何存在"的实证理论，尤其是要超越注释法学，建立一种以人类行为理论为中心的中国行政法解释学。第三，为转型行政法的制度创新提供规范性基础和学术支持，尤其是要探索和提出转型时期中国行政法的原则和理论基础学说。这涉及行政法伦理学、制度学，人类的行为动机、机制设计中的信息和激励等种种复杂问

[①] 张树义：《中国社会结构变迁的行政法学透视——行政法学背景分析》，中国政法大学出版社2002年版；张树义：《变革与重构——改革背景下的中国行政法理念》，中国政法大学出版社2002年版。

题。第四，推动行政法学本土化进程，提出中国转型行政法的概念、命题、范畴和术语，形成中国的学术流派。第五，在社会科学的开放性研究中引入新方法和新资源，促进"交叉学科"的研究，建立中国行政法学的学术规范。①

我们认为，中国行政法学的发展，确实必须更加紧密结合中国社会转型的现状与实践。在深刻、急剧的转型、变革的过程中，强调稳定性、天然具有保守性的法，其功能是否有其重要的限度？中国改革渐进性、实验性与法治的统一性和普适性要求之间，是否存在尖锐的冲突？在对立法机关的民主代表性还存在很大疑虑的情形下，其所制定的法律具有优位性的政治正当性在哪里？在这样特定的历史时期，法治的内涵和要求是否有与经典或者说西方法治的要求存在重要的差异？再有，从人治向法治的过渡，要采取什么样的方式和途径？这些问题都等待着中国行政法学者去回应。

(二) 政府规制对传统行政法学的挑战

一些学者分析了政府规制尤其是风险规制对传统行政法学的挑战。朱新力、宋华琳提出，早期行政法学普遍经历了从行政科学到法律科学的转向，而现代行政法学则从以司法审查为中心转向以行政过程为中心。以司法审查为中心架构起来的行政法学体系，其关注的着力点在于如何由法院来解决私人和政府之间的纠纷。其关注的节点坐落于整个行政过程的"下游"，力图通过司法审查来规范规制者，从而维护相对人的权益。但在现代行政国家的语境下，行政过程堪称现代行政法学的"生命线"，它构成了行政法学的血肉与骨架。发轫于20世纪六七十年代的政府规制理论，为现代行政法学提供了一个强有力的分析工具，有助于革新传统行政法的概念架构和学理体系，建立起对真实世界行政过程有解释力的现代行政法学体系。②

章志远从民营化和规制改革的侧面提出，在公私合作的崭新背景下，通过对具体行政领域规制过程的观察和政策面的关怀，以回应真实世界为己任的新行政法已然兴起。作者认为，新行政法有六个方面的基本倾向：

---

① 包万超：《行政法与社会科学》，商务印书馆2011年版。
② 朱新力、宋华琳：《现代行政法学的建构与政府规制研究的兴起》，《法律科学》2005年第5期。

更加关注公私合作而非局限于公私对立；更加关注积极给付而非局限于消极防范；更加关注规制手段而非局限于行政行为；更加关注过程正当而非局限于结果合法；更加关注法政策学而非局限于法解释学；更加关注部门细节而非局限于部门整体。①

于立深在政府管制（规制）的大背景下提出了一种功能主义的新行政法。② 他认为，新行政法的研究材料主要是实证的材料，包括立法争议案例、管制争议案例、诉讼案例等。在政府管制背景之下，新行政法更强调横向地研究"问题"，强调关注"事务"而不是理论，强调行政法对问题的解决能力。其方法首先是描述性的、分析性的，即注重资料和问题的描述，然后借用体系化和逻辑化的方法来说明行政权的范围、手段、功能及其变化，如果描述不出行政权的功能、现状，那么新行政法的功能就丧失了。

一些学者讨论了风险社会和风险规制对行政法学的影响。宋华琳提出，风险社会要求行政法的转型，要求必须结合国家和社会的力量，进行有效率的风险规制。如何在行政法学的理路下，结合具体的行业和领域，对风险规制的组织结构、形式选择以及程序设计给出可操作的安排，如何又从中发展出风险规制的一般性原理，从而对行政法学总论进行丰富和修正，都是行政法学界面临的课题。③ 沈岿从风险的"不确定性"和"主观性"以及跨国、国际风险规制的挑战等角度，论述了风险社会的兴起对传统行政法的挑战。④ 赵鹏讨论了风险规制对传统自由主义的行政法学原理，尤其是法律保留和比例原则的冲击与挑战。⑤

（三）社会科学的行政法学

包万超在提出"转型行政法学"概念的同时，倡导进行"社会科学

---

① 章志远：《民营化、规制改革与新行政法的兴起——从公交民营化的受挫切入》，《中国法学》2009年第2期。

② 于立深：《概念法学和政府管制背景下的新行政法》，《法学家》2009年第3期。

③ 宋华琳：《风险规制与行政法学原理的转型》，《国家行政学院学报》2007年第4期。

④ 沈岿：《风险规制丛书》"总序"，见伊丽莎白·费雪，沈岿译《风险规制与行政宪政主义》，法律出版社2007年版。

⑤ 赵鹏：《风险社会的自由与安全——风险规制的兴起及其对传统行政法原理的挑战》，《交大法学》第2卷（2011），上海交通大学出版社2011年版。

的行政法学"研究。他认为，现代行政法学作为一种"单向度"的规范法学，这种规范的实证基础缺乏经验世界的支持，而使自身变为内容空虚的逻辑游戏，使得行政法学的学术研究丧失了对生活世界的认知和指导作用。它既不能客观地描述和解释行政法"是什么"，也不能令人信服地指出行政法"应当是什么"。作者倡导"面向社会科学的行政法学"，就是将社会科学的方法和知识资源应用于行政法研究，最重要的是发展一种以人类行为理论为中心的社会科学的行政法学，并同时注重规范与实证研究。在分享知识资源上的一个直接行动是鼓励跨学科的研究，尤其是准确切入邻近的学科领域，并在这一过程中完全忽略行政法学作为一门独立学科曾保留的疆界和种种合法依据。如果说注释行政法学是建立在单一、封闭和静态考察的方法论基础上，那么"社会科学的行政法学"则开拓了相反的路径——多元的视角、开放的体系和动态的考察，它试图在社会科学的基础上树立有生气的行政法学。[1]

（四）行政法政策学

与行政法学方法论革新相关，一些学者提出了发展"行政法政策学"的主张。杨建顺在分析现代行政特点的基础之上，强调要"从行政法政策学的角度对政策形成过程中行政的作用、行政法的特殊性质、现代国家的利益反映机制、舆论监督的作用以及如何把握人民的意思表示等问题进行探讨"。[2] 鲁鹏宇认为，法政策学是研究法与公共政策相互关系的学问。正确理解法与公共政策的联系和区别，是合理定位法政策学的前提。从学科定位而言，法政策学应当定位于法学的分支学科，并始终要以法律思维为基础，在不断批判和反思政策思维的基础上实现法学与公共政策学的有机整合。就基础概念而言，法政策学的支柱性概念包括政策目标（立法目标）、政策工具（行政手法）、规制模式（组合手法）和评价基准等。就具体的事项分析而言，法政策学需要采用过程分析模型，对立法所涉及的价值、事实和规范三要素进行循环往复的观察和论证。[3] 江利红介绍了日本行政法政策学的发展脉络基本主张。传统日本行政法学被限定于法律

---

[1] 包万超：《面向社会科学的行政法学》，《中国法学》2010年第6期。
[2] 杨建顺：《公共利益辨析与行政法政策学》，《浙江学刊》2005年第1期。
[3] 鲁鹏宇：《法政策学初探——以行政法为参照系》，载《法商研究》2012年第4期。

解释学，采用法学方法规范地解释实定的法律条文，而没有将立法阶段的事项纳入行政法学的视野之中。阿部泰隆等学者针对这种以法律解释学为中心的日本行政法学理论与实务相脱节的问题，将法政策学中的考察方法运用于行政法学中，由此提出了行政法政策论。行政法政策论不仅将行政法学作为法解释学，而且将立法过程也纳入行政法学视野，并注重法解释学与法政策学之间的关联，以此构建适合行政实践发展的行政法律制度。①

（五）功能视角中的行政法

朱芒提出"功能视角中的行政法"，认为行政法学研究"不能仅仅以演绎的方式或从制度内在的角度去关注法律制度，从功能的方面进行考察，则不失为一个很有益的研究方法"。作者对行政处罚听证功能进行的实证分析发现，在实践中，听证不仅发挥着因为"要件—效果"关联框架所赋予的合法性证明和当事人权益维护功能外，在事实上还存在纠纷解决功能。②

（六）行政过程论

江利红以日本的行政过程论为基础，提出要以行政过程为中心重新构建行政法学体系。他认为，传统的行政法学过度偏重于作为行政过程最终结果的行政行为，忽略了同一行政过程中各个连续的行为形式之间的联系，仅仅从静态上定点地考察行政行为的合法性。随着现代公共行政的发展，行政法学必须将行政过程中的各种行为形式全盘纳入视野，而且应注重同一行政过程中各行为以及同一行为内部的各环节之间的关联性，对行政过程进行全面、动态的考察。基于此，可以从公私法区分的相对化、实质法治主义的转换、行政法学方法论的变革、行政法体系的重构、行政行为理论的发展、行政过程中相对人地位及作用的提高等六个方面构建行政过程论的理论体系。③

（七）简评

目前中国行政法学界对行政法发展趋势或"新行政法"的讨论，大

---

① 江利红：《日本行政法政策论考察》，《法治论丛》2010年第4期。
② 朱芒：《功能视角中的行政法》，北京大学出版社2004年版。
③ 江利红：《以行政过程为中心重构行政法学理论体系》，《法学》2012年第3期。

体可以分为两个方向，一个方向是从经济、社会等背景的变迁出发，探讨中国行政法制度建设的方向；另一个方向是从学科体系、研究旨趣、议题设定、研究方法等方面，讨论行政法学研究的变革问题。当然，这只是一个大致的区分，这两个方向之间实际上具有密切的联系，因为一方面，行政法制度建设中面临的新挑战及新需求，往往也成为行政法学研究的对象，并刺激了行政法学科体系、研究对象和研究方法的更新。中国新行政法学的提出，其实正体现了行政法制度变革对行政法研究方法更新的需求。另一方面，对行政法制度建设方向的讨论，往往受研究旨趣和研究方法等的影响。此外，对于一些问题的讨论，例如关于行政法上的效能效率原则的定位，很难简单地归入行政法制度建设还是行政法学的学科发展。

进入新世纪以来，中国行政法学界对行政法研究的新视野、新进路、新方法的讨论，对于拓展中国行政法学的研究角度和领域、提升中国行政法学的研究水准和质量、提高中国行政法学回应现实世界中真实问题的能力等等方面，都具有极其重要的启发和促进作用。中国行政法学的未来发展，应将规制国（政府规制）和福利国（社会行政、服务行政或福利性质）的相关理论和制度，作为行政法学研究的重要领域，与此相关的是在一般行政法（行政法总论）之外，深入到部门行政法（行政法各论）领域之中。在其中，不再以司法为中心，视野仅及于行政的边缘；而是要深入政府活动的核心，与经济学家、公共行政学家一起，探究提高行政效率、效能、保障公共利益、进行利益协调的途径。中国行政法学研究应在规制行政、社会行政等领域的制度设计的研究方面取得更大进展，从而与传统行政法对行政权的控制体系形成双峰对峙局面。当然，在新行政法的视角下，中国行政法学研究的变革具体应体现在哪些方面，新行政法与传统行政法的关系到底如何厘清，行政法学如何在包容不同学科视角的同时能够维持其作为规范学科的品性，等等，这些问题都还值得行政法学界进一步思考。

三 中国行政法释义学的建构

行政法释义学（教义学）的任务在于对有效法律规范的内容进行解释并将其系统化，从而它可以分成两个方面。其一是实践的行政法释义学，即对行政法规范的解释，对一个模糊的法律条文，要运用文义、目的、历史、体系、比较法等方法进行解释。其二是理论的行政法释义学，即对法律进行系统化。法释义学通过运用概念、类型和原则等等工具，将具体的法律问题纳入普遍化的、无评价矛盾的、符合逻辑的相互关联中，从而发挥了秩序化和系统化的功能。行政法释义学是大陆法系传统行政法学的核心所在，这一体系主要是围绕行政行为形式论展开的，这种现象近年来在德国受到了很大的挑战。一些学者认为，应当以行政法律关系为主线，重构行政法学体系。域外行政法学的这一发展趋势，也影响到中国的行政法学研究。

（一）行政法释义学的功能

赵宏以德国行政法学为借鉴，讨论了行政法的体系思考与体系建构。她认为，在逾百年的发展历程中，德国行政法构建了由概念、形式和结构等诸多要素组成的完整系统，其内容既包含对实定法的解释描述、对实定法的概念性和体系化的演绎，又包含解决实际问题的框架性建议，而这些学科体系化建构成果在嗣后又都成为德国行政法的巨大仓储，为重要立法所吸纳。学科的体系化具有重要功能：减轻法律适用和裁判实务的负担；为具体个案提供解释基准；作为法政策的工具和手段。规则的系统化和相对独立，也可以使其区别于政治宣示，并有助于其与现实变化之间保持必要的距离，避免疲于应付现实变化，而是必须经过系统沉淀、过滤、消化和检验过程后再做出审慎调整。由于借鉴和继受源头的多样性，中国行政法学科体系不协调和逻辑不周延的恶状已经越来越显现。在现阶段应对我国行政法学进行整体反思，引入系统思考，并积极促成行政法的体系化。[①]

王旭认为，围绕行政法学研究中价值与规范、规范与事实这样两组关系的主观处理之不同，中国行政法学研究形成了法律教义学和法律政治学两种不同的研究立场。法律政治学脱离规范的适用，以静态的立场来处理规范与价值、规范与事实的关系；而法律教义学则是围绕规范的适用，在适用中来动态处理规范与价值、规范与事实的关系。王旭指出，法律政治学立场是我国当下行政法学研究之主流，而中国行政法学的教义学立场则还不分明、完整与成熟。王旭通过分析这两大立场的内涵与特征，讨论了中国行政法学知识生产过程的状况与问题，并主张确

---

① 赵宏：《法治国下的目的性创设：德国行政行为理论与制度实践研究》，法律出版社2013年版，第74页以下。

立一种圆融了事实与规范、调适了规范与价值、徜徉在科学与政治之间的行政法学之教义学立场。①

于立深尽管强调在政府管制背景下，新行政法要更强调横向地研究"问题"，强调关注"事务"而不是理论，强调行政法对问题的解决能力，但与包万超强调用社会科学的方法来研究行政法，淡化处理甚至"完全忽略行政法学作为一门独立学科曾保留的疆界和种种合法依据"不同，于立深强调须用概念行政法学方法论和学术风格去研究复杂的政府管制问题。他认为，这是外接管制的新行政法所应坚持的品格，否则新行政法（包括中国的部门行政法学）又会回到1895年迈耶创建现代行政法以前的轨道上，政府管制之下的新行政法也就变成了行政学、社会学。政府管制背景之下的新行政法要想确立自己的知识体系和解决现实问题的能力，就必须借助概念行政法学的方法论。作者认为，中国大陆地区的行政法必须去走英美德日等国都未曾走过的道路，一方面必须通过政府管制和部门行政法的结合来完成"行政的本质"，来担负宪制未竟事业的"政治功能"。另一方面，中国大陆地区的行政法虽经30余年的发展，仍旧缺乏形式和逻辑分析，仍未脱离与政治伦理相混淆的情形，这对正处于转型时期的行政法律变革相当不利。我们仍有扎根于概念行政法之方法论的必要性，并以此来研究福利国家和行政国家（管制国家）带给我们的复杂的行政法问题。根本的出路是：用概念法学的方法论指导、规范政府管制背景之下的新行政法的研究，谋求行政法学的新发展。②

高秦伟认为，传统行政法学的教义立场通过对实证主义的坚持，使行政法学成为一门独立的学科。同时行政法学还结合自身的学科特点，创立了行政行为的形式理论，以此为方法论展开了行政法学的研习与行政法的适用，至今仍然具有重要的指导意义。③但传统的行政法学方法论存在严重的缺陷，例如偏重行政行为，较少注意政策制定，在如何寻求规制的"黄金分割点"，传统的方法论显然难以作出合理的回应。因此，新的行

---

① 王旭：《中国行政法学研究立场分析——兼论法教义学立场之确立》，《法哲学与法社会学论丛》第十一期，北京大学出版社2006年版。

② 于立深：《概念法学和政府管制背景下的新行政法》，《法学家》2009年第3期。

③ 高秦伟：《反思行政法学的教义立场与方法论学说——阅读〈德国公法史（1800—1914）：国家法学说和行政学〉之后》，《政法论坛》2008年第2期。

政法学方法论的提出，具有其重要意义。在行政法学的研究中，学者们拓展视角，开始对行政过程中的实体性因素予以描述、分析和判断，对公共政策的形成和实施过程予以关注。这些方法论改变了以往以注解概念为主的静态研究方法，而更加着重于法在社会秩序中的形成、发展、构造及效果分析等动态的观察，并由此产生了动态研究方法，也使得居于行政法学核心地位的"解释论"走向了与"立法论"并重的局面。经济学、社会学等方法都较好地融入到了行政法学的研究之中，显示出行政法学的开放性。但他认为，对新的行政法学方法论的边界也应保持足够的慎重，要警惕把行政法学带向无边际、无所不包的学科的危险境地。例如，"行政法政策学"的方法论会不会因为未能正确把握政策抉择而重新走向所谓的"政法法学"，会不会仅仅只是在为国家的政策作诠释，会不会又使有些人以官方法律家自居，收敛起理论批判的锋芒，将全部的注意力和学术兴趣置于对官方现行政策及意图的说明和诠释，力图将政治与政策学术化、知识化，都不无疑问。对于"功能视角中的行政法"，则是否会因为过于强调功能或者系统的反思性，而使行政法学丧失自己的学术规范、缺乏独立性呢？在中国行政法学未成为严格的社会科学之前，是否需要方法上的"开放"呢？作者认为，在接受传统方法论方面，中国的行政法学虽经20余年的长足发展，但仍有缺乏形式和逻辑分析、与政治伦理相混淆的情形，仍有必要借鉴传统方法论中的合理因素。[①]

（二）行政行为型式论

在我国行政法学著作中一般都会介绍行政行为的分类。胡建淼带领的研究团队对此作了深入研究。他们将行政行为做了系统而细致的划分，诸如抽象行政行为和具体行政行为、内部行政行为和外部行政行为、依职权行政行为和依申请行政行为、羁束行政行为和裁量行政行为、行政作为与行政不作为、要式行政行为和不要式行政行为、主行政行为和从行政行动、授益行政行为和负担行政行为、可诉行政行为和不可诉行政行为、中间行政行为和最终行政行为、终局行政行为和非终局行政行为、无条件行政行为和附条件行政行为、实力行政行为和意思行政行为、单一行政行为和共同行政行为、对人行政行为和对物行政行为、实体行政行为和程序行

---

① 高秦伟：《行政法学方法论的回顾与反思》，《浙江学刊》2005年第6期。

政行为、合法行政行为和违法行政行为、有效行政行为和无效行政行为、行政法律行为和行政事实行为、基础行政行为和执行行政行为、原本行政行为和重复行政行为，等等。并进而对相关概念进行了系统深入的研究，挖掘了每一对范畴的起源、理论与法律基础、基本内容、在实践中的具体应用、各范畴间的相互关系等基本理论问题。① 叶必丰则认为，我国目前的行政行为分类学说过多，从功能上说，只需保留少量必要的分类，而应将大量分类纳入相关原理介绍和讨论；从行政行为的内涵上说，勿需概念重构，只需正本清源，即将行政行为界定为行政权作用并实行分级分类；从行政法制度建构上说，行政救济范围的确定并不完全取决于行政行为的分类，不必过多批评抽象行政行为和具体行政行为的划分。这种划分主要服务于依法行政自律机制的建立，并且从行政程序法的草拟和行政行为的统计上来看，也有必要将行政行为界定为行政权作用，然后再作进一步的分级分类。②

我们认为，对行政行为的分类只要能有助于分析一定的行政现象就有其实际意义，但也要注意在行政行为的分类之上或之外建立起行政行为的基本类型，以有助于从整体上把握行政行为现象，减轻思维的负担，促进相关法理的完善以及相关法律制度的健全。这在德国和日本被称之为行政行为的型式化（形式化）。③ 型式化的行政行为，是指通过实务或理论界的长期探讨而形成的固定化的行政行为，其概念、体系、该体系与其他体系相互间的关系已经大体完备的行政行为。在讨论行政行为的型式化时，应当注意的一个问题是，行政行为的型式化具有不同的层次，其所产生的法律概念也具有抽象程度上的差别，这些概念因抽象程度的不同构成了不同的位阶。例如，中国行政行为理论中的行政立法、行政处罚、行政处分、行政许可、行政指导、行政奖励、行政确认、行政裁决等概念，也都是对行政行为型式化的产物。探讨这些型式化行政行为的概念和及其相关规则是有益的。但是为了实现通过型式化达到简化思维程序、减轻立法负

---

① 胡建淼主编：《行政行为基本范畴研究》，浙江大学出版社2005年版。
② 叶必丰：《行政行为的分类：概念重构抑或正本清源》，《政法论坛》2005年第5期。
③ 林明锵：《论型式化之行政行为与未型式化之行政行为》，见《当代公法理论》，（台湾）月旦出版社公司1993年版。盐野宏著、杨建顺译：《行政法总论》，北京大学出版社2008年版。

担等功能，我们还应努力探求在这些概念之上是否还可以抽象出其中数个概念拥有的共同特征的新型式（概念），并从而能够构建出更具有普适性的规则，但同时也要避免因为过度抽象导致概念的空洞化。能够符合这一标准的型式化行政行为，可以称之为行政行为的基本型式。从这个角度看，前面对行政行为的类型划分，却未能充分地满足这一要求。因为很明显，至少在各类行政许可、行政奖励、行政确认、行政给付、行政裁决乃至行政处罚之上，我们完全可以运用行政处理的概念来对其共同的规则加以探讨。各种行政法学教科书与专著在对行政行为类型的把握上，却缺少这样一种认识，均仅以本文前列的概念作为型式化的行政行为进行探讨，导致行政行为部分显得芜杂，重点不突出。另一方面，自从我国行政诉讼法采用了具体行政行为的概念以后，具体行政行为和抽象行政行为的概念被作为我国行政行为型式化的重要成果在各类著作中得到普遍的采用。从服务于行政诉讼实务的角度而言，这固然有其存在的合理性，但从学理而言，其理论上的合理性与实践上的合理性均是有疑问的。因为一方面，由于行政行为的概念本身的界定人言人殊，这必然导致对具体行政行为和抽象行政行为概念的界定上存在重大差异，导致难以对其概念内涵形成共识；另一方面往往过分考虑解决行政行为可诉性的问题，对行政行为型式化的其他功能重视不足。此外，由于在具体行政行为中包含了双方与单方行为、法律行为与事实行为甚至内部行为与外部行为，因而这一类概念存在过度抽象的问题，影响了其型式化目标的实现。从比较法上来看，大陆法系行政行为理论的重要发展成果，是建立在对行政行为依据内部与外部标准、抽象与具体标准、单方与双方标准、法律行为和事实行为标准进行分类的基础上，对行政行为加以型式化，其所产生的一些行政行为基本型式即是：法规命令（行政立法）、行政规则（规定）、行政处理、行政合同与行政事实行为等。大陆法系的这一理论成果值得我国行政法学借鉴。

  在传统行政法学行政行为型式论中，行政处理具有特别重要的地位。行政处理（或行政决定，德文 Verwaltungsakt，法文 décisions exécutoires，日本称为行政处分或行政行为，我国台湾地区称为行政处分），是指行政机关针对具体事件行使行政权、单方面作出的对外直接产生法律效果的行政法上的法律行为。行政处理是大陆法系行政法中行政行为型式化的重要成果。以德国为代表的大陆法系国家行政法（学）的发展，在一定程度上即体现为 Verwaltungsakt（行政处理，也有人译为行政行为）概念的精确化及其相关制度的完善化，诸如行政处理与民法上法律行为与意思表示的关联性，行政处理得否撤销及其界线，行政处理无效与否的界线，瑕疵行政处理的转换与可撤销的条件等等，无不与行政法（学）的发达如影随形，同步演进。① 我国台湾地区著名行政法学者城仲模先生认为，行政处理概念的制度化及条文化，已成为德国行政法的一个基本特征，并予以其极高评价。其他如日本、法国及我国台湾地区的行政法学中，行政处理都是行政法学的一个核心概念。可能在很大程度上，由于德文 Verwaltungsakt 在日本和我国被翻译为"行政行为"，而中国行政法学理论和行政法律制度中的"行政行为"因为包含了抽象行为与具体行为、法律行为与事实行为、单方行为和双方行为等等，导致了二者使用上的混乱。很多被归于行政行为名下讨论的问题，例如行政行为的公定力、确定力等，考其实质，主要均仅适用于行政处理领域。这一现象在近年来得到了一些学者的关注。②

（三）行政法律关系论

行政法律关系在中国行政法学中是一个既受重视又被忽视的概念。言其被重视，是因为几乎每一本行政法教科书都会拿出专门的章节对其进行讨论。这种重视是基于行政法律关系概念在形式上具有统摄行政法上的权利（权力）义务关系的作用，并能够与法理学和民法学中对法律关系的讨论有所对应，从而体现行政法学的法学特质。言其被忽视，是因为长期以来对行政法律关系的内涵、特点及其在整个行政法学体系中的地位与功能等问题的研究，都未能得到很大的推进。在目前的研究中，这一概念及其运用存在着过于烦琐、实效性不足等缺陷。在一定意义上可以说，行政法律关系已经成为中国行政法学的"鸡肋"，食之无味而抛之可惜。在传统大陆法系行政法学中，其行政法律关系的概念尽管要比中国行政法学更为精确，但由于大陆法系行政法理论体系是建立在行政行为形式论上，行政法律关系概念的功能也极有限。不过，近年来因为行政行为形式论的不

---

① 李洪雷：《行政法上的意思表示与法律行为》，《法哲学与法社会学论丛》（2006 年第二期，总第十期），北京大学出版社 2007 年版。

② 朱新力、高春燕：《行政行为概念之科学界定》，《浙江社会科学》2003 年第 1 期；余军、尹伟琴：《作为行政诉讼通道的功能性概念：行政处分（Verwaltungsakt）与具体行政行为的比较分析》，《政法论坛》，2005 年第 1 期；宋功德：《行政处理——聚焦行政法上的陌生人》，北京大学出版社 2007 年版。

足日益显现，如有学者提出，行政的行为形式理论借由行政行为概念之形成与区隔，试图掌握所有的行政活动，但是否能充分符合现实上与行政相关生活事实关系之法规制结构的要求，则值得怀疑。① 在德国和受其影响的我国台湾地区行政法学界，从行政法律关系的角度建构行政法理论架构，渐受重视。②

鲁鹏宇认为，现代社会利益冲突的复杂化与行政活动方式的多元化发展趋势，导致作为传统行政法学体系核心的"行为形式理论"在法律事实的认知与解释上的功能明显弱化。而"法律关系理论"则能够提供有关法律现象的全方位观察视角，并适合不同的社会利益关系结构与私人权利基础之分析和论证。因此，法律关系理论可作为行政法学体系建构的另一主要支柱，以分担行为形式理论在法律体系中的过重负载。作者亦强调，法律关系的类型化与行政行为的类型化同样重要，尤其是对针对重要行政领域法律关系特殊性之分析，有助于对行政法的基本原理与制度规范的批判、反思与重构。例如，环境行政领域如何协调多数关系人之利益冲突；租税行政领域国家与纳税人之间是否成立债权债务关系；福利行政领域国家之"生存照顾"义务与人民之给付请求权构造；规划行政领域的"市民参与"关系；民营化进程中的"官民合作"关系，以及行政组织内部之法律关系等课题，均具有重要之研究价值。总之，重要法律关系之类型化研究，可以推动相对人权利之类型化与体系化，而诉讼法的诉讼类型与判决类型的设计，也必须与相对人的权利类型相适应，以保障权利的实现。③

赵宏介绍了德国学者对法律关系视角优越于传统行政行为视角的论证。其一，法律关系的基本思想是对相关事实进行法上的整体性观察，在这种整体性视角下，权利义务不再彼此隔离，而是涵盖在法律关系主体相互关联、相互影响的关系之下。其二，与行政行为学理与行为方式的

---

① 张锟盛：《行政法学另一种典范之期待：法律关系理论》，载《月旦法学杂志》第121期（2006年），第54页以下。

② 施密特·阿斯曼著，林明锵译：《秩序理念下的行政法体系建构》，北京大学出版社2012年版；赖恒盈：《行政法律关系论之研究——行政法学方法论评析》，元照出版公司2003年版。

③ 鲁鹏宇：《论行政法学的阿基米德支点——以德国行政法律关系论为核心的考察》，《当代法学》2009年第5期。

"公/私"属于来确定法律适用不同,法律关系主要针对具体法律关系的事实而进行法适用的分配。因此,在整体的行政法体系下,法律应针对各种不同类型的法律关系,如秩序行政的法律关系、给付行政的管理关系、捐税行政的法律关系、计划行政的法律关系等进行分析与考量,这种法适用显然要比简单的"公/私"二元区分更加细致妥帖。其三,与行政行为之时截取最终时点的决定进行静态观察不同,法律关系侧重"时间"的面向,通过对法律关系的变更、消灭等问题的分析,行政在各个阶段的决定被放置在同一存续的法律关系的框架下,就相互联系的过程进行考察,因此它同时以状态为导向,并具有过程的面向。其四,法律关系的视角打破了传统的"国家不渗透理论",不仅特别权力关系理论再无所遁形,内部行政关系亦被纳入行政法的观察视野。其五,传统学理即使在使用法律关系对行政关系进行观察时,也多局限于行政与相对人之间的双边关系,而更新的法律关系理论则会涉及更多边的关系,而这一点对于法律关系较为复杂的给付行政尤其重要。①

罗豪才认为,行政法上平衡论的一个重点特点,是强调从"关系"视角研究行政法。他认为,传统行政法理论模式采取"权力"视角会产生研究的盲区,应转换为"关系"视角,突出相对方的主体性和公众参与对于行政过程的重要性。虽然管理论、控权论是两种对立的理论模式,但视角都是相同的,都是单一的"权力"视角。在这样的视角下,作为行政权对立面的公民权只是一种背景性的设置,其没有把握现代公共治理中行政权与公民权之间错综复杂的、既对立又互动的关系。而在平衡论者看来,行政法关系的核心应当是"权力—权利"(Power-Right)关系。这种"权力—权利"关系具有时空性,在不同的社会条件下表现出不同的具体形态,例如在秩序行政与服务行政中就有差别;而且还具有广泛的关联性,与行政法上的权力—权力关系和权利—权利关系可以实现多方面的衔接。他认为,只有坚持"关系"视角才能全面地观察行政法关系,才有可能建构比较科学的行政法学理论体系,才能建构比较合理的行政法

---

① 赵宏:《法治国下的目的性创设:德国行政行为理论与制度实践研究》,法律出版社 2013 年版,第 466 页以下。

制度。①

郑春燕结合美国分析法学家霍菲尔德的法律关系理论和行政法的结构变迁，对行政法律关系进行了分析。她认为，从分析法学的视角看待，行政权是由羁束权（权力与义务）和裁量权（权力与特权）组合而成的复合型法律概念。由此展开的行政法律关系，远比权力—权利的传统行政法律关系定位要精确。其中，裁量权的运作，尤其是现代行政任务实现过程对合作行政的倚重，使行政相对一方通过实质性参与来获得规范意义上的权力。逻辑结构上的相依、互动，使行政法律关系真正处于动态的均衡之中，并预示了协商行政活动实施的可能。

关于行政法律关系理论在行政法释义学中的定位，赵宏认为，法律关系要成为新的行政法释义法基础概念，并彻底取代行政行为之间仍旧具有相当距离。但它作为现代行政法学的另一崭新观察视角和方法论基础的价值，却不容忽视。这一价值已在环境行政法、规范行政法等诸多特别行政法领域得以充分展现，未来有可能进入"法律关系"与"行政行为"并行的"双核时代"。② 这一主张值得赞同。

（四）行政法的适用与解释

行政法的适用与解释是行政法释义学的重要内容，也是行政法实施的重要环节。研究行政法的适用与解释，将提升行政法学的体系化和科学化，促进行政法的确定性和可预见性，优化行政法的实施机制。近年来法律的适用与解释问题已经得到了国内学者的重视，行政法的适用与解释问题也得到越来越多的关注。高秦伟的《行政法规范解释论》研究的重点，关系到行政法适用、行政政策选择、行政的司法拘束等基本理论问题，是国内对该问题首次进行系统、深入研究的专著。其概述以完善行政过程中的行政法规范解释制度为立足点，在进行充分的比较法分析的基础之上，深入研究中国行政法规范解释实践中存在的问题，对中国现在及未来行政法规范解释的权力配置、裁量方法、正当程序、体现方式及司法审查制度

---

① 罗豪才：《中国行政法的平衡理论》，罗豪才等：《行政法平衡理论讲演录》，北京大学出版社 2011 年版，第 6—7 页。

② 赵宏：《法治国下的目的性创设：德国行政行为理论与制度实践研究》，第 464 页以下。

等，提出基本设想。① 此外，他还以中美行政法比较的视角，讨论了行政法解释中的法律解释与政策形成的关系。②

王旭试图初步提出一套行政审判中的法解释学。一方面还原并强调行政法学作为"法学"所具有的实践特征，另一方面在此初步的理论框架内，来描述与评价以最高人民法院行政审判中的解释活动为代表的中国行政法解释实践。《行政法解释学研究：基本原理、实践技术与中国问题》的核心关怀在于探索行政法解释的特殊性，并围绕其"正当化个案裁判"的法律功能与"释放并建构政治价值"的政治功能为线索展开论述。其一大特色在于提出了规范主义、实用主义和政治原则主义三种法律解释方法，并对最高人民法院的解释活动进行了分析。

李洪雷在对行政法的适用过程作了简要描述后，讨论了行政法解释的形式和因素，司法解释与行政解释的差异，法院对行政解释的司法审查等问题，以及行政机关和法院的规范选择权。③ 他以现代规制国的兴起为背景，讨论了在司法审查案件中法院对行政机关的解释应采取何种态度成为争论的焦点。④ 张弘、张刚讨论了作为行政法渊源的行政解释、作为行政法的适用方法的行政解释和作为行政法适用方法的行政解释之方法。⑤ 黄竹胜讨论了行政法解释的结构、目标、原则、方法和体制等问题。⑥ 伍劲松以行政执法与适用为视角，分别从认识论、实践论、方法论与过程论的层面，系统地研究了行政解释的基本理论、基本内容、基本方法，并对我国行政解释制度进行了反思与重构。⑦

总体而言，进入新世纪以来，我国行政法解释的研究取得了很大的进

---

① 高秦伟：《行政法规范解释论》，中国人民大学出版社2008年版。
② 高秦伟：《在法律解释与政策形成之间——行政法解释方法论研究》，《法律方法与法律思维》第八辑，法律出版社2012年版。
③ 李洪雷：《行政法的适用与解释初论》，《法律方法与法律思维》第八辑，法律出版社2012年版。
④ 李洪雷：《规制国家中对行政解释的司法审查——以谢弗林判例为中心的考察》，《规制研究》第一卷，格致出版社、上海人民出版社2008年版。
⑤ 张弘、张刚：《行政解释论：作为行政法之适用方法意义探究》，中国法制出版社2007年版。
⑥ 黄竹胜：《行政法解释的理论建构》，山东人民出版社2007年版。
⑦ 伍劲松：《行政解释研究：以行政执法与适用为视角》，人民出版社2010年版。

展,但还存在着严重的不足,诸如,在实践中面临的很多相关议题都还没有涉及,与中国改革和转型的社会现实结合不够紧密,不重视对部门行政法实践和问题的归纳与整理,对国外相关理论和制度了解不够深入,对于很多重要的理论问题尚缺乏共识,等等。

(五) 简评

改革开放以来中国的行政法学,在参酌大陆法系和英美法系行政法学的基础上,初步建立了中国的行政法释义学体系,进入新世纪以来,围绕行政法释义学的相关问题,包括行政法释义学的功能,作为传统行政法释义学的行政行为型式论,以及新兴的行政法律关系论,中国行政法学界进行了初步的讨论。另外,作为行政法释义学重要内容的行政法适用与解释的研究,也得以推进。但在概念的科学性、体系的完整性、研究议题的广泛性等方面,中国的行政法释义学都还存在的很大的不足,仍未臻成熟。一方面,我国行政法学的主要概念和基本框架是承继自大陆法系,但大陆法系行政法释义学的优点,如系统性、类型化和安定性等,在我们的行政法学却难见踪迹。目前我国国内教科书概念界定不科学,体系结构混乱,对于一些基础性概念,例如法律保留、公法人、行政主体、公物、行政规则(规定)、行政处理、行政裁量、举证责任等,还缺乏深入研究。另一方面,在行政法学体系中,大陆法系与英美法系的概念、原则与结构等纷然杂陈,例如依法行政原则和越权原则,信赖保护原则和正当期待(合理预期)原则,比例原则与合理性原则等,无序交织,缺乏整体的协调。因此,如何在对大陆法系和英美法系的行政法学概念体系进行比较研究的基础上,建构一套相对成熟的行政法释义学体系,是中国行政法学界面临的一个重要课题。

行政法释义学作为行政法学的核心内容,是行政法学者的安身立命之所在,也是行政法学与公共行政学、经济学、社会学等等其他学科对话交流之"资本"所系。中国行政法释义学体系的建构,仍应是中国行政法学研究的重点甚至重心所在,这一点不应因为"新行政法"的崛起而受到太大的冲击。

四 结语

进入新世纪以来,中国的行政法学研究取得了很大的进展,对行政法立法和实施中的问题表现出一定的回应能力,在一些理论问题上取得了突破。但总体而言，中国行政法学的现状仍不能尽如人意，这表现在：发表出版的行政法学文献固然数量较多，但真正有分量、称得上有真知灼见的成果尚不多见，低水平或者无意义的重复现象严重，甚至称之为学术泡沫、虚假繁荣亦不为过，真正的学术增量比较稀缺；行政法学还没有自己的"专业槽"，似乎凡能读书识字者皆可研究行政法问题，许多行政法学文献反映出作者缺乏法学基本素养与逻辑思维能力；对现象的描述缺乏扎实科学的实证研究基础，往往流于印象式的概括；行政法学界缺乏坦率的学术批评，学术争鸣非常罕见；大多数学者的精力集中于条件反射、就事论事式的研究，基础理论研究方面缺乏有创见、有深度的力作。行政法学与国家行政、经济、社会事件具有密切的联系，在我国转型时期，行政法学具有发挥作用的广阔空间，但由于传统行政法学关注的焦点集中于对行政权的控制与监督，不关注行政领域的核心现象的研究与核心问题的解决，导致在许多社会重大事件，例如国企改革、民营化、政府管制改革等，难以发现行政法学家的身影。

中国行政法制与行政法学中的问题具有复杂深刻的原因，非一朝一夕所能完全解决。但在大变局的时代，中国行政法学人仍有其不可推卸的历史责任。如何进一步提升中国行政法学的学术品质和研究水准？如何实现行政法学理论与行政法实践（包括立法与执法）的良性互动？对此我们提出以下几点意见，供行政法学界同仁参考：

其一，行政法学者应关注宪法问题。行政法是宪法的具体化，但中国行政法却是在缺乏健全的宪法实施基础的条件下成长起来的，这反倒使得行政法在很大程度上扮演着推进中国宪法建设事业发展的角色。但随着我国经济社会改革的推进与行政法制度的发展，我国行政法的这种先天不足的缺陷越来越多地暴露出来。行政法律制度实施中所出现的问题，例如行政诉讼的实践困境，其症结许多皆可归结为宪法的结构体制与功能机制。因此在中国当下，行政法学家只有关注宪法问题，才可能具有真正的大局观，才能更加准确、深刻地把握行政法现象。行政法者在理论上必须关注自由主义与共和主义、主权与分权学说等宪法理论思潮，从制度角度则必须关注立法制度、司法制度、地方自治制度、财政宪法和言论自由等基本权利的保障。

其二，既关注一般行政法（行政法总论），亦关注部门行政法（行政法分论）。在我国行政法学初创时期，学者对于具体行政部门尚保持关注。但自行政诉讼法制定颁布后，中国行政法学者的注意力几乎完全集中于一般行政法领域，并且在这一领域取得了很大成绩，为行政法制建设作出了重大贡献，《行政诉讼法》、《行政复议法》、《国家赔偿法》、《行政处罚法》、《行政许可法》、《行政强制法》等立法充分体现了这一点。但行政法学与行政法学者所能发挥作用的领域决不仅限于一般行政法，部门行政法是更为广阔的空间：政府监管，教育行政，社会保障，国有企业改革与公用事业的民营化等等。当行政法学真正将目光转移到部门行政领域以后，行政法学的面貌必将发生重大变化：其一，行政法学不再仅处于行政的边缘而是深入其核心，不是仅着眼于行政的形式而是深入行政过程；其二，行政法学所关注的不仅是控制行政权，而且要通过制度设计保障行政的效率效能，不仅是保障公民权利，而且要推进（真正的）公共利益与福祉，通过机制设计提高行政的效能、效率，并协调相互冲突的利益；其三，部门行政领域问题的研究涉及经济学、政治学、公共行政、社会学，行政法学者必须能够整合其他学科的学术资源。

其三，既重视借鉴外国行政法的经验，又注意有更加明确的中国问题意识，不简单照搬国外的经验。一方面，作为法制后进国家，尤其是在全球化的今天，外国行政法的经验对中国行政法的发展仍具有极重要的借鉴意义。经过改革开放30多年来行政法学界的辛勤耕耘，我国的比较行政法研究业已取得了长足的进展。其一，大量的域外行政法文献以翻译或评介等形式被引进，学界对域外行政法的掌握更趋准确和深入，也为中国的行政法制提供了重要的参考素材；其二，在行政法学研究中，直接利用一手外文资料参酌域外行政法制或理论已渐成为常态，在很大程度上提升了我国行政法学研究的学术水准；其三，对域外行政法的了解已不再停留于对相关制度轮廓的勾勒或描摹，而是拓展到具体制度的细节乃至部门行政法领域，进行精耕细作。但与此同时，我国目前的比较行政法研究中还存在着诸多的缺陷，对国外制度和学理的了解往往不成系统，只见树木不见森林；只知现状，不知历史，未能动态把握制度变迁的过程；只知英美法德日，不知北欧、东欧、印度、南美等。另一方面，我国既处在城市化和工业化的快速推进期，又面临着全球化、信息化和后工业化等新的挑战，同时还要处理从传统的全能政府向有限政府的转型问题，前现代、现代与后现代的问题叠加，所处阶段的特殊性和所面临问题的复杂性，都要求我们在设计中国行政法制的改革方案时，必须审慎面对中国的本土国情和问题，而不能唯任一域外制度或理论马首是瞻，无论其在该国运行的效果是如何的良好或在逻辑上是如何的完美。①

其四，行政法解释论与行政法立法论齐头并进。近二十年来我国行政法学研究的重心在于法律的建构，法学家扮演着"影子立法者"的角色，这种研究取向和角色定位与社会经济政治发展的需要是相一致的，适应了我国全方位的改革对制度转型和制度建设的需要。但正如有学者所正确指出的是，我们的这种立法论还是低层次的，在研究方法上基本限于法条层面的逻辑推演和不甚牢靠的比较法研究，"很少有从实证的角度——例如历史的、社会的、经济的——进行立法研究，更不用说对有关制度设计本身的方法论的关注了"，与行政法政策学的要求还有很大的差距。② 因此，在这一方向上还有很大的发展空间，尤其是在部门行政法领域更是如此。行政法学者必须拓展自己的知识面，深化对现实行政过程的理解，对国家行政法制的建构作出更大贡献。但另一方面，即使是在法制发达、立法质量相对较高的国家，由于法律文字本身的缺陷而导致的模糊性、因制定主体或时间的差异而导致的法律规范之间的冲突、因人类理性认识能力的固有局限或者社会经济形势快速变迁而导致的立法漏洞等等，均要求法律适用者具有娴熟的法律解释技巧，建构科学合理的法律解释体制。与其他学科相比，法学这门学科的独特性正是在于发展出一套解决法律解释和适用问题的独特技术和理论，从这一角度来看，法学研究者忽视对法律规范的解释和适用的研究又是不可原谅的。行政法的解释问题，涉及狭义的法律解释、法律漏洞的补充、法律解释权及其配置、法院对行政解释的司法审查等，均需要结合行政法规范的特殊性，作深入研究。如何在对大陆法系和英美法系的行政法学概念体系进行比较研究的基础上，结合中国的法制实践，建构一套相对成熟的行政法释义学体系，是中国行政法学界面临的一个重要课题。

---

① 李洪雷：《中国比较法研究的前瞻》，《法学研究》2012年第4期。
② 解亘：《法政策学——有关制度设计的学问》，《环球法律评论》2005年第2期。

第二章

行政法基础理论研究的新发展

对行政法学发展历程的回顾,尤其是把基础理论研究置于学术发展史背景下进行梳理,是行政法学研究的一个重要方面。本章回顾和综述进入21世纪后至今中国行政法基础理论研究领域的新发展,以代表性的论述或学者观点为素材,围绕行政法的概念、行政法基本原则、行政法学研究方法等关键问题形成三节,试图描摹出基础理论研究呈现出的样态和局面。

第一节 行政法基础理论概述

自1980年代初开始,尚在中国大陆行政法学复兴未久、行政法知识还相当薄弱的时候,面对国外行政法学理论的洋洋大观,建构一种"属于中国自己的行政法学"的自觉努力就已经展开,围绕"行政法基础理论"形成了一场"持久热烈而又宽容开放"的大讨论。[1]

严格而言,不论从修辞上还是逻辑上看,行政法的"理论基础"和"基础理论"可以有各自的指称,含义不尽相同。确有学者曾就"行政法的基础理论"与"行政法的理论基础"进行过审慎的区分和精细的辨析。[2] 也有学者开列出了堪称"行政法基础理论"的标准和要件。[3] 但是

---

[1] 沈岿:《行政法理论基础回眸——一个整体观的变迁》,《中国政法大学学报》2008年第6期。

[2] 参见周佑勇《行政法理论基础诸说的反思、整合与定位》,《西北政法学院学报》1999年第2期。

[3] 参见孙笑侠《论法律对行政的综合化控制——从传统法治理论到当代行政法的理论基础》,《比较法研究》1999年第3、4期。

为了避免以辞害意造成疏漏，本节统一使用"行政法基础理论"。

一 关于何谓"行政法"的争鸣

行政法的概念是行政法学的基本概念，是行政法基础理论研究的基石和起点。关于何谓行政法的研究，先后或同期出现了为人民服务论、人民政府论、管理论、控权论、平衡论、公共权力论、服务论、政府法治论、公共利益本位论等理论学说。① 这其中论述较为完备、影响力较大的主要学说或理论派别是平衡论、控权论和政府法治论。

（一）平衡论观点

"平衡论"顾名思义，它以解决中国行政法的结构性失衡问题、实现权利与权力的平衡为研究宗旨。在平衡论者看来，行政法的实质是平衡法。

20世纪80年代中后期为制定行政诉讼法做理论准备，我国行政法学界曾围绕行政法与行政权的关系、行政法的性质和功能、行政法的基本原则等问题，展开一场关于行政法"要控权、保权"还是"既要保权又要控权"的争论。这场争论成为平衡论提出的一个背景。在相当程度上，平衡论的理论内核来自对这场争论以及其后制度实践的积极反思和抽象整理。②

从1993年平衡论被第一次比较系统和完整的阐述至今，③ 它在一个学术群体的共同努力下坚持了20余年的研究，已经形成较成熟的理论框架和内容体系，学术成果丰硕。具有代表性的论文被收录编辑为《现代行政法的平衡理论》，由北京大学出版社出版，已有三辑；1999年沈岿著《平衡论：一种行政法认知模式》和2004年宋功德著《行政法的均衡之约》也可谓平衡论的代表性著作。

（二）控权论观点

控权论是"在英美行政法历史经验基础上提炼和打造的"，它是一种

---

① 沈岿：《行政法理论基础回眸——一个整体观的变迁》，《中国政法大学学报》2008年第6期。

② 同上。

③ 参见罗豪才、袁曙宏、李文栋《现代行政法的理论基础：论行政机关与相对一方的权利义务平衡》，《中国法学》1993年第1期。

"强调以个人自由为基点限制行政权力"的、隐含着"对权力、对政府、对集中管理或管制、对人类的构建理性"持怀疑态度的理念类型。① 秉持控权观念的代表性学者是孙笑侠,在其专著《法律对行政的控制——现代行政法的法理解释》②和论文《论法律对行政的综合化控制——从传统法治理论到当代行政法的理论基础》③中,控权论观点得以较为系统的表述。

控权论认为,行政法的实质是控权法。对行政的法律控制既从消极方面防止行政权滥用,又从积极方面配合行政,为行政权的行使提供依据、确立标准、指明方向,从而保证政府拥有足够的权力实施法律,使行政活动能够有序有效的进行。行政法兼具保障功能,又是保障法。行政法保护公民的合法权益不受行政机关非法侵害,保障公共利益的实现,监督行政服务于民的职能实现。④ 行政法的控制和保障功能相互依存,不可偏废,统一于"控权"命题之下,构成作为控权法的行政法之两个基本方面。⑤

(三) 政府法治论观点

我国建立法治政府的大背景是改革开放,这是一场由执政党领导的、自上而下的、以实现社会主义制度的自我完善为目标的制度变革。依法行政、依法治国与依法执政这些政策关键词,构成中国 30 年来走向法治政府的一种特殊语境。政府法治论者带着对如是时代背景的理解和界定,确立自身的理论任务。

政府法治论认为,2004 年国务院颁布《全面推进依法行政实施纲要》,标志着中国正在经历从法制走向法治的阶段;实现现代化制度变革的内在和必然要求,决定并推动了中国政府逐步实现从"人治"向"法制"最终向"法治"的转型。因此,为保障社会主义市场经济的长期良

---

① 沈岿:《行政法理论基础回眸——一个整体观的变迁》,《中国政法大学学报》2008 年第 6 期。
② 孙笑侠:《法律对行政的控制——现代行政法的法理解释》,山东人民出版社 1999 年版。
③ 孙笑侠:《论法律对行政的综合化控制——从传统法治理论到当代行政法的理论基础》,《比较法研究》1999 年第 3、4 期。
④ 杨解君:《论行政法概念的哲学视野》,《东南大学学报》(哲学社科版) 2001 年 5 月号。
⑤ 张禹:《行政法控权精神的重新解读》,《重庆社会科学》2005 年第 6 期。

性运行营造一种法治秩序环境，为建立和完善社会主义民主政治塑造一个法治政府，为最大限度地实现人权创造一种法治保障机制，成为中国行政法的根本任务。①

政府法治论观点下，行政法是"产生政府、管理和控制政府活动、使政府行为承担责任、实现政府与人民权益关系平等化的制度机制"，发挥此等功能的法律规范之总和即行政法。② 持论者对何谓行政法的回答，反映出政府法治论的核心思想，它包含五项要义，即政府由法律产生、政府依法律管理、政府由法律控制（支配）、政府行为负法律责任、政府与人民（公民）的法律关系逐步实现平等。用政府法治论代表性学者杨海坤的话说，现代法治社会的行政法就研究两个问题，一个是"我们为什么需要政府"，一个是"我们需要一个什么样的政府"。前者回答政府存在的正当性问题，后者解决政府运行的正当性问题。

（四）新管理论观点

2005年朱维究提出"新管理论"。基于我国行政管理现状和世界范围内的法治发展趋势，吸收管理学、行政学的研究成果，借鉴别国公共行政改革实践，立足功能主义视角，持论者认为，把"新管理论"作为行政法基础理论，更契合中国国情。在新管理论观点的论域中，"管理即服务"，因此行政法就是"管理管理者"、"规制管理者行为"、对管理者及其提供的服务进行监督、加以评价的法律规范总和。③

（五）利益论观点

在未超越权力主体—权利主体关系模式的思路下，公共利益和个体利益何者为本的问题，曾成为决定基础理论观念和价值取向的分界线。比如"公共利益本位论"认为，行政法是调整公共利益和个体利益这对矛盾关系的法。公共利益是矛盾的主要方面，个体利益是矛盾的次要方面，前者决定着矛盾的性质、内容和发展方向，因此行政法应当以公共利益为本位。也可归入"公共利益本位论"的观点还有，认为行政法是"以行政

---

① 李见刚、王晓丹：《对传统行政法律关系的再认识及思考》，《行政论坛》2004年第1期。

② 杨海坤：《行政法哲学的核心问题：政府存在和运行的正当性——兼论"政府法治论"的精髓和优势》，《上海师范大学学报》（社会科学版）2007年第11期。

③ 朱维究、徐文星：《英国公法传统中的"功能主义学派"及其启示——兼论中国二十一世纪"统一公法学"的走向》，《浙江学刊》2005年第6期。

程序和行政诉讼为制度机制,协调行政主体与行政相对人之间的利益关系,保全并扩大公共利益的法"。① 另有学者提出以个体权益为本位的"权益公共实现论"。持论者认为,现代社会的公共行政是在"个体(公民)→公共实现(政府)→个体(公民)"模式下追求"个体(公民)权益相对最大化"的机制,因此行政法应当是以"保障个体(公民)权益相对最大化的积极公共实现"为核心功能和价值归宿的法。② 还有学者在相关研究中指出,权利—义务关系框架下研讨的行政法基础理论,未给予"利益"以应有的强调和重视,呼吁"认真对待利益";③ 对"利益"是个"罗生门式"的概念,也有学者在个体利益、国家利益、政府利益、公众利益、公共利益等概念间,做了精细而审慎的区分辨析。④

我们认为,权利的内容在变化,利益的构成也变动不居,加之权力—权利关系格局的多元化,有理由期待围绕"利益"展开的新一轮行政法基础理论研究突破规范性走向实证,同时克服既有的理想主义倾向,更富现实性。

二 关于基础理论研究的新动力

进入 21 世纪以来,我国行政法基础理论研究在切入点选择方面有所更新,在研究对象、研究背景、研究目标和任务等问题上,出现了来自三个方面的新动力。

(一)行政"疆域"的拓展

一是公共物品的提供由单一渠道向多渠道转变。2000 年,姜明安注意到国家公权力向社会转移的趋势后,从行政法的功能视角,研究行政"疆域"的变化。研究者认为,行政疆域的大小取决于不同时代、不同国度、不同地域的经济和社会发展状况、政治体制以及统治者信奉和实施何

---

① 叶必丰:《公共利益本位论与行政诉讼》,《中央政法管理干部学院学报》1995 年第 6 期。
② 周宗良:《现代行政法的理论基础——"权益公共实现论"》,《行政法学研究》2001 年第 4 期。
③ 刘艺:《认真对待利益——利益的行政法意义》,《行政法学研究》2005 年第 1 期。
④ 王景斌:《论公共利益之界定——一个公法学基石性范畴的法理学分析》,《法制与社会发展》2005 年第 1 期。

种治理理论,因时、因地、因势而有不同。行政的疆域大小,本质上又取决于人们对公共物品的界定。政府在行政活动中提供的,不必然属于真正意义上的公共物品,一旦政府提供并强推非公共物品,会导致行政疆域不适当、甚至不合法的扩大。此其一。其二,公共物品并非必须有政府提供,现代社会中由"第三部门"提供的比重将越来越大。由是,一方面,行政法在功能上应当防范全能政府失灵、行政国家异化的风险;另一方面,行政法应当拓展研究视野,覆盖非国家行政,面向第三部门介入的公共领域发挥法的功能。①

与公共物品的提供相关,有学者进一步提出公共服务的市场化,认为:由于缺乏竞争,单一公共物品供给渠道影响了效率、限制了服务品质,且服务行政存在异化的可能,因此应当引入竞争。②

(二)社会结构的变迁

张树义是把行政法基础问题研究显著地置于社会结构变迁大背景下予以审视的代表性学者。2002年,张树义在有关中国行政法起源的研究中指出,在建国后金字塔般高度组织化的社会结构下,行政法没有容身之所,正是社会结构的变迁为行政法的产生提出了要求,提供了基础。随着社会主体结构由一元化向多元化发展,社会关系结构也发生了从身份型向契约型的转化。③

(三)新型国家概念的引入

现代行政国家、管制国家、福利国家的概念与经验,逐渐成为学界对"行政"以及"行政法"寻求新界定的坐标系或中观背景。在公共行政变迁的背景下,有学者指出,"行政国家依然在世界范围内是普遍趋势":尽管民间力量日盛,半官方半民间组织、纯民间组织已开始参与公共管理、公共服务的空间,但在行政法治的理念下,社会转型、国家复兴的使命依然要求政府承担更多责任,服务型政府建设依然要求政府尽可能多的提供公共服务。④ 然而,各种新提法的出现,更多源于行政法学者的域外

---

① 姜明安:《行政的"疆域"与行政法的功能》,《求是学刊》2002年第2期。
② 张书克:《"服务行政"理论批判》,《行政法学研究》2002年第2期。
③ 参见张树义《寻找新的起点——关于中国行政法起源的思考》,《南京大学学报》(哲学人文社科版)2002年第1期。
④ 江必新:《行政法学研究应如何回应服务型政府的实践》,《现代法学》2009年第1期。

视野、理想化构建、发展趋势预测、比较法研究等角度，欠缺对我国实际国情的观照，对具体语境下的问题和难点呼应不足，"游谈无根的现象"若隐若现。①

三 关于"统一公法学"的讨论

2003 年袁曙宏提出"统一公法学"命题，②该命题是晚近十余年行政法学基础理论研究领域中富于创新性的命题之一。"统一公法学"激起较大反响，拥护声有之，质疑声亦有之，在行政法学界产生了较强影响力。

（一）"统一公法学"的构想

袁曙宏认为，当代公法愈来愈凸显其"重要性、成熟性和整体性"，其全面崛起为统一公法学提供了大背景。反观传统上分散、分割的宪法、行政法、刑法、诉讼法等公法领域的部门化研究，已不再能适应现代公法发展的需要，因此应当建立一门介于法理学与部门公法学之间的、中观层次的"统一公法学"，对各部门公法进行综合性、整体性和系统性研究。

根据持论者的设计，③统一公法学以公共权力与公民权利之间的关系为主线形成理论基础，以"公共权力"这一元概念及其派生的核心范畴和基本范畴为主体确立范畴构架，以对公法研究成果的系统整合为基础构建学科体系。它将既从"面"上研究整体公法规范、共性公法特征和一般公法规律，也从"线"上研究不同部门公法之间的相互交叉、相互借鉴和彼此依存，还从公私法关系上研究公法与私法相互之间的交融和渗透。

2005 年《法商研究》第三期专门组织了"统一公法学"若干问题研讨笔谈会。"统一公法学"既得到了呼应，也引发质疑。

（二）对"统一公法学"的呼应

统一公法学的支持者从发展和振兴中国公法学的高度肯定这一新命题，赞成这一命题对现实挑战的试探性回应。统一公法学的呼应者则在新

---

① 宋华琳、周汉华：《行政法学研究状况》，《中国法治发展报告 No.1 (2003)》（法治蓝皮书），社会科学文献出版社 2004 年版。
② 参见袁曙宏《论建立统一的公法学》，《中国法学》2003 年第 5 期。
③ 同上。

命题的基础上，深入讨论了公法的作用和任务、公法学研究的范式和方法、公法学研究对象等核心问题。

第一，由于法学界各部门的研究缺乏整合，导致公法领域之外的研究者对公法在人类法治进程中的作用不够了解，对公法在中国法治进程中的价值缺乏足够认同。因此，统一公法学的总体性任务目标应当设定为，整合公法学研究，充分发挥公法在法治中的作用，发挥法律人在社会发展中的作用。第二，由于我国公法学研究的方法单一，基础理论薄弱，在研究范式上对后现代理论思潮缺乏回应。统一公法学可以"拆除以往人为形成的思想篱笆，重新型构社会思想"，在公法学研究中取向综合化和多元化，避免分裂和单一。第三，由于一直分部门研究，各部门法之间缺乏及时有效的沟通交流，统一公法学的研究对象可能不易在短期内确定。因此，统一公法学更有必要优先确定重点研究对象。有学者提出，考虑到政府在21世纪现代社会中的角色，统一公法研究重点仍应是宪法和行政法。①

（三）对"统一公法学"的质疑

对统一公法学的质疑主要在三个指向上。第一是逻辑基础不牢固。批评者认为，统一公法学以公法与私法的区分为逻辑前提。然而，公私法二元论只是行政法理论体系最初建立的思想基础，当下乃至未来的法学理论构成必将摆脱公与私的严格界分，转而从规范和调整对象的本质出发，以现实的、动态的主体行为过程为参照系，形成弹性开放的理论体系。② 第二是缺少制度支撑。杨解君赞许公法整体化的努力，但同时认为，即便在理论上构建起公法学的统一性，也因为缺少制度支撑而只能是"相对的、抽象的统一"。而且，仅从概念和演绎推理层面展开体系化，构建统一的公法，试图以此攻克"在实践中统一公法这个世界性难题"，不仅会削弱理论的现实意义，也会淡化其理论价值。③ 第三是统一公法学的性质不明确。它是部门公法学的总论？还是公法哲学？质疑者认为，"统一公法

---

① 朱维究、徐文星：《英国公法传统中的"功能主义学派"及其启示——兼论中国二十一世纪"统一公法学"的走向》，《浙江学刊》2005年第6期。

② 鲁鹏宇：《论行政法的观念革新——以公私法二元论的批判为视角》，《当代法学》2010年第5期。

③ 杨解君：《公法（学）研究："统一"与"分散"的统一》，《法商研究》2005年第3期。

学"如果作为部门公法学的总论就需要找到制度支撑；如果它作为公法哲学就无须实证研究了。① 此外，尽管无统一的公法不意味着不能有统一的公法学，但从价值取向和观念性偏好上，仍有不少学者赞成保持各具体公法部门和相应研究的分散性和多样化。

（四）"统一公法学"的回应

面对质疑，统一公法学的持论者首先用"三个有利于"强调该命题的时代意义。回应者指出，统一公法学提出的背景下，"权力分立的铁律被突破，权力交叉的趋势在加强；国家社会一体化解体，社会公权力成长迅猛；学科加剧细化的同时，又与学科综合并进"。② 鉴于此，"建立统一的公法学有利于提炼规范国家公权力的基本规律，完善对公权力的整体调整；有利于研究公法面临的新问题，克服传统公法学研究的盲点；有利于加强公法基础理论研究，完善公法学科体系"。③

继而，持论者以建立统一公法学的必然性论证回应质疑。有研究发现，在公法理论的变迁中，包含着解构和建构的二元变量；在这两者的互动作用中形成了一种局部演进的公法理论发展格局。从传统来看公法研究已经经历以公法观念为主要载体和以公法理论为主要载体两个阶段。两阶段过后，渐进的发展结构陷入了难以为继的境地，亟须重大突破和全面创新。因此，公法研究必然进入以"总体的公法理论"或"整体的公法学科"为主要载体的第三个阶段。"统一公法学命题的提出符合现代公法理论发展创新的基本规律，既承担了传承传统的使命，也肩负开拓创新的任务，展现出传承与嬗变的双重面相，体现了开放与内化的双向态势。"④

四 小结

行政法学研究始终处于转型中的中国社会。与西方社会转型主要在民

---

① 邓晔：《论建立我国统一公法学的制度支撑》，《湖南社会科学》2011年第4期。

② 袁曙宏、赵永伟：《建立统一公法学时代意义——兼答"统一公法学"可能遭遇的质疑》，《现代法学》2005年第5期。

③ 同上。

④ 袁曙宏、韩春晖：《公法传统的历史进化与时代传承——兼及统一公法学的提出和主张》，《法学研究》2009年第6期。

间兴起、自下而上的进程不同，我国的社会转型由政府主导，具有自上而下的鲜明特点。[1] 行政法学界对基础理论诸课题研究所处的这一宏观背景，有着接近统一的认识；研究群体共同面对着中国行政法发展的难题和挑战。正因如此，学者们彼此间有充分的动力、有相通的语境进行有效有益的沟通。行政法学基础理论的研究正是在不同理论学说的交流、对话和竞争中，相互取长补短、弥合分歧，不断实现着新的发展。

拉近到 21 世纪开启以来十余年，中国行政法的发展经历了"入世"、"非典"、"奥运"等重大事件，新生社会问题和矛盾要求行政法研究与时俱进，作出更多、更新的理论贡献。行政法学基础理论研究领域不断有新命题提出，表现出行政法学人的责任感和使命感。如 2000 年，周佑勇已经开始了行政法的哲学思考；2001 年，杨解君把行政法纳入哲学视野，尝试"多维界定"；周宗良构建"权益公共实现论"作为行政法基础理论；2002 年，姜明安重新审视行政的"疆域"；2003 年，袁曙宏开始勾画"统一公法学"；2004 年，茅铭晨提出"行政文明"才堪为行政法基础理论；2005 年，朱新力、宋华琳呼应政府规制研究的兴起拟建"现代行政法"；应松年、何海波揭示行政法学的"新面相"；朱维究、徐文星推出"新管理论"；2006 年，罗豪才、宋功德呼吁"认真对待软法"；2007 年，于安首提"社会行政法的构建"；2008 年，"新概念行政法"成为研讨会的主题；2009 年，姜明安展开全球化时代"新行政法"的画卷；2010 年，崔卓兰、刘福元开始从行政自制的角度探索行政法理论视野的拓展；2011 年，石佑启、曾鹏以行政法的视角诠释"人的尊严"。

与此同时我们也应意识到，自新世纪以来，行政法基础理论研究的热度有所下降。这在一定程度上说明，学界就重大、基本的问题初步达成了共识。这也在某种意义上反映出，传统的规范分析、概念法学研究范式被突破后，学者们以更开阔的视野、更开放的心态，关注到更多学术或智识增长点，从而发生了治学精力的转移或分散。晚近，各式新命题开始逐鹿知识市场。比如随着"统一公法学"的命题出现，"软法"、"公共治理"等概念被纳入公法研究的视野，新一轮、也是更上层楼的基础理论研究似

---

[1] 郑杭生：《社会发展与变革的"中国模式"——"中国社会发展模式与创新理论"笔谈会观点摘编》，《人民论坛》2008 年第 24 期。

已开启，且有了更宏大的着眼点和新的智识源泉。① 又如，有学者潜心追究"行政法"在汉语中的源流，② 有学者在仔细鉴别新生知识产品的质量和力量，③ 有学者溯流而上以"整体观的变迁"回眸行政法基础理论发展的 30 年，开始了当代学术史的梳爬。④

最后值得注意的是，行政法基础理论领域的研究整体而言偏重规范性。这一方面反映在关于"应当怎样"和"实际如何"的研究成果在数量和质量上的不平衡，另一方面也反映出从事基础理论研究的学者依然富有可贵的理想精神。

第二节 行政法基本原则研究的新发展

20 世纪 80 年代末开始，行政法基本原则逐步脱离行政管理原则，成为行政法学研究中独立的研究课题。到了 90 年代末，行政合法性原则与行政合理性原则已在行政法学界获得普遍认可。进入 21 世纪，学界在就行政法治观念取得了广泛共识的基础上，开始深化和拓展行政合法性与合理性原则的内涵，同时系统介绍、吸收、呼吁引入域外行政法原则的研究和实践成果。晚近十余年，行政法基本原则研究进入反思和批判的阶段。行政法基本原则体系在建构、解构和重构的努力中尚未完全定型。

一 关于行政法基本原则的含义与标准

对何谓"基本原则"，学界侧重从两个角度进行回答。第一个角度是对基本原则发挥功能的预设，即必须明确基本原则在行政法中的地位和作用。莫于川与林鸿潮在其合作的文章中指出，行政法基本原则应当贯穿于当代国家行政权力运行及对其实施监督的各个环节之中，发挥不可替代的

---

① 江菁：《行政法学研究概述》，见周汉华主编《行政法的新发展》，中国社会科学出版社 2008 年版。

② 孙兵：《公共行政学的变迁与行政法的演进——兼论行政法律秩序的构建》，《社会科学家》2010 年第 3 期。

③ 于立深：《公法的"知识瓶颈"与方法论变革》，《法制与社会发展》2007 年第 4 期。

④ 沈岿：《行政法理论基础回眸——一个整体观的变迁》，《中国政法大学学报》2008 年第 6 期。

指导和引领作用，并且体现于当代行政法律体系的各个部分之中，统率这一法律体系。① 姜明安认为，基本原则是"行政法的灵魂"，它是形成和存在于法律意识中的某种观念或法理思想，经理性思维的概括归纳得到表达，体现着行政法的基本价值观念。因此应当赋予行政法基本原则以规范功能，使其发挥基础性规范的作用，既对行政关系予以整体的宏观的调整，也在一定的场合直接规范行政行为的实施和行政争议的处理。② 熊文钊认为，行政法基本原则作为认识和把握纷繁复杂的行政法现象之纲领性标识，是建构行政法学理论大厦的基本支柱。③

第二个角度是回答确立行政法基本原则的标准是什么。周佑勇认为行政法基本原则的确立，应当本着体现行政法的根本价值即"正义价值"、以行政法的基本矛盾即法与行政的矛盾为内在根据、结合现代宪制所包含的民主法治人权等精神，对行政法诸原则进行抽象和提纯。④ 杨海坤和章志远认为，应当以"其效力可否贯穿行政法始终"及"其内容是否具有根本性"为标准，来确定某项行政法原则是否堪为行政法的基本原则。⑤ 章剑生则以"有效率的行政权"为逻辑起点和基准，论证何种行政法原则才具有基本性。⑥

针对学界在行政法基本原则的含义和确立标准问题上存在分歧的局面，有学者认为，这反映出不同观点的持论者在价值观念和思维偏好上的差异性。也有学者批评认为，"基本原则研究游离于法律条文之外"，致使"研究者主观性浓厚"。⑦

---

① 莫于川、林鸿潮：《论当代行政法上的信赖保护原则》，《法商研究》2004年第5期。

② 姜明安：《行政法基本原则新探》，《湖南社会科学》2005年第2期。

③ 熊文钊：《回顾方知一路艰辛 展望更觉任重道远——新中国行政法学20年发展进程管窥》，《中国行政法之回顾与展望——"中国行政法二十年"博鳌论坛暨中国法学会行政法学研究会2005年年会论文集》。

④ 周佑勇：《行政法基本原则的反思与重构》，《中国法学》2003年第4期。

⑤ 参见杨海坤、章志远《中国行政法基本理论研究》，北京大学出版2004年版。

⑥ 章剑生：《法治行政理论与制度的突破：依程序而行政》，《江苏社会科学》2008年第5期。

⑦ 翟翌：《行政法基本原则及司法适用的全新设计——基于法条规范的视角》，《湖北行政学院学报》2010年第11期。

有学者就试图将行政法基本原则研究回归到法条中间。其中金自宁在研究中发现，我国主流行政法学中存在"原则亦法论"和"单一法源论"的内在矛盾。①"原则亦法论"认为，行政法不仅包括一系列规范，还包括行政法原则。"单一法源论"则只承认成文规范可以作为行政法的渊源。为了实现行政法学理论的逻辑一致性，研究者认为在观念层面上，应当提倡以更开放的态度吸纳包括不成文原则在内的、以非制定法形式存在的法律，以此契合法律解释和适用的实践；在技术层面上，则必须进一步强化行政法原则对具体制定法规则的统率作用，以强化行政法规范体系内在的统一性。

二 关于行政法基本原则体系的构建

由于在行政法基本原则的含义和确立标准问题上尚存争议，学者们在提出关于基本原则的理论时，为确保其观点的自洽性、合理性，大多以体系化的形式呈现。同样由于不同的标准选择或功能预设，学界提出的行政法基本原则体系构建方案异彩纷呈。

余凌云将"依法行政原则、比例原则、平等对待原则并立为行政法基本原则"。② 针对三项原则间可能存在交叉、重叠或逻辑层次失当的质疑，持论者做出如下预辩。首先，尽管三项原则都在合法性层面上运作，具有普遍的行政法机制和适用性，但是它们的理念、内涵和功效各不相同，不可相互吸收或彼此替代。"依法行政原则"要解决的是法律优位、法律保留、正当程序、"有权利就有救济"等问题；"平等对待原则"旨在实现的是"本质相同同其处理，本质相异异其处理"；"比例原则"则用来衡量行政手段与行政目的关系。

周佑勇根据行政法涉及领域存在横向划分的可能，提出将行政法基本原则确立为行政法定、行政均衡和行政正当三大原则。③ 持论者后续又将行政正当即正当程序原则细化为"避免偏私"、"行政参与"和"行政公

---

① 参见金自宁《探析行政法原则的地位——走出法源学说之迷雾》，《浙江学刊》2011年第4期。
② 参见余凌云《论行政法上的比例原则》，《法学家》2002年第2期。
③ 周佑勇：《行政法基本原则的反思与重构》，《中国法学》2003年第4期。

开"三项子原则，进一步充实了其提出体系建构方案。①

章剑生在把行政法划分为行政实体法、行政程序法和行政诉讼法三部分后，以此为逻辑结构基础，搭建"具有内在联系的、开放性的法原则体系"。该体系建构方案以"有效率的行政权"为逻辑起点，确立"行政行为效力推定原则、行政自由裁量原则和司法审查有限原则"；以"有限制的行政权"为逻辑起点，确立"行政职权法定原则、行政程序正当原则和多元控权必要原则"。②

翟翌基于法条规范的视角，提出的行政法基本原则及其司法适用的"全新设计"是，以行政合法性原则与合理性原则为基本原则，区分总则和分则，详尽开列出两项基本原则的法条基础。在具备法条基础的前提下，再将司法适用分为"初级"和"成熟"两个阶段。其中"初级阶段"是指，引入"总则+分则并用模式"，将具备法条基础的行政法基本原则适用于司法实践。"成熟阶段"则是指，基于"总则"条文规范的基本原则独立适用，即行政法基本原则直接适用于司法实践。③

姜明安将行政法实体性原则和程序性原则分别观之，在此基础上构建基本原则的体系框架。这一框架包括五项实体性原则，分别即依法行政原则、尊重和保障人权原则、越权无效原则、信赖保护原则和比例原则；四项程序性原则，分别是正当法律程序原则、行政公开原则、行政公正原则、行政公平原则。④

三 关于信赖保护原则与比例原则研究

信赖保护和比例原则是在晚近的行政法基本原则研究中，日益凸显其独特价值和独立性的研究课题。随着学界对这两个"舶来"概念及相关域外经验的关注日益密切、研究日益精深，信赖保护和比例原则在中国行政法基础理论范畴内的重要性不断提升。

（一）关于信赖保护原则

第一，信赖保护原则应当成为行政法基本原则的共识正逐渐形成。

---

① 周佑勇：《行政法的正当程序原则》，《中国社会科学》2004年第4期。
② 章剑生：《现代行政法基本原则之重构》，《中国法学》2003年第3期。
③ 翟翌：《行政法基本原则及司法适用的全新设计——基于法条规范的视角》，《湖北行政学院学报》2010年第11期。
④ 姜明安：《行政法基本原则新探》，《湖南社会科学》2005年第2期。

莫于川和林鸿潮研究从信赖保护原则的覆盖面出发,论证其在行政法基本原则体系中应当具有的基础性地位。研究者认为,信赖保护原则无法被合法性原则所包含,且该原则正是在呼应与行政合法性原则相抗衡的需要意义上彰显其独特价值;它也无法为合理性原则涵盖,因为合理性原则的适用,以行政裁量空间的存在为前提,而信赖保护原则除了可适用于自由裁量行为外,还可以适用于行政羁束行为。[①] 黄学贤从信赖保护原则的渊源和内涵出发,论证其与其他法律原则相比的独立性所在。研究者认为,"区别于从其他法律原则中去演绎或者类推,信赖保护原则应该从法律价值本身以及社会实践的需求去探索其渊源,丰富其内涵"。[②] 余凌云从信赖保护原则保护的客体入手,论证该原则的独特价值。[③] 研究者认为,"信赖"相对人基于对行政主体的行为产生信赖,形成合法预期;这个"合法预期"体现着"信赖",并成为法律保护的客体。保护合法预期的信赖保护原则"与法律秩序安定性之间,有着从逻辑到历史的密切联系",[④] 它是可以含摄于诚实信用原则和法律秩序安定性原则之下的"行政法理",是行政主体实施行政行为所应当遵循、因而应当贯彻于行政权力运行全过程的行政法基本原则。李洪雷对信赖保护原则做了多视角的类型化分析。[⑤] 研究凝练出的三组类型分别是:(1)基于信赖基础不同而形成的"抽象的信赖保护"与"具体的信赖保护",(2)基于保护方式不同而形成的"存续保护"与"财产保护",以及(3)根据得以实现其保护功能的法律类型不同而形成的"程序保护"与"实体保护"。在此基础上研究者指出,"信赖保护原则的宗旨在于保障私人的既得权,维护法律秩序的安定性。该原则的理论依据多样而复杂,而这恰恰说明其作为行政法基本原则可发挥的功能广

---

① 参见莫于川、林鸿潮《论当代行政法上的信赖保护原则》,《法商研究》2004年第5期。

② 黄学贤:《行政法中的信赖保护原则》,《法学》2002年第5期。

③ 参见余凌云《行政法上合法预期之保护》,《中国社会科学》2003年第3期。

④ 赵雪雁:《信赖保护原则在法律适用选择中的运用》,《人民司法》2009年第10期。

⑤ 李洪雷:《论行政法上的信赖保护原则》,见周汉华主编《行政法的新发展》,中国社会科学出版社2008年版,第37—67页。

泛，其重要地位无可替代"。①

第二，信赖保护原则的中国化、语境化研究取得进展。莫于川和林鸿潮认为，我国行政法正"潜移默化地"遵循信赖保护原则，他们在研究中，从我国现行立法和司法解释里，寻找富含信赖保护原则主旨的规定和条文加以分析、提炼，发现中国语境下"信赖"的客体"应该是包含特定的、具有不变属性的因素之行政行为作用下相对方产生的预期"，"保护"的客体则是"人民的正当利益"。②李洪雷认为，我国政法界一贯强调的"实事求是、有错必纠"以及类似的传统政治思维方式，与遵循和适用信赖保护原则所需的法律思维方式之间存在冲突。如果不能克服惯性思维，这类传统的政治观念在实践中极可能引发的消极后果，正是损害人民的正当信赖。

（二）关于比例原则

与信赖保护原则侧重于凸显行政法理和法律精神的侧重不同，比例原则的研究更倾向其技术性特征的识别和工具属性的挖掘，同时观照到该原则与其他行政法基本原则的关系，尤其是它对信赖保护原则的现实化所能提供的保障作用。

如有学者认为，作为一个"精妙的解析工具"，比例原则可用以把握具体法律规定的真切内涵。③还有学者通过寻找 WTO 法律文本中体现比例原则的规定和 WTO 争端解决机构裁决中对这些规定的应用和分析，发掘该原则作为一个"工具性原则"在平衡不同的政策目标、削减贸易壁垒及限制贸易报复水平方面发挥重要作用。④

第三节 行政法学研究方法的新发展

研究方法是通往知识、寻求知识增量的途径。一般而言，它是用来整理和分析研究素材的技术，因此单就研究方法本身而言，不受研究者自身

---

① 李洪雷：《论行政法上的信赖保护原则》，见周汉华主编《行政法的新发展》，中国社会科学出版社 2008 年版，第 37—67 页。
② 莫于川、林鸿潮：《论当代行政法上的信赖保护原则》，《法商研究》2004 年第 5 期。
③ 余凌云：《论行政法上的比例原则》，《法学家》2002 年第 2 期。
④ 韩秀丽：《寻找 WTO 法中的比例原则》，《现代法学》2005 年第 4 期。

的价值判断和道德立场的影响，其具体形式和规模，由研究者提出的问题决定。然而，研究者所关注的或是识别出哪些问题，又不可避免的受个人的本体论、认识论立场的影响，因此研究方法的设计和选择除了合理性、效率性的考量之外，仍会包含不同研究者的价值或智识偏好。

一 行政法学方法论的反思与争鸣

方法论是一个含义宽泛的哲学性用语，它是对研究方法的研究，分析研究方法遵循的原则，讨论特定研究方法的适用范围及其局限性，与知识产生的方式密切关联。如果说方法是研究者的战术安排，方法论就是研究者的战略性抉择。与研究方法不同，方法论往往受到研究者的本体论和认识论假说的影响，对方法论的剖白和解释，应当包含与主题相关的概念界定、具体的研究方法和之所以使用它的理由、素材和资料的来源以及为什么选取这些资料和素材等等。由于方法论在某种程度上决定了一门学科能够研究什么、不能研究什么，从而决定着该学科的视野与深度，因此从学术史的视角来看，方法论的完善程度与一门学科成熟度之间有着直接关联。行政法学作为独立学科发育较晚，因此方法论的探讨愈发显得重要。

（一）关于方法论的概念及相关分歧

在有关行政法学方法论的探讨中，几乎都涉及方法论和方法的异同辨析，因为对于学术研究而言，区分不同的概念是其前提；只有在概念明晰、范围确定的情况下，才会有研究上的同质性，也才会有真正意义上的学术对话平台。[1]

林来梵、郑磊区分法律方法、法学方法、法律技术与法学方法论，认为将法学方法论视同于法学研究的方法是我国法学界一个"固有的误解"。[2] 高秦伟将方法论界定为一个理论和意识的体系，其要素包括：（1）分析途径，即所研究的现象遵循的通则、选择问题、资料和角度的准则，分析途径为法学研究提供研究框架和理论模式；（2）研究技术，即收集分析有关材料所使用的特殊手段，如调查研究、内容分析和统计学等。[3]

---

[1] 胡玉鸿：《方法、技术与法学方法论》，《法学论坛》2003 年第 1 期。
[2] 林来梵、郑磊：《法律学方法论辩说》，《法学》2004 年第 2 期。
[3] 高秦伟：《行政法学方法论的回顾与反思》，《浙江学刊》2005 年第 6 期。

不论是基于概念界定上的分歧，还是确实存在"固有的误解"，在这个公法日益重要、公法学研究日益繁荣、公法学界承载着促进公法制度变革的时代背景下，中国是否形成了合理的公法学知识结构、是否具有真正意义的公法知识增量，受到怀疑，引发反思。①

（二）争鸣

1."行政行为形式论"到"行政过程论"的演进

质疑与反思基于梳理和回顾行政法学界对方法论的不同选择。高秦伟以"行政行为形式论"、"行政过程论"、"行政法律关系论"为其梳理、回顾的行政法学方法论三种不同选择冠名。② 研究者发现，较早时期的行政法学研究受到法治形式主义、相对成熟的民法学以及引介自德国的行政行为理论体系影响，总体呈现追求形式合法性的特征。在"行政行为形式论"的指导下，行政法学研究以行政法总论为核心，从繁杂的行政活动中进行归纳、总结、提炼，形成法的一般范畴，构建一般性概念和普遍适用的行政法结构，有系统的总则化。这是一种以概念法学为主的研究，重点置于法律释义，强调法律适用的安定性，未涉及纷繁的行政实践和政策形成领域。"行政法律关系论"是对行政行为论的修正和补充。它以规范命题和法现象为媒介，表述规范构造与社会现象构造的对应关系，使法体系对社会现象开放。尽管行政法律关系论关注多种法律关系，有助于从整体角度研究和考察单数或复数的行政行为，但其根本未放弃形式合法性追求。

面对新生的社会问题，合目的性追求逐渐取代了形式合法性追求，学术研究不得不对行政的整个运作过程予以关注。在一个民主、多元与现代的社会中，行政发生了巨大的变化，推动着方法论更新为"行政过程论"。行政过程论针对行政手段复杂多样的现象，不拘泥于"依法行政"的形式，而忠于现实，积极肯定行政过程的独特性，正视现代行政的积极责任；它肯定行政的自由领域，但并不排除其受法的拘束，从而将行政过程从非正式的秘密状态引到正式的公开状态，允许各种利益团体参与行政过程。行政过程论对行政法各论的研究起到了极大助推作用。

---

① 于立深：《公法的"知识瓶颈"与方法论变革》，《法制与社会发展》2007年第4期。

② 参见高秦伟《行政法学方法论的回顾与反思》，《浙江学刊》2005年第6期。

在行政过程论这一方法论指导下，行政过程中的实体性要素得以被描述、分析和判断，行政法学研究拓展至公共政策的形成和实施。高秦伟认为：方法论的革新更迭，改变了以往以注解概念为主的静态研究局面；重视观察法在社会秩序中的形成、发展、构造及效果分析，形成了新的动态研究方法。于此同时，鉴于行政法富有"多是政策的法制化且变动不居"的特点，行政法学研究开始走进"解释论"与"立法论"并重的局面。行政法学分析路径由此也呈现出双向性的特点，既关注局部也观察整体，既关注最终效果也观察行动过程。

2."法政策学"方法论

解亘提出"法政策学"概念，将其界定为"设计法律制度时如何兼顾效率和正义的方法论"。[①] 在此一方法论指导下，设计制度者拥有"权威性决定"、"市场性决定"以及"程序性决定"提供的三种选择。

对此观点，有学者指出，其具有回退到"政法法学"的危险。一旦此种方法论指导下的研究只为国家政策作诠释，则有可能使一些人以"官方法律家"自居，将注意力置于对官方现行政策及政策导向的说明和诠释上，使政治或政策不当得以学术化、知识化。[②]

3. 功能主义的实证性研究

有些学者偏好功能视角下的实证性研究方法，其中突出的代表是朱芒。朱芒认为，功能视角的考察区别于仅仅以演绎的方式或从制度内在角度的考察；功能视角下的实证材料可以是法律文本、司法判例、基层的具体的行政制度等等。采取和应用功能主义的实证性研究方法可以避开"时常无谓的语词之争和含混的道德判断"，从完全学术的角度收集、整理、分析一手材料。[③]

也有学者对功能主义方法论表示担忧。高秦伟认为，过于强调功能可能导致行政法学丧失自己的学术规范，缺乏其应有的独立性。而且，在中国行政法学尚未成为严格的社会科学之前，方法论上的"开放"尤其需

---

① 参见解亘《法政策学——有关制度设计的学问》，《环球法律评论》2005年第2期。
② 参见高秦伟《行政法学方法论的回顾与反思》，《浙江学刊》2005年第6期。
③ 参见朱芒《功能视角中的行政法》，北京大学出版社2004年版。

要慎重。①

二 关于案例研究方法的应用

法学研究的职业群体视案例研究为一种重要方法，将其作为法学实证研究的基础和路径。案例研究在民法学界素有传统；行政法学领域的案例研究稍显滞后。在经历了一段仅以极度简化的案例在教学中做"举例说明"之用、在学生模拟法庭做"剧本"初稿之用的时期后，作为行政法学研究方法之一的案例研究越来越多的产出质量较高的学术成果。正如唐明良在研究中发现的，以案例分析为切入点，在合法性的分析和考量之外，延展到立法和行政环节的制度构建，向管制政策的设计渗透，将扩展行政法研究的疆域。②

（一）案例与判例之辩

案例研究大致存在广义和狭义之分，这主要基于对作为研究素材的"案例"如何界定。广义上的案例，包括所有行政法关系中的冲突和争议，不论其作为司法案件、复议案件抑或新闻事件。狭义上的案例指形成判决的案件，狭义的案例研究中以司法裁判文书为最重要的素材。狭义的案例研究如果再加分别的话，还可以将"判例"研究独立出来。

一种观点认为，与其就"案例"抑或"判例"展开语词之辩，不如专注于它们能够实现的客观功能。朱芒在研究中发现，只要是在我国四级二审终审制中一组有效的两级审判关系中，上级审法院的判决就会对下级审法院的判决具有事实上的拘束力。下级审法院的法官为了能够使判决通过上诉审，必然关注之前同类案件中上级审法院对相关法律概念和规则的界定与适用。此外，法院人事管理体系在一定程度上也对此产生影响。而且，鉴于存在案例指导制度的目标，即在整个司法体系"统一法律适用标准、指导下级法院审判工作"这一制度性预设，具有指导性的案件势必对其他同类案件发生拘束力，否则指导制度预设的功用无法实现。因此，只要（1）一份判决的说明理由部分对成文法中具体概念用语作出了法律判断和解释，（2）可以从其对个案作出的法律

---

① 参见高秦伟《行政法学方法论的回顾与反思》，《浙江学刊》2005年第6期。
② 唐明良：《行政法研究疆域的拓展——以案例分析为切入点》，《政法论坛：中国政法大学学报》2005年第4期。

判断中抽象出一般性规范，并且（3）这些一般性规范适用于同类型的其他判决，就可以说"发现"了一个"判例"。这些被发现的、事实上的判例对法律条款中具体用语内涵界定发挥着影响力、对法律制度结构发生作用力，它或它们与其相对应的成文法概念用语一起，共同构成现实的法律制度。①

另有一种观念认为，不论"判例"是否在中国得以正名，名为"案例"、实为"行政判例雏形"的最高人民法院公报案例和最高人民法院依据《裁判文书公布管理办法》公布的裁判文书，已经对我国行政诉讼的展开与行政法学研究产生了实际影响。②

晚近十余年间，最高人民法院先是发布《人民法院第二个五年改革纲要》，提出建立和完善案例指导制度的主张，继而正式做出关于案例指导工作的决定，这些举措进一步激发出学界应用案例研究方法的热情。与此同时，案例指导制度的理论基础、指导性案例的遴选等问题的研究，也在一定意义上提升了案例研究方法的方法论价值。

（二）案例研究方法的模式化、层次化、类型化

2008年余凌云出版了专著《行政法案例分析和研究方法》。③ 有评论认为，该书"是一本非常有品位的学术性著作，以开阔的研究视野、扎实的学术素养，梳理归纳并身体力行了当前我国行政法学者所常用的几种行政法案例分析和研究方法，基本上反映了我国大陆行政法学者在行政法案例分析和研究方面的面貌"。④ 余凌云归纳了"以点带面"和"多点综合"两种学术性案例研究的模式。前者以案件事实为先导，是指一种在详细归纳整理特定案件全部事实的基础上，提炼出若干学术问题，然后展开理论分析的模式。后者则是理论问题导向的，是指一种对若干案件集中整合，综合分析以说明特定理论问题的模式。⑤

2006年骆梅英推介我国台湾地区学者叶俊荣的"三层次案例分析

---

① 朱芒：《行政诉讼中判例的客观作用——以两个案件的判决为例的分析》，《华东政法大学学报》2009年第1期。
② 赵正群：《行政判例研究》，《法学研究》2003年第1期。
③ 参见余凌云《行政法案例分析和研究方法》，人民大学出版社2008年版。
④ 李纬华：《行政法案例分析方法简论》，《中国法律》2010年第6期。
⑤ 余凌云：《对行政法案例研究方法的思考》，《浙江学刊》2008年第1期。

法",以其作为"新画笔",试图勾勒"行政法的新脸谱"。① 这种案例分析方法的三个层次依次是(1)以请求权为基础,以当事人之间的争议和法律适用问题为核心,以法院的视角,从权利和救济层面来审视个案所涉的法律问题;(2)以当事人主张的权利救济背后相关的制度与程序为出发点,超越个人之间的争点,超越法院的考量,从整体制度的内涵与程序,探究事件发展过程中各种权力部门之间的互动,包括行政机关与立法机关、司法机关之间、不同职能的行政机关之间的互动,结合事件发生的各种背景原因,进行制度改革面向的思考;(3)在案例检讨和制度考量的基础上,就整个体制运行的政策和策略层面予以审度,即对政府对该案例所涉及之行业的规制政策和规制手段予以整体考量。

2010 年胡敏洁将依循不同路径的案例研究方法应用,区分为个案分析、批量案例研究和视角更为广阔的案例研究三大类型。其中的"批量研究"是指选择若干类似案件进行综合性研究。在选择案例样本的思路设计上,研究者归纳出根据行政领域、行政区域、行政法基础理论问题、特定时期等可行思路,并列举出适用不同思路完成的优秀成果。②

(三) 案例研究方法的现实意义

就整体而言,案例研究方法的运用在行政法学界越来越普遍,不仅成为学术贡献和知识积累意义上的新增长点,也因其聚焦于"活的"行政法而提升了行政法学的生命力。使用案例研究方法形成的成果,引起学界对不成文法律渊源的重新认识,使学理上描述抽象的、与司法实务关联不直观的行政法基本原则的指导性与实用性得以清晰展现,在创新行政法的解释规则的同时,也间接推动着法律规范与政府治理模式的革新。时至今日,解读判决、分析案例不仅成为明晰成文法用语在现实中的含义的必须,也是理解整个制度内容的关键。案例研究方法的熟练、精当、审慎的应用,既是对行政法学者科研能力的要求,也成为评价其相关研究成果的重要指标之一。"在转型中国的背景下,关注并研究中国司法实务中的典型案例,可以推动行政法基本原理的更新,并与司法实务形成良性互动,而且对政府治理模式转型与行政法制变革也具有积极推进效用。在当前的

---

① 参见骆梅英《行政法学的新脸谱——写在读叶俊荣〈行政法案例分析与研究方法〉之后》,见罗豪才主编《行政法论丛》(第 9 卷),法律出版社 2006 年版。
② 胡敏洁:《论行政法中的案例研究方法》,《当代法学》2010 年第 1 期。

行政法学研究中，案例研究作为重要一环，依然并且仍将继续发挥重要的理论和实践指引功能。"①

三 关于行政法学方法论的研究趋向

行政法学者作为学术性职业人群，身处不同层次的知识市场，展开竞争。将行政法学的知识生产和理论供给置于知识市场中，既需要适应竞争的战术指导，更需要在竞争中占据主动的战略决策。如果说研究方法属于个人的研究战术问题，那么方法论则应当是学术共同体的战略选择。在晚近有关学科发展战略的讨论中，一种声音强调坚守概念法学之本，一种声音呼吁行政法学向社会科学之林挺进。两种声音反映出向经典方法论回归和向社科方法论开放的不同倾向。

（一）"概念法学为本"的研究方法

于立深是第一种声音的代表。持论者在《中国公法学现代化的方法论研究》②一文中指出，推进行政法乃至整个公法学研究的首要方法是逻辑分析方法。逻辑分析方法的适用，首先要求研究者具备严谨的治学态度。于立深认为，可以照用笛卡尔概括的四条治学原则，即（1）避免判断上的轻率和先入为主，凡是自己没有明确认识到的东西，决不要把它当作真的东西接受；（2）将自己审视的每一个难题进行分类，按照可能和重要的程度逐一妥当解决；（3）按照秩序展开思考，从最简单、最容易认识的对象开始，逐渐认识复杂对象；（4）在任何情况下，都要尽量全面地考察，尽量普遍地复查，做到确信毫无遗漏。其次，研究者应具有这样一种信念，即"笃信从逻辑推理角度也可以获得知识和真理"的信念。持论者认为，作为规范性研究方法的逻辑分析，"可以凭借纯粹的推理理解事物"，而单纯以历史的、经验的思维方式理解事物，反而会"限制思路和视野"。

于立深指出，缺乏逻辑训练和分析哲学方法论传统，是中国人文社会科学的弱点。在论题、概念、范畴的界定和阐释上，学界偏好将政治、伦理与法律混为一谈，形成大量原则性表述总体印象的理论或学说。范畴的

---

① 胡敏洁：《论行政法中的案例研究方法》，《当代法学》2010年第1期。
② 参见于立深《中国公法学现代化的方法论研究》，《法商研究》2005年第3期。

界分如果不剥离社会关系和价值因素，则只能由概念搭配甚至拼凑实现。由于缺乏逻辑意向，拼凑起的诸多概念之间无法形成秩序和位阶关联。持论者认为，逻辑化的努力有助于概念和范畴的重构。范畴由彼此间具有逻辑秩序意义和关系的概念构成。用分析法学的逻辑力量"摧毁公法学中的伪概念"，"廓清旧概念的内涵和外延"，"矫正荒谬的偏见和有害习惯"，进而将概念进行"位阶化处理"，这样才能够实现行政法乃至整个公法范畴的重构，实现学科理论体系化和实证制度法典化。

于立深发现，由于学界普遍对概念法学方法论的疏离，行政法学乃至整个公法学自身已遭遇到严重的"知识瓶颈"。公法学生产的知识因其内在结构的松散和品质不够精良，无法为制度变革提供更具深度和更有力度的理论支撑。① 鉴于此，行政法学研究试图贡献制度变革之前，应当首先改变自身的知识生产状况和结构。回归概念行政法学是实现学界自我革新的重要路径。为了避免行政法学研究"陷入政治和意识形态的纷扰"或掉进"行政问题的陷阱"，为了赢得和保持学术研究的独立性，持论者力主应当使用概念法学这一"有效地认识行政现象、传递行政法知识和解决行政法纠纷的重要工具"，重新定位学术和实践的关系，澄清法学研究与法律实务的分工界限，明确概念法学是行政法学者的任务和使命。②

（二）"以人为本"的研究方法

包万超是第二种声音的代表。包万超在《面向社会科学的行政法学》③一文中指出，如何在专业共识和社会科学的开放性研究之间保持合理的张力，是作为一个学术共同体的中国行政法学者面临的基本挑战。持论者基于"对现代行政法学陷入危机，丧失了对生活世界的认知和指导作用，既不能客观的描述或解释行政法是什么，也无法令人信服的指出行政法应当怎样"的判断，指出要理解和回答上述两个根本性问题，必须建立一种以"人"为中心的分析体系。以"人"来理解和解释行政法现象的所有秘密，以"人"的回归帮助行政法学返回科学家园。

---

① 于立深：《公法的"知识瓶颈"与方法论变革》，《法制与社会发展》2007年第4期。

② 于立深：《概念法学和政府管制背景下的新行政法》，《法学家》2009年第3期。

③ 参见包万超《面向社会科学的行政法学》，《中国法学》2010年第6期。

包万超批判注释法学和概念法学"目中无人"的方法论。首先，由于"作为此在的人"的缺席，它们错误地限制了自身的研究对象和任务，将法律规则作为研究对象，从而排斥对人的行为动机及其选择的探究，也在事实关系上摒弃了对行政法"如何存在"的因果性探索。其次，也是更重要的是，由于人的隐没，它们面向可能世界时拒绝了对人存在的意义和法律的目的这一"最高和最终问题"的探讨。

包万超认为，社会科学的任务是通过理解人类的行为去理解社会现象，并指出建立一个可能世界的条件及其限度。只有使作为唯一主体的"人"成为分析体系的中心，法学才能迈入真正的实证科学的领地。研究发现，可幸的是，就世界范围来看，行政法学正在回应这个使自身成为科学的内在要求，朝着"面向社会科学的行政法学"演变。

包万超指出，"开放性容纳"是作为社会科学门类的行政法学之思想根基，它倡导的一个直接行动就是跨学科研究。持论者认为，跨学科研究不仅要求准确切入相关学科的特定领域，更高的要求是在"跨学科"过程中，完全忽略行政法学作为一门自守学科曾保留的疆界和种种合法依据。只有"大步前进，在宏大的系统中展开自己，把研究对象、任务、方法、视野和学科资源推向一个更广阔的领地"，才能实现行政法学的结构性变革。

（三）"转型行政法学"的研究方法

在一个"以速度、数量和花样取胜的时代"，"转型"是最具中国时空特色的背景。中国语境下的行政法研究必然是、也就应当是"转型行政法学"。①

"转型行政法学"的研究方法首先强调把握作为研究对象的"中国问题"的时间性和空间性，要求在清醒的时间感、空间感作用下，研究发展出"一种能够恰当描述、解释、预测中国行政法现象的知识体系"，展现出特定时代、特定语境下中国行政法的特点，实现特定时空下中国法学家的作用。

其次，"转型行政法学"提出了一系列创新性任务。第一，提出中国行政法学的研究对象，即揭示和描述中国独特的转型行政法现象；第二，

---

① 参见包万超《面向社会科学的行政法学》，《中国法学》2010年第6期。

发展一种关于中国转型行政法"是什么"和"如何存在"的实证理论；第三，为转型行政法的制度创新提供规范性基础和学术支持，尤其是要探索和提出转型时期中国行政法的原则和理论基础学说；第四，推动行政法学本土化进程，提出中国转型行政法的概念、命题、范畴和术语，形成中国的学术流派；第五，在社会科学的开放性研究中引入新方法和新资源，促进"交叉学科"的研究，建立中国行政法学的学术规范。

第三章

行政组织法和公务员法研究的新发展

行政组织法是宪法和行政法的重要内容之一。一般认为,现代意义的行政组织,是指行使国家行政职权、管理公共事务的行政机关以及其他行使行政职权的组织的总体。[①] 行政组织法对于配置职能权限、规范机构设置和编制、依法保障公民合法权益起到重要作用,故而,行政组织法研究成为现代行政法学的三大研究领域之一。

自20世纪80年代行政法学研究恢复以来,我国对行政组织法研究取得了一定的发展,特别是2000年以来,行政组织法研究逐渐摆脱了行政主体理论范式的束缚,开始立足于行政体制改革的实践,迎合公共行政转型的需要,尝试重新构筑行政组织法研究的新范式。但是,当前行政组织法研究仍不充分,理论界、实务界对行政组织法问题都有所忽略。首先,行政组织法制的缓慢进展影响了行政组织法研究。1982年制定的《中华人民共和国国务院组织法》,其颁布生效已经近30年,这期间社会生活已经发生了翻天覆地的变化,法律依然没有修改,甚至想进入人民代表大会的议程都很困难。其次,中国的行政法学者中研究行政组织法的人员比例很低。再次,行政组织法研究的数量和质量仍有待提高。从"中国知网"文献搜索的结果显示,2000年以来,以"行政组织法"为题名的学术文献数量只有230篇,仅占行政法学研究文献总数的10%不到;从1999年到2007年各年行政法学研究评述来看,行政组织法相关研究综述所占比例越来越少,甚至2002—2004年、2006—2007年的综述中,未提

[①] 参见任进《行政组织法基本范畴与新课题》,《北方法学》2012年第3期。

到行政组织法相关研究成果。

本章将对2000年以来的行政组织法研究文献进行梳理、解读和总结。首先,阐述了作为20世纪90年代主流理论的行政主体理论的演进过程、内容和存在的问题;其次,梳理了行政组织法研究范式兴起的背景、问题取向、基本思路和方法论;最后,由于行政组织人员研究(公务员法研究)和行政相对人及第三人研究是行政组织法研究中相对对立和特殊的领域,所以,将其单独作为两个专题,进行了较为详细的梳理和总结。

第一节 行政主体理论的式微

20世纪80年代末到90年代末,以行政主体作为一个基本性概念来表征行政权的行使者逐渐发展为我国行政法学界的通说,"行政主体范式"取代了"行政机关范式"成为行政组织法研究的主导范式,① 帮助行政法学者们摆脱了行政学、管理学的束缚,实现了行政法学专业化的愿望。21世纪初,由于行政主体理论在学理和实践上凸显出种种问题,行政法学界开始重新审视这一理论的意义和功能。行政主体理论在行政组织法学上的主导地位的动摇,揭开了新世纪行政组织法学发展的序幕。

一 行政主体理论的兴起

在我国行政主体作为一个法学术语,始于20世纪80年代中后期,随着这一概念的不断发展,"行政主体"逐渐代替了"行政机关",成为行政组织法的主流学说。② 行政主体理论脱胎于西方行政法思想,是从法国、日本和我国台湾地区"移植"而来的法学概念,行政主体理论在我国出现的主要原因有三个方面。

首先,行政组织法学研究视角的转化和学科专业化的需要。行政法学界对行政组织法的研究自20世纪80年代初就已经开始,但至1989年《行政诉讼法》颁布之前,基本上是围绕行政机关展开的。当时的行政法学界更多地从组织学、管理学的角度研究行政组织,或者仅对行政组织法的规定进行事实性的叙述。围绕行政机关的研究在早期的行政制度改革中

---

① 参见沈岿《重构行政主体范式的尝试》,《法律科学》2000年第6期。
② 参见李玉静《我国行政主体理论之分析》,《行政与法》2003年第12期。

发挥了重要作用，但是随着研究的深入，脱胎于行政管理学的理论所具有的局限性逐渐暴露。行政主体概念被提出，它避免了行政机关与行政组织概念的局限性。① 有学者认为："传统的行政机关范式存在以下缺陷：其一，与行政学研究角度和内部有重合之处，没有突出法学研究的特征，过分关注行政组织的组织意义而失于行政组织的法律人格意义；其二，无法描述或解释现实存在的享有公共行政管理职能的社会组织，包括根据法律授权的和接受行政机关委托的；其三，行政机关既可能参与民事法律关系又可能参与行政法律关系的事实，无法通过行政机关概念本身而得以表达，作为行政法规范对象的、在行政法律关系中作为管理者的行政机关无法借此概念而凸显；其四，内部管理机构与有资格对外以自己名义行使职权的行政机关无法得以区分。"② 行政法学界对"行政主体"理论的探讨，印证了王名扬先生的一个精辟的论断："行政主体概念是使行政活动具有统一性和连续性的一种法律技术，是行政组织的法律理论基础。"③

其次，行政诉讼实践的需要。行政主体理论兴起的现实根源是行政诉讼实践的发展。《行政诉讼法》1989 年的出台，标志着我国行政诉讼制度的建立。《行政诉讼法》对行政诉讼的被告资格问题作出了规定，同时，其规定及其实施的科学性与合理性，需要行政法学理论的支持。而从行政主体角度解释行政诉讼被告制度，逐步获得学术界的认同。④ 由于行政诉讼的被告不限于行政机关，还包括法律、法规授权的组织，并且行政机关并非都是被告，因此，学理上必须对行政诉讼被告给予科学界定，行政主体概念迎合了这种需要。在严格的意义上，行政诉讼是以行政主体而不是以行政机关为被告的诉讼。面对庞大的行政组织系统，以及复杂的行政活动，行政诉讼被告确定的规则是：谁主体，谁被告。⑤

最后，行政主体理论的舶来。20 世纪 80 年代末，随着对国外行政法

---

① 参见张树义《变革与重构：改革背景下的中国行政法理论》，中国政法大学出版社 2002 年版。
② 沈岿：《重构行政主体范式的尝试》，《法律科学》2000 年第 6 期。
③ 参见王名扬《法国行政法》，中国政法大学出版社 1988 年版。
④ 参见薛刚凌《多元化背景下行政主体之建构》，《浙江学刊》2007 年第 2 期。
⑤ 参见张树义《变革与重构：改革背景下的中国行政法理论》，中国政法大学出版社 2002 年版。

制度的了解，法国、日本等国的行政主体制度及理论被介绍、引入到中国。对于我国学者来说，相对于行政组织，行政主体是一个崭新的制度和学理概念，将其移植入中国行政法学中是自然而然之事。

二 行政主体理论的内涵、分类和功能

20世纪90年代末，行政主体已经发展成为我国行政组织法学的主流理论。在我国行政主体理论中，通常认为：行政主体是依法享有国家行政权力，以自己的名义实施行政管理活动，并独立承担由此产生的法律责任的组织。行政主体是实施行政管理职能、具备行政法上人格主体的组织，它独立拥有行政职权与职责，以自己的名义作出行政行为和参加法律活动，并应当对其行为和活动的法律后果独立承担法律责任，包括成为行政行为主体、行政复议被申请人、行政诉讼被告和国家赔偿义务机关。根据行政主体的组织构成和存在的不同，可将行政主体划分为行政机关、被法律法规授权的行政机构或其他组织。[1] 实际上，行政主体的定义是一个典型的民事法人的定义加上了一个行政管理因素（即国家行政权的行使）。[2]

关于行政主体概念的内涵，一般认为至少包含以下几层含义：首先，行政主体一般情况下是组织而不是个人，虽然行政行为是由具体的行政公务人员完成的，但必须是以组织的名义；其次，行政主体是依法拥有行政职权的组织；再次，行政主体是能以自己的名义行使行政职权以及参加行政诉讼活动的组织，即必须具有独立的法律人格，内部的行政机构不具有行政主体资格；最后，行政主体是能代表国家独立承受行政行为效果与行政诉讼效果的组织。由此可见，行政主体是理论上对行政法律法规中众多行政机关、被授权组织的高度抽象和浓缩而成的法学概念，而不是法律概念。并且，行政主体必须体现在具体的行政法律关系中，是动态概念。故有学者将行政主体分为三个层次：行政实质主体是国家，行政名义主体是行政主体，行政实施主体是公务员、被委托的组织及人员等。[3]

---

[1] 参见胡建淼主编《行政法与行政诉讼法》，清华大学出版社2008年版；罗豪才主编《行政法学》，中国政法大学出版社1996年版；徐静琳主编《行政法与行政诉讼法学》，上海大学出版社2005年版。

[2] 参见李玉静主编《我国行政主体理论之分析》，《行政与法》2003年第12期。

[3] 参见罗文燕主编《行政法与行政诉讼法》，浙江大学出版社2007年版。

一般认为，作为行政主体必须具备一定的法律资格要件和组织要件。法律资格要件有3项：第一，行政主体必须是依法享有行政职权的组织。第二，行政主体必须是能以自己的名义实施行政活动的组织。第三，行政主体必须是能够独立承担行政责任的组织。关于行政主体的组织要件说法不一，有的认为需要经过正式的批准成立手续，也有的认为行政主体必须有独立的经费和办公场所等。对行政主体资格的确认，主要从资格要件入手。任何一个组织，符合行政主体资格要件的就是行政主体；不符合的，就不是。

按照行政主体的界定，行政主体整体可分为行政机关和法律法规授权组织两部分。具体包括以下10类：（1）国务院；（2）国务院的组成部门；（3）国务院直属机构；（4）经法律法规授权的国务院办事机构；（5）国务院部委管理的国家局；（6）地方各级人民政府；（7）地方各级人民政府的职能部门；（8）经法律法规授权的派出机关和派出机构；（9）经法律法规授权的行政机关内部机构；（10）法律法规授权的其他组织。行政机关内部的机构、公务员及受行政机关委托实施管理的组织不是行政主体。

关于行政主体的职权与职责，学者常从不同的角度加以归纳。一般认为，行政主体的权职可分为抽象的权力和具体的权力。前者如制定规章和一般规范性文件，后者如对具体的人或事做出处理。还有学者强调行政主体具有优越的地位，享有行政优越权。另外，学者们认为，行政主体的职权与职责具有统一性。行政主体有义务合法公正地行使职权，否则，将承担不利的法律后果。

以行政主体概念为基础，学者们根据不同的标准将行政主体一分为二。如"职权行政主体与授权行政主体"的分类，将行政主体分为，作为职权行政主体的国家行政机关，和作为授权行政主体的由法律、行政法规、地方性法规授权行使行政权力的组织；[1] 如"外部行政主体和内部行政主体"的分类，将行政主体分为其实施行政权的效力及于被管理的行政相对人的外部行政主体，和按隶属关系对其内部机构、工作人员实行的管理的内部行政主体，从而将内部行政主体排除在行政诉讼的被告外；如

---

[1] 参见徐静琳主编《行政法与行政诉讼法学》，上海大学出版社2005年版。

"地域行政主体与公务行政主体"的分类,将行政主体分为有权对管辖地域范围内的一切人和事做出行政行为的地域行政主体,和只能对某项行政事务为对象做出行政行为的公务行政主体;如"本行政主体和派出行政主体"的分类,将行政主体分为有权派设行政主体的本行政主体,和被行政主体所派设的行政主体。①

行政主体研究范式的兴起和发展,对我国司法实务作出了不可忽视的贡献,也带来了我国行政组织法研究的"春天"。有学者认为,行政主体理论弥补了传统行政机关范式对司法实践回应的不足,有助于满足实践中的各种需要:(1)实现依法行政的需要;(2)确定行政诉讼被告的需要;(3)确定行政行为效力的需要;(4)保持行政活动连续性、统一性的需要。由此,行政主体理论又与行政法学上的其他理论形成有机结合。例如,关于公务员在外部行政管理法律关系中法律地位的阐述,一般认为公务员不是独立的一方当事人,而是代表行政主体、以行政主体名义行使权力,由此引发的外部法律责任也由行政主体承担;在论述行政行为合法有效的要件时,一般将"行为主体应具备行政主体资格"作为主体合法要件之一;而对行政诉讼被告资格的认定,也是建立在行政主体理论基础之上。② 有学者归纳其理论价值至少体现在三个方面,如"学术整合功能",行政主体理论的引进解决了行政机关身份不确定的问题,使得行政机关在不同法律关系中的地位得到了明确区分,避免了思维的混乱;行政主体概念实现了行政职权、行政义务与行政责任的综合化,有助于理清行政组织系统中不同主体之间的关系;最重要的是,以行政主体概念为基石,行政法律关系、行政行为、行政程序、行政法律责任等一系列重要的概念重新得到了有序整合,这些概念分别构成了行政法内在的"骨架",行政法的学科独立性日渐明显。除此之外,此理论还有"现实描述功能"以及"司法指导功能"。③

三 对行政主体理论的反思和批判

新世纪之交,我国行政组织法学界兴起了一场围绕行政主体理论缺陷

---

① 参见董茂云等《行政法学》,上海人民出版社2005年版。
② 参见沈岿《重构行政主体范式的尝试》,《法律科学》2000年第6期。
③ 参见杨海坤、章志远《中国行政法原论》,中国人民大学出版社2007年版。

的"大讨论",一批年轻学者走到了行政组织法理论研究的前台,贡献了一批有影响的学术论文。如1998年薛刚凌的《我国行政主体理论之检讨——兼论全面研究行政组织法的必要性》,1999年李昕的《中外行政主体理论之比较分析》、杨解君的《行政主体及其类型的理论界定与探索》,2000年张树义的《行政主体研究》、《论行政主体》、马怀德的《公务法人问题研究》、皮纯协和王丛虎的《行政主体的行政法律责任的演进》、沈岿的《重构行政主体范式的尝试》、李洪雷的《德国行政法学中行政主体概念的探讨》,2001年薛刚凌的《行政主体之再思考》等。

有学者认为,我国行政主体理论从法国、日本等国移植过来以后,很快得到行政法学界的认同,在行政法学研究中占有重要地位。但这一理论本身存在着重大缺陷,表现出以下问题:一是行政主体的概念不科学;二是行政主体的责任定位错误;三是行政主体的资格条件过低。正是其固有的缺陷对我国的行政法学理论和实践产生了负面影响,应引起我们的注意。[1] 有的学者从中外行政主体比较的角度进行分析,提出进一步完善我国行政主体理论的看法:一是明确行政主体作为行政法上的独立法律人格的实质含义,将我国行政法学上的行政主体予以正确定位;二是理顺行政法中行政主体、行政机关、行政机关构成人员三者之间的关系;三是全方位、深层次、多角度的研究行政主体理论。[2] 有的学者认为,我国行政主体存在的缺陷在于行政主体与主体的组织构成相矛盾,与组织的活动不相协调,难以解决违法主体与责任主体的衔接关系及行政违法与行政犯罪的协调关系,也不便于行政诉讼被告的确定。鉴于此,应将行政主体概念修改为:行使行政职权的组织及其个人,并且在此基础上将行政主体划分为名义行政主体、过渡行政主体和实际行政主体。[3] 当然,也有的学者提出反对意见,认为"名义行政主体"的"名义"完全是多余。[4]

---

[1] 参见薛刚凌《我国行政主体理论之检讨——兼论全面研究行政组织法的必要性》,《政法论坛》1998年第6期。
[2] 参见李昕《中外行政主体理论之比较分析》,《行政法学研究》1999年第1期。
[3] 参见杨解君《行政主体及其类型的理论界定与探索》,《法学评论》1999年第5期。
[4] 参见杨海坤《在探索中前进还是后退——与杨解君商榷》,《法学评论》1999年第5期。

有学者认为，中国改革的主体分化能够为人格说、法人理论提供未曾有过的经验。也就意味着中国改革过程中的行政主体理论能够对人格学说、法人理论提供新的诠释。这是研究中国行政主体问题应有的基本学术成就。而且，现代社会组织日益复杂和中国社会结构变迁，必然影响到我国行政领域的改革，其主要表现为中央与地方的分权和行政与公务的分权，同时也理所当然地要求行政主体的再造。所以，作为主体可能具有独立人格，但并不必然具有人格，我们不能要求社会组织适应理论，追求逻辑上的完善，社会组织永远面对的是它所生存的环境，理论要想获得生命力，就必须适应活的生活，作出更有说服力的解释。① 该作者对行政主体作了以上分析后，又撰文指出：行政机关与行政主体之间的区别导致行政主体概念的采用；行政主体直接的意义在于行政诉讼被告的确认，但作用并不限于此；行政主体的理论根基来自法学方法论，其实践基础却在于中国改革，改革中的主体分化是行政主体理论的价值所在。② 也有学者通过对一起学生诉学校要求颁发毕业证、学位证的行政案件分析，从实证角度论述我国行政主体。认为，应当将履行公共管理职能的事业单位、社会团体定位为公务法人，公务法人与其使用者之间的关系不止单纯的民事法律关系一种，还包括行政法律关系。公务法人制定内部规则应当遵守法律保留和法律优先原则，不得与法律法规相抵触。公务法人与利用者、使用者发生行政纠纷后，应通过行政诉讼途径来解决。③

也有学者从历史分析的角度、用比较的方法，研究了行政法与行政主体及其行政法律责任的演进过程，指出，随着社会经济的发展、政府职能的转变，必然不断地推动着行政法的发展。特别是二战以来，西方各国大力推行福利社会制度，使行政法获得了新的发展，行政主体也呈现多元化、中心移转化等特征。④ 也有学者对德国的行政主体的概念、类型等作了较为详尽的介绍，为行政法学者们提供了很好的研究素材。⑤

---

① 参见张树义《行政主体研究》，《中国法学》2000年第2期。
② 参见张树义《论行政主体》，《中国政法大学学报》2000年第4期。
③ 参见马怀德《公务法人问题研究》，《中国法学》2000年第4期。
④ 参见皮纯协、王丛虎《行政主体的行政法律责任的演进》，《行政法学研究》2000年第2期。
⑤ 参见李洪雷《德国行政法学中行政主体概念的探讨》，《行政法学研究》2000年第1期。

第二节 行政组织法研究的新课题

无论是在实践的现实关联性上,还是在理论的建构逻辑性上,行政组织法的研究与行政主体理论本应是相互依存、并行不悖的。在很大程度上,行政主体理论是行政组织法研究的组成部分。但由于我国的行政主体理论从诞生起就以取代对行政组织法的研究为要旨,因而该理论本能地排斥对行政组织法的全面研究。然而,行政组织及其理论描述的无序化现状,迫使学界回过头来认真地检讨与其相关的理论价值、研究角度、分析方向和表述方法。新世纪之交,行政法学界逐步展开了对行政组织法的研究。

一 行政组织法研究范式的兴起

从表面上看,2000年以来形成的行政组织法研究范式,是在行政法学界对行政主体研究的质疑和批判中,得以逐渐展露并不断深入的。然而,从根本上来说,行政组织法研究范式的形成,是行政组织法学乃至整个行政法学为回应行政法治进程而迈出的重要一步。在临近本世纪时,针对行政法治进程中的理论需求,曾有学者从以下四个方面,阐述了行政组织法范式兴起的背景和动因。①

首先,行政组织的法治化需要行政组织理论的支持。行政组织作为行政权的承担者,在行政管理中占有重要地位。1982年宪法也明确规定行政机关的职权划分,中央和地方的行政权划分由国务院自行决定。但从依法行政的理念出发,行政组织自身的设置与管理应当受法律的严格规范和制约,以排除个人意志和人为因素的干预。换言之,行政组织的自身管理应当建立在理性的基础上,并符合民主、公正、效率的要求。并且,行政组织结构更加民主、专业。行政组织的法治化无疑需要多方面的条件,但首要的条件是对行政组织法律问题进行全方位的研究。

其次,行政法律制度的完善需要以行政组织法理论为基础。在行政法体系中,行政组织法处于重要地位,许多具体行政法律制度的建立都以行

---

① 参见薛刚凌《我国行政主体理论之检讨——兼论全面研究行政组织法的必要性》,《政法论坛》1998年第6期。

政组织法为基础。如行政许可制度、行政处罚制度、行政强制制度、行政裁决制度等，都涉及有关行政权力的范围、设定、分配，实施机关的资格、种类等，都与行政组织法相关。行政许可等具体行政法律制度的完善，有赖于对行政组织法律问题进行全面研究。虽然在实践中，对各项具体行政法律制度涉及的行政组织问题也作专门考察和分析，并作专门规定。但难以从根本上解决问题。

再次，行政改革实践需要加强行政组织法研究。在当代社会，行政改革是任何国家无法回避的重大课题。公共行政正从传统走向现代的转型，表现出来的三大趋势是从泛行政化到行政分化、从社会结构的单一化到社会结构的多元化、从强化管制到优化服务，如我国在2003年和2007年进行的两次大部制改革，行政组织日益多元化、行政组织分权进程加快，都是公共行政改革趋势的现实表现。在这一新的历史背景之下，传统行政主体理论所预设的基本框架已经难以适应公共行政发展的需求。公共行政的转型需要一整套法律制度的支撑和保障，而公共行政组织系统自身的法治化和现代化，决定了整个政府的法治和现代走势。行政改革涉及行政组织的权限、规模、行政机关的调整以及公务员管理制度的完善等，实际上都属于行政组织法的规范领域。因而，对行政组织法的全面研究将推进行政改革。

最后，行政法学体系的构建需要行政组织法研究的完善。行政组织法作为行政法的重要组成部分，当然应为行政法学体系所包容。行政法学如果舍弃对行政组织法的整体研究，不仅在内容上无疑有残缺，还会影响行政法律制度其他方面的研究。学者认为，完整的行政法学体系包含行政法的基本理论、行政组织法理论、行政程序法理论、行政管理中的具体法律制度以及行政救济法理论五部分。这几部分相互联系、相互影响，构成一个完整的整体，以往的教科书中以行政主体理论取代行政组织法的研究，导致了人们对行政组织法律制度的忽视，实为遗憾。[①]

二 行政组织法研究范式的问题取向

为了应对上述需要，行政组织法研究范式必须具备体系性的问题取

[①] 参见薛刚凌《我国行政主体理论之检讨——兼论全面研究行政组织法的必要性》，《政法论坛》1998年第6期。

向。有学者认为,行政组织法研究应包括三部分:第一,探讨行政组织法的基本理论问题。如行政组织法存在的理论基础;确立行政组织法定原则的必要性;行政组织法的价值、目的、结构;行政组织法在行政法体系中的地位;行政组织法与公民的关系以及行政组织法与行政改革的关系等。第二,研究行政组织法所应包含的基本内容。如行政组织法所涉及的基本术语的界定;行政权的范围及设定标准;中央与地方行政权的分配;行政机关的设置标准与程序;行政主体制度;行政授权、行政委托和行政协助;行政编制管理制度以及公务员管理制度等。第三,分析行政组织法的立法模式与立法体系。如制定行政组织法的目标模式、体例模式和结构模式;行政组织法体系的基本框架和层次等。① 由此可见,行政组织法不仅研究行政机关和机构,研究行政编制和公务员制度,还研究行政机关以外的其他社会组织及其关系。

有学者认为,随着行政体制改革不断深入,行政组织法研究需要解决的问题是:(1)如何加快政府职能转变,重新界定行政机关的职能权限,并从体制上合理配置地方政府及其部门的职能;如何按照行政职能配置科学化的要求,在全面履行职责的基础上,突出各层级政府履行职能的重点。(2)应确立哪些原则建立哪些制度,使行政机关设置更加科学,运转更加高效,组织结构更加优化,机构设置更加规范,权责更加明确。(3)对目前实践中运用很广的法律法规授权、行政授权、行政机关依法委托等问题,理论界应及时研究并解决,特别要对委托组织、派出机关和机构的行政主体资格从理论上加以明确。(4)在组织法的系统建设上,理论界应提出现实可行的方案,既要注意行政组织间合理的权限分工,又要保证行政组织内部精简统一、运转高效,即在统一的大组织法指导下逐步完善各部门各地方的组织法。(5)如何加强对西方国家行政组织立法的比较研究,学习和借鉴其有益形式为我所用。②

另外,第三部门(非政府组织、非营利组织、事业单位、准政府组织、中介组织、行业协会、社会团体)的研究成为大热点。传统意义上

---

① 参见薛刚凌《我国行政主体理论之检讨——兼论全面研究行政组织法的必要性》,《政法论坛》1998年第6期。
② 参见任进《行政组织法基本范畴与新课题》,《北方法学》2012年第3期。

的"行政"和"行政权"也在发生变化,如何界定除了行政机关以外的行使行政权的主体,学理上以"行政主体"、法条中以"法律法规授权组织"、"行政机关委托"等概念,来将授权或者委托第三部门行使行政权、行业协会和社会团体对成员的行政囊括其中。[1]

三 行政组织法研究方法的转变

从方法论上讲,21世纪至今的行政组织法研究,逐渐从重视规范主义研究方法转向重视规范主义和实证主义研究方法并重,从单纯的司法本位研究视角转向司法与立法并举的研究视角。

(一) 从规范主义到实证主义

行政组织法研究经历了以注释方法到实证方法的转变。早期行政组织法研究主要是对行政组织法规范的解读。与其他法学学科一样,主流研究方法是注释法学,将行政法学研究建立在语义解释和分析的基础上,遵循形式主义或分析实证主义的思路,视行政法为一个孤立的"自治领域",将学术研究的任务确定为分析行政法条文的逻辑、结构和语义,必要时由此归纳行政法自身的术语、概念和原理,排斥对行政法现象做政治学、经济学、社会学和历史、文化等非法律因素的考察。[2] 21世纪90年代,行政主体理论的移植和引入实际是一种规范主义研究方法,他关注关于行政法"应当是什么"或"如何改进"的问题,它包括两个领域的研究:一是纯粹的价值判断领域,探讨行政法应当做什么,不应当做什么,旨在提出和阐述一套令人信服的价值观和伦理规范;二是具体的制度安排领域,即为了实现相关的价值目标,应当采取什么样的制度安排,或者提出什么样的立法建议,找出既有法律规定和法律实践中的不足,并提出解决问题

---

[1] 参见吕艳辉《高等学校"法律法规授权组织"定位之理论检视——兼论我国行政主体理论的改造》,《当代法学》2007年第1期;周佑勇《公共行政组织的法律规制》,《北方法学》2007年第1期;左然《公务法人研究》,《行政法学研究》2007年第1期;胡敏洁《给付行政与行政组织法的变革——立足于行政任务多元化的观察》,《浙江学刊》2007年第2期;金自宁《大学自治权:国家行政还是社团自治》,《清华法学》2007年第2期;姚金菊《转型期的大学法治——兼论我国大学法的制定》,中国法制出版社2007年版。

[2] 参见包万超《行政法与公共选择——论建立统一的行政法学实证理论》,北京大学博士研究生学位论文,2001年。

的方法。① 规范主义的研究方法与这一时期建立比较完备的行政法制体系任务是密不可分，行政法学首先要解决的是"有法可依"的问题。

20世纪90年代末到21世纪初，对行政主体理论的批判和行政组织法研究范式的重构，是实证行政法学的研究兴起的体现。就行政组织法学来说，实证主义研究主要是"行政组织法是什么"或"如何存在"的问题，描述真实世界的行政法是怎样存在的，解释如此存在的原因，预测某项立法安排能不能实现既定的目标，分析其实施的后果等问题。

（二）从司法本位到立法本位

行政主体理论的兴起主要缘于对1989年《行政诉讼法》规范的理论化解释，是一种以司法本位为视角看待行政组织法，这一理论最先涉及行政机关、法律法规授权组织、行政委托等概念，解决的是由谁来做被告的问题。行政主体理论虽然借鉴大陆法系的概念，在制定行政诉讼法过程中，实际上还是用司法视角审视行政组织系统，用司法的眼光解析行政组织系统。关注是否超越职权是司法审判的标准，但司法本位并不关注职权本身设定是否正当，哪些职权是给行政机关，职权的范围和程度是什么。也就是说，司法本位的行政组织法研究涉及两个方面的问题，一是行政组织的设定，一是管辖权。

与司法本位方法相对应的，是立法本位方法（政治的方法）。就行政法而言，其关注的是规则本身是否正当。立法者必须关心职权的配置，否则很容易出现职权配置混乱、交叉的状况。立法者的方法通常通过政治过程完成，而不是司法过程。近年来，行政组织法研究开始不但注重行政组织设定、职权、编制是否事先通过行政组织法规范规制的研究，还开始注重对行政组织本身的结构、配置以及运行等方面的研究，并且更加精细化，是司法本位向立法本位视角的转换，也是传统形式法治主义走向实质法治主义的例证。

第三节 公务员法研究

行政组织的人员是行政组织的重要组成部分，对其进行研究应是行政

---

① 参见包万超《行政法与公共选择——论建立统一的行政法学实证理论》，北京大学博士研究生学位论文，2001年。

组织法研究的重要任务和组成部分,然而,一方面由于传统行政法学研究范围和理论的影响,对行政组织人员的研究一直是在行政学研究范畴内,行政法学界对其涉足不多;另一方面,在《公务员法》未颁布之前,受到注释法学研究方法的影响,行政法学界对行政组织人员的研究更是没有任何规范依托,所以,21世纪初,我国行政法学对行政组织人员的研究凤毛麟角。在《公务员法》颁布之前,只有个别行政法学者对公务员立法的框架和个别原理进行了讨论。有学者认为,公务员立法必须正确区分政务类公务员和业务类公务员,顺应行政改革潮流确定公务员法的调整范围和管理机构,公务员录用和晋升应进行任职资格考试,确定公务员惩戒的司法救济和公务员管理机构违法的法律责任等立法理念和法律架构。[1] 有学者认为,公务员服从上级命令的根本条件就是,上级命令必须是合法的。上级命令的合法性包括三个方面的内容:命令发布者的身份须合法;所发命令之内容须合法;所发命令须经过了法定程序。公务员对违法命令的不服从,实际是代替人民行使了部分抵抗权;执行违法命令的法律责任由个人承担。[2]

直到2005年《公务员法》颁布,行政法学界开始从行政法的基本原理和方法,来对《公务员法》进行梳理、分析、解读、批判,并提出修改方向和建议,由此掀起了《公务员法》研究的小高潮。然而,相较其他学科,特别是行政学,行政法学对《公务员法》的研究基础和能力非常有限,行政法学界对公务员制度法治化的理论解释和架构尚有很大欠缺。最近几年,随着行政改革实践的发展和行政组织法研究的扩展和深入,行政法学界开始逐步将公务员法研究纳入行政组织法研究发展的大框架内,由此,公务员法研究出现了新的景象。

一 对《公务员法》的解读、评述和修改建议

《中华人民共和国公务员法》于2005年4月27日由全国人大常委会第十五次会议审议通过。《公务员法》是我国人事行政领域的第一部法律,该法将党、政、群和社会团体,乃至人大、政协、法院、检察院等机

---

[1] 参见王宝明《中国公务员立法论纲》,《国家行政学院学报》2003年第3期。
[2] 参见刘松山《再论公务员不服从违法命令的几个问题》,《法学论坛》2003年第3期。

构之工作人员一并列入规制范围。《公务员法》既包括实体法律规范,也包括程序规范。行政法学者从行政法学的视角出发,对公务员法的颁布做出了各种回应。

有学者从行政法基本原理出发,高度评价了《公务员法》的立法水平,认为《公务员法》的通过是我国行政实体法的一大突破。《公务员法》将公务员的职级职别、录用、考核、任免、升降、奖励、惩戒、培训、交流与回避、工资福利保险、辞职辞退、退休、申诉控告、职位聘任等纳入了法律规制的范畴。因人事仲裁制度的确立,聘任制公务员的权利救济有了法律救济的程序通道,这为今后所有公务员的法律救济开启了序幕。同时,已经启动的人事仲裁制度通过对聘任制公务员的法律适用,对事业单位工作人员亦有一定的导引作用。① 还有学者认为,《公务员法》具有"六大理论创新",分别是明确了公务员的范围与要求;确立了公务员对上级的错误决定执行的责任;创设了职务晋升与级别晋升的"并重制";设计了初任"法检官"单独公开选拔制;完善了监督机制;区分了政务类与业务类。有学者在肯定《公务员法》的创新之外,对部分规定设计的科学性提出了质疑,认为"第一,法官行政化:与司法改革背道而驰;第二,平等竞争原则:难以捉摸;第三,公务员考试:重文轻理,贻害无穷;第四,公务员考核:有冤不许鸣;第五,公务员奖励:重实体,轻程序;第六,引咎辞职:并不彻底的问责制;第七,公务员廉政监督:法网恢恢,疏而有漏;第八,公务员的诉权:千呼万唤不出来"。②

除了上述对《公务员法》制度设计的评价和建议外,有少数学者尝试用行政法学的理论对其进行解读。比较典型的例子是,有学者澄清了公务员法与国外行政法学中"特别权力关系"理论的关系,认为从行政法学史的视野,研究特别权力关系理论无疑仍有意义,但如果将这种理论视作与我国当今的行政立法,特别是和《公务员法》有联系,甚至是这些行政立法的基础,那绝对是部分学者的误会。当今中国的行政立法与这一理论没有关系,这才是它与中国行政立法之间真正的"关系"。奉行"依

---

① 参见郑尚元《我国行政法实体法的突破与瞻望——评〈中华人民共和国公务员法〉》,2005年第3期。

② 参见姬亚平《质疑〈公务员法〉中的八大问题》,《法学》2005年第7期。

法治国"的中国已与形成这一理论时的德国背景大不相同,中国已无必要引进这一"过时"的理论。《公务员法》的修改方向也与"特别权力关系"理论没有联系,有关修改中的棘手问题完全可以在我国现行的行政法制中绕开"特别权力关系"理论而得到解决。并指出"牢牢将公务员的权利救济排斥在行政诉讼的门外,实在是'愚蠢之至'。当我们从这样一种观点出发来重新审视《国家公务员法》和《行政诉讼法》时,就会觉得,我们刚出台的《公务员法》由于保留第 90 条而显得不够进步"。① 有学者从行政法基本原则出发,认为与《国家公务员暂行条例》相比,《公务员法》包含了许多新的内容,尤其是《公务员法》第五十四条,其从崭新的角度规定和明确了公务员在认为上级决定或命令有误时的处理方法及其权利和责任。既赋予了公务员在执行上级决定或命令过程中享有的抗辩权和拒绝执行权,也明确了其所应承担的相应法律责任,体现了权责一致的行政法律原则。② 有学者梳理了公务员对违法命令是否具有服从义务的行政法上的四种观点,认为《中华人民共和国公务员法》突破了《公务员暂行条例》的意见陈述说,以相对服从说作为其制度创新的理论基础。该法第 54 条规范结构,包括规范对象、规范主体、服从与不服从的范围、界限及责任等内容。通过规范考察和比较分析,公务员对违法命令不服从制度还需在报告义务的规定、明显违法范围之明确以及上级决定或命令的书面形式等方面予以完善。③ 有学者对《公务员法》第 15 章的质疑中提到,对于人事处理等内部行政行为,《公务员法》虽然规定了"申诉控告"的内部解决机制,但是,一方面由于当事人缺乏救济途径的选择权,另一方面由于这些纠纷被排除在司法审查之外,因此,《公务员法》这样的纠纷解决机制,完全可能使当事人对纠纷处理的公正性产生怀疑。特别是,目前在我国的内部行政管理中,一个不容忽视的事实是缺乏公开性、公正性和规范性。而行政机关对其工作人员的奖惩、任免等所谓"内部行政行为",事实上涉及、甚至严重地影响到公务员的权利和义

---

① 参见胡建淼《"特别权力关系"理论与中国的行政立法——以〈行政诉讼法〉、〈国家公务员法〉为例》,《中国法学》2005 年第 5 期。

② 参见于曙光、苑基荣《从权责一致角度解读〈公务员法〉第五十四条》,《行政与法》2007 年第 1 期。

③ 参见喻少如《论公务员对违法决定或命令的相对不服从——对〈公务员法〉第 54 条的立法解读》,《湖北社会科学》2007 年第 5 期。

务。"公务员的惩戒对公务员的职务影响巨大，程序设计的价值取向应该体现程序公正，以利于保护公务员的合法权益。"[1] 有学者从理论上梳理和解释了《公务员法》第12条的忠诚义务由来和性质，认为公务员忠诚义务兼具伦理道德和法律的双重属性，是一种制度性的忠诚，约束公务员的一切与职务相关的行为。公务员违反忠诚于宪法和法律的义务，应予以追究道义、行政和法律上的责任。[2]

二 行政组织法视野中的公务员法研究

行政组织的人员，尤其是公务员，一直是行政组织法关注的内容。但在传统行政组织法倾斜于形式法治原则的氛围中，对行政人员的探讨，也往往止步于《国家公务员暂行条例》和《公务员法》相关条款的介绍性描述。然而，随着公共行政改革实践的发展和我国行政组织法理论框架的重构，行政法学者重新审视行政组织人员，特别是公务员在行政组织法中的地位以及相关理论支持。然而，文献梳理显示，这种尝试的规模和水平还是微乎其微的。

有学者注意到，公共行政改革中的绩效管理将会对行政组织法尤其是行政组织人员的调控框架产生冲击。在西方国家，"中央部门，尤其是财政部，依赖绩效指标对执行机构实施控制"，议会和公众早已视绩效标准为确保行政机构迅速而有效地提供公共服务的有利工具。[3]

有学者认为，对行政组织人员法治化的研究必须从行政任务的角度出发，指出《公务员法》虽然已经设计了以工作实绩为重点的公务员考核制度。但该条款在实践操作中，却被"无过便是功"的潜规则替代。另外，以职务和级别确定工资和其他待遇的规定，以及晋升年龄与资历的限制，造成了"不同工却同酬"的状态，以及年轻的优秀人才难进步、年长的工作同志不进取的局面。内部竞争的长期缺乏，导致工作效率低下，工作质量不高。而绩效管理的真正落实，必须依赖于与之配套的激励机

---

[1] 参见王文惠《〈公务员法〉纠纷解决机制初论》，《法学杂志》2008年第5期。

[2] 参见金伟峰、姜裕富《公务员忠诚义务的若干问题研究——对〈公务员法〉第12条的解读》。

[3] 参见郑春燕《行政任务变迁下的行政组织法改革》，《行政法学研究》2008年第2期。

制，其中最主要的是"来自高层管理者的认可、职业发展机会和金钱激励"。为此，行政组织法有关组织人员的研究，必须打破同级同工和按部就班的晋升结构，以行政组织人员对行政任务的实际贡献为标准，弹性地设计考核制度。同时，应扩大行政组织人员对行政处分及晋升决定的救济途径，承认"当系争行政处分已影响该公务员服公职之权利，也就是说，该处分已改变其公务员之身份关系时，应准予提起诉愿及行政诉讼"。①

第四节 行政相对人和行政第三人研究

随着当代行政法从传统的权力制约行政权力的模式逐步发展为强化以行政相对人和行政第三人的程序权制约行政权力，从早期单一的秩序行政逐步发展到当代福利国家秩序行政、给付行政的多元化，传统权力色彩淡化的行政合同、行政指导等行政行为方式被广泛加以运用，调动行政相对人和第三人积极参与的行政民主做法备受青睐。随着我国政治经济体制改革和行政法治的发展，也使相对人和第三人的地位有了很大提高，这给行政法学研究行政相对人和第三人提供了实证基础和契机。20世纪90年代关于行政法基础理论的争论中，"平衡论"强调行政机关与相对一方之间的权利义务平衡，也为正确认识行政相对人及其法律地位提供了重要思路。新世纪伊始，方世荣的专著《论行政相对人》开启了行政相对人理论研究的序幕；② 周佑勇、何渊的《论行政第三人》将第三人研究纳入了行政法学基本理论框架内。③

一 行政相对人研究

2000年，方世荣的《论行政相对人》一书初步搭建了行政相对人这一行政基本范畴的理论框架，探讨研究了行政相对人的概念、资格、类型、地位、权利、行为等各种相关的法律问题，并对其中具有规律性的想象做

---

① 参见郑春燕《行政任务变迁下的行政组织法改革》，《行政法学研究》2008年第2期。
② 参见方世荣《论行政相对人》，中国政法大学出版社2000年版。
③ 参见周佑勇、何渊《论行政第三人》，《湘潭工学院学报》（社会科学版）2001年第2期。

出了科学的理论总结。① 在这一时期所发表的有关行政相对人的行政法学论文中，大多数作者都围绕行政相对人的法律地位、程序权利等问题进行了进一步的探讨。有学者就行政相对人在行政程序中的参与权展开研究，主张行政相对人的参与权是程序性权利的逻辑起点，而知情权和抗辩权是参与权的逻辑发展的结果。② 行政相对人的程序对抗权是行政控权的一种有效形式，也是对行政优先权的限制，是对行政法律关系不平衡的对待。这种程序的对抗权包括听证权、知情权、抗辩权、申请回避权、拒绝权、防卫权等权利。③ 社会团体作为行政相对人的表现形式，在我国却存在着社会合法性、行政合法性、政治合法性与法律合法性不一致的情况，但却仍能"正常"存在并展开活动。为达到这种一致性，应以法律合法性为核心整合其他三种合法性，以便达到社会团体具备充分合法性的问题。④

而在近几年有关公众参与的理论探讨中，行政法学者卓有成效地探讨了在行政立法、行政决策等行政行为中，相对人参与行政过程的权利、程序、救济等问题。

（一）行政相对人的概念与地位

我国行政法学界对行政相对人的概念基本上达成一致，将之置于具体的行政法律关系中，同行政主体一并考察，认为行政相对人是指在行政法律关系中语行政主体互有权利和义务的相对一方的公民、法人或者其他组织。⑤ 由此可见，行政相对人的特性表达是：（1）处于行政法律关系中的公民、法人或其他组织；（2）行政法律关系中作为与行政主体相对应的公民、法人或者组织；（3）权益受到行政主体的行政行为影响的公民、

---

① 参见方世荣《论行政相对人》，中国政法大学出版社2000年版。
② 参见张晓光《行政相对人在行政程序中的参与权》，《行政法学研究》2000年第3期。
③ 参见赵振华《刍议行政相对人的程序对抗权》，《法学论坛》2000年第3期。
④ 参见高丙中《社会团体合法性问题》，《中国社会科学》2000年第2期。
⑤ 参见马怀德《公务法人问题研究》，《中国法学》2000年第4期；方世荣《论行政相对人》，中国政法大学出版社2000年版；熊文钊《现代行政法原理》，法律出版社2000年版；王连昌、马怀德主编《行政法学》，中国政法大学出版社2007年版；叶必丰《行政法学》，武汉大学出版社2003年版；沈荣华《现代行政法学》，天津大学出版社2003年版；杨海坤、章志远《中国行政法原论》，中国人民大学出版社2007年版。

法人或其他组织；（4）不具有或不行使国家权力的公民或其他组织。①

对于行政相对人的法律地位。有学者认为，行政相对人概念的提出，表现了行政主体与行政相对人的不平等。从对行政法律关系特征的描述，不难发现行政法对行政主体的"偏爱"。可以说，行政法律关系中的行政法主体理论自始至终强调的是行政主体的主导性和优越性，而对行政相对人，则更多体现的是从属性和不平等性。如此一来，行政相对人就处于行政主体行政行为的客体地位，毫无主体性地位可言。② 也有学者从"和谐关系"或"合文化的"角度，来重新解释行政主体与行政相对人的关系，认为这是一种辩证统一的互动关系。③ 行政主体与行政相对人互动，意味着行政主体与行政相对人法律地位平等，行政主体不再是绝对的权威，行政相对人不再是行政管理的客体，行政主体与行政相对人都具有独立的主体资格；意味着行政主体与象征相对人权利（力）结构处于均衡状态，行政主体必须消解其庞大的权力体系，行政相对人必须扩充其权利体系；意味着行政主体与行政相对人均呈现积极主动的态势，行政主体积极提供服务以获得社会认可并得到相关利益，行政相对人积极主动地参与行政管理，以实现自我利益的最大化；意味着行政主体与行政相对人之间由单纯制约与激励兼容，行政主体与行政相对人之间不仅存在制约和对峙，而且要进行激励和合作；意味着行政主体与行政相对人之间的距离适度，行政主体不再被高高的法律之墙紧紧围困，而是在法律原则和法律精神指导下，为行政相对人提供充分而有效的公共物品，行政相对人不再是单纯依赖代议民主，而是享有更多的参与民主与行政主体直接接触；意味着行政主体与行政相对人之间由强制命令转而协商合作，行政主体与行政相对人之间不再是命令—服从的关系，而是协商—合作的关系，高权行政行为式微，民主行政兴起，行政主体广泛采用行政指导、行政合同、行政奖励等非高权行政方式，与行政相对人进行积极的沟通和合作。可以看出，在行政主体与行政相对人"互动图景"中，行政主体与行政相对人之间少了

---

① 参见黄学贤《论行政行为中的第三人》，《当代法学》2006年第2期。
② 参见蒲林、刘德兴《行政相对人主体地位之辨析》，《行政与法》2003年第12期。
③ 参见谢红星《试论行政机关与行政相对人之间的和谐关系的建构》，《行政与法》2008年第6期。

一份敌视，多了一份对话；少了一份对抗，多了一份合作；少了一份强制多了一份协商；少了一份制约，多了一份激励。这幅"互动图景"正如和合文化追求的"和合之境"。①

可见，对行政相对人概念本身的质疑主要是字面意义上的，虽然行政相对人概念本身即表明了在行政法律关系中，行政相对人之于行政主体的某种意义上的从属性，然而，行政相对人概念上的注释不应当成为讨论行政相对人主体地位的绊脚石。对于行政相对人主体地位的理解，应着眼于"主体"二字，一方面是指行政相对人是行政法二元主体之一，另一方面是指行政相对人并非行政主体之行政行为的被动承受者，而是一系列行政行为的积极参与者。②

（二）行政相对人的分类

从不同的角度、依据不同的标准，学者对行政相对人做了不同的分类。有学者从行政相对人存在的形态为标准，将其分为个体行政相对人与组织相对人。此种分类有利于明确不同相对人的资格，明确责任的承担者。③ 有学者以行政主体行政行为影响其权益是否产生实际效果为标准，将行政相对人分为特定行政相对人和不特定行政相对人。④ 有学者以相对人的权益受到行政行为影响的行政不同为标准，将其分为受益相对人和损益相对人，或权利相对人和义务相对人。⑤ 有学者受内部行政与外部行政划分的影响，将行政相对人分为内部行政相对人与外部行政相对人，⑥ 而作为这种划分的意义是基于两大行政法学原理：一是内部行政相对人不能成为外部具体行政行为的对象，二是内部行政相对人不能构成行政诉讼中的原告。⑦ 有学者将行政相对人分为直接相对人和间接相对人，也有学者

---

① 参见赵永伟《从合文化看行政主体与行政相对人互动》，《云南行政学院学报》2006年第4期。

② 参见蒲林、刘德兴《行政相对人主体地位之辨析》，《行政与法》2003年第12期。

③ 参见胡锦光《行政法学概论》，中国人民大学出版社2006年版。

④ 参见方世荣《论行政相对人》，中国政法大学出版社2000年版。

⑤ 同上注。

⑥ 参见熊文钊《现代行政法原理》，法律出版社2000年版。

⑦ 参见胡建淼《行政法学》，法律出版社2003年版。

将间接相对人进一步划分为因果相对人、排他相对人和连带相对人。① 另外，还有"国外行政相对人和国内行政相对人"、"作为行政的行政相对人、不作为行政的行政相对人"等。

（三）行政相对人的权利与义务

行政法学界通说认为，行政相对人的权利是指行政法所规定或确认的，在行政法律关系中由行政相对人享有的，同时与行政主体的义务相对应的各种权利。对于行政相对人权利的类型，存在多种划分方法，可以概括为两种途径，一种采用不区分实体权利和程序权利进行整体概括的分类途径，② 一种是区分实体权利和程序权利进行再分类的方式。③ 对于前者，有学者将其概括为（1）自由权，（2）平等权，（3）了解权，（4）参与权，（5）请求权。④ 对于后者，有学者将实体权利概括为（1）行政受益权，（2）行政保护权，（3）行政自由权；将程序权利概括 8 项内容：（1）获得通知权，（2）阅览卷宗权，（3）陈述权，（4）抗辩权，（5）申请权，（6）委托代理权，（7）获得帮助权，（8）拒绝权。⑤

在讨论行政相对人程序权利时，有学者提出了行政相对人程序对抗权的概念，并分析了设立行政相对人程序对抗权的法理依据和相识意义，认为行政相对人程序对抗权能够有效的控制行政权力，是对行政优先权的限制，能够平衡不平等的行政法律关系。⑥ 而对于行政相对人程序对抗权的种类，学界基本上形成共识，该权利包括听证权、知情权、抗辩权、申请回避权、拒绝权、防卫权等。⑦

此外，在明确行政相对人程序权利内涵的基础上，有学者进一步对重

---

① 参见黄贤宏《对行政相对人的法律探讨》，《河北法学》2000 年第 2 期。
② 参见周佑勇、何渊《论行政第三人》，《湘潭工学院学报》（社会科学版）2001 年第 2 期；王连昌、马怀德主编《行政法学》，中国政法大学出版社 2007 年版；叶必丰《行政法学》，武汉大学出版社 2003 年版。
③ 参见杨海坤、章志远《中国行政法原论》，中国人民大学出版社 2007 年版。
④ 叶必丰：《行政法学》，武汉大学出版社 2003 年版。
⑤ 参见杨海坤、章志远《中国行政法原论》，中国人民大学出版社 2007 年版；熊文钊《现代行政法原理》，法律出版社 2000 年版；胡锦光《行政法学概论》，中国人民大学出版社 2006 年版。
⑥ 参见赵振华《刍议行政相对人的程序对抗权》，《法学论坛》2000 年第 3 期。
⑦ 参见葛大勇《行政相对人程序性权利初探》，《行政论坛》2006 年第 5 期。

要的程序性权利进行研究,如参与权、[1] 平等对待请求权,[2] 等等。

行政相对人的义务是指由行政法规范所规定或确认的,行政相对人应当履行,并与行政主体的权利相对应的各种义务。学者将行政相对人的义务概括为遵守行政法规范的义务、服从行政管理的义务、协助执行公务的义务、提供真实信息的义务和维护公共利益的义务等。[3]

二 行政第三人研究

对行政第三人的研究,是现代行政发展和变化的结果。现代行政行为所产生的影响早已超出其直接相对人的范围,而影响到直接相对人之外的其他人,乃至公共利益。然而,长期以来,我国行政法学界对第三人问题的研究主要集中在行政诉讼领域,而对行政行为第三人问题从法律规定到学术研究都还比较欠缺。"行政诉讼中的第三人问题固然值得研究,但行政行为中的第三人问题更有研究的必要。甚至从某种意义上说,对行政行为中第三人问题的研究水平,直接制约着对行政诉讼中第三人问题的研究及其有关法律规定的适用。"[4] 因此,有学者认为,行政第三人的研究将成为我国行政法学理论发展中不可或缺的一部分。

(一) 行政第三人和行政相对人的界限

行政第三人概念的提出,遇到的第一个问题就是,如何明确行政第三人和行政相对人的界限。只有明确区分两者才能查明行政行为的效力和后果,明确规定做出违法行政行为的行政主体的法律责任,在立法上规范他们各自的行为,以便更好地保护他们的合法权益。[5]

有学者认为,虽然行政第三人与行政相对人都是受行政作用或行政行为约束,且都与行政主体形成了行政法上的权利义务关系,然而两者之间还是存在较为明显的差别的。第一,从实质特征上看,行政第三人与行政

---

[1] 参见张晓光《行政相对人在行政程序中的参与权》,《行政法学研究》2000年第3期。
[2] 参见李元起、郭庆珠《行政相对人平等对待请求权初探》,《法学家》2004年第6期。
[3] 参见胡锦光《行政法学概论》,中国人民大学出版社2006年版。
[4] 参见黄学贤《论行政行为中的第三人》,《当代法学》2006年第2期。
[5] 参见周佑勇、何渊《论行政第三人》,《湘潭工学院学报》(社会科学版) 2001年第2期。

行为有见解的利害关系,即与行政行为的结果有利害关系,但行政第三人受行政权的间接作用或行政行为的间接约束。第二,从形式特征看,行政第三人是暗示的或潜在的行政法律关系主体,不能从行政决定书上直接看出来。① 第三,行政相对人存在于任何行政行为中,而行政第三人只出现在部分行政行为中。行政行为都是针对行政相对人实施的,一般情况下也只会对行政相对人的权利义务造成影响,但部分行政行为不仅存在行政相对人,还会出现行政第三人。②

(二) 行政第三人的特征和类型

对行政第三人的内涵,学界有着不同的界定,但对其主要特征已形成了共识。行政第三人的特征:(1) 是行政法律关系中与行政主体、行政相对人相区分的第三方主体;(2) 行政第三人受到的行政权力的影响是较为间接的,或是受行政行为间接约束的;(3) 行政第三人与已做出的行政行为有间接的厉害关系;(4) 行政第三人是潜在的或暗示的行政法律关系主体。③

对于行政第三人的分类,有学者结合行政诉讼第三人的种类及行政程序的特殊性,将行政第三人划分为:(1) 直接利害关系行政第三人和间接利害关系行政第三人;(2) 权利型行政第三人、义务型行政第三人以及权益复合型行政第三人。④ 也有学者从《行政许可法》、《治安管理处罚法》等法律以及最高法院若干司法解释中有关行政第三人的规定中,总结出行政第三人的主要类型包括,相邻权人、竞争权人、民事侵权受害人、所有权人或使用权人四种类型。⑤ 从上述行政第三人类型划分来看,行政第三人主要有两种,一种是受到违法行政行为侵害的第三人,另一种

---

① 参见周佑勇、何渊《论行政第三人》,《湘潭工学院学报》(社会科学版) 2001 年第 2 期。

② 参见徐学伟、夏云娇《行政第三人研究》,《武汉理工大学学报》(社会科学版) 2006 年第 6 期。

③ 参见周佑勇、何渊《论行政第三人》,《湘潭工学院学报》(社会科学版) 2001 年第 2 期;赵肖筠、沈国琴《论行政法律关系第三人》,《理论探索》2001 年第 2 期;黄学贤《论行政行为中的第三人》,《当代法学》2006 年第 2 期。

④ 参见周兰领《行政第三人研究》,《行政与法》2004 年第 4 期。

⑤ 参见黄德林、夏云娇主编《行政法与行政诉讼法学》,武汉大学出版社 2007 年版。

是因行政不作为受到侵害的第三人。

(三) 行政第三人权益保护途径

我国对行政第三方人的保护起步较晚，但近年立法逐步加强了对行政第三人的保护。有学者认为，1999年最高人民法院通过的《最高人民法院关于执行〈中华人民共和国行政诉讼法〉若干问题的解释》第12条规定，已经将行政第三人纳入了行政诉讼原告资格范围之内，由此，行政第三人权利保护已经得到我国法律的充分认可。①

有学者认为，我国现行立法和司法实践对行政第三人的保护还较为薄弱，许多对行政相对人的保护措施还没有惠及行政第三人。对于行政第三人权益保护应以行政程序法为入口，在制定行政程序法时，为行政第三人提供事前救济和事后救济。事前救济包括，通知制度、听证制度、回避制度、说明理由制度；事后救济包括，申请行政复议、提起行政诉讼、要求行政赔偿或补偿。②

总的来说，学界已经肯定了行政第三人在行政程序中的地位和权利，并要求在未来的行者程序立法中，对行政相对人和行政第三人进行统一的保护，并赋予行政第三人事后寻求法律救济的途径。

---

① 参见赵肖筠、沈国琴《论行政法律关系第三人》，《理论探索》2001年第2期。

② 参见李牧主编《中国行政法总论》，中国方正出版社2007年版。

第四章

行政行为法一般理论研究的新发展

行政行为理论是行政法学的重要内容，行政行为的概念、分类、效力等是行政行为法理论中最重要的问题。行政行为概念的明晰，既是构筑科学的行政行为法理论体系的逻辑前提，也是行政执法和司法审查实践的迫切需要。① 行政行为概念是连接行政主体与行政相对人的纽带和桥梁，也是检验行政主体之存在的合法性和要求其承担法律责任的基础，在整个行政法学体系中的枢纽性地位。②

2002年，叶必丰出版了《行政行为的效力研究》，集结并系统化其形成于20世纪90年代的对行政行为确定力、公定力和执行力的研究成果。③ 有学者评论称，该书问题意识鲜明，实证色彩强烈，作者以严谨的治学态度和浓厚的人文气质，把截至当时我国行政行为基本原理研究推上新台阶。④ 2005年，胡建淼主编的《行政行为基本范畴研究》出版，对截至当时学界有关行政行为定义、构成要件、分类以及效力问题等，进行有述有评的深度反思。⑤ 2008年，应松年主编的《行政法与行政诉讼法》作为国家级规划教科书，吸纳了行政行为总论领域的研究中基本达成共识

---

① 章志远：《行政行为概念之科学界定》，《浙江社会科学》2003年第5期。
② 杨海坤：《关于我国行政法理论基础问题的对话》，《河南省政法干部管理学院学报》2004年第4期。
③ 参见叶必丰《行政行为的效力研究》，人民大学出版社2002年版。
④ 章志远：《行政行为效力研究的一步力作——〈行政行为的效力研究〉述评》，《湖北行政学院学报》2003年第5期。
⑤ 参见胡建淼主编《行政行为基本范畴研究》，浙江大学出版社2005年版。

的界定方式、分类方法、行为成立与合法要件、效力内涵等等。① 同年，马生安的《行政行为研究——宪政下的行政行为基本理论》出版，这本专著立足于宪政和法治实践的需要，以全球化为时代背景，以政治国家与市民社会关系理论为分析工具，并借鉴民法学等相关学科的研究成果，对行政行为基本理论问题进行了较为系统的分析和探讨。具体内容涉及全球化时代的公共行政、行政行为界说、行政行为的基本分类、行政法律行为、行政事实行为等。② 赵宏分别于2007年版了《法治国下的行政行为存续力》和2013年出版了《法治国下的目的性创设——德国学者行为理论与制度实践研究》，③ 依据第一手的德文资料，对行政行为及其效力问题，进行了最为前沿的研究。

第一节 行政行为的概念

一 关于概念界定的共识与分歧

从行政法学研究得以恢复至20世纪末，行政行为概念研究的历程表现出的最大特点是，行政行为的法律性即行政行为在行政法上的特殊意义不断得到深化认识。归纳已有研究成果，我们发现，学界在行政行为的构成要素和合法要件等方面存在广泛共识。就构成要素而言，从本质上到形式上使行政行为区别于非行政行为的要素包括行政主体及其意思表示、行政权力和法律效果四项。就行政行为的合法性要件而言，主体合法、内容合法、程序合法三项基本点已几无争议。从行政行为的定义表述来看，包含了四项要素的界定方式已经基本成熟，本世纪以来十余年间的研究未使之发生大的变化。

然而，伴随行政主体理论、行政权力学说的新发展，鉴于行政活动本身的复杂性、复合性、变动性以及学科整体理论成熟度的局限，有关行政

---

① 参见应松年主编《行政法与行政诉讼法》，中国政法大学出版社2008年版。
② 参见马生安《行政行为研究——宪政下的行政行为基本理论》，山东人民出版社2008年版。
③ 赵宏：《法治国下的行政行为存续力》，法律出版社2007年版；《法治国下的目的性创设——德国学者行为理论与制度实践研究》，法律出版社2013年版。

行为内涵和外延的认识有所改变，在一些问题上存在分歧。①

在行政行为的外延问题上，一种观点认为，行政行为是具有法律效果的行为，即行政行为必须是行政主体的法律行为。另一种观点认为，凡与行政职权的运用相关、为达到特定行政目的的一切行为，包括法律行为、准法律行为、事实行为，都属于行政行为，是行政法的研究对象。

在行政行为的意志要素问题上，一种观点认为，行政行为的成立取决于行政主体的单方意志，不以相对人意志为转移。因此，双方或多方议定法律效果的行为不属于行政行为。另一种认为，单方、双方或多方行为都可以归入行政行为这一概念范畴。

在行政行为的权力要素问题上，一种观点认为，行政行为蕴含权力要素，因此具有强制性。另一种观点则认为，不具有强制性的行政行为即非权力行为，也是行政法意义上的行政行为。还有观点指出，权力行为和强制性行为不可等同视之，如行政指导，属于弱权力行为，但不是强制性行为。

在行政行为的合法性要素问题上，一种观点认为，行政行为是发生行政主体所期待之效果的法律行为，只有合法行为方能具有此等效果，因此应当排除违法行为。另一种观点认为，合法行为、违法行为、不当行为，都应该纳入行政行为的概念范畴。

在行政行为效果的内外之别上，一种观点认为，仅在行政系统内部发生作用或者仅对行政主体内部人员产生效果的行为不具有对外的影响力，不产生外部法律效果，因此不是行政法上的行政行为。另一种观点认为，如果不研究内部行政行为的法律性，不把内部行政行为纳入行政行为法理论体系，则破坏了行政行为法、乃至整个行政法学的完整性。

此外，在行政行为是否包括抽象行为以及是否包括产生间接法律效果的行为等问题上，行政行为法研究中都存在不同观点，尚未达成统一。

二 关于概念研究的重点领域

行政行为的构成要件是行政行为法理论中的重要问题，是行政行为概

---

① 相关争论参见杨海坤、章志远《中国行政法基本理论研究》，北京大学出版社 2004 年版，第 205 页以下；杨海坤主编《跨入 21 世纪的中国行政法学》，中国人事出版社 2000 年版，第 238 页以下。

念研究中一个具有技术属性的子题；构成要件作为判断行政行为成立与否的基准，不仅具有理论意义，也对行政法制实践具有指导性。

（一）关于意思表示要件的研究

已形成的通说认为，成就一个行政行为的必备条件包括：（1）行为主体是行政主体，即具有代表国家管理公共事务、提供公共服务资格的机关或组织；（2）行为本身具有行使行政职权的外观；（3）行为因明确的意思表示而存在。构成行政行为的主体要件、职权要件和意思表示要件，各自都是行政行为总论性研究的重点，其中关于意思表示要件的研究，表现出行政行为法理论的新发展。

有观点认为，行政法律行为的理论源头是民法上的"效果意思表示说"。在行政法上，判断一个行为是否为法律行为，只以该行为是否直接发生法律效果、对相对人权利义务产生规制来判断，不论该法律效果是否依行政主体的意思表示还是依据法律规定。因此，行政法上的意识表示是为行政法所特有的"客观意思表示"。[①] 有学者基于意思表示促进法律规定的法律效果初显，从而具体实现法律的功能，同意在行政法学引入和应用民法学上意思表示理论，但同时指出，鉴于行政法学与民法学的基本理念和理论体系间存在的重大差异，必须根据行政法的特殊性和实际状况，对民法学上相关概念的内涵与规则加以重大调整，并进而形成区分专由行政机关做出的意思表示、专由私人做出的意思表示和行政机关与私人均可做出的意思表示的研究成果。[②]

（二）关于职权外观要件的研究

行政行为的样态变动不居，刺激着围绕职权外观要件的研究，取得了新的理论进展。第一，一类"对行政相对人不产生实际影响的行政行为"，在近期的研究中得以细化澄清。研究认为，这类行政行为是指在行政法治实践中由行政主体依法定要件实施的具有行政行为外型但与行政相对人权益没有直接关联的内部行政行为或外部行政行为，包括：（1）貌似外部行政行为的内部行政行为；（2）貌似给行政相对人作出的以第三

---

① 参见余军《行政处分概念与具体行政行为概念的比较分析》，《公法研究》第三辑，商务印书馆2005年版。

② 参见李洪雷《论行政法上的法律行为与意思表示》，见周汉华主编《行政法的新发展》，中国社会科学出版2008年版。

人为对象的行为；（3）貌似具有特定对象的对象不特定性行为；（4）貌似实体性的程序性行为；（5）貌似执行性的决策性行为；（6）貌似设定义务的赋权性行为；（7）貌似法律行为的事实行为等多项子类。①

第二，对行政不作为形态的甄别，不断克服行政不作为的消极性带来的隐蔽性，深化了职权外观要件的研究。与此同时，行政不作为研究成为学界较为集中关注的一个领域。有学者识别出一类"形式作为而实质不作为"的行政不作为形态，它是指"行政主体虽然启动了行政程序但是并未实质性地履行法定义务的行为"。②这类行政不作为在职权外观上表现积极，但实质上负有法定职责的行政主体在具有达成法定目标的可能性存在时，由于其主观上的原因造成目标未实现。当然，对于形式作为而实质不作为的行政行为的认定而言，行政主体的主观意志状态更加复杂；除了一般行政不作为主体的主观状态考察因素之外，常识理性不可忽略。

无疑，与现代服务政府理念相适应的积极行政，要求政府的作为不仅仅是外观上、程序上的形式，更要注重实质上、实体上的内容。揭开遮蔽在职权外观下的各种新形态行政行为的研究，拓展了行政行为构成要件理论。

（三）关于可诉行政行为的研究

由《行政诉讼法》第54条第3项中"不履行法定职责"的规定展开，有学者将拒绝履行、拖延履行、不予答复等原本笼统涵盖在行政不作为概念下的不同形态进行区分，提出"不履行法定职责不等于行政不作为、行政不作为也不当然构成违法"的观点。研究还指出，拒绝履行在实践中有若干变种，法院需根据具体情形才能正确适用履行法定职责的判决。③ 有研究将不兑现行政承诺归入构成行政不作为的情形，并探究对此类不作为提请司法救济的"时机"问题。④ 另有学者从行政不作为造成的损害能否纳入国家赔偿范围入手，探讨依职权不作为是否构成违法的判定

---

① 关保英：《论对行政相对人不产生实际影响的行政行为》，《南京社会科学》2012年第6期。

② 参见黄学贤《形式作为而实质不作为行政行为探讨——行政不作为的新视角》，《中国法学》2009年第5期。

③ 章剑生：《行政诉讼履行法定职责判决——基于〈行政诉讼法〉第54条第3项规定之展开》，《中国法学》2011年第1期。

④ 江燕：《行政承诺不作为的司法救济研究》，《政治与法律》2009年第9期。

标准问题。研究提出了判断违法不作为的四项要件，分别是"预见可能性"、"结果避免可能性"、"期待可能性"和"受损法益的重大性"。① 后有学者提出"纯粹不作为"概念，并在前述四要件基础上补充添加了"危险之迫切性"。②

三 关于概念研究的评价

总体而言，晚近十余年行政行为的概念研究中原有分歧正在逐步弥合，学界在越来越多的问题上取得共识。这一方面得益于行政法治理念深化，成为行政法学界研究立场和姿态的指导思想，使分歧背后的观念性冲突减少。另一方面，行政行为研究为了因应政治和法律实践的需要，不断向技术层面探索，不断吸收域外新知，致使行政行为概念研究进入了一个沉淀、发酵并有望重构的酝酿期。当然，新的分歧也在发生，并成为学界同人在思想交流和碰撞中创造新知的领地。

定义一种事物或现象首先基于对表象的观察和描述，继之以理性的归纳和提炼，最后冠以逻辑严密、语义严格的称谓。而探究一种事物或现象的概念，则要比定义它更为艰难。更何况，"行政行为不是单一概念而已，它是一个有着丰富内涵的概念体系"。③

行政行为的概念研究目标是回应理论和实践需要，该领域研究的成果最终要接受实践的检验。考虑到推进中的政府职能转变、不断突破的行政诉讼受案范围以及社会管理创新实践中出现的新型行政行为样态等等，我们赞同"本着宽泛主义的解释态度，将所有行政主体所为、以达到行政目的的行为统一称为行政行为"；再根据实践操作的需要，赋予可类型化的"行为群"以适当的名称作为标识，进而由不同层次的概念构成开放且具有发展性的概念体系。④

---

① 胡建淼、杜仪方：《依职权行政不作为赔偿的违法判断标准——基于日本判例的钩沉》，《中国法学》2010年第1期。
② 尚海龙：《纯粹不作为构成要件的展开——以法院判决为重点的分析》，《中南民族大学学报》（人文社科版）2011年第1期。
③ 杨海坤、章志远：《我国行政法理论基础研究之述评与展望》，《岳麓法学评论》2004年。
④ 同上。

第二节 行政行为的分类

行政行为分类的科学性，是行政法学研究成熟度的重要评价判断指标。知识存在于比较和分类中。通过比较把握不同样态行政行为的内容和作用规律，基于分类不断完善和改进行政法体系，这是行政行为分类理论的功能预设和价值所在。

一 关于常见分类组别的研究

（一）具体行政行为与抽象行政行为

具体行政行为和抽象行政行为这对概念，是中国大陆特有的行政行为分类形式。由于《行政诉讼法》条文表述中直接使用"具体行政行为"，因而尽管在司法解释、通用教科书中相关内容的用语已经发生了变化，但在立法未作修订前，其与"抽象行政行为"共同构成的这组概念区分，将依然作为行政行为研究中一个经典板块存在。

通说认为，这组分类首先以行政行为针对的对象是否特定为标准的。特定性如何判断，成为区分的关键。有学者提出"以行政行为终结时相对人是否确定"作为区分抽象和具体行为标准的观点，[1] 被认为具有合理性和可操作性。[2] 抽象行政行为是与具体行政行为相对应的一个学术概念。一般认为，《行政诉讼法》第12条第（2）项"行政法规、规章或者行政机关制定的具有普遍约束力的决定、命令"的内容，是关于抽象行政行为的规定；最高法院司法解释对于抽象行政行为的定义是，行政机关针对不特定对象发布的能反复适用的行政规范性文件。有学者认为，抽象行政行为实质上是"政府以行政行为的方式对社会资源进行再分配"的一种手段，应当以"时间标准界定为主、范围标准界定为辅"来甄别一个抽象行政行为是否成立，并以此使之区别于具体行政行为。[3]

---

[1] 参见胡建淼主编《行政行为基本范畴》，浙江大学出版社2005年版。

[2] 参见应松年主编《行政法与行政诉讼法》，中国政法大学出版社2008年版。本部分由吴平撰写。

[3] 马震：《论抽象行政行为的划分标准——以时间标准划分的抽象行政行为》，《东岳论坛》2010年第2期。

(二) 内部行政行为与外部行政行为

内部行政行为与外部行政行为是以行政行为作用对象和发生效力的领域为标准进行的分类。普通高校行政法本科教学用书采纳的观点认为，内部行政行为是指行政机关对其系统内部事务进行组织、管理的活动，通常基于上下级机关之间或同级机关之间的工作关系，或者机关与其工作人员之间基于职务形成的关系。

有观点认为，二者区分的意义在于明确行政职权中的交叉无效原则，即内部行政行为不能作用于外部行政相对人，反之亦然。[①] 然而有学者认为，强调绝对的"交叉无效原则"，以一种非彼即此的划分标准看待两类行政行为，既不符合实际，也缺乏说服力，且具有负面影响。研究者发现，实务中兼具内部和外部行为特征的行政行为，常作为内部行为处理，导致放松了对此类行为的司法审查，忽略甚或损害了相对人应有的权益。[②]

"需上级指示的行政行为"也兼具内部属性和外部属性。有学者将"上级指示"，即"同意、不同意或改变下级机关所拟行政行为的实质性决定权"，作为一个具有实质意义的概念使用，进而将"需指示而未经指示"所做的行政行为，归纳为三种情形，分别是（1）依法应请求上级机关指示而未经请求，直接作出行政行为；（2）依法请求上级指示，在还没有得到上级指示的情况下下级机关作出行政行为；（3）在接到上级指示后，下级机关没有按上级指示作出行政行为。研究发现，按照我国现行的法律规定，未经指示所作行政行为并非无效，而是由下级机关及其公务员承担责任，即未经指示所作的需上级指示行政行为被撤销的，对外概由实施该行为的机关承担责任，不存在上级机关分担责任的问题。研究者指出：上级指示有瑕疵的，一般应由上级机关及其公务员承担责任；如果瑕疵明显重大而下级仍予执行的，上下级机关及其公务员应共同承担责任。此外，下级机关拟作行政行为有瑕疵而上级机关未予纠正的，需依据下级机关对事实负责、上级机关对法律适用负责的原则分担责任。其他需合作

[①] 杨海坤、章志远：《我国行政法理论基础研究之述评与展望》，《岳麓法学评论》2004年。

[②] 肖穆辉、赵楠：《内部行政行为与外部行政行为之模糊领域分析》，《黑龙江省政法管理干部学院学报》2009年第1期。

行政行为的责任,则应按对自己行为负责的原则分担。①

(三) 强制性行政行为和非强制性行政行为

根据行政行为对相对人是否具有强制性,将行政行为分为强制性行政行为和非强制性行政行为。这种分类的意义主要在于突出了非强制性行政行为的独立地位。非强制性行为建立的行政法律关系中,相对人享有基于利益判断而做出是否服从的选择的自由。这是一种以民众的心理和意识认同为前提的行政行为方式,因其独具的柔和性、灵活性而成为行政机关改革创新的发力点。在中央政府要求各地各级政府部门积极创新行政执法方式,倡导更多运用非强制性执法手段的背景下,有学者观测到,非强制行政行为已经从行政法学理论研究中所主张的行为类型,转换为行政主体在行政活动中切实应用的执法手段。强制性行政行为也可以转化为非强制性行政行为。转化后的行为方式,改变的是针对相对人的强制性,行政主体一方应依然受到制度性约束,以确保公权力和公共管理与服务职责的落实。有研究采集实践成果,在诠释非强制性行为之性质、种类、价值、功能等理论积淀之上,提出将非强制性行政行为予以制度化的观点,以期通过制度规约的形式促进政府柔性执法的发展。由此形成的意见和建议是:首先,应当在原则层面,突出非强制行为之柔和性、灵活性核心特征,作为统领各种非强制措施的纲领。其次,在实体层面,非强制行为制度应体现规格性,即要求实施此种行为应达到何种标准从而保证非强制行为的质量和效果的规定,而非内容性即束缚行政主体必须采取哪种非强制手段、该行为必须具有哪种内容的规定。最后,在程序层面上,非强制行为制度的程序性规定应当富于可选择性。②

(四) 行政法律行为、准法律行为与事实行为

这是一种"大行政行为"观下的分类。以行政行为是否直接产生法律效果来划分,准法律行为是指,行政机关或法律法规授权组织或个人基于行政职权的概念表示间接产生法律效果的行为。准法律行为通过对观念事实的确认,对相对人权益产生间接但实际的影响。此类行为的效力内

---

① 叶必丰:《需上级指示行政行为的责任——兼论需合作行政行为的责任》,《法商研究》2008年第5期。

② 崔卓兰、刘福元:《论行政自由裁量权的内部控制》,《中国法学》2009年第4期。

容、监督、救济都不同于法律行为,因而成为与之平行并列的一种类型。有学者认为,行政行为只能是行政法律行为,唯此有关合法性、效力等理论学说才能逻辑统一、内容自洽;① 另有学者则提出"拟制法律行为"概念,进而将行政事实行为、准法律行为有条件的纳入行政法律行为范畴。②

二 关于分类的"概念重构"或"正本清源"

2005年,叶必丰在《政法论坛》(中国政法大学学报)第23卷第5期发表《行政行为的分类:概念重构抑或正本清源》一文(以下简称"叶文")。文章详尽阐述了行政行为的分类研究在知识传播、理论构架、制度建设和满足社会需求等方面的功能和价值。

"叶文"指出:行政行为的分类是人们认识行政行为现象的开始,是对各类行政行为规律认识的记载。分类研究有利于将人们的注意力引向行政行为内容上的差别,有利于观察实施行政行为的启动程序和相对人的参与,有利于揭示容易为人们所忽视的行政权的消极作用方式。只有通过这种类,我们才能进一步科学地认识和掌握行政行为的内容和形式、程序和结果、合法和违法、制度和运作,从而使行政行为定型化、模式化。模式化之后的行政行为便于作为知识进行传播,有助于立法者在规范行政行为时建立符合各自特点的制度,为行政主体在实施行政行为和司法机关审查行政行为时掌握客观规律提供了可能。

"叶文"认为,行政行为的分类是有关原理和制度得以构筑的前提。只有将行政行为分为抽象行政行为和具体行政行为,我们才能构筑具体行政行为的构成要件、效力、更正和补正等原理和制度。只有将具体行政行为分为授益行政行为和负担行政行为、行政作为和行政不作为等,我们才能构筑行政强制执行原理和制度。反过来说,这些行政行为原理和制度,也正是基于行政行为的分类及其所揭示的特征而建立的。因此,离开了行政行为的分类,相关的原理和制度就难以形成和建立。

"叶文"进一步指出,行政行为的分类在满足制度建设的同时,还应

---

① 江必新:《行政行为效力判断之基准与规则》,《法学研究》2009年第5期。
② 参见余军《行政处分概念与具体行政行为概念的比较分析》,《公法研究》第三辑,商务印书馆2005年版。

满足下列社会需求。首先，某种分类对学科体系具有支配性或框架性作用。这种具有支配性或框架性作用的分类，所揭示的是分类对象的本质属性，足以从根本上将分类对象作出区分，从而为分类对象建立理论模型乃至为整个学科体系的形成奠定逻辑前提。我国行政法学上关于抽象行政行为和具体行政行为的分类，就是一种具有上述意义或作用的分类。这种分类足以解释两类行政行为在主体（相对人）、程序、内容、效力和法律救济等各方面的区别，建立各自的理论体系和制度规范，并影响到整个行政法学体系的构建。其次，某类行政行为的特征如此明显、丰富和重要，如果不通过分类来介绍和说明则无法或难以在其他内容中作出解释性安排。例如，授益行政行为和负担行政行为的分类，关系到行政行为的实施依据、程序、可撤销性以及行政法基本原则的适用，在不对行政行为的内容作专门介绍的情况下就无相关部分予以安排，因而就需要在行政行为的分类中作出说明和分析。又如，行政行为附款的内容是如此丰富，如果不作专门介绍而只是在行政行为的效力中顺带说明，就难以充分揭示其特征，因而也就需要通过附款行政行为和无附款行政行为的分类来处理。

截至叶文刊发，学界已有大量行政行为的分类方式，形成大量行政行为类别的划分与表述。它们包括但不限于：抽象行政行为和具体行政行为、羁束行政行为和裁量行政行为、依职权行政行为和应申请行政行为、附款行政行为和无附款行政行为、授益行政行为和负担行政行为、要式行政行为和非要式行政行为、作为行政行为（行政作为）和不作为行政行为（行政不作为）、独立的行政行为和需补充的行政行为、内部行政行为和外部行政行为、单方行政行为和双方（多方）行政行为，以及行政立法行为、行政执法行为和行政司法行为、自为的行政行为、授权的行政行为和委托的行政行为等。还有将行政行为分为行政行为和准行政行为、行政法律行为和行政事实行为、实体行政行为和程序行政行为、单独行政行为和共同行政行为、受领行政行为和非受领行政行为、合法行政行为和违法行政行为、实力行政行为和意思行政行为、有效行政行为和无效行政行为、对人的行政行为和对物的行政行为、职权行政行为和职权相关行政行为、平常行政行为和紧急行政行为、可诉行政行为和不可诉行政行为、主行政行为和从行政行为、中间行政行为和最终行政行为、终局行政行为和非终局行政行为、强制执行的行政行为和非强制执行的行政行为，以及公安行政行为、工商行政行为、交通行政行为、税务行政行为和军事行政行为等等。

"叶文"基于对当时状况的分析,提出了富有洞见的批评,将不当甚或错误的分类归纳为三类。第一种是若干无必要独立存在的分类。比如,对作为行政行为(行政作为)和不作为行政行为(行政不作为)、内部行政行为和外部行政行为、行政法律行为和行政事实行为、单独行政行为和共同行政行为、可诉行政行为和不可诉行政行为、终局行政行为和非终局行政行为,以及自为的行政行为、授权的行政行为和委托的行政行为等分类而言,都可以在行政复议和行政诉讼的受案范围中加以说明和解释,没有必要既在行政行为的分类又在复议和诉讼的受案范围中都予以介绍。又如,内部行政行为和行政不作为可以在行政行为的概念和特征或者行政行为的构成要件部分予以说明。再如,合法行政行为和违法行政行为、有效行政行为和无效行政行为几乎涉及行政法学的所有问题,既不是分类所能解释清楚又是没有必要通过分类予以强调的毫无意义的"分类"。第二种是超越行政行为概念外延的错误分类。如果认同行政权作用和法律效果两项为行政行为内涵的核心要素,那么对照这两项要素与行政行为分类学说,则可以发现事实行政行为、实力行政行为等并不符合法律效果要素,都超出了行政行为应有的范围或外延。第三种是与行政行为有关原理所体现的行政行为内涵不一致的分类。行政行为的构成要件、更正、补正和效力等原理,显然应该是行政行为内涵的具体演绎和制度确认。在我国行政法学上,这些原理也确实是被置于抽象行政行为和具体行政行为的上位概念行政行为之下进行解释的。但实际上,这些原理概括自具体行政行为而非包括抽象行政行为和具体行政行为在内的行政行为。从这些原理的内容上说,它们也只能适用于具体行政行为而不能适用于抽象行政行为。也就是说,在这些原理的阐述中所指称的行政行为,已经不是经专门定义的行政行为,或者说内涵已经发生变化,即在含义上从行政行为变成了具体行政行为。

在这篇旨在"正本清源"的论文最后,作者主张恢复王名扬的行政行为体系,即涵盖事实行为和法律行为、抽象行为和具体行为、单方行为和双方行为三组的分类体系,并使之成为适应行政法制度建设需要的基础性范畴。在此基础上再逐级分类,即把抽象行政行为分为行政立法行为和制定行政规范性文件行为,以及执行性抽象行政行为、补充性抽象行政行为和自主性抽象行政行为等;把具体行政行为分为羁束行为和裁量行为、依职权行为和应申请行为、附款行为和无附款行为、授益行为和负担行为、要式行为和非要式行为、独立行为和需补充行为，然后阐述具体行政行为的构成要件和效力等基本原理。至于作为和不作为这一分类，是仅限于具体行政行为还是也可适用于抽象行政行为，有待进一步研究。在名称上，如果将抽象行政行为直接用行政立法和行政规范性文件来替代，则具体行政行为也可用行政决定来替代。

第三节 行政行为的效力

行政行为是对相对人权利义务状态产生影响的行为，要使这种行为产生的效果处于可靠的、确定的状态，具有权威性，保证秩序的形成和存续，就需要法律上的力量作为保障。行政行为效力所提供的，正是这种力量。

一 关于效力内涵与内容的研究

法律对行政的调控过程，是将行政关系转化为行政法律关系的过程。从一个行政法律关系得以创设这个结果反向推演，可以观测到两种不同的法律调整方式。第一种是"意定主义"方式，即法律通过授权、限定条件、限定情况，允许行政法主体依据授权、在特定条件或情形下，借由意思表示直接创设法律关系。第二种是"法定主义"方式，即法律直接而具体的规定法律关系之权利义务内容，无须也不允许主体进行与之不同的意思表示。第一种方式的调整对象是行政法律行为，第二种方式的调整对象是行政事实行为。

有学者认为，① "意定主义"调整方式承认行政主体以其意思表示设立、变更、消灭行政法律关系，并使这种行政法律关系的变动在相关主体间产生"相当于法律"的效力。行政行为效力判断的本质，就是对意思表示在创设行政法上权利义务关系过程中产生的"相当于法律的效力"是否予以认可的问题。因此严格地讲，只有对"意定主义"调整方式作用于的行政法律行为，才能进行效力判断；对"法定主义"调整方式指

---

① 参见江必新《行政行为效力判断之基准与规则》，《法学研究》2009 年第 5 期。

向的行政事实行为而言，则不发生效力判断的问题。

行政行为效力内容的研究形成两个派别：一派以公定力概念为核心，另一派以存续力概念为基点。① 目前占据主流地位的，是以公定力为核心、兼具确定力、辅以执行力的效力内容学说。

公定力是指，行政行为一经做出即对世界产生被推定为合法有效而受到尊重的法律效力，在未经有权机关依法撤销前，任何组织或自然人都不得否定其法律上的约束力。公定力概念表现出公权力行为的基本特征，对维护行政权威和法律安定性具有无法取代的作用。它也是其他行政行为效力内容的支点，乃至整个行政法的制度安排都需要借助公定力概念获得合理解释。近年，公定力的相对性或曰例外情况的研究受到学界重视。以往概而言之"明显严重违法"行为不具有公定力，如今随着行政违法、行政不法、无效行政行为等相关课题的研究深入而得到细化和发展。

确定力是指，行政行为一经做出不得任意改变的效力。对行政主体而言，确定力是诚信理念的要求，也是行政程序法治的约束；对相对人而言，确定力是其主张信赖利益保护的前提。行政行为的确定力是相对的。基于法定事由、经过法定程序，行政行为可以通过复议、诉讼等途径依法变更、撤销或废止；此外，法定期限届满会造成相对人对其所承受的行政行为不可再争。

执行力是指，已生效的行政行为具有要求相对人自行履行或强制执行其所设定义务的作用力。基于保障行政管理的任务和目标实现之需要，行政行为应当具有既有助于督促相对人自觉履行、也能在其拒绝或怠于履行义务时对其进行有效强制的效力。

二 关于"效力判断基准与规则"

"合法有效"、"违法无效"已成日常生活中耳熟能详的用语。然而从学理上看，合法、违法属于合法性判断的范畴，有效、无效则属于效力判断的范畴。"合法有效"和"违法无效"是对行政行为进行合法性判断和效力判断后产生的两组对应关系，并未涵盖所有的对应关系。实践中还大量存在行政行为的"合法无效"、"违法有效"等反向对应状态。将行政

---

① 参见杨海坤、章志远《我国行政法理论基础研究之述评与展望》，《岳麓法学评论》2004 年号。

行为的合法性要件与效力问题区分开来,有望提纯出效力判断的实践性标准,推进效力研究的新发展。2009年《法学研究》第5期江必新发表的《行政行为效力判断之基准与规则》一文(以下简称"江文"),是这一研究领域中的力作。作者构建了一个以"判断基准"和"判断规则"为主体内容的行政行为效力评价体系。

江文所称"判断基准",是指确定行政行为效力需要考量的因素。将这些因素分类分层,构成效力判断基准的三个层次。第一层是"对象基准",包括行为和结果二元,分别以形式法治和实质法治为导向,解决对什么进行判断的问题。第二层是"要素基准",包括主客观两种要素,解决从哪些方面进行判断的问题。第三层是"逻辑基准",解决依据什么进行效力判断的问题。第三层基准包括合法性、合目的性、合伦理性三项内容及其适用规则,即(1)在一般情况下,用合法性进行效力判断;(2)在不能进行合法性判断的情况下,用合目的性和合伦理性进行效力判断;(3)在合法性逻辑判断的结果或法律规定本身明显背离行政目的、伦理规则的情况下,用合目的性、合伦理性适当矫正;(4)当行政目的与伦理规则出现冲突时,伦理规则优先适用。

江文所称"判断规则",是指运用"判断基准"进行效力判断的机制。研究构建的判断机制包括"瑕疵衡量规则"、"利害衡量规则"和"价值衡量规则"。

"瑕疵衡量规则"的内容要点是,行政行为的效力依瑕疵严重程度进行判断,明显重大者无效,明显轻微者有效。其他的情况通过利害衡量和价值衡量进行判断。"利害衡量规则"的内容要点是"两害相权取其轻,两利相权取其重",即在排除了存在明显重大或明显轻微瑕疵的场合,通过对复杂情势和多种需要同时考虑、权衡分析、做出效益最大化的选择。"价值衡量规则"内容要点是:(1)体现基本权利者一般应优先实现,(2)体现善意者一般应优先实现,以及(3)体现效率者一般应优先实现。

三 关于效力状态或形态

行政行为的成立、生效、合法、有效、无效、可撤销、失效,被认为是行政行为的效力形态。在各种效力形态中,合法、违法与不法、无效与可撤销几大命题是学界关注的重点。

(一)关于"行政行为合法性要件之重构"

合法行政行为是符合合法性要件的行政行为,有关此种效力形态的讨论,可以转化为合法性要件研究。2009年《中国法学》第4期刊发了何海波《行政行为的合法要件——兼议行政行为司法审查根据的重构》一文(以下简称"何文")。何文指出,作为司法审查根据的行政行为合法要件之建构应当是逻辑、经验和政策选择的产物,即"借鉴经验认识事物,运用逻辑条分缕析,并对不同的利害关系加以政策上的考量"。

研究者认为,作为一个司法审查根据法典化的国家,中国对相关规定的完善具备理性重构的条件;理性重构的起点是行政法律规范的逻辑结构,表现为"如果……那么……"的句式。考虑到主体、程序和证据等因素,一个行政行为所适用的法律规范应当是:如果有证据证明某适用条件成立,那么,特定行政机关应当根据一定程序做出相应处理。因此,一个合法行政行为应当是一个合格的行政机关在法定权限范围内、根据法定的条件和相应的事实、遵循正当的程序做出的内容得当的处理。

进而,依循上述逻辑结构,合法要件应当包含两点构成,第一是合法性要素或称审查要素,用以表明该要件涉及哪方面问题,回答"什么情况";第二是合法性标准或称审查标准,用以表明该项要件提出的要求是什么,并由此确定审查依据和强度,即回答"怎么处理"的问题。何文由此提出了"适用条件"和"处理内容"相区别的"五要件说",即"主体合格、条件符合、事实有据、程序正当、处理得当"。

(二)关于违法与不法的概念区分

2011年有学者发现,由于对"违法"和"不法"概念及其评价机制的混淆,我国行政法学界在违法行政行为的构成要件、赔偿责任的归责原则等方面存在诸多错误认识。[①] 余军在2011年《行政法学研究》第1期发表的《行政法上的违法与不法概念——我国行政法研究中若干错误观点之澄清》一文(以下简称"余文")推进了学界对"违法"和"不法"概念之区别的认识。

余文指出,行政法上的"违法"概念用于行政诉讼中对行政行为合法性所做的价值中立的客观评价,只要涉案行政行为与法规范有抵触,即

---

① 参见余军《行政法上的违法与不法概念——我国行政法研究中若干错误观点之澄清》,《行政法学研究》2011年第1期。

属违法，不论行为主体是否有过错。客观中立的违法性评价，通过对行为的外在表现与结果的规整，起到确定行为界限、确立社会生活最基本的法律秩序之功能。在行政法上，"违法"所发挥的行政行为效力评价功能，源自"依法行政"原则的要求。这一原则是法定主义调整方式在行政法上的体现，即将法律规范作为客观的评价标准，实现对行政行为效力的评价与规整，从而最终发挥以法律拘束行政、统合行政法律秩序的功能。尽管违法行政行为的外观令人眼花缭乱，但从法律适用逻辑出发归纳与分类，仍可较为规整地表述为"主体违法"、"超越职权"、"滥用职权"、"不作为违法"、"内容违法"、"程序违法"、"法律依据违法"与"事实根据违法"等情形。

余文认为，"不法"概念是行政赔偿责任构成理论的重要一环，"不法性"在行政法上的功能主要体现在行政赔偿责任构成之中。"不法"是指无正当理由侵害相对人权益，因而招致的从整体法秩序角度对其行为后果的否定性评价。"不法"用于对观念性的、整体的、价值意义上的法的违反；特定行为的不法性，是指该行为不被整体法秩序所容忍，由此成就追究法律责任的前提条件和正当性基础。

(三) 关于无效行政行为

1. 体系化研究

2005年金伟峰出版了专著《无效行政行为研究》，对截至当时有关无效行为的理论观点进行了综述。在这部专著中，无效行政行为与违法行为、可撤销行为以及中国行政法上的"依法不成立"行为等关联概念的异同得到了辨析；公民抵抗权理论、正当防卫理论和行政法治理论等无效行政行为制度的理论基础，也得以系统深入探讨。[1]

2. 专题性研究

(1) 关于"重大明显瑕疵"

通说认为，行政行为的无效是指，行为做出时即存在重大明显的违法而自始不发生法律效力的一种状态。"重大明显瑕疵"是引起无效行政行为诸原因之总括。然而，"重大明显瑕疵"导致行政行为一经成立即告无效、不发生法律上的影响力这一解说，与作为行政行为效力内容核心的公

---

[1] 参见金伟峰《无效行政行为研究》，法律出版社2005年版。

定力理论存在冲突。为解释或解决这一矛盾点的研究工作，形成两种趋向，一是厘清"重大明显瑕疵"，力求形成清晰、可操作的判断标准；另一是修订"公定力"概念，减弱其绝对性。

在第一条进路上形成两项方案，其一是从根本上排除"重大明显瑕疵"存在的场合不存在行政行为，该理路下的研究可归入行政行为成立理论中；其二是明确合法性要件，加强其标准化、可操作性，以排除的方式反向界定不合法的行为，进而从中识别"明显""重大"的情形。在第二条进路上，有学者提出"有限公定力"概念，试图用加以限定的"公定力"解释行政行为的效力。然而，也有学者提出"完全公定力"概念，以法安定性的需要为出发点，以行政行为是否成立而客观存在为标准，推定所有已经成立且无论存在何种瑕疵的行政行为均发生合法有效的形式效力，进而将行政行为的形式效力与实质效力彻底分别开来。①

（2）关于与无效行为并立的可撤销行为

无效行政行为理论也在与可撤销行为理论的比较中得到新发展。2005年余凌云在《行政行为无效与可撤销二元结构质疑》一文中，批判了这两种效力形态并立的二元结构。② 研究者认为，无效（void）行为被视为在法律意义上从未存在过；可撤销（voidable）行为则在被法院或者有权机关做出撤销决定之前在法律上存在。这是两种效力形态在逻辑上的根本差异。该文作者发现，在现行行政法制内，无效和可撤销行为并立的二元结构体现在行政诉讼法中，确认和撤销两种不同判决形式即是具体表现。然而其他制定法，以《行政处罚法》为例，似乎在应和二元结构的同时又构成对行政诉讼法规定的反动。这种不和谐局面，使二元结构理论转换成实际可操作的制度之努力陷入尴尬。研究者进一步从二元结构理论的基本内核，即相对人抵抗权和诉讼时限，质疑其合理性和实用价值。文章指出，无效行政行为理论认可行政相对人抵抗权，这固然具有宪法意义上的重要价值，但是肯定相对人抵抗权的现实必要性却值得怀疑。试图通过制度性拟制，使公民权利对抗行政权，毋宁是将相对人陷于"以卵击石"的危险境地。能够对行政权实施有效监督和控制的力量，只能来自其他国

---

① 参见黄全《无效行政行为理论之批判》，《法学杂志》2010年第6期。
② 参见余凌云《行政行为无效与可撤销二元结构质疑》，《上海政法学院学报》2005年第4期。

家权力。此外，研究发现尽管依据现行法存在无效和可撤销的区分，存在确认判决和撤销判决，但是确认无效与具有溯及力的撤销之间没有区别。因此行政诉讼上的无效和可撤销"同义同值"。因此文章结论认为：在判决理由阐述上，无效和可撤销理据可以"并用、混用或择一而用"；在判决形式上，应当采取实用主义，即只要有"物"（行为）可撤就撤，无"物"（行为）可撤就采用确认违法的判决，从而将判决方式与无效、可撤销之间的内在关联彻底打破。

（3）关于无效行为理论中的相对人权利

学者从相对人权益保护的法律限度着眼，质疑无效行政行为理论。[①]研究发现，理论上相对人对无效行政行为的抵抗权直接影响他人权益的同等保护，因而不具有正当性；制度运作上，相对人对行政行为无效与否的判断，因其难以克服的客观认知局限和主观动机障碍而极不可靠；抵抗权运用的实践中，相对人不可能也不应当拥有抗衡政府的实力，抵抗举动最终都不会成功，相反还可能遭受新的伤害。持论者认为，无效行为理论制度化之所以成为国内学者的普遍诉求，是由于单向且过度地关注行政行为的道德维度，却回避了制度操作的技术困境。这一方向上的努力于解决具体的法律问题无益，注定要失败。

针对无效行政行为理论中相对人抵抗权或防卫权的问题，还有学者提出"作为认同法的不可直接对抗性的弥补，或者说作为向法的可直接对抗性的过渡"一说。[②] 尽管从研究证成"抵抗权观念实质是承认行政相对人面对无效行政行为的自力救济"一点上看，无甚新意，但持论者提出的"法规范自身不可以直接对抗"的原则及例外情况，富于启发意义。

总体而言，行政行为效力学说和理论体系的说服力、解释力，正在承受新型行政实践的考验和挑战。学界始终在尝试新的角度、新的方法、新的进路，努力完善理论对实践的指导力。未归入以上各节但尤为值得关注的研究，出现在对行政行为效力的动态考察领域。一类是将行政行为的效力内容置于司法审查过程的考察。如有学者做出关键节点的识别，即行政案件受理时的执行力问题、审理时的确定力问题、判决对行政行为效力的

[①] 参见张旭勇《权利保护的法治限度——无效行政行为理论与制度的反思》，《法学》2010年第9期。

[②] 参见柳砚涛《法的不可直接对抗性之辩》，《山东大学学报》2011年第1期。

终局认定问题。① 另一类是基于行政过程论的考察，即区隔行政权运行过程的不同阶段，分别考察行政行为的效力、瑕疵或违法性。② 还有一类研究颇具开创性，使用行政行为的"违法性继承"和"违法性截断"这些新颖概念，展现彼此独立但相互关联的行政行为组群的法律效果、效力及救济方式问题。③

---

① 杨海坤、章志远：《我国行政法理论基础研究之述评与展望》，《岳麓法学评论》2004年。
② 蒋红珍：《"华南虎事件"中政府信息行为瑕疵》，《法学》2008年第8期。
③ 朱芒：《"行政行为违法性继承"的表现及其范围——从个案判决与成文法规范关系角度的探讨》，《中国法学》2010年第3期。

第五章

行政立法和行政规定研究的新发展

行政立法属于行政法研究的传统领域，从20世纪80年代开始，我国学者就开始关注行政立法问题；进入新世纪以后，关于该问题的研究逐步深化。行政规定是兴起于本世纪初的热点研究问题，1999年4月颁布的《行政复议法》第一次提出了行政规定的概念，迅速引发了行政法学界的研究热潮。朱芒从分析行政规范体系的结构入手，在区分行政规范中的法律规范和非法律规范的基础上，确认行政规定的性质。同时，叶必丰论证了判断行为规范是否属于法源的标准，认为法定解释性行政规范是法的具体表现形式，其他行政规范并不具有法源地位，非法源性行政规范可以作为具体行政行为和司法裁判的依据但应接受司法审查和合法性检验。

第一节 行政立法研究的新发展

一 研究概况

法学界对行政立法的研究，主要集中在行政立法的利弊、价值追求、程序、公众参与、监督、行政立法回避、行政立法不作为、区域性行政立法协作、行政立法性事实等问题上。全面研究行政立法的专著则不多见，主要有刘莘的《行政立法研究》和《法治政府与行政决策、行政立法》、曾祥华的《行政立法的正当性研究》、莫于川的《地方行政立法后评估制度研究》、王春业的《区域行政立法模式研究：以区域经济一体化为背景》、陈保中的《提高行政立法质量：目标与路径》、王学辉、邓华平的《行政立法成本分析与实证研究》等几部著作。

以上专著从不同层面与角度，对行政立法的诸多问题进行了深入研究。《行政立法研究》填补了专门研究的空白，该书将之前有关行政立法研究的规范和论述广为收集，并加以比较分析。① 《法治政府与行政决策、行政立法》则在中国社会转轨和变型的大背景下，通过分析政府的角色和定位，探讨了法治对政府决策和行政立法的要求。② 《行政立法的正当性研究》则选取了一个比较新的角度，从研究行政立法正当性的角度进行研究，对行政立法提出了根本性的价值追问。③ 《地方行政立法后评估制度研究》主要探讨了地方行政立法后评估的理论基础、制度框架、评估对象、评估内容、评估指标、评估主体、评估程序、评估结果及其运用，对国内各种行政立法主体和多个重点主体进行了实证研究，对部分国家行政立法、我国的部分中央行政立法和部分地方人大立法进行了比较研究。④ 《区域行政立法模式研究：以区域经济一体化为背景》主要探讨我国地方行政立法的流变过程、区域行政立法模式产生的必然性、区域行政立法构建的必要性、区域行政立法中的具体问题、国外尤其是欧盟法对构建我国区域行政立法模式的启发意义。⑤ 《提高行政立法质量：目标与路径》围绕提高行政立法质量这一主题，就行政立法主体及权限、行政立法程序、行政立法监督、我国行政立法的发展趋势等基本问题进行了全面分析。⑥ 《行政立法成本分析与实证研究》的主要内容包括行政立法的经济理性、行政法寿命周期成本、行政法寿命周期成本分析、烟花爆竹"禁放"与"限放"的权衡分析、行政法成本与收益的定价、行政法的成本收益分析方法述评、火车票实名制的是与非、行政立法价值工程概述、行政立法价值工程的对象选择和资料收集、行政法功能的系统分析与评价、行政法制度创新及评价等。⑦

---

① 刘莘：《行政立法研究》，法律出版社2003年版。
② 刘莘：《法治政府与行政决策、行政立法》，北京大学出版社2006年版。
③ 曾祥华：《行政立法的正当性研究》，中国人民公安大学出版社2007年版。
④ 莫于川：《地方行政立法后评估制度研究》，广东人民出版社2012年版。
⑤ 王春业：《区域行政立法模式研究：以区域经济一体化为背景》，法律出版社2009年版。
⑥ 陈保中：《提高行政立法质量：目标与路径》，上海大学出版社2009年版。
⑦ 王学辉、邓华平：《行政立法成本分析与实证研究》，法律出版社2008年版。

二 行政立法的利弊

关于行政立法的利弊，学术界主要存在五种不同的观点：

第一种观点认为，行政立法的正当性体现在五个方面。第一，议会立法能力的有限性决定了行政立法的必要性。议会制定的法律在内容上往往比较抽象，只是提供大致的规则框架，行政活动的具体基准和程序必须依靠行政机关自行制定规则。第二，法律规制事项的技术性决定了行政立法的必要性。有时需要制定法律的事项具有技术性，而议会不适宜对这些过于技术化的事项制定法律。第三，紧急情况和战争状态的存在也决定了行政立法的必要性。在战争和其他紧急时刻，只有议会授权行政机关所进行的行政立法才是最方便的救济手段。第四，行政立法比议会立法具有更大的灵活性。议会的立法程序烦琐，它所制定出的法律的地位与权威较高，不易也不应经常修改，而行政立法简便易行，更注重效率，可以即时制定、修改、补充，容易适应社会变迁。第五，行政立法是进行立法试验的有效途径。立法有时具有巨大的冒险性，立法也要有一个试验的过程，而能够承担此项任务的即为行政立法。[1]

第二种观点认为，行政立法既具有具体性、灵活性、技术性、应急性和效率性的优点，也存在弊端。其弊端的主要表现为：第一，行政立法有可能危及公民的自由。第二，行政立法还限制了公民的迁徙自由。第三，行政立法容易忽视人的尊严和价值。第四，行政立法有时还侵犯公民的财产权。第五，行政立法以法争权，忽视相对人的权利和行政机关的责任。[2]

第三种观点认为，行政立法追求效率，讲求速度、灵活，这既是它的优点，同时也是它的缺点，因为它更容易忽视公平。与议会立法不同，行政立法通常由行政机关的少数人参加，甚至可以由主要负责人决定，不实行少数服从多数原则，因此具有精英立法的色彩，容易导致个人专断。[3]

第四种观点认为，行政立法的正当性包括形式正当性、实质正当性。

---

[1] 吴东镐：《行政立法的意义及其界限》，《延边大学学报》（社会科学版）2011年第1期。
[2] 曾祥华：《行政立法的正当性初探》，《江苏社会科学》2005年第2期。
[3] 彭奕洪：《行政立法正当性探究》，《宜春学院学报》2011年第7期。

形式正当性包括：首先，授权立法从禁止到有限的放开使行政立法权源具有正当性。其次，在中国，宪法赋予了行政机关职权立法与立法机关授权立法的权力。行政立法的实质正当性包括：第一，保障人权。第二，利益均衡。行政立法的弊端包括：首先，行政立法在我国有使行政权专制的倾向。这一现象的产生基础就是政府也是"经济人"，也有自己的利益。其次，行政立法过程缺乏民主。行政立法过程中公众参与的不足，导致行政立法的民主性不足。①

第五种观点认为，从我国的特殊国情出发，中国的行政立法存在以下危险：（1）行政立法使得本来权力就偏大的行政机关更加强势，挑战人民代表机关的立法权威，破坏立法民主。（2）破坏法治原则。与西方国家行政立法的产生背景不同，中国的行政立法是在尚未建立起法治国家，甚至连一些最基本的宪治民主制度都尚未确立的情况下出现并广泛发展的，所以对行政机关的广泛授权使得本来就没有得到法律控制的行政权更加难以控制。（3）行政立法威胁到公民的自由和权利。我国行政立法缺乏有效的监督和制约，使得法律没有或者难以约束行政权，这继而又致使法律法规丧失了保障、救济公民权利的功能，反而异化为与民争利和治民的工具。（4）行政立法的质量良莠不齐，难以保证。从表面上看，行政立法的立法人员职业化水平比立法机关高。但是，由于行政立法的通过没有审议次数的严格要求，加之行政立法受到部门利益的影响，使得行政立法的质量良莠不齐。②

行政法学界从不同角度对行政立法利弊的分析，提醒我们在充分利用行政立法这一手段的同时，需要注意谨守行政立法的边界、不断提高行政立法的质量、保证行政立法的公平、保护公民的权利与自由。

三 行政立法的价值追求

关于行政立法的价值追求，学术界主要存在三种不同的观点：

第一种观点认为，行政立法的基本价值取向是效率与民主。首先，效

---

① 张伟：《行政立法的正当性及其控制》，《内蒙古农业大学学报》（社会科学版）2009年第3期。
② 王保民：《中国行政立法的利弊得失》，《四川行政学院学报》2007年第6期。

率是行政立法的命脉所在。效率需求是行政立法产生的根本原因。行政立法的效益可以分为行政效益和社会效益,两者应当是统一的、相辅相成的。其次,民主是行政立法的当然前提。不管行政立法如何追求效率,其坚实的基础都是民主原则下的宪法体制。参与和监控是行政立法民主价值取向实现的主要途径。在本质上,民主和效率在行政立法中是统一的,既相互保障又相互促进。首先,民主是保证和提高行政立法长远和整体效率的前提条件。其次,真正民主的实现,离不开效率的提高和限制。①

第二种观点认为,人性化是行政立法主要的价值追求。人性化作为行政立法在法和人的直接关系背景中体现出来的对人的价值和意义,其实质是对行政立法根本目标和价值底蕴的提升和净化,即行政立法人性化是对人之所以为人的人性和尊严的尊重和维护。人性化行政立法能够充分保障行政相对人的权利,人性化行政立法能够强化尊法、守法的心理基础,提升法的可接受性。②

第三种观点认为,行政立法的价值追求包括民主至上、以人为本、正当程序、均衡立法。③

行政法学界对行政立法价值目标的研究,提示我们在行政立法工作中需要恰当平衡效率与公平的关系。

四 行政立法程序

(一) 行政立法程序的完善措施

有研究者认为,行政立法程序的完善措施包括四个方面:一是改进与强化行政立法规划制度。对行政立法的控制,不仅要借助于事后的监督,还需要事前、事中程序的规范控制。有鉴于此,首当其冲的是必须改进与强化行政立法的规划制度。二是健全行政立法参与制度。健全行政立法参与制度,首先必须健全保证行政相对人,特别是与所制定的法律规范有利害关系的人有效参与行政立法的制度。三是完善行政立法的公布制度。我

---

① 赵卯生:《行政立法的基本价值取向及其现实启示》,《行政法学研究》2007年第1期。

② 孙波:《行政立法人性化趋向解读》,《长白学刊》2010年第1期。

③ 冯涛、刘同君:《论我国行政立法中的价值合意及其实现》,《湖北社会科学》2007年第8期。

国应当设立专门的机构和建立完善的制度，使行政立法规范能够及时、准确、方便地为公众所了解，并在任何公民受到或可能受到行政法律规范的不利影响时，能够不至因为无法了解该规范而蒙受不应有的损失。四是健全行政立法的备案制度。①

（二）行政立法听证

有研究者认为，行政立法听证具有多方面的价值。一是实现直接民主，增强行政立法的民主性。行政立法听证制度是一种能够更加准确、直接地反映公众意愿和要求的程序制度，它以公众的直接参与弥补了行政立法在反映民意方面的不足与缺陷，拓展了民主的广度，推进民主向纵深发展。二是扩大公民对公共事务的参与，保障公民权利。一方面，公民参与可以防止权力滥用，保障人权，密切人民与政府的关系，加强人民对政府的向心力；另一方面，公民参与不仅有助于公民民主情操的培养，而且有助于加强民主的价值理念，更有助于公民性格的塑造。三是提高行政立法质量，提高立法的科学性。首先，行政立法听证可以使立法更充分反映民意，符合客观规律。其次，通过行政立法听证，可以有效监督行政机关立法活动的进行，保证所制定法律的公正性与合理性。最后，通过行政立法听证，可以提高行政机关收集信息的能力，以充分利用社会资源，提高立法质量。四是减少执法成本，提高公民的法律意识和守法自觉性。在行政立法过程中，让公民广泛参与其中，充分发表意见，不仅宣传了法律，而且增强了公民的认同感，因而会更加自觉地守法。②

（三）起草制度

有研究者认为，应当建立行政立法中立化起草制度。其主要理由是：一是行政立法正当性的要求。行政立法要达到正当性的要求，一方面要求起草不能由行政执法部门主导，另一方面，起草者必须真正能公正地听取行政相对人的意见和建议。二是保障行政相对人合法权益的要求。中立化起草，不是仅以行政管理需要作为考虑对象，而更多是从社会需求出发；它不再把行政相对人看作行政管理的对象，而是看作权利享有主体，并能

---

① 周华斌、周婷婷：《论我国行政立法程序之完善》，《湖北警官学院学报》2007年第2期。

② 豆星星：《论我国行政立法听证制度的完善》，《陕西行政学院学报》2007年第4期。

从多方面反映被管理方的正当性诉求,把他们的权利合理地体现在行政立法之中。三是提高行政立法质量的要求。随着立法的发展,对行政立法的专业化、技术化水平要求越来越高,在繁重的行政立法面前,行政部门及其工作人员已显得力不从心,必须借助于更加专业的、中立化的机构和人员来完成起草任务,以提高行政立法质量并改变行政立法滞后的局面。四是保证行政立法顺利实施的要求。中立化的起草,以中立的立场来客观地对待所要规范的事项,不为局部利益所左右,使最后通过的行政立法更具公信力,从而减少法规实施的障碍。①

(四) 行政立法动议

有研究者认为,应当赋予行政相对人的行政立法动议权。其主要理由是:第一,赋予相对人行政立法动议权,是对先进文化的继承和借鉴。第二,在当今世界,西方国家已经建立这项制度。第三,赋予相对人行政立法动议权,是行政主体在行政程序中对相对人主体地位的承认和尊重。第四,赋予相对人行政立法动议权,是行政立法民主化的具体表现。第五,赋予相对人行政立法动议权,对于行政主体权力的滥用有着良好的防范作用。②

(五) 行政立法程序调整对象

有研究者认为,我国现行的行政立法程序制度体现出如下特征:就所设置的行政立法程序的整体而言属于内部过程的外部展示;第一次建立了具备外部化性质的程序装置。其存在的主要问题是:第一,行政立法程序的内容与参与权无涉。目前的行政立法程序制度中的听取意见等程序环节,明显具有单向的行政收集信息的功能。被听取意见的社会主体所居的地位属于"被邀请"或"被选择"的意见表达者,并非该行政立法程序中的权利主体,不享有向行政立法者请求参与至该立法程序中的权利。第二,所调整对象只限于形式意义上的法。目前的行政立法程序制度所针对的是行政法规和规章,即其所调整的对象是本身具有法的性质的规范,行政规定没有纳入其中。在现代国家中的行政立法程序已经成为一种裁量过程的情况下,行政立法程序制度建设需要将包括"无名规范"在内的所

---

① 王春业:《论行政立法的中立化起草》,《淮北煤炭师范学院学报》(哲学社会科学版) 2008 年第 3 期。

② 陈蕊:《相对人的行政立法动议权》,《行政法学研究》2004 年第 4 期。

有法规范都同样地纳入调整的对象范围之中,并在程序过程中,相应地设置保障社会成员可以行使参与权的程序性装置。①

(六) 行政立法的信息利用

有研究者认为,信息对于行政立法具有重要价值。第一,行政立法需要利用信息以增强其实效性和公信力。如果行政机关对相关信息的搜集、获取不充分,就无法有效地利用这些信息并将它们反映在立法中,制定出来的行政法规或规章就不可能与实际社会生活相适应,就会降低其实效性和公信力。第二,立法的民主性要求行政立法充分地利用信息。行政立法的民主性建立在听取各方意见、充分收集各方信息的基础上。行政立法的主体不应当仅仅局限于行政立法机关,还应当广泛吸收社会各界的主体参与其中,以保证立法内容和程序的民主性。第三,行政立法应当反映和体现多方的利益需求,必然要求其了解和掌握多方的信息。信息包含着利益表达,这是立法信息的重要特征。法是调整利益关系的分配规则,立法过程中的主要工作,就是对相关利益要求进行搜集、分析、整合并将其纳入立法文本之中。②

五 行政立法中的公众参与

(一) 价值

关于行政立法中公众参与的价值,学术界主要从两个方面进行了论述。第一个角度的分析认为,行政立法可以弥补其在民主正当性方面的不足。有学者认为,行政立法具有准立法的性质却又以行政模式运作,使行政机关运行体制与行政立法的民主性形成内在的紧张关系,该关系的调和直接涉及行政立法存在的正当性。行政立法中的公众参与是调解这一紧张关系的核心制度。一方面公众参与直接构成了行政立法正当性来源,另一方面通过公众参与增强行政立法的有效性,反过来又应验并强化了行政立法的正当性。③ 第二个角度的分析认为,行政立法满足了权力制衡的需

---

① 朱芒:《行政立法程序调整对象重考——关于外部效果规范与程序性装置关系的考察》,《中国法学》2008年第6期。

② 杨解君、张黎:《信息时代行政立法的信息利用》,《南京社会科学》2008年第5期。

③ 刘小妹:《公众参与行政立法的理论思考》,《行政法学研究》2007年第2期。

要。有学者认为，行政立法中的公众参与，可以有效保持保护公民权利自由与维护行政权力正常行使之间的总体平衡。①

（二）问题

有研究者认为，行政立法公众参与面临"集体行动困境"。一是行政立法机关的相机抉择。立法公众参与的具体程序没有明确规定，导致公众参与的操作性较差，这就为行政机关提供了很大的选择余地，选择的结果便是不积极吸取公众的意见，对公众参与持一种随意甚至漠视的态度。对于立法机关及其工作人员来说，从自身成本收益的角度出发，立法公众参与的组织成本由自己承担，而组织收益则和自身无直接利害关系，组织成本和组织收益的严重失衡使得立法机关难以有效组织公众参与行政立法活动。二是理性的无知导致公众消极参与。公众不积极参与行政立法，主要原因是公众理性考虑的结果。普通公众之所以不愿意参与行政立法，主要是因为公众参与行政立法要付出一定的成本，却难以获取一定的收益，而且这种收益不可能被自己独占。如果公众参与立法，对拟出台的法规提出意见或建议，则需要耗费一定的时间来查阅相关法律文本、调查实际情况，还需要支付一定的路费、误工费等费用。此外，如果自己所提的合理意见和建议不能被采纳的话，还会给自己带来心理上的不悦。从收益的角度讲，由于法律制度本身具有公共产品的性质，很容易形成"搭便车"现象，即使某些公众参与了立法，使得法律的质量得以提高，那么没有参与立法活动的其他公众也能得到同样的收益。②

（三）制度完善

有研究者认为，行政立法公众参与制度完善需要从多方面入手。一是明确行政立法公众参与的范围。借鉴美国及我国台湾地区行政立法的经验，明确规定免除公众参与的范围，除此之外均应允许公众参与。二是设立行政立法的建议和意见征集程序。可设立行政立法的建议和意见征集程序，在有关行政机关设立专门组织，配备专门人员，及时准确地征集各方面关于行政立法的建议和意见。三是建立公告评议制度。除涉及国家秘密

---

① 程锦：《公众参与行政立法的价值及途径》，《陕西行政学院学报》2008 年第 1 期。

② 代水平：《行政立法公众参与的集体行动困境》，《西北大学学报》（哲学社会科学版）2011 年第 5 期。

或其他不宜公开的特殊事项外，行政立法草案应在指定的刊物或媒体尤其是网络上公布。可以通过组织座谈会、论证会等形式进行当面的口头评议，也可以进行书面评议。四是完善听证制度。现有法律法规对立法听证的规定过于简单，需要加以完善。五是确立行政法规规章案的公众先行表决制度。行政法规规章案，在由行政主体立法会议正式表决前，应交付一定范围的公众或公众代表进行表决，该表决对行政立法主体不具有强制约束性，具有参考约束性。六是加强对行政立法的监督。完善、建立人大对行政立法的备案、审查、批准、撤销制度，赋予法院对抽象行政行为的审查权。①

有研究者认为，扩大公众对行政立法的有效参与，有赖于一系列基础性制度和操作性制度的建立与健全。公众参与行政立法最重要的基础性制度，就是行政公开制度与结社制度。为此，国家应在宪法层面，对公民的知情权进行直接明确地规定，使其取得根本法地位和最高的法律效力，并应当尽快出台《行政程序法》，让行政程序的公开透明得以彻底落实。同时，国家应制定全面调整规范结社活动的《结社法》或《民间组织法》，使之与公民结社权这一宪法性权利的性质相匹配。公众参与行政立法的操作性制度，主要包括行政立法动议制度、听证制度与公告评议制度。②

六　行政立法的监督

（一）行政立法的司法审查

有研究者认为，应当建立行政立法的司法审查制度。其主要理由是：一是行政立法的现行监督机制的无效性。司法机关具备专业性、经常性、超脱性的优势，可以弥补立法机关监督和行政机关内部监督的缺点。司法审查是具有严格程序性的事后审查，是立法监督和行政监督所无法取代的。二是缺乏规范的司法审查制度已经成为我国法治建设的瓶颈。我国目前法治建设的主要问题，已经不再是无法可依，而是有法不依，宪法和法律的实效性不足已成为当前法治建设所面临的主要困境。法治的核心在于

---

① 李永林、郝振明：《论行政立法民主性参与制度的构建》，《湖北行政学院学报》2006年第3期。

② 冯英、张慧秋：《中国行政立法公众参与制度研究》，《首都师范大学学报》（社会科学版）2008年第4期。

保障人权，没有司法审查，公民权利将处于危险状态。由于行政权本身的扩张性、自利性和执行性，决定了行政立法对公民权利造成危害的可能性更大。三是违法的行政立法比违法的具体行政行为危害性更大，没有理由限制法院对抽象行政行为的司法审查。具体行政行为所针对的对象只是特定的行政相对人，违法的具体行政行为所造成的危害后果是有限的，而抽象行政行为所针对的对象是普遍的，并且反复适用，对公民权利的损害是具体行政行为所无法比拟的。四是制约和控制行政权的需要。任何权力都必须受到制约，不受制约的权力必然导致专制和腐败。五是履行WTO义务的要求。司法审查制度是WTO法律框架中重要的内容，我国政府在《中国加入议定书》中承诺，我国各级政府将在全国范围内执行《WTO协定》、《加入议定书》，为审查所有行政行为设立独立的法庭、地点和程序。①

（二）权力机关对行政立法的监督

有研究者认为，应当加强权力机关对行政立法的监督。一是规范授权立法，根据我国授权立法的实际情况，制定可行的授权法。在授权法中，应对全国人大及常委会对国务院、地方人大及常委会对地方政府，国务院对国务院各部委的授权，从授权的时间、授权的范围、授权的方法及授权应注意的事项等方面，作出明确而具体的规定。二是在最高权力机关之下设立立法监督委员会。立法监督委员会是行使立法监督权的专门机构，能集中开展监督活动，有利于发现监督规律，及时总结监督经验，不断提高监督技术。三是落实备案审查制度，解决备而不审的问题。四是改进和完善批准制度。五是完善立法责任的设定。应当明确规定行政机关及其主管领导和直接责任人员的立法责任。②

（三）行政立法的监督控制机制

有研究者认为，我国监督和控制行政立法的机制包括以下内容。一是行政立法主体通过行政立法程序的监控。二是上级行政机关对下级行政立法的监控。由于行政机关上下级之间的直接隶属关系，使得这种审查方式

---

① 曾祥华、陈仁涛：《论对行政立法的司法审查》，《内蒙古社会科学》（汉文版）2005年第4期。

② 刘波：《论我国权力机关对行政立法的监督》，《湖南涉外经济学院学报》2008年第2期。

直接、便捷因而更加有效,但是在现实中,这种监控方式却似乎没有引起人们和有关机关的足够重视。三是权力机关对行政立法的监控。目前的违宪违法立法审查制度存在着明显的缺陷。其一,违宪违法立法审查的对象过窄。其二,违宪违法立法审查的程序不科学,审查过程中的几个关键步骤缺乏时间性限制。其三,违宪违法立法审查的程序有违民主之嫌。四是司法机关的监控。五是立法责任的设定。行政机关在行使行政立法权的同时,也必须对其立法违法、立法懈怠和立法不作为负责。①

(四) 行政立法的准入范围限制

有研究者认为,行政立法的准入范围限制是监督行政立法的重要方面。所谓行政立法的准入范围,是指允许行政机关通过行政立法进行调控的事项范围和领域。现代世界各国大多通过确定议会立法事项的专属范围的方式,来限制行政立法的准入范围。在法律保留的事项范围内,行政立法只能根据法律制定;在非法律保留的领域,以法律优越为原则。②

七 行政立法回避

(一) 行政立法回避的价值

关于行政立法回避的价值,学术界有三种不同的观点。

第一种观点认为,行政立法回避制度具有广泛的现实意义。首先,行政立法回避制度的推行,可以提高行政法规、规章的质量,避免行政法规、规章的先天不足。其次,采取委托立法、招标立法等立法回避方式,可以解决行政立法中行政机关难以应对的许多专业性、技术性问题。最后,行政立法回避制度也是民主立法与民众有序参与行政立法的必然要求。③

第二种观点认为,行政立法回避是避免"劣法"产生的程序保障,有利于防止机构型利益集团影响立法的负面作用。凡直接涉及某部门利益的立法起草工作,该部门原则上应当回避,不能参与更不能主持立法起草

---

① 王保民、李霞:《我国行政立法范围及其监督审查机制》,《江苏警官学院学报》2005年第4期。

② 王保民:《中国行政立法的民主保障和监督控制》,《中国行政管理》2008年第3期。

③ 胡峻:《论行政立法回避制度——兼与杨建顺教授商榷》,《现代法学》2008年第5期。

工作。当然，还要克服立法中的部门利益倾向，对在不涉及部门利益的情况下由行政部门进行法律草案的起草，也必须加以注意。①

第三种观点认为，行政立法回避不可行。首先，立法不同于行政和司法。立法的性质是制定普遍性的行为规范，规定人们在各种不同社会关系中的权利、义务，以确立各种共同体的运作秩序。为此，立法应最大限度地反映民意、集中民意和表达民意，而要做到这一点，就必须保障人民最大限度地参与，保障各种不同利益群体、不同利益阶层的人民参与博弈。其次，为克服立法的部门利益倾向，消除政府立法中长期存在的"政府权力部门化、部门权力利益化、部门利益法制化"的痼疾，需要采取的针对性措施恰恰应该是扩大参与和博弈，包括扩大各种不同利益群体、不同利益阶层的公众参与和博弈，也包括扩大各种具有不同利益的政府部门和公权力机关的参与和博弈，而绝不应让所谓有利害关系的政府主管部门回避。再次，为了在立法中借助各方面的经验、智慧，特别是借助专家、学者的知识优势和智力，委托立法确实是必要的。另外，为了防止政府主管部门在立法起草中过分参杂部门利益、甚至以法谋私，委托立法也确实是必要的。但是，委托立法却并不等于立法回避。无论在委托立法起草前还是在委托立法起草后，都不应让主管政府部门完全缺位。最后，立法回避与"推进立法公开，扩大公众参与，体现科学民主"也没有必然的联系。即使立法由主管政府部门自行起草或由其组织起草，如果其依法举行各种听证会、论证会，通过媒体、网络广泛征求公众意见，也能实现立法公正。相反，即使采取立法回避制度，如果起草部门进行关门立法，同样也实现不了立法公正。②

我们认为，行政立法具有抽象性、普遍适用性的特点，将适用于具体行政行为领域的回避制度机械地照搬到行政立法领域并不恰当，因此赞同第三种观点。

(二) 行政立法回避的理论基础

关于行政立法回避的理论基础，学术界有两种不同的观点。

---

① 曾祥华：《立法过程中的利益平衡》，知识产权出版社2011年版，第184—185页。

② 姜明安：《立法，应推行广泛参与制而非回避制》，《检察日报》2007年9月17日第3版。

第一种观点认为，行政立法回避制度的正当性，包括法理上的正当性和实在法上的正当性。一是在法理上的正当性。从理论渊源上来说，回避制度可以追溯至英国普通法中的自然公正原则。自然公正原则的基本要义之一就是要求任何人都不能成为自己案件的法官，该原则首先适用于诉讼程序，然后通过各国立法者的努力将其扩张适用于行政程序，但行政程序又有其自身的特点和需要，与诉讼程序中的适用情况并不完全相同。立法回避不仅是行政立法趋向于合法化与科学化的不可或缺的制度保障，也是真正实现我国行政执法状况改善的基础性条件。二是实在法上的正当性。从立法目的与宗旨来看，行政立法回避制度虽然是在《立法法》的具体条文尚未作出规定的情形下实施的，但行政立法机关对其自身权力作出这种限定的目的，是为了克服立法活动中的部门利益法制化倾向和提高立法质量，因此行政立法回避与《立法法》的目的是耦合的。从行政立法程序的具体规定来看，《规章制定程序条例》中规定的起草程序、评审程序和审查程序是与回避制度相关联的。[1]

第二种观点认为，行政立法回避制度的法理基础是自然公正原则与正当法律程序原则。在行政立法回避程序中，自然公正原则以及正当法律程序原则的最基本要求与适用标准，就是立法者的中立地位；违背了中立性的要求，则构成违反自然公正原则以及正当法律程序原则。立法者的中立性是对立法者的最基本要求，也是立法过程中最低限度的公正要求。在立法过程中，立法者中立性的基本要求有以下几个方面：第一，立法者给予不同的立法参与主体平等参与的机会，对各方的主张、意见、所持利益予以同等关注；第二，立法者不应有支持一方、反对其他方的预断或偏见；第三，立法者不得以语言或行为表现出偏见；第四，立法者不得进行可能影响立法决策公正性的公开或非公开的评论；第五，在处理本部门、本地方的利益与整体的、国家的利益关系时要公正权衡，不应为自己本部门、本地方谋取利益。[2]

这两种观点都还值得进一步研究。其实无论是英国自然公正原则还是

---

[1] 崔卓兰、卢护锋：《论行政立法回避制度——从重庆市人民政府立法回避的实践切入》，《河南省政法管理干部学院学报》2008年第1期。

[2] 汪全胜：《行政立法的回避制度构想》，《山东警察学院学报》2005年第3期。

美国的（程序性）正当过程原则，其均仅适用于具体行政行为领域，不适用于立法活动。

八 行政立法不作为

（一）构成要件

关于行政立法不作为的构成要件，学术界有三种不同的观点。

第一种观点认为，行政立法不作为的构成要件包括：（1）行政立法机关立法责任的存在。结合《立法法》的法律文本和立法实践，可以判定我国行政立法主要有四种法源机制，它们分别确立了行政立法责任的不同法律基础：单独授权、法律文本明确授权、法律文本默示授权、由行政执法责任获得的立法权。（2）行政立法机关具有立法的能力。行政立法机关的行为能力比起具体行政行为中的行为能力要复杂得多，它不是由单个人的主观意志决定的，而是由机关法人意志特别是受到上级机关意志制约的。（3）行政立法机关无为或者消极作为。行政立法不作为，不仅是法定程序上的无为即拒绝采取立法举动或者行动，而且包括实质不作为。例如，消极性地重复立法、敷衍立法以及形式上的不作为，例如未采取应当采取的立法听证程序。[1]

第二种观点认为，行政立法不作为的构成要件包括：第一，行政立法机关存在作为义务。这包括法律文本上的规定，也包括立法机关通过法律解释而明确的作为义务。第二，从客观方面看，相关事项急需行政立法规范的调整。这种客观需要包括：面临某种损害的发生、某种危险的存在、社会公众受到侵害而自身无力解决，国家的保护义务及危险防止责任成为社会的必需；由于上位法的调整或社会现实的显著变化，使原有的行政立法不具合法性，不能适应社会发展及人民需要；行政机关的立法不作为，将导致某些公民遭受不平等的差别待遇等。第三，对立法不作为构成的时间考量，需要根据不同情况来判断。如授权法或授权机关就行政立法完成时间进行了规定，那么这个期限就是判断行政立法不作为是否成立的标准；现实中往往没有这样的明确的时间界限，这就需要确立其他一些标准来进行判断。[2]

---

[1] 于立深：《行政立法不作为研究》，《法制与社会发展》2011年第2期。
[2] 毕雁英：《行政立法不作为责任研究》，《法学杂志》2010年第8期。

第三种观点认为，行政立法不作为的构成要件包括：第一，行政立法义务主要来源于法律的明确规定、对授权法的一般推定以及对宪法和法律的合目的性解释。第二，还必须在客观方面存在怠于履行立法义务之不作为状态。把握此问题的关键，在于明确怠于制定法律与怠于修改法律、怠于废止法律，立法不作为与实质违法行为、程序违法行为，立法不作为与立法准备行为、立法批准行为等几组范畴之间的关系。第三，不作为状态持续的时间超过法定期限或者合理期限。①

基于行政立法的高度政策性，行政立法不作为的认定在实践中存在很大的困难，目前也没有办法进入司法程序，这在一定程度上阻碍了行政法学界对这一问题讨论的深度。

(二) 法律责任

关于行政立法不作为的法律责任，学术界有两种不同的观点。

第一种观点认为，行政立法不作为应承担的责任包括法律责任、政治责任、社会责任。一是法律责任。行政立法活动中对行政立法机关及其当事人法律责任的追究，以行政法律责任最为常用。行政立法不作为违法的行政法律责任的承担主体，主要是行政机关及其工作人员，是当其行为违反行政法律规范，尚未构成犯罪时所承担的法律责任。二是政治责任。行政立法中的政治责任建立在对国家行政机关及其工作人员行为正当性要求的基础之上，也就是说，即使承担行政立法职能的行政立法机关、负有监督责任的国家立法机关及其工作人员的行为没有违反法律规定，但却发生明显的决策错误、违反基本的合理性的要求，行政立法机关和权力机关及其工作人员从政治方面也应当承担责任。三是社会责任。此处的社会责任，主要指通过非正式的规范来使行政立法不作为责任者承担不利后果的形式。社会责任主要包括道义责任和团体内部责任等形式。②

第二种观点认为，行政立法不作为应当承担国家赔偿责任。其主要理由是：首先，从国外情况看，凡是建立了国家赔偿制度的国家，没有一个国家完全排除不作为违法的行政侵权赔偿责任。其次，不能以法律没有明确规定为由，而关闭行政不作为违法由国家负赔偿责任的大门，从而不对

---

① 周佑勇、尚海龙：《论行政立法不作为违法——基于法律文本的解析》，《现代法学》2011年第5期。

② 毕雁英：《行政立法不作为责任研究》，《法学杂志》2010年第8期。

现行不完善的法律进行修改。最后，只有建立行政立法不作为承担国家赔偿责任制度，《国家赔偿法》的功能和价值才能充分体现。其意义包括：第一，全面落实宪法的原则规定。第二，有效发挥国家赔偿制度所具有的违法行为抑制功能。第三，充分保护公民、法人和其他组织的合法权益。第四，有利于我国国家赔偿制度和行政立法的完善。①

从我国的实际国情来看，追究行政立法不作为的国家赔偿责任尚过于理想和超强，强化政治责任要更为可行。

（三）控制手段

有研究者认为，行政立法不作为具体表现形式包括三种：（1）行政立法该制定而不制定；（2）行政立法该修改而不修改；（3）行政立法该废止而不废止。其中第一种形式的立法不作为，属于纯正行政立法不作为，后两种情形属于不纯正行政立法不作为。对纯正行政立法不作为的控制手段是：立法机关应加强自身对授权行为的控制，立法机关应加强对被授权机关的监督，必要时可以收回授权。对不纯正行政立法不作为的控制，应立足于在我国现行的制度框架内寻求解决问题之策。②

九　区域性行政立法协作

（一）区域行政立法协作的价值

关于区域性行政立法协作的价值，学术界存在两种不同的观点。

第一种观点认为，区域性行政立法协作存在现实必要性。实现经济区域内法制一体化是区域经济一体化的必然要求。地方行政法制的统一不仅是区域市场经济发展的条件，更是一种潜在的社会资源，是区域市场经济发展的制度性因素。和谐一致的地方法制环境将资源优势上升为竞争优势，提升的不仅是区域的法律品质，更是区域的核心竞争力。③

第二种观点认为，区域性行政立法协作具有重要价值。第一，有利于进一步发挥地方行政立法的积极性。在法制统一的前提下，区域行政立法

---

① 汪新胜：《行政立法不作为的国家赔偿责任探析》，《江汉大学学报》（人文科学版）2005年第1期。

② 杨福忠：《论授权立法中的行政立法不作为及其控制——以〈公路法〉第36条为切入点的初步考察》，《山东科技大学学报》（社会科学版）2010年第1期。

③ 王春业：《构建区域共同规章：区域行政立法一体化的模式选择》，《西部法学评论》2009年第5期。

可以体现区域的共同特色,满足区域内各方面的现实需要。对区域性行政立法协作予以提倡和鼓励,是新时期条件下发挥地方行政立法的积极性、主动性的一种表现。第二,有利于降低立法成本。加强省际间立法项目的协作,将内容相同或者相近的地方立法项目制定成一部行政立法,并将之运用于相同或相近的省份,能降低立法成本、减少重复劳动。第三,有利于克服法治的碎片化现象,避免立法冲突与执法不公。随着当今社会开放性、流动性的增强,诸如环境污染的防治、物流、信息流和人员流动的管理等问题,迫切需要各省级政府间相互配合与协调,否则,将妨碍行政效能的实现,导致更强的地方保护主义。第四,有利于促进区域经济合作和市场一体化向更高层次发展。目前,虽然以"长三角"、"珠三角"等为代表的区域合作已经在众多领域展开,但这些区域的合作仅限于区域内各行政首长间的磋商和对话,制定"合作宣言"、"共同声明"等松散型契约,这属于较低层次的合作。要达到更高层次的区域经济合作,必须要建立一个行政立法协作机制,制定一部能在该区域内统一适用的行政立法,既是区域经济合作和市场一体化的迫切要求,也是改善区域法制环境、促进区域统筹发展的迫切要求。[①]

(二) 区域行政立法协作的原则

有研究者认为,区域性行政立法协作应把握四项原则:一是互利互惠原则。在进行区域共同规章构建的过程中,要充分考虑参加的各地方政府能否获得经济利益,不能忽视任何一方的利益。各地方应不分大小,不论经济发展程度如何,都能通过区域经济一体化的行政立法协作来推动本地经济发展,提高本地人民生活水平,即各地方政府都应从合作中获得利益。二是平等协商原则。在制定区域共同规章时,要强调平等协商,在平等的基础上从中获得利益,实现"双赢"和"多赢",应本着平等原则,让每一个参与方都能在平等的基础上从中获得利益,而不能将自己的利益建在他方的损失上。三是依法性与依政策性相结合原则。区域共同规章的依法性,是指区域共同规章必须要有自己的立法依据,即有宪法、法律、行政法规的依据,或依授权的依据,特别是不能与宪法、法律、行政法规相抵触,这是保证区域共同规章的前提性原则。以一定的政策为立法依

[①] 王春业:《论区域性行政立法协作》,《当代法学》2007 年第 3 期。

据,既解决了区域共同规章无法可依的困境,同时,使区域共同规章的性质、方向严格地沿着健康的轨道向前发展。四是体现区域特色原则。区域特色原则要求区域共同规章要区别于国家法制建设和其他区域的法制建设,因地制宜解决区域经济发展中的实际问题,使之更具针对性、现实性和可操作性。体现区域特色才能体现区域共同规章的灵魂,才能充分发挥区域法制的各项功能,协调区域独特的经济关系,解决区域特殊的经济问题。[①]

(三) 区域行政立法协作机制

有研究者认为,建立区域行政立法协作机制包括三项内容:第一,构建和完善行政协议制度。行政协议是地方政府间开展立法协作和协调区域法制环境的有效方式。在我国,利用契约模式进行的区域行政立法协作可以从三个层面进行:一是通过协议的方式确立立法协作的基本框架,为具体的协作行为提供依据。二是通过协议的方式对地方规章中已经存在的冲突进行协调,达成处理意见,作为以后处理争议的依据。三是借鉴美国州际协定的经验,利用行政协议进行地方政府联合立法。第二,完善政府间立法信息公开和交流制度。立法信息的交流与共享是区域行政立法协作的基本要求,信息交流是否通畅、迅速、准确,直接影响到区域行政立法协作的有效开展。政府间的立法信息公开交流机制可以通过三种方式实现:一是围绕年度立法计划的制定和实施,举行年度例会。二是建立区域内行政立法主体的立法动态通报制度。对于区域内有共性的重大立法项目,在征求意见时还应听取区域内其他省市的意见。三是交叉备案制度,即一个地方的政府规章除了根据《立法法》要求进行备案之外,还应该向区域内其他地方的人大常委会和人民政府进行备案。第三,成立区域行政立法协调委员会。美国的经验表明,组织的推动有助于立法协作的有效开展。在我国也可以成立类似于美国统一州法全国委员会和建议性州立法委员会的组织来负责区域行政立法的协调。这个组织可以采用委员会的形式,其成员由各个地方的政府法制办的负责人以及法律界的专家、学者组成。[②]

---

① 王春业:《构建区域共同规章:区域行政立法一体化的模式选择》,《西部法学评论》2009年第5期。

② 饶常林、常健:《我国区域行政立法协作:现实问题与制度完善》,《行政法学研究》2009年第3期。

十 行政立法性事实

有研究者认为，立法性事实是指不局限于特定个人或少数人而带有普遍性的事实，它与立法过程和规范相关而不与特定当事人相关，是制定法律规范的基础。行政立法性事实主要包括以下几种类型：一是客观性事实。客观性事实是指物理性事实，即能被感知、观察或者有科学数据支撑的事实，也包括通过社会科学工具或手段获得的事实即统计数据和资料。二是制度性事实。制度性事实是指一个或者一系列正在生效的法律制度，它一定或者可能决定着未来的立法行为，尤其是法律规范呈现出等级秩序后，上位法律已经构成了下位法律的立法性事实。三是法定性事实。在行政法中，事实是行政机关作为或不作为的基础和必要条件。确凿的事实是行政决定的根据。法律所涉及的事实必然是具有法律意义的事实。四是阐释性事实。阐释性事实是指通过推理或者解释而得出的事实。行政立法不仅仅涉及科学问题，而且涉及立法者、立法参与者在何种价值背景和法律思维框架下来阐释事实的问题。

关于我国的行政立法性事实问题，不仅未能引起重视而且具有自身的特殊性，具体表现在以下几个方面：（1）对立法性事实、裁决性事实和立法意见之间的关系未加以区分，特别是假象事实和仿真陈述在立法过程中，经常被误用和滥用。（2）行政法律规范的制订缺乏事实基础，片面的、不恰当的立法民主已经扭曲了立法性事实与法律规范之间的关系，立法民主已经成为个人利益和部门利益最大化的诉求方式。（3）尚未尝试建立起行政立法性事实的自我审查或者司法审查机制，对行政立法的学术研究还停留在关注立法授权合法性和立法民主程序的阶段上，行政立法机关的立法草案说明并不关注和陈述立法性事实问题，也不说明立法性事实与法律规范之间的逻辑推理关系。这种立法现状和态度，已经影响到了立法质量和公民权益。①

---

① 于立深：《行政立法性事实研究》，《法商研究》2008年第6期。

第二节 行政规定研究的新发展

一 研究概况

法学界对行政规定的研究，主要集中在行政规定的性质、种类、功能、法律效力、可诉性、可复议性等问题上。而全面研究行政规定的专著则不多见，主要有叶必丰、周佑勇的《行政规范研究》、郭庆珠的《行政规范性文件制定正当性研究》、陈丽芳的《非立法性行政规范研究》。其中，《行政规范研究》填补了专门研究的空白，其主要内容包括现代社会与行政规范、行政规范的界定、行政规范的种类、行政规范的结构、行政规范的制定与监控等。①《行政规范性文件制定正当性研究》的主要内容，包括行政规范性文件制定权及制定主体、行政规范性文件正当性及制定机关的保障义务、行政规范性文件制定的基本原则与价值取向、行政规范性文件制定权的配置与失范、行政规范性文件的制定程序与公民参与、行政规范性文件制定不作为及其法律规制、行政规范性文件规范冲突及其避免、行政规范性文件的备案、评估、清理及其他事后监督等。②《非立法性行政规范研究》的主要内容，包括非立法性行政规范的基本问题、非立法性行政规范的法律地位、非立法性行政规范的效力及其适用、紧急状态下的非立法性行政规范的作用、非立法性行政规范的制定主体及权限等。③

二 行政规定的性质

关于行政规定的性质，学术界有五种不同的观点。

第一种观点认为，从形式性判断标准的角度看，由于行政规定是与行政法规和规章相排斥的，在外在形式上属于行政规范体系之中的无名规范，因此，行政规定必然是不具有法律规定性质的行政规则，制定行政规定的活动也自然不能归入行政立法的范围。从实质性判断标准的角度看，行政规定中存在具有法律规范性质的行政规范，即存在涉及相关利害关系

---

① 叶必丰、周佑勇：《行政规范研究》，法律出版社2002年版。
② 郭庆珠：《行政规范性文件制定正当性研究》，中国检察出版社2011年版。
③ 陈丽芳：《非立法性行政规范研究》，中共中央党校出版社2007年版。

人权利义务的行政规定和具有审判基准功能的行政规定。行政规定所指的不是一种具有共同性质的行政规范,而是一类行政规范。换而言之,行政规定作为无名规范虽然不具有行政法规或规章的外形,但决不能够断言行政规定之中不存在法律规范。行政规定因规范调整的对象属于行政职权体系之外或之内,由此导致行政规定是否涉及私人的权利义务,是否可能成为司法审判基准,从而在总体上可以被划分为属于法规命令的行政规定(其在功能上等同于法律规范)以及属于行政规则的行政规定(其不具有法律规范的功能)。即使在属于行政规则的范围之内,从规范适用的角度而言,当需要适用平等待遇等原则时,这些属于非法律规范的行政规定也可能发生外部效果,产生法律规范的功能。①

第二种观点认为,不同的行政规定具有不同的性质:(1)具有法源地位的行政规范。国务院对行政法规的解释与行政法规本身具有同等的法律效力,那么也应该对法院发生强制性拘束力。对规章的法定解释性行政规范,对法院也应当具有强制性拘束力。在《立法法》、《行政法规制定程序条例》和《规章制定程序条例》生效以前,行政机关根据《全国人民代表大会常务委员会关于加强法律解释工作的决议》,以及根据单行法律、法规和规章的规定,对法律、法规和规章进行解释所形成的法定解释性行政规范,也应具有对法院的强制性拘束力。(2)与法律规范相结合而具有法源地位的行政规范。行政规范可因与准用性法律规范相结合而具有普遍性强制拘束力。准用性法律规范因其内容的不确定性,拘束力并不完整。行政规范本身也没有独立的普遍性强制拘束力。只有两者的结合,才共同构成了普遍性强制拘束力。(3)不具有法源地位的行政规范。非法源性行政规范可以作为具体行政行为和司法裁判的依据但应接受司法审查和合法性检验,且这种审查可在民事、行政和刑事诉讼中而不限于行政诉讼中进行。② 总之,法定解释性行政规范以外的行政规范,对法院不具有拘束力,不是法的渊源。

第三种观点认为,以内容上是否规定公民的权利义务,是否具有外部规范性,在制定程序上是否统一严格,很难对我国的作为法律规范的行政

---

① 朱芒:《论行政规定的性质——从行政规范体系角度的定位》,《中国法学》2003 年第 1 期。

② 叶必丰:《行政规范法律地位的制度论证》,《中国法学》2003 年第 5 期。

法规、规章与非法律规范的创制性规范性文件之间作出区分。从横向平行的角度观察，创制性规范性文件，大量地规定着公民的权利义务，其实际上已经与同级行政机关制定的作为法律规范的规章之间，无论是从制定主体、规范形式、规范范围以及规范功能上，都很难区分。从纵向垂直的角度观察，在作为非较大市的人民政府制定的创制性规范性文件中，也同样规定了公民的权利义务，其与较大市的人民政府制定的规章之间，在规范形式、规范功能上，也难以区分。尽管在司法实践中，人民法院没有在判决正文中引用规范性文件，但在案件的事实审查和判决理由部分，规范性文件作为法院的审查基准是显而易见的。作为审查基准的规范性文件，其在实际生活中，起到了规范行政机关与相对人的作用。通过行政机关的具体行政行为，规范性文件发挥了这种规范性的功能，而发挥了外部规范性功能的规范性文件就应该是法律规范。对社会成员而言，法或法律所具有的最大特征也恰恰正是其具有规范性。因此，在规范形式与规范功能层面上，创制性规范性文件与行政法规、规章同样都应视为法律规范。①

第四种观点认为，在形式法治背景下，行政规定不是正式的法律渊源，不是法院审理案件必须遵循的"依据"，对法院不具有法律约束力。但在实质法治背景下，行政规定是法律渊源，是法院审理案件应当予以考量的重要论据。影响行政规定在行政诉讼中效力的事实方面的因素包括：一是行政规定存在的必要性。在我国，本着"宜粗不宜细"的立法政策，法律法规甚至规章等上位法的规定抽象、概括，过于原则，可操作性不强，很难对复杂多变的社会现实做出及时有效的回应，这就为行政规定留下了现实的生存空间。二是法院尊重行政规定的必要性。首先，法院是权利的最后保障线，是社会正义的最后一道防线，因此，法院不能以无法律规定或法律规定不清为由拒绝审判。其次，在我国，行政机关与司法机关是权力机关之下并列的机关，它们之间存在着合理分工的制度性安排。再次，法院审理案件时，要将抽象概括的规定与具体的案件事实相结合，必然要对相关规定进行解释。有上位法规定时，法院可自行解释。但行政机关在处理行政事务上具有更多的经验和知识，法院在进行解释时，应尊重行政机关制定的行政规定，而法院在现实中通常也是这么做的。最后，现

---

① 林庆伟、沈少阳：《规范性文件的法律效力问题研究》，《行政法学研究》2004年第3期。

实中大量行政行为是依据行政规定作出的。三是控制行政规定的必要性。行政规定存在"三乱"现象，即制定主体乱、规范事项乱和制定程序乱，行政规定的合法性与质量很难保证。①

第五种观点认为，行政规定不应具有法律规范的效力。《最高人民法院关于执行〈中华人民共和国行政诉讼法〉若干问题的解释》第62条规定，人民法院审理行政案件，可以在判决书中引用合法有效的规章及其他规范性文件。据此，规范性文件可以作为人民法院判案依据。最高人民法院的这一解释，一方面是基于现实的妥协，另一方面是由于《立法法》的疏漏。行政规范性文件是我国目前数量最为庞大、影响面最为广泛的"实然面的法规"，尽管它不是法律体系中的法定法规，但它在现实地影响着人们的权利义务，是行政机关实施行政管理的"实际"法律依据。同时，尽管《立法法》规定了法律形式只包括法律、法规、自治条例、单行条例和规章，没有将行政规范性文件囊括进来，但它也没有彻底否定行政规范性文件的约束力，缺乏"落日条款"的规定。由于行政规范性文件质量参差不齐，赋予其法律拘束力有悖于法治国家的基本要求，因此，应当通过《立法法》的修正，使这种类型的规范性文件在行政审判领域不再具有法律规范的效力。②

三 行政规定的种类

关于行政规定的种类，学术界有三种不同的观点。

第一种观点认为，从行政规定制定权来源的角度划分，行政规定也可分为职权性行政规定和委任性行政规定两大类。③

第二种观点认为，从法律效果上划分，规范性文件分为行政创制性文件、行政解释性文件、行政指导性文件和行政告知性文件。行政创制性文件是指为不特定相对人设定权利义务的文件。行政解释性文件是指行政主体为了实施法律法规、规章，统一各行政主体对法律法规、规章的理解及

---

① 廖希飞：《论行政规定在行政诉讼中的效力》，《行政法学研究》2011年第2期。
② 王欢、卢护锋：《略论行政规范性文件的法律地位》，《山东工商学院学报》2004年第5期。
③ 袁明圣：《行政规定的若干问题》，《江西社会科学》2001年第10期。

执行，对法律法规、规章进行解释而形成的文件。行政解释性文件又分为法定解释而形成的行政解释性文件和自行解释而形成的行政解释性文件。行政指导性文件是指行政主体对不特定相对人实施行政指导时所形成的文件。行政告知性文件是指告知相对人和下级行政主体需要知道的事项，而并未设定、变更、消灭或确认权利义务的文件。[1]

第三种观点认为，行政规定分为创制性行政规定、执行性行政规定、指导性与规划性行政规定、内部管理性行政规定。创制性行政规定是指行政主体为不特定相对人创设权利义务的行政规定。执行性行政规定是指行政主体为了公正统一地理解和执行法律、法规、规章和上位行政规定，进一步具体化、细化地解释而形成的行政规定，并没有在上位法和规定的基础上创设新的权利义务。指导性与规划性行政规定是指行政主体对不特定相对人实施行政指导或规划时形成的行政规定，它不具有强制性的法律效果，并不为相对人创设强制性权利义务。内部管理性行政规定是指行政主体基于行政组织的隶属关系，在内部行政管理活动中，对行政组织内部及其工作人员作出的行政规定。[2]

四 行政规定的功能

有研究者认为，行政规定具有多重功能。一是促进行政法治之实行的功能。（1）行政规定可以破解成文法的局限性。成文法本身存在固有的局限性，我国本身的具体情况加剧了这一局限性。我国行政法理论和立法有一种将行政法治局限于"合法"的倾向，而且将"合法"作为与"合理"相对应的狭义概念来理解，同时，其中的"法"又多指法律、法规等高位阶的行政法规范。破解成文法的局限性，与其全部托付给执法者个人，不如更多地依赖行政规定。（2）行政规定有助于维护法的安定性。行政法不仅难以形成统一的法典，而且受到调整对象流动性的影响，不得不时常加以改变，从而影响行政法的确定性、稳定性、权威性与调控能力，最终损及行政法的安定性。缓解流变的行政现实与行政法安定性之间的紧张关系，一方面应坚持法的安定性，保障法在逻辑上的自恰与连续，不致蜕化为应付一时之变的权宜之计；另一方面要高度重视行政规定的作

---

[1] 叶必丰、刘道筠：《规范性文件的种类》，《行政法学研究》2009年第3期。
[2] 张浪：《论行政规定的法律渊源属性》，《学海》2010年第5期。

用。与法律、法规和规章等法源相比,行政规定并没有太高的安定性要求,可以因应行政现实的流变。同时,行政规定是以行政法规范为依据制定的,从而可以保证整个行政法体系的和谐,维持行政规定自身的相对统一、连续与有序。(3)行政规定有助于行政自由裁量空间的压缩。制定"裁量标准",就是将行政自由裁量应予考虑的因素事先明确下来,让行政机关在作裁量判断时有可以依据、参照的标准。而在确立这类"标准"上,行政规定能够大显身手。二是促进行政法治之演进的功能。行政规定不仅在多层级规范体系的形成和开放过程中起到枢纽和转化装置的作用,而且还为行政法治演进创造相应的制度前提。行政规定实乃我国正式制度所安排的实现行政制度创新和变迁的契机,是因应行政调整对象的流变性而设置的具有自我反思功能的制度装置,是行政法治演进的制度创新枢纽。①

五 行政规定的可复议性

有研究者认为,规范性文件行政复议的操作存在困惑。第一,规范性文件行政复议提起权的纠纷扩大性。我国《行政复议法》对规范性文件行政复议提起权的限制没有太充分的理由。目前的规定不是禁止行政纠纷,而是将行政纠纷进一步扩大化,与行政复议制度的宗旨相悖。第二,规范性文件行政复议主持机关的含糊性。通过《行政复议法》,行政相对人只知道受理复议的机关,而不知道规范性文件行政复议的主持机关。第三,规范性文件行政复议审查内容的片面性,这表现在多个方面:首先,不是所有形式的规范性文件都纳入了行政复议的范畴。其次,只能审查派生具体行政行为的规范性文件,而对当事人权益进行直接干预的规范性文件,不能成为行政复议审查的对象。再次,被审查的行政规范性文件,被限制在实施过程或行政权的具体运行环节这一狭小的空间之内。第四,规范性文件行政复议过程的迟延性。在规范性文件的处理结果与主持行政复议机关对复议决定的结果之间,存在一个时间上的巨大空隙。因此,有必要对我国规范性文件行政复议在法律上作一个定位。第一,规范性文件行政复议,应当是对公民完全诉愿权的肯定。第二,规范性文件行政复议,

---

① 陈骏业:《重新定位行政规定的功能》,《法商研究》2006年第5期。

应当是对规范化行政层级监督权的肯定。第三，规范性文件行政复议，应当是对全面司法审查的隐含肯定。第四，规范性文件行政复议，应当是对标准化诉愿制度的肯定。第五，规范性文件行政复议，应当是对行政救济制度由初级到高级递进式发展的肯定。①

六 行政规定的可诉性

有研究者认为，行政规定的司法审查存在现实必要性。一是由于行政规定存在的现实问题。行政规定集行政法规、规章及规范性文件的特性于一身，从宏观到微观，纵横交织于政府的日常行政管理中。这一特性，使其在以下几方面表现出固有的危害：部门保护主义严重、地方保护主义严重。行政规定的部门、地方保护主义既破坏了公平竞争的社会主义市场经济秩序，损害了某一地区长远的公共利益，同时又不同程度地直接或间接损害作为行政相对人的不同市场经济主体的利益。二是由于《行政复议法》关于行政规定之漏洞。该漏洞主要表现为负责处理行政规定的主体含混不清、没有规定有权机关的处理程序、处理的范围和处理的效力。这使行政复议制度内容比较单一，不具可操作性。监督控制行政规定单靠《行政复议法》绝不可行，弥补行政复议制度的缺口，唯有采用司法审查，给行政规定的合法性增加一道外围防线，让行政复议监督与司法监督相得益彰。②

有研究者认为，行政规定的司法审查完全可行。其主要理由是：第一，近十年的司法实施为行政规定的诉讼提供了实践基础。第二，人民法院对行政规定进行审查是一种法定的有效监督。第三，海外的司法实践可以借鉴。在诉讼立法中，有些国家和地区较早进行研究，尽管制度不一，但其精华之处可资借鉴。③

现行《行政诉讼法》将行政诉讼的受案范围局限于具体行政行为，这一限制受到了学界的诸多批评，在对《行政诉讼法》进行修改的讨论中，一个已经形成的共识是要将部分行政规范（抽象行政行为）纳入行

---

① 张淑芳：《规范性文件行政复议制度》，《法学研究》2002 年第 4 期。

② 尤春媛、马晓敏：《论行政规定的司法审查》，《山西大学学报》（哲学社会科学版）2000 年第 2 期。

③ 张萍：《论行政规定的可诉性》，《中共宁波市委党校学报》2000 年第 3 期。

政诉讼的受案范围。这种主张有一定的合理之处,但也存在诸多需要澄清之处。例如,将行政规范纳入行政诉讼的受案范围,并非法治发达国家的通例。仅能针对具体行政行为提起行政诉讼并非为我国所独有,大陆法系的很多国家,如德国和日本等都曾长期将行政诉讼的审查对象限定在行政处理(Verwaltungsact)上,而行政处理的一个成立要件就是规制内容的具体性。虽然在二战以后各国对受案范围一般改采概括性的规定,将所有公法上的争议在原则上都纳入行政诉讼的受案范围,但是在解释学上往往通过对法律争议概念的解释,将具有抽象性的法规命令排除在行政诉讼的受案范围之外。如日本和我国台湾地区的学者一般认为,关于抽象法规的争议,原则上尚非具体的公法上的争议范围,无法提起行政诉讼。德国行政诉讼法对于法规命令的审查范围也受到很大的限制,只有高级行政法院才可以对依据建筑法制定的自治规章和法规命令以及其他邦法律位阶之下的法规命令的有效性加以直接审查(附带审查是法院当然的权力)。在德国,由于承认"预防性确认之诉",对于"有威胁的"行政规范,法院可以对其适用进行预防性的禁止,因此对于将法规命令纳入行政诉讼受案范围的需要并不迫切。在美国法上,通过成熟性原则的作用,也使得私人很多时候无法直接针对抽象的规则制定行为申请司法审查,除非问题已经适宜于法院裁判或者推迟法院审查(到有具体的执行行为之时)将会给私人造成困难。当然,在比较法上,我们也可以发现对具有抽象性质行政行为进行更大范围审查的例子。因此,到底是否将行政规范纳入行政诉讼的受案范围,主要应根据自己的法治国情和需要加以确定,而非简单的以法治发达国家之通例为说辞。我国目前行政规范较为混乱,越权限制私人权利、自由的现象突出,迫切需要寻找一个行之有效的解决途径,既有的监督方式由于多种原因并未能真正发挥功能。法院作为解释和适用法律的权威机关,对于行政规范合法性的判断最具权威性,也比较超脱,能够更好地实现对抽象行政行为的监督职能。而且即使能够通过提起具体行政行为对抽象行政行为进行附带审查,由于只能针对个案而不能否定抽象行政行为的效力,在中国现实国情下法院的这种法律结论很难发生超越个案的影响,因此并非一种经济的制度选择。此外,我国行政诉讼法并不承认预防性诉讼,又无法如同美国法一样灵活运用成熟性原则,这导致在一些情形中可能导致私人陷于两难困境,使其合法权益无法得到有效救济。例如对于行政规范中的禁止性规定,如果只有在被处罚后才能提起行政诉讼,由于行政诉讼的结果具有一定的不确定性，就可能使得私人根本不敢从事被禁止的行为，而这又导致其没有提起行政诉讼的资格。①

另外，如果将行政规范纳入行政诉讼的受案范围，必须要对行政规范进行类型化的处理。从国外将行政规范纳入行政诉讼受案范围的国家来看，纳入其中的均为具有对外效力的法规命令，而内部的行政规则，因为不具有法的效力，不直接涉及相对人的权利义务，对法院也没有拘束力，在原则上并不能直接对其提起行政诉讼。这种处理方式是符合法理的。吊诡的是，在中国行政法上，尽管根据《立法法》的规定，只有行政法规和规章才是行政立法，而其他规范性文件并非行政立法，但目前行政法学界多数学者主张纳入行政诉讼受案范围的却并非行政立法，而是行政立法之外的规范性文件。这与其他国家的做法正好相反。这一比较行政法的观察，促使我们对我国目前的行政立法（行政法规和规章）和行政规定"拦腰截断"②方式的二分法进行反思。例如，行政规定中既然有大量对外生效、限制公民权利自由、设定公民义务的规定，为何不是行政立法？这到底是行政实践的问题（行政机关在普遍违法），③ 还是行政立法的概念乃至我国行政立法的体制出了问题（行政机关具有制定外部法规范的现实需要，但却未能得到法律上的承认）？因此，要将行政规范纳入我国行政诉讼的受案范围，必须对行政规范和行政规定的概念与范围进行细致的梳理，原则上仅能对具有外部法效力的立法性规范（不局限于传统观点所认为的行政法规和规章）提起行政诉讼。当然，对于那些本不应具有限制私人权利自由、科处私人义务的外部效力，但在实际上被（违法的）强制实施的行政规范，也应允许私人提起行政诉讼，以俾救济。④

---

① 李洪雷：《中国行政诉讼制度发展的新路向》，《行政法学研究》2013年第1期。

② 朱芒：《论行政规定的性质——从行政规范体系角度的定位》，《中国法学》2003年第1期。

③ 国务院《全面推进依法行政实施纲要》（2004年）中明确要求："没有法律、法规、规章的规定，行政机关不得作出影响公民、法人和其他组织合法权益或者增加公民、法人和其他组织义务的决定。"

④ 李洪雷：《中国行政诉讼制度发展的新路向》，《行政法学研究》2013年第1期。

第 六 章

政府监管、行政许可和
行政规划研究的新发展

第一节 政府监管

政府监管是中国行政法学的新兴课题，行政法学者自 2000 年之后，开始重视从行政法学角度研究政府监管，将政府监管理论纳入行政法学体系，这既是对我国政府监管制度改革的现实回应，更是我国行政法学界自觉反思行政法学研究面临的困境，从方法论和知识论上，对传统行政法理论体系的革新。[①]

一 政府监管研究之兴起——自觉回应入世与政府监管体制改革

政府监管研究实际上自 2005 年之后才有了规模发展，在此之前，只有为数不多的行政法学者开始关注政府监管问题，探索行政法学与其他学科的知识整合，弥补传统行政法学的不足，拓展行政法学研究视阈。作为较早开展此项研究工作的学者之一，周汉华持续参与基础设施产业、审批制度改革、电信法、电力监管、银行卡、信息化、反垄断等多个领域的政府监管制度改革实务研究，从行政法角度运用政府监管理论，就政府监管边界、监管机构权力配置、监管机构行政程序、监管工具选择等问题，发表了一系列开拓性的研究著述。[②] 杜钢建从比较法的角度，指出我国政府

---

① 监管亦称管制、规制，本文在同一意义层面上使用三个概念。
② 主要成果参见周汉华《政府监管与行政法》，北京大学出版社 2007 年版；《基础设施产业政府监管权的配置》，《国家行政学院学报》2002 年第 2 期；《美国政府信息公开制度》，《环球法律评论》2002 年第 3 期；《行业监管机构的行政程序研究：以电力行业为例》，《经济社会体制比较》2004 年第 2 期；《独立监管与大部制的关系》，《公法研究》（第 5 辑），浙江大学出版社 2007 年版；《电子政务法研究》，《法学研究》2007 年第 3 期；《中国电子政务发展推动力分析》，《电子政务》2009 年第 4 期；《〈政府信息公开条例〉实施的问题与对策探讨》，《中国行政管理》2009 年第 7 期。

监管体制改革的基本路径。① 于安指出,应从全球化背景下认识降低政府规制,认为政府规制方式应从命令控制型转向激励合作型。② 董炯从公法角度,对我国证券监管体制的建立与发展,作了深入的批判性描述,说明公法体系应当与政府监管相互促进。③

二 政府监管研究之规模化发展——对行政法学方法论的系统反思

行政法学界在本世纪伊始,就开始反思行政法学功能定位、研究范式转变等问题。在此基础上,至2005年前后,有学者明确主张引入并探讨如何运用政府监管理论分析我国现实制度与问题,回应现代行政活动给传统行政法带来的挑战,自此政府监管研究进入加速前进阶段。这些主张与学术实践比较集中地反映在当时学术会议的论文中,如浙江大学2004年12月举办的"民营化时代下的中国行政法"学术研讨会,④ 2005年11月举办的"政府管制与行政许可学术研讨会",⑤ 以及"中国行政法二十年之回顾与展望"主题下的中国法学会行政法学研究会2005年年会。

多个学者在论及行政法学研究视角和研究方法转换时,特别提到开放的行政法学科引入政府监管理论的重要性。高秦伟分析指出,在政府监管改革背景下,美国行政法学界借鉴经济学与政治学的方法,跳出仅对政府规制程序以及司法审查进行研究的传统框架,力图从行政法学的角度开始研究政府规制,标志着"新的行政法学"方法论的开始。行政法学者将程序性问题与实体性问题结合起来考虑,探索政治的与政策的形成过程,发现政策争议、政治影响、决定公共政策的法律限制以及它们之间的相互关系。该学者认为,在中国特殊的政府监管改革背景下,要自觉关注和研究政府监管理论,但是对中国行政法学者能否真正介入到某一个行政领域

---

① 杜钢建:《加入WTO与政府规制改革》,《浙江经济》2001年第4期;《中国、韩国、日本规制改革比较研究》(上)(下),《北京行政学院学报》2002年第5、6期;《中国政府规制改革的方式和途径》,《江海学刊》2002年第1期。

② 于安:《降低政府规制:经济全球化时代的行政法》,法律出版社2003年版。

③ 董炯:《公法视野下中国证券管制体制的演进》,《行政法论丛》(第5卷),北京大学出版社2001年版。

④ 参见高春燕《"民营化时代下的中国行政法"学术研讨会综述》,《公法研究》(第4卷),中国政法大学出版社2005年版,第417—422页。

⑤ 参见刘恒主编《行政许可与政府管制》,北京大学出版社2007年版。

之中，满足监管实践的种种需求，尚存疑虑。① 章志远认为，所谓新行政法意指民营化时代、政府规制改革背景之下的以关注整个行政过程合理性为己任的行政法，其产生源自我国近年来在环境、药品、民航、电信等诸多行政领域所展开的规制改革。伴随着政府规制改革的兴起，类似于政府规制职权的配置、规制机构的内部架构、规制形式的选择以及监管程序的设计等新问题，急需纳入行政法学的分析视野之中，从而不断革新传统行政法学的概念架构和学理体系，逐步建立起对真实世界行政过程有解释力的现代行政法学体系。② 朱新力等学者认为，在现代行政任务膨胀的背景下，传统行为形式理论对行政实体政策面向的关注严重不足，主张对传统行为形式理论的第一个提升，应当是法政策学框架下的规制工具及其选择理论。现代行政活动方式的理论构造，应当包括一个基点（传统行为形式理论）加三个理论提升（规制工具理论、行政过程论和行政法律关系论的塑造）。③

2005年以来，朱新力与浙江大学一批学者陆续发表论文，专门阐述了现代行政法学与政府规制研究之内在关系。指出革新的行政法从关注司法审查朝着同时关注行政过程的方向发展，要借鉴经济学、社会学、政策学的分析工具，引入包括政府监管学派在内的域外新兴学说，摆脱自给自足的学科体系，考虑如何才能使行政机关更好地实现监管目标、完成公共任务，从而回应公共行政的实践诉求。政府规制研究本质上是一种问题导向的政策分析理论，它是法律学科内的整合，是为了彻底解决问题而综合运用各种法律手段、法律机制和法律思想的理论。并且特别借鉴和倡导我国台湾地区学者叶俊荣提出的，将政府规制理论融贯在行政案例分析中的三层次规制分析方法，即第一层次是传统法律解释技术的应用，它以当事人之间的争议和法律适用问题为核心展开分析；第二层次则是制度与程序层面的分析，力图超越当事人之间的争议，超越法院的考量，从整体上把

---

① 高秦伟：《行政法学方法论的回顾与反思》，《浙江学刊》2005年第6期。

② 章志远：《现实困境与路径选择：中国行政法学研究之省思》，《中国行政法之回顾与展望——"中国行政法二十年"博鳌论坛暨中国法学会行政法学研究会2005年年会论文集》。

③ 朱新力、唐明良：《现代行政活动方式理论研究的模型——历史与展望》，《中国行政法之回顾与展望——"中国行政法二十年"博鳌论坛暨中国法学会行政法学研究会2005年年会论文集》；《现代行政活动方式的开发性研究》，《中国法学》2007年第2期。

握事件发展过程中的各种权力部门之间的功能、角色及相互关系；第三层次则是在前面的基础上，对整个体制运行的政策和策略予以审视。用管制理论描绘行政法案例，在传统的权利义务争议之外，发展出制度与程序、政策与策略面的考量，拓展了行政法学的政策功能。① 在前述提到的学者所作数项研究中，都可以发现上述监管分析方法的运用。

此后，于立深进一步撰文，指出外接政府管制的新行政法，一定程度上将弥补司法审查制度缺陷带来的概念行政法学的功能性不足。该学者冷静地站在中国行政法学百年发展的历史图景之上进行反思和总结，主张应该善待概念行政法学的方法论和知识论，中国行政法学的困境不是概念法学的困境。外接管制的新行政法强调横向地研究"事务"而不是理论，它有自己新的价值范畴和问题域。但是，政府管制之下的新行政法只有借助概念法学的范畴体系和逻辑思辨方式，才可能实现其功能主义的目标，否则将陷入"问题陷阱"。我国台湾地区概念行政法学的发展方向，值得祖国大陆借鉴，在概念法学的塑造下，部门行政法与政府管制研究的结合之路，是祖国大陆行政法学的可欲之路。②

三　政府监管研究的基本状况

迄今为止，行政法学者通过译介国外经典著作、出版一系列汇集了前沿研究成果的丛书以及专项监管领域的深度研讨，在获取吸收国外前沿信息，检视整理我国政府监管制度真实形态，培养问题意识以及对话能力，融合政府监管理论与行政法学研究等方面，逐步填补了研究空缺。

（一）翻译多篇（部）著作，为研究提供知识支持与制度参照

学习理解国外公法学界在政府监管方面的经典和前沿著作，是有效运用政府监管理论的基础条件，学者对此有着非常清醒的认识，较早就

---

① 朱新力、宋华琳、胡敏洁、唐明良、骆梅英：《现代行政法学与政府规制》，《法制日报》2005年3月17日；朱新力、宋华琳：《现代行政法学的建构与政府规制研究的兴起》，《法律科学》2005年第5期；朱新力、骆梅英：《前行没有路障——比较行政法学与中国当代行政法学的发展》，《中国行政法之回顾与展望——"中国行政法二十年"博鳌论坛暨中国法学会行政法学研究会2005年年会论文集》；骆梅英：《行政法学的新脸谱——写在读叶俊荣〈行政法案例分析与研究方法〉之后》，《行政法论丛》（第9卷），法律出版社2006年版。

② 于立深：《概念法学和政府管制背景下的新行政法》，《法学家》2009年第3期。

开始了此项工作并译介相关著作至国内。相关译作有论文或报告、法律规定类译介，如徐伟、杜钢建译《规制改革、市场准入与国际市场竞争》，沈岿译《美国行政法的重构》，于立深译、胡晶晶校订《美国〈管制计划与审查〉行政命令》，于立深译《联邦管制成本—收益国会报告》，苏苗罕译《分析政府规制》、《二十一世纪的行政法》，胡敏洁译《实体行政》，蒋红珍译《行政法的潮涨潮落》。还有专著类译介，如师帅译《风险与理性：安全、法律及环境》，钟瑞华译《权利革命之后：重塑规制国》，骆梅英译《规制：法律形式与经济学理论》，李洪雷等译《规制及其改革》，宋华琳译《打破恶性循环——政府如何有效规制风险》，宋华琳、李鸻等译《美国公用事业的竞争转型：放松管制与管制契约》等。①

（二）出版政府监管的系列丛书，汇集了前沿研究成果

刘恒主编的《公法与政府管制》是国内较早专门以公法和政府管制研究为主题内容的系列丛书，正如编者期待，该丛书选择了国内政府管制研究方面具有代表性和创建性的公法学著作，为公法学研究拓宽视野、提供交流平台。丛书于2007年和2009年共出版了8部著作，主题涉及政府监管制度、监管机构、行政许可、典型行业政府监管，以及农村环境监

---

① ［日］Akira Kawamoto 著，徐伟、杜钢建译：《规制改革、市场准入与国际市场竞争》，《国家行政学院学报》2001年第2期；［英］安东尼·奥格斯著，骆梅英译、苏苗罕校：《规制：法律形式与经济学理论》，中国人民大学出版社2008年版；［美］史蒂芬·布雷耶著，李洪雷、宋华琳、苏苗罕、钟瑞华译，宋华琳校：《规制及其改革》，北京大学出版社2008年版；［美］史蒂芬·布雷耶著，宋华琳译：《打破恶性循环——政府如何有效规制风险》，法律出版社2009年版；［美］理查德·波斯纳著，蒋红珍译：《行政法的潮涨潮落》，《比较法研究》2007年第4期；［美］理查德·斯图尔特，沈岿译：《美国行政法的重构》，商务印书馆2002年版；［美］理查德·斯图尔特著，苏苗罕译：《二十一世纪的行政法》，《环球法律评论》2004年第2期；［美］凯斯·孙斯坦著，师帅译：《风险与理性：安全、法律及环境》，中国政法大学出版社2005年版；［美］凯斯·桑斯坦著，钟瑞华译、李洪雷校：《权利革命之后：重塑规制国》，中国人民大学出版社2008年版；［美］凯斯·森斯坦著，胡敏洁译：《实体行政》，《公法评论》第3卷，北京大学出版社2005年版；［美］约瑟夫·托梅恩、西德尼·夏皮罗著，苏苗罕译：《分析政府规制》，《法大评论》（第3卷），中国政法大学出版社2004年版；［美］格里高利·西达克、丹尼尔·F.史普博著，宋华琳、李鸻等译：《美国公用事业的竞争转型：放松管制与管制契约》，世纪出版集团、上海人民出版社2012年版。

管、司法制度改革、股票公开发行监管等。其中，周汉华的专著《政府监管与行政法》集结了其本人近年来公开发表的研究成果，是一个法律人对监管制度研究的阶段性总结，从中可以读出行政法学者特有的敏锐洞察视角及其率先进入政府监管领域后付出的辛苦耕耘。马英娟的专著《政府监管机构研究》以其博士论文为基础内容，如序所言，该书是国内行政法学界第一次专门、系统的研究政府监管机构的尝试，填补了国内行政法学研究的空白。① 全书以"构建现代政府监管机构、实现良好监管"为主题，围绕"什么是政府监管机构"、"为什么设立政府监管机构"、"如何构建政府监管机构"、"政府监管机构监管什么"以及"政府监管机构如何监管"这五个问题展开论证，不仅为中国正在进行的政府监管体制改革，提供了基本的背景知识和具有普遍性的分析框架，而且在理论分析和比较研究的基础上，探讨了中国政府监管机构的未来走向。② 刘恒主编的两部论文集，《行政许可与政府管制》作为专题学术会议论文集，对政府管制、行政许可的理论和实践进行了深刻探讨，《典型行业政府规制研究》则以证券、房地产、有着、食品卫生、水利和煤炭等六个典型行业为研究对象，在大量实证材料基础上，分析政府规制现状和问题，探寻解决方法和路径。③

另外，还有上海金融与法律研究院主办的《规制研究》，两辑学术专集分别以"转型时期的社会性规制与法治"和"食品与药品安全的政府监管"为主题，通过比较研究，对相关规制机制、规制的合法性、规则制定与作用及中国政府与市场的关系，进行了集中探讨。④ 《行政规制论丛》是从"法治政府·南岳论坛"摘选的论文集，也吸纳了不少行政规制的研究成果。⑤

---

① 周汉华：《政府监管与行政法》，北京大学出版社 2007 年版。
② 马英娟：《政府监管机构研究》，北京大学出版社 2007 年版。
③ 刘恒主编：《典型行业政府规制研究》，北京大学出版社 2007 年版；《行政许可与政府管制》，北京大学出版社 2007 年版。
④ 傅蔚冈、宋华琳主编：《规制研究》第 1 辑，格致出版社、上海人民出版社 2008 年版；宋华琳、傅蔚冈主编：《规制研究》第 2 辑，格致出版社、上海人民出版社 2009 年版。
⑤ 江必新主编：《行政规制论丛》（第一卷—第三卷），法律出版社 2009，2011，2012 年版。

(三) 政府监管专项研究正在形成

从现有研究成果看，行政法学者的研究涉及经济性和社会性监管，以基础设施、电信、能源、信息化、民营化、食品医药、社会保障、风险规制等领域较为突出，在面对具体问题时，显示出扎实的理论基础和良好的分析驾驭能力。多位学者不仅探索监管理论与中国行政法学研究的融合，而且术业有专攻，往往深入到某一专项领域展开细致剖析，已有的研究成果中不乏真知灼见。除了前面提到的周汉华、马英娟等等，还有数名学者都在政府监管专项研究上颇有建树。如宋华琳长期关注食品医药等社会性监管领域，① 章志远对公用事业民营化的系列研究，② 胡敏洁对社会保障

---

① 宋华琳：《药品不良反应与政府监管制度改革——从安徽欣弗事件引发的思考》，《法学》2006年第9期；《美国药品监管的肇始》，《中国处方药》2007年第1期；《政府规制改革的成因与动力——以晚近中国药品安全规制为中心的观察》，《管理世界》2008年第8期；《论政府规制与侵权法的交错——以药品规制为例证》，《比较法研究》2008年第2期；《建构良好的医疗服务规制框架（一）（二）》，《中国处方药》2009年第2、3期；《风险规制中的专家咨询——以药品审评为例证》，《行政法论丛》第12卷，法律出版社2009年版；《部门行政法研究与行政法总论的改革——以药品行政领域为例证》，《当代法学》2010年第2期；《中国食品安全标准法律制度研究》，《公共行政评论》2011年第2期；《如何填补食品安全监管漏洞》，《中国改革》2011年第8期。

② 章志远：《行政法学视野中的民营化》，《江苏社会科学》2005年第4期；《民营化、规制改革与新行政法的兴起——从公交民营化的受挫切入》，《中国法学》2009年第2期；《公用事业特许经营及其政府规制——兼论公私合作背景下行政法学研究之转变》，《法商研究》2007年第2期。章志远、庄婧：《公共行政民营化界限研究——"治安承包"引发的思考》，《河南司法警官职业学院学报》2008年第3期；章志远、安丽娜：《我国公用事业特许经营政府监管机构研究——以市政公用事业局的功能变迁为中心》，《河南司法警官职业学院学报》2011年第3期。章志远、黄娟：《公用事业特许经营绩效评估法律制度研究》，《甘肃行政学院学报》2011年第1期；《公用事业特许经营市场准入法律制度研究》，《法治研究》2011年第3期；《公用事业特许经营市场退出法律制度研究》，《学习论坛》2011年第6期。章志远、李明超：《公用事业特许经营立法问题研究——以若干地方性法规为分析样本》，《江苏行政学院学报》2009年第6期；《公用事业特许经营中的公众参与监管制度研究》，《河南司法警官职业学院学报》2010年第2期；《公用事业特许经营中的临时接管制度研究——从"首例政府临时接管特许经营权案"切入》，《行政法学研究》2010年第1期；《我国公用事业特许经营的法律困境及其消解》，《河北科技大学学报》（社会科学版）2011年第2期。章志远、朱志杰：《我国公用事业特许经营制度运作之评估与展望——基于40起典型事例的考察》，《行政法学研究》2011年第2期。

领域的监管研究,① 苏苗罕近几年在能源、医药等领域的研究,② 戚建刚、赵鹏对风险规制的研究等。③ 此外,有学者对彩票业、广告业、艺人

---

① 胡敏洁:《福利权研究》,法律出版社2008年版;《公法学视野下的美国福利民营化:学理与实践》,《公法研究》(第4卷),中国政法大学出版社2005年版,第48—59页;《以私法形式完成行政任务——以福利民营化为考察对象》,《政法论坛》2005年第6期;《美国社会保障行政中的听证制度》,《行政法学研究》2007年第2期;《给付行政与行政组织法的变革——立足于行政任务多元化的观察》,《浙江学刊》2007年第2期;《一种双重面向的权利——论福利权的法律性质》,《河北法学》2007年第10期;《转型时期的福利权实现路径——源于宪法规范与实践的考察》,《中国法学》2008年第6期;《福利行政调查权与受益人权利保障》,《当代法学》2008年第2期;《社会保障政策形成中的政府地位——以2006—2007年社会保障政策为对象》,《公法研究》(第八辑),浙江大学出版社2009年版,第316—330页;《履行给付行政任务的私人之法律地位——以养老保障行政为例》,《华东政法大学学报》2011年第3期;《社会福利领域中的裁量与规则——基于〈城市最低生活保障条例〉的分析》,《浙江学刊》2011年第2期。

② 苏苗罕:《健全与完善我国药品审评专家咨询制度之我见》,《中国处方药》2007年第10期;《能源普遍服务的法理与制度研究》,《法治研究》2007年第10期;《能源监管机构的权力边界问题研究》,《生态文明与环境资源法——2009年全国环境资源法学研讨会(年会)论文集》;《美国气候变化立法进展及其对我国的启示》,《南京工业大学学报》(社会科学版)2010年第4期;《消除能源贫困的行政法机制研究——以能源普遍服务政策为例》,《中国法学会行政法学研究会2010年年会论文集》;《美国石油天然气管道保护立法及其监管研究》,《公民与法》(法学版)2010年第7期;《美国食品安全监管的第三方审核机制研究》,《北京行政学院学报》2012年第3期;苏苗罕、宋华琳:《新加坡医疗服务监管研究》,《中国卫生政策研究》2008年第2期;《各国药品监管体制比较研究》,《各国药品监管体制比较研究(续一)》,《各国药品监管体制比较研究(续二)》,《上海食品药品监管情报研究》2009年第6期、2010年第1期、第2期。

③ 戚建刚:《风险认知模式及其行政法制之意蕴》,《法学研究》2009年第5期;《风险规制过程合法性之证成——以公众和专家的风险知识运用为视角》,《法商研究》2009年第5期;《极端事件的风险恐慌及对行政法制之意蕴》,《中国法学》2010年第2期;《向权力说真相:食品安全风险规制中的信息工具之运用》,《江淮论坛》2011年第5期;《我国食品安全风险规制模式之转型》,《法学研究》2011年第1期;《食品危害的多重属性与风险评估制度的重构》,《当代法学》2012年第2期。杨小敏、戚建刚:《风险最糟糕情景认知模式及行政法制之改革》,《法律科学》2012年第2期;《风险规制改革的文化认知基础——以欧盟和美国的疯牛病风险规制比较为路径》,《浙江学刊》2011年第3期;《欧盟食品安全风险评估制度的基本原则之评析》,《北京行政学院学报》2012年第3期。赵鹏:《风险规制的兴起与行政法的新课题》,《中国法学会行政法学研究会2010年年会论文集》;《我国风险规制法律制度的现状、问题与完善——基于全国人大常委会执法检查情况的分析》,《行政法学研究》

等行业或职业监管问题，进行了全面的考察。①

第二节 行政许可

一 研究概况

进入2000年以来，在建立完善的市场体制和加入世贸组织双重动力驱使下，行政审批制度改革在中央和地方层面全面推进，行政许可立法从草案初步形成到颁布实施，加之全球化放松规制和民营化浪潮的背景，为行政许可研究提供了难得的素材。如何处理规制与竞争的关系，确立什么样的稀缺资源配置规则，如何设计审批控制机制等，都是行政许可研究中不可回避的课题。② 学者在这一阶段的研究，始终关注和反思行政审批制度的改革与实践经验，注重实证分析以及多学科理论的整合运用。

学界研究重点随着审批制度改革的深入和法律制度的确立，从宏观的制度改革理念转至对制度运行成效的微观考察与反思。早期多强调审批制度改革思路与行政许可立法原则、理念和方向，如有学者指出，应转变依赖审批去管理的观念，划定事权范围应遵循市场调节优先原则、社会自治

2010年第4期；《风险、不确定性与风险预防原则》，《行政法论丛》第12卷，法律出版社2010年版；《风险规制：发展语境下的中国式困境及其解决》，《浙江学刊》2011年第3期；《风险社会的自由与安全——风险规制的兴起及其对传统行政法原理的挑战》，《交大法学》（第2卷），上海交通大学出版社2011年版；《知识与合法性：风险社会的行政法治原理》，《行政法学研究》2011年第11期。

① 参见唐明良《我国广告行业监管方式检讨——围绕"信息不对称"的展开》，《公法研究》（第五辑），浙江大学出版社2007年版，第94—106页；陈柳裕、唐明良：《广告监管方式和手段研究——兼论《广告法》之修改与完善》，《法治研究》2007年第9期；《广告监管中的法与理》，社会科学文献出版社2009年版。朱新力、唐明良：《政府对彩票业的法律规制——问题、成因及和谐社会理念下的制度面应对》，《浙江大学学报》（人文社会科学版）2006年第2期；朱新力、骆梅英：《中国彩票业政府管制研究》，《天津体育学院学报》2006年第3期；朱新力、宋华琳等：《体育彩票的政府管制及立法研究》，浙江大学出版社2007年版；于立深：《艺人的政府规制研究——对一个特殊职业群体的人文关切》，《公法研究》（第六辑），浙江大学出版社2008年版，第145—174页。

② 宋华琳、周汉华：《行政法学研究状况》，见夏勇等主编《中国法治发展报告No.1（2003）》（法治蓝皮书），社会科学文献出版社2004年版。

优先原则、政府干预方式从缓原则。① 有学者从审批改革试验中的告知承诺制,发掘其对于行政许可价值定位的意义,强调以"亲市场化"战略作为审批改革和许可立法的重要取向,改革许可权主体、创新多种许可方式。② 有学者论述了公平和非歧视原则、市场准入原则、透明度原则、科学效率原则和司法审查原则等 WTO 法律原则对我国行政审批制度改革的影响。③ 还有学者在介绍日本和韩国的规制改革实践基础上,指出我国行政审批制度改革缺乏法律依据,行政审批制度改革的深化,不是行政许可法所能够完全解决的,还有待于我国政府规制改革的全面展开。④

至 2003 年《行政许可法》颁布后,多篇论文通过翔实的调研资料,解析立法确认的改革创新制度之实施困境。⑤ 正如参与法律制定的学者所指,该部法律实施以来面临的挑战,实际上既来源于自身若干缺陷,也是实现其立法意图的制度环境不理想所致。《行政许可法》的"失效"恰恰折射出我国转型期整个治道的变革,应当引起反思的是我们的变法模式、体制改革与法律变革之间的关系、行政改革推进体制以及监管体制的完善等问题。⑥

---

① 张兴祥:《行政审批改革思路剖析》,《国家行政学院学报》2001 年第 1 期。
② 袁曙宏、杨伟东:《论建立市场取向的行政许可制度》,《中国法学》2002 年第 5 期。
③ 崔勇:《论 WTO 法境下的行政审批制度改革》,《行政法学研究》2002 年第 1 期。
④ 杜钢建:《中国政府规制改革的方式和途径》,《江海学刊》2002 年第 1 期。
⑤ 邓峰:《〈行政许可法〉的成本与局限性》,见吴敬琏、江平主编《洪范评论》第 2 卷第 2 辑,中国政法大学出版社 2005 年版;陈耿:《〈行政许可法〉实施在我国西部基层地区的实际影响研究——以四川省南河县为考察对象》,见吴敬琏、江平主编《洪范评论》第 2 卷第 2 辑,中国政法大学出版社 2005 年版;安子明:《行政许可法定程序在实施中面临的困境》,《广西政法管理干部学院学报》2009 年第 1 期;韩伟:《鄂尔多斯市政务中心行政许可机关实施〈行政许可法〉的调研报告》,内蒙古大学 2009 届硕士学位论文;潘海丽:《县级行政机关行政许可实践问题研究——以浙江省安吉县为研究对象》,华东政法大学 2010 届硕士学位论文。
⑥ 周汉华:《〈行政许可法〉:困境与出路》,见吴敬琏、江平主编《洪范评论》第 2 卷第 2 辑,中国政法大学出版社 2005 年版;《行政许可法:观念创新与实践挑战》,《法学研究》2005 年第 2 期;周汉华、沈岿:《对"〈行政许可法〉的成本与局限性"一文的评议》,见吴敬琏、江平主编《洪范评论》第 2 卷第 2 辑,中国政法大学出版社 2005 年版。

学界还引入政府监管理论，将行政许可置于更为广阔的制度背景下，进行分析和对策研究。较典型的研究成果有论文集《行政许可与政府管制》，该书作为"公法与政府管制丛书"之一，由2005年11月广州"政府管制与行政许可"研讨会论文筛选集结而成。该书中的论文将政府监管与行政许可相结合进行研究，不仅探讨行政许可基本理论、立法与实施中的若干问题，而且以实证分析的研究方法，对特定领域行政许可折射出的政府监管边界、监管机制和监管方式改革等问题，展开深入思考。①

二 行政许可的基本概念

（一）行政许可的含义与功能之辨析

关于行政许可的含义，早已形成几种主要观点，即赋权说、解禁说或恢复自由说、折中说、验证说。也有学者提出多重性质说，认为行政许可的性质具有多重性，是核准行为、羁束行为、授益行为。② 有学者不赞同解禁说，认为该说具有片面性，提出行政许可的性质在于对符合条件者的不作为义务的解除，③ 但这仍然是种解禁说，只不过是分析认识的路径不同。行政许可的功能，学者更多地从政府监管角度作出解释，认为行政许可属于政府微观监管职能的范畴，④ 是政府运用公权力对个人自由和社会经济活动预防性事前控制的机制，主要目的在于预防个人自由对公共利益和社会秩序可能造成的侵害，适度介入市场合理配置资源。⑤

有学者指出，上述不同性质界定主要从权利保障的角度展开，还需要运用分析实证法学展开概念的规范论证，剖析行政许可过程中各类法律关系的生成和演化，在法律的逻辑形式层面上，阐明公权力作用下个人自

---

① 刘恒主编：《行政许可与政府管制》，北京大学出版社2007年版。
② 杨解君：《行政许可的概念和性质略谈——与郭道晖先生共同探讨》，《南京大学学报》2000年第3期。
③ 江必新：《论行政许可的性质》，《行政法学研究》2004年第2期。
④ 周汉华：《行政许可法：观念创新与实践挑战》，《法学研究》2005年第2期。
⑤ 张兴祥：《中国行政许可法的理论与实务》，北京大学出版社2003年版，第19页；章剑生：《行政许可的内涵及其展开》，《浙江学刊》2004年第3期；崔卓兰、吕艳辉：《行政许可的学理分析》，《吉林大学社会科学学报》2004年第1期；朱新力、余军：《行政许可概念的逻辑结构》，见刘恒主编《行政许可与政府管制》，北京大学出版社2007年版，第1—8页。

由、权利的变化和范围。有学者将行政许可分为前后两个逻辑结构,注意到两次公权力的作用是其中核心环节,恰恰说明行政许可这种预防性事前管制手段的典型特征。许可不仅意味着禁止的解除(私权利的恢复),更为重要的是,在公法的层面上,许可还意味着创设了行政相对人针对政府的公法上的权利,这为经验层面上设置各种保障行政相对人权利的制度,提供了逻辑上的支持。行政许可这种管制方式有可能对个人、社会的自由和权利构成更大的制约或威胁。① 有学者认为,行政许可就是通过行政程序创设个人自由或财产性权利的构成性事实。行政许可权的合理性及正当限度,即在于个人自由与公共利益的平衡。公共利益概念存在不确定性和"羊皮化"倾向,而对治理的实质理性的追求是不可靠的,应该注重程序制度的建设和程序权利的维护。②

法学界对行政许可性质的分析和争论,使宪制理念和人权精神有效作用于行政许可制度的确立和运作,使行政许可立法更为开明、宽容。③ 有学者评论,行政许可立法的最大贡献就在于从各个方面赋予行政许可以财产权的属性,使被许可人从实体上得到了最为有效的保障,行政许可权利观的革命性变革将深刻影响政府与公众的关系。④

(二)行政许可与行政审批

1. 二者之间的关系界定

总体来看,行政许可与行政审批是两个不能完全等同的概念。二者之间的关系复杂且极具争议,在20世纪90年代全国范围内的行政审批制度改革开始后,才开始为理论界及实务部门所关注。⑤ 行政许可立法是与行政审批制度改革互为表里的过程,《行政许可法》颁布前,行政许可概念停留在范围很小的行政法学界,而在行政管理上广泛使用行政审批。⑥ 即

---

① 朱新力、余军:《行政许可概念的逻辑结构》,见刘恒主编《行政许可与政府管制》,北京大学出版社2007年版,第1—8页。
② 陈端洪:《行政许可与个人自由》,《法学研究》2004年第5期。
③ 肖金明:《行政许可制度的反思和改革》,《中国行政管理》2001年第6期。
④ 周汉华:《行政许可法:观念创新与实践挑战》,《法学研究》2005年第2期。
⑤ 王克稳:《我国行政审批与行政许可关系的重新梳理与规范》,《中国法学》2007年第4期。
⑥ 周汉华:《行政许可法:观念创新与实践挑战》,《法学研究》2005年第2期。

使概念互用，也基本保持以行政许可统一、并消行政审批的倾向。① 但是《行政许可法》颁布实施后，并没有达到消除二者概念与适用范围模糊不清的效果。有学者对行政许可与行政审批之间的关系进行了重新梳理以明确《行政许可法》的调整范围，并规范和约束所谓非行政许可审批行为。②

关于行政许可与行政审批之间的关系，基本上被归纳为以下几种：（1）并列关系，即行政审批与行政许可各自对应着政府内部和外部行为，没有交叉。如有学者认为，不少法律、法规中使用的批准、审批的实质就是行政许可，建议立法上应当对许可与审批的概念严格加以区分，凡行政机关对外实施许可的行政行为一律使用许可一词，凡行政机关内部程序的许可行为可称为批准或审批。③（2）包容关系，即行政许可属于行政审批的一部分或反之。（3）交叉关系。认为行政审批，是指政府行政系统在特定当事人的请求下，对法律禁止的状态或法律不予许可的状态，赋予其是否在广延范围内取得权利或利益的行政行为；在行政许可中也有行政审批行为，但这种审批基本上是对具体权利的审批，是附着于个人对某种单一事项提出请求的审批，而行政审批中的权益是存在于广延领域内的事项，其涉及的权利内容和影响的强度都要大得多。④（4）行政审批仅为行政行为中的一个环节（审查、批准），既用于外部行为，也可用于内部行为，并且只指行政机关作出的特定行为；而行政许可只用于指代行政机关对外作出的具体行政行为。⑤（5）等同关系，认为行政审批就是行政许可。⑥

对于行政许可与行政审批二者的关系，虽然在《行政许可法》起草

---

① 肖金明：《行政许可制度的反思和改革》，《中国行政管理》2001年第6期；袁曙宏、杨伟东：《论建立市场取向的行政许可制度》，《中国法学》2002年第5期。

② 王克稳：《我国行政审批与行政许可关系的重新梳理与规范》，《中国法学》2007年第4期；冯威、朱恒顺：《认真对待"非行政许可审批"》，《政法论丛》2009年第1期。

③ 熊文钊：《现代行政法原理》，法律出版社2000年版，第301—302页。

④ 关保英：《行政审批的行政法制约》，《法学研究》2002年第6期。

⑤ 张兴祥：《中国行政许可法的理论与实务》，北京大学出版社2003年版，第19页。

⑥ 杨景宇：2002年8月23日在第九届全国人民代表大会常务委员会第二十九次会议上所作"关于《中华人民共和国行政许可法》（草案）的说明"。

时明确为等同关系，但是最终法律文本所界定的内涵与外延与之前国务院有关行政审批的规范性文件并不一致。有学者就认为，《行政许可法》最终采纳了同一概念说，只不过界定时比较严格，① 也有观点认为，立法规定的行政许可含义存在相互矛盾的问题，使得行政许可与行政审批界限不清、相互混淆，实施中难以区分，② 立法上将整个行政审批行为一分为二：行政许可和非行政许可的其他审批。③ 在实际执行中，确实出现许多行政审批以非行政许可审批的名义从行政许可中分离，导致《行政许可法》的调整范围不断被限缩。

2. 非行政许可审批术语的产生与规范

有学者追根溯源非行政许可审批这一用语，认为从最早使用该词汇的有关负责人谈话以及国务院办公厅对非行政许可审批的解释看，其所指非行政许可审批意为内部行政审批，与《行政许可法》第3条第（二）款规定的非许可审批并不相同。有学者指出，立法本身对行政许可的分类具有不确定性，曾经出现在立法草案中的分类方法与行政审批制度改革中通行的方法难以对接，相互脱节，为行政机关借概念游戏规避立法提供了空间。④《行政许可法》的制定颁布是政府削减行政审批的体制改革阶段性成果，而立法的刚性规则成就了非行政许可审批的发展。非行政许可审批并不是一个正式的和被理论界认可的法律术语，范畴不确定、程序不规范、责任不明确等问题，在一定程度上消蚀《行政许可法》的制度力量，甚至成为行政许可制度的掣肘性因素。⑤ 有学者指出，行政审批制度改革的不彻底性，加剧了行政审批与行政许可的分离倾向。应从形式与本质特征两个方面，识别行政许可行为。同时，为有效规范和约束不同性质的行

---

① 王克稳：《我国行政审批与行政许可关系的重新梳理与规范》，《中国法学》2007年第4期。

② 吴先国：《试论行政许可与行政审批的对接》，《国家行政学院学报》2008年第4期。

③ 朱鸿伟、杜娅萍：《非行政许可审批的合理性》，《暨南学报》（哲学社会科学版）2011年第1期。

④ 周汉华：《行政许可法：观念创新与实践挑战》，《法学研究》2005年第2期。

⑤ 冯威、朱恒顺：《认真对待"非行政许可审批"》，《政法论丛》2009年第1期。

政审批行为，该学者提出了四项建议：规范及统一对《行政许可法》的解释；建立一个综合性的法律实施保障机构；对非许可的其他审批行为进行明确的界定，完善程序立法加强对审批行为的规范；规范行政审批行为的设定，从立法上明确各该审批行为的性质。①

（三）行政特许

行政特许作为行政许可的一种类型曾经在立法草案中单独列出，但是出于各种考虑，特许并没有成为一个专门用语出现在最终的法律文本里，而《行政许可法》第12条第2款有关规定通常被认为指的就是特许。特许作为政府监管工具之一得到越来越多的应用，也陷入多重合法性危机。学界对此作出理论回应时，在进一步区别特许与普通许可的基础上，整合多学科理论，对行政许可的财产权属性与权益保护，行政特许的事项范围与特许方式及其异化，特许经营之政府监管等问题进行探讨，体现了当代行政法学研究视角与方法的即时转变。

例如，有学者就市政特许经营权属于准物权性质，作了充分的论证。② 有学者在考察行政特许中的财产权处置个案时，结合私法理论，认为加油站项目经营与市政特许经营并无本质的区别，具有准物权的特征，所利用的公共资源可纳入行政公产范畴，采取民事执行措施时，应与土地使用权等作为合成物权，遵循公私法共同确立的处置原则。③ 有学者以取水许可为例，通过比较行政特许与一般许可，指出行政特许的目的是以牺牲部分公共利益或对公共利益构成一定威胁为代价，促进私人利益的实现。认为基于行政特许获得的权利，在个案中被物权化的程度并不一致，行政许可机关应综合考虑各种因素来明确个案中权利的物权化程度。通过缴纳特许费而获得的行政特许，具有财产价值，具有可转让性。被许可人将承担特殊义务、受到更为严格的后续监督。④

---

① 王克稳：《我国行政审批与行政许可关系的重新梳理与规范》，《中国法学》2007年第4期。

② 李显冬：《市政特许经营中的双重法律关系》，《国家行政学院学报》2004年第4期。

③ 方洁：《行政许可中的财产权处置——加油站拍卖案所折射的法理缺憾》，《财产权与行政法保护——中国法学会行政法学研究会2007年年会论文集》。

④ 肖泽晟：《论行政特许中的信赖利益保护——以取水许可为例》，《山东大学法律评论》（第五辑），山东大学出版社2008年版。

行政特许在实践中不断扩张，适用领域和方式出现背离该制度目的的倾向，缺乏对特许机制本身的规制以及特许实施的持续监管，学界针对上述问题加强了特定领域具体制度的对策研究，有助于正确认识和处理市场竞争与政府监管之间的关系。有学者对立法规定的特许范围与方式表示疑虑，认为行政许可立法要求所有特许都要进行市场化方式配置，特许权只能通过市场化一种方式进行配置，在特许范围与配置方式的处理上过于简单。国际管制理论研究与国内外实践案例已经表明，盲目市场化配置反而造成负面效应，而且特许范围模糊，使可充分竞争的行业纳入特许，人为制造新垄断，政府借特许之名行收费之实，将其基本职能市场化，背离立法初衷。[1] 有学者针对行政许可中拍卖方式的引入，指出仅以金钱多寡为许可标准来决定是否核发自然资源开发利用许可，其决定的正当性是令人怀疑的。[2] 实施特许时，必须始终贯彻利益平衡的理念，而简单照搬私法中的拍卖程序，不利于公平原则的实现。[3] 有学者提出，应当矫正特许的功能认知，强调行政特许的主要功能是内化市场配置资源时产生的负外部性，从而在特许范围界定上，确立公益性判断和外部性的危害程度两个标准，在职能上明确政府作为特许的公共管理者与资源的所有者之角色区分，在制度安排上，将市场准入把关的事前控制、事中监督、事后处置三者联结起来，形成一个完整的内化负外部性的过程。[4]

有学者针对特许出现异化、政府管制失灵的现象，指出政府在某些领域选择特许作为监管工具欠缺正当性。如有学者指出，地方政府拍卖机动车号牌问题，混淆了普通许可与特许之间的界限，将许可演变成为政府角逐经济利益的手段和工具。[5] 在分析出租车行业诸多问题时，有学者认为，

---

[1] 周汉华：《行政许可法：观念创新与实践挑战》，《法学研究》2005年第2期。

[2] 肖泽晟：《自然资源开发利用行政许可的规范与控制——来自美国莫诺湖案的几点启示》，见刘恒主编《行政许可与政府管制》，北京大学出版社2007年版，第153—154页。

[3] 杨海坤、徐晓明：《我国特许权市场化配置有关问题研究》，《江海学刊》2007年第6期。

[4] 康纪田：《论行政特许功能界定的失误及其矫正》，《内蒙古农业大学学报》（社会科学版）2005年第3期。

[5] 王克稳：《上海市拍卖机动车号牌合法性质疑》，《上海政法学院学报（法治论丛）》2011年第6期。

该行业实行的特许经营权制度，不具有数量管制的合法性和合理性，无法消除出租车行业的负外部性，反而导致权力寻租和社会福利损失，应当放开数量管制、强化服务和安全标准管制，回归正常竞争，破解出租车行业管理难题。[1] 有学者从网吧业许可管制个案入手，揭示从普通许可向特许制的演化、运作以及利益分配，进而指出从形式和实质上保持法律控制，健全民主协商的规则制定过程和司法审查，对防范许可管制异化十分重要。[2]

对于行政特许机制的研究，由于特许经营作为公私合作治理的有益尝试，已经成为公用事业民营化改革的基本路径，因而汇集相当多的公用事业特许经营制度研究成果，主要体现在以下四个方向：特许经营协议之性质辨析，特许经营之风险防范、纠纷救济、后续政府规制。[3] 研究行业涉及水务、公交、垃圾处理等领域。[4]

有学者指出，特许往往借助特许契约而实现，是契约型安排在行政法中兴起的缩影，公法的价值与规范逐渐运用于契约关系的治理之中，很多问题以合同为中心而展开。[5] 特许经营协议作为行政特许经营制度的核心，从协议主体的特定性和协议目的的公益性上，可以将其认定为行政合同，[6] 也有学者认为，特许协议兼具公私法性质，是行政管理法律关系与平等民事法律关系的融合。[7]

---

[1] 章亮亮：《对出租车行业特许模式的经济学和行政法学分析》，《上海经济研究》2012年第2期。

[2] 赵鹏：《行政许可的演化与异化——以网吧行业为个案的分析》，《北京行政学院学报》2007年第4期。

[3] 参见章志远、安丽娜《公用事业特许经营研究述评与展望》，《贵州警官职业学院学报》2011年第1期。

[4] 参见宋华琳《公用事业特许与政府规制——立足于中国水务民营化实践的初步观察》，见刘恒主编《行政许可与政府管制》，北京大学出版社2007年版，第256—270页；章志远《民营化、规制改革与新行政法的兴起——从公交民营化的受挫切入》，《中国法学》2009年第2期；邓丽华《生活垃圾处理特许经营制度研究》，中国政法大学2011届硕士学位论文。

[5] 胡敏洁：《特许、行政法与规制工具》，《国家行政学院学报》2006年第5期。

[6] 邢鸿飞：《政府特许经营协议的行政性》，《中国法学》2004年第6期；王克稳：《论行政特许及其与普通许可的区别》，《南京社会科学》2011年第9期。

[7] 李显冬：《市政特许经营中的双重法律关系》，《国家行政学院学报》2004年第4期。

对当前公用事业特许经营及其监管进行的研究,主要从特许经营面临的问题入手,分析特许缔约过程,研讨特许规制体制的构建,初步形成了比较系统的研究成果。如有学者认为,我国公用事业特许经营面临深刻的合法性危机,具体体现为法律依据的低位阶,风险意识的双重匮乏,而公众利益的极度虚置表现为缺乏最起码的知情权、参与权和监督权。[1] 有学者在考察水务民营化实践的过程中,将水务项目风险概括为运营风险、市场风险、金融风险及政策风险,并提出政府在后民营化时代应及时转变角色,担当起规制保障责任,政府规制体制应当包括价格与质量规制,普遍服务义务,公众参与和知情权保障的要求。[2] 有学者指出,建立行之有效的政府监管体系,应包括确定增进公众利益与促进有效竞争并举的规制目标,统一设置规制机构,审慎选择规制手段。在经济性规制中,应当突出市场准入和退出、价格规制;在社会性规制中,应当突出质量规制、安全规制和环境规制。这些学者在其后对上述论点分别作出进一步阐述,陆续发表一系列相关论文,对特许与政府监管的理论与实践,从行政法视角给予现实的解读。[3]

---

[1] 章志远:《公用事业特许经营及其政府管制研究》,见刘恒主编《行政许可与政府管制》,北京大学出版社2007年版,第233—255页。

[2] 宋华琳:《公用事业特许与政府规制——立足于中国水务民营化实践的初步观察》,见刘恒主编《行政许可与政府管制》,北京大学出版社2007年版,第256—270页。

[3] 参见章志远、黄娟《公用事业特许经营绩效评估法律制度研究》,《甘肃行政学院学报》2011年第1期;《公用事业特许经营市场准入法律制度研究》,《法治研究》2011年第3期;《公用事业特许经营市场退出法律制度研究》,《学习论坛》2011年第6期;章志远、李明超《公用事业特许经营立法问题研究——以若干地方性法规为分析样本》,《江苏行政学院学报》2009年第6期;《公用事业特许经营中的临时接管制度研究——从"首例政府临时接管特许经营权案"切入》,《行政法学研究》2010年第1期;《公用事业特许经营中的公众参与监管制度研究》,《河南司法警官职业学院学报》2010年第2期;《我国公用事业特许经营的法律困境及其消解》,《河北科技大学学报》(社会科学版)2011年第2期;章志远、安丽娜《我国公用事业特许经营政府监管机构研究——以市政公用事业局的功能变迁为中心》,《河南司法警官职业学院学报》2011年第3期;章志远、朱志杰《我国公用事业特许经营制度运作之评估与展望——基于40起典型事例的考察》,《行政法学研究》2011年第2期。

三 行政许可的设定范围与评价机制

行政许可设定范围的实质是行政权力的边界问题,意味着在多大程度上行政权力可以干预公民的私人权利,行政许可立法对此定位为先市场、后社会、再政府,规定了五类许可事项、设定许可应遵循的必要性原则和许可评价制度。学者对于这部分问题的研究方法呈现多样化形态,不仅采用传统的规范分析方法,指出相关法条欠缺可实施性,提出盘活行政许可评价机制的建议,① 而且运用个案剖析、实证样本分析、法经济学等方法,对行政许可设定与评价反映出的政府监管界限的选择变化以及微观制度构建等问题,加以精细的描述,提供生动和可靠的论证结论。如有学者以手机牌照案为例,揭示在放松管制背景下,特定领域行政许可立法被虚置、许可制度中的利益格局以及规制机构的制度形成与变革等问题。② 有学者以地方行政许可设定事项为样本,比照立法规定进行分析,指出限定与监督政府权力仍然需要付出多种努力。③ 有学者则从药店距离限制事件入手,指出对营业自由这项基本权利设定许可,应当分别根据法律保留原则和比例原则,对限制营业自由的形式与实质正当性进行审查。④ 有学者从法经济学角度,来解析所谓"市场机制、行业自律、事后监管等其他措施"能解决和不能解决的问题,论述行政许可相对市场自我救济、私法救济、信息监管和事后标准四种措施的优势与不足,依此提出相关立法规定存在设定理由不足或模棱两可的问题。⑤ 有学者以美国制度为例,详细说明了成本效益分析方法的起源、内涵与制度运行机制,认为我国行政许可评价制度过于粗陋、准备不足,需要处理好分析机制的组织化与程序

---

① 李诗林:《论行政许可设定范围的合理界定——对〈行政许可法〉第13条的批判性思考》,《行政法学研究》2008年第3期。
② 胡敏洁:《规制改革中的行政许可发展:以案例为中心的论述》,见刘恒主编《行政许可与政府管制》,北京大学出版社2007年版,第89—101页。
③ 蒋朝阳:《政府规制界限的实证分析》,见刘恒主编《行政许可与政府管制》,北京大学出版社2007年版,第174—219页。
④ 宋华琳:《营业自由及其限制——以药店距离限制事件为楔子》,《华东政法大学学报》2008年第2期。
⑤ 张卿:《论行政许可的优化使用——从法经济学角度进行分析》,《行政法学研究》2008年第4期。

化、分析和评价标准的技术化以及分析报告的格式化等三方面工作。①

四 行政许可实施中的听证程序

在《行政处罚法》和《价格法》相继确立行政听证制度之后,行政许可立法对听证程序作出了相对完善的规定,特别将"必须根据听证笔录作出决定"(即所谓案卷排他性原则)的审判型听证引入行政许可实施过程,对规范行政许可听证程序、促进行政程序法治的发展具有重要意义。学者考察了行政许可听证制度的规定与实践状况,从许可听证制度适用范围、主持人与参加人、具体过程和步骤、证据规则、听证笔录效力等方面,进行探讨和制度建构,提升了行政程序的理论认知,为行政程序立法提供更为坚实的基础。②

对于行政许可听证具体运行中的程序安排,有学者参与考察了多个环境行政许可听证的过程,就听证程序从启动至结案,专家主持人遴选、利害关系人代表选择机制、书面证言规则以及听证坐席布局等环节,逐项作出细致的学理分析和建议,同时也指出,应当根据不同事项选取适合的许可听证程序。③

五 行政许可的裁量基准与审查深度

行政许可的裁量基准与审查深度都与行政许可裁量权的规制有关联。

---

① 于立深:《成本效益分析方法在行政法上的运用——以〈行政许可法〉第20、21条为例》,《公法研究》(第四卷),中国政法大学2005年版,第106—121页。

② 叶必丰、贾秀彦:《从行政许可法看行政听证笔录的法律效力》,《法学评论》2005年第3期;张兴祥:《〈行政许可法〉有关听证规定之反思》,《上海政法学院学报(法治论丛)》2006年第3期。

③ 竺效:《环境行政许可听证书面证言规则的构建——由圆明园湖底防渗工程环境影响评价公众听证会引发的思考》,《中州学刊》2005年第4期;《环境保护行政许可听证制度初探》,《甘肃社会科学》2005年第5期;《环境行政许可听证专家主持人制度初探——兼议〈环境保护行政许可听证暂行办法〉第8条的完善》,《法学评论》2005年第5期;《论环境行政许可听证利害关系人代表的选择机制》,《法商研究》2005年第5期;《专项规划环境影响报告书审查听证制度的实践与完善——以大连西部通道环评审查听证案为例》,《法学杂志》2005年第5期;《全国首例环境行政许可听证案若干程序问题评析》,《法学》2005年第7期;《环境行政许可听证庭座席布局的法理探究——以"北京西上六电磁辐射听证案"和"圆明园环评听证案"为例》,《法律适用》2005年第8期。

学界对裁量基准的研究领域，正在从行政处罚扩展到行政许可这一类授益行政行为，主要涉及裁量基准制定主体、具体化程度以及变更等问题，探讨还有待于深化。有学者使用行政许可标准这一术语，指代行政机关在行政许可实施过程中制定并公布的裁量基准。同时，将许可标准与许可条件加以区分。从行政裁量自我拘束机制成文法化的发展方向看，需要明确和完善我国行政许可标准的程序制度，包括制定行政许可标准的必要性、主体，以及许可标准的形式、具体程度等。① 有学者选取国内航线经营许可审查基准为研究对象，指出行政机关应以行政许可实践为基础来制定审查基准，应尽可能使许可基准趋于具体化，可以根据社会发展的状况，对许可基准内容进行适当的变更。在特定情况下，应允许许可机关偏离审查基准对个案进行考量。②

行政许可的审查深度，就是行政机关对行政相对人申请行政许可的审查深度，即大家熟悉的行政许可的形式审查与实质审查。③ 这个问题通常被称为行政许可的审查标准，但是准确地讲，所谓许可时的形式与实质审查，体现的是行政权对公民权的干预程度以及相应的责任承担，在功能上有别于前述许可标准或裁量基准，并不是为了避免同案异判或提高许可实施过程的公开性、透明度、增强许可实施的可接受性，④ 因此使用审查深度这一术语是比较恰当的，澄清了相关问题的本质，有助于形成合理的对策方案。学者认为，从深度上讲，行政机关对行政许可的申请要把握好实质审查的适度性，既避免过度的政府干预超越行政权与公民权之间的天然界限，又有效发挥行政机关的屏障与过滤职能。⑤ 同样有学者在对工商企业许可登记审查进行考察后，得出类似结论，认为基于行政效率与公正的

---

① 王太高:《行政许可条件研究》，《行政法学研究》2007年第2期；《论行政许可标准》，《南京大学学报》（哲学、人文科学、社会科学）2008年第6期。

② 宋华琳:《行政许可审查基准理论初探——以国内航线经营许可领域为例证》，《浙江学刊》2010年第5期。

③ 胡建淼、汪成红:《论行政机关对行政许可申请的审查深度》，《浙江大学学报》2008年第6期。

④ 王太高:《论行政许可标准》，《南京大学学报》（哲学、人文科学、社会科学）2008年第6期。

⑤ 胡建淼、汪成红:《论行政机关对行政许可申请的审查深度》，《浙江大学学报》2008年第6期。

双重考虑以及中国当下的具体国情,在行政许可审查中,应根据个案性质来确定适用形式或实质审查。①

六　行政许可的信赖保护

学界在对立法规范和实践状况作出逐层剖析的基础上,使信赖保护规则的本土化运行机制得以逐步明晰。信赖保护原则通过《行政许可法》第 8 条与第 69 条确定的行政许可撤回和撤销制度,在立法中首次确立。学界讨论信赖保护时,基本上将其与英国和欧盟法上的合法预期作为同一范畴来论证适用。②

有学者根据行政许可机关与相对人之间权利义务关系的产生、变更和消灭过程,全面阐释如何构建和应用合法预期保护规则。论述时以值得保护的合法预期为前提并以之为核心,列举不予行政许可决定、撤回或废止行政许可、行政许可政策的变更、撤销行政许可以及不予答复等五类情形,细致分析不同情形下在合法预期内容(信赖利益和预期利益)、三种保护方式即程序性保护、实体保护(含存续保护和过渡保护)和补偿(赔偿)性保护等方面存在的程度差异。③ 有学者亦认为,三种实体保护方式存在适用顺序的差别,存续保护是原则,补偿(赔偿)保护是例外,起决定性作用的因素是公益与私益的衡量结果。而立法中撤回与撤销程序的规定空白,将导致实体性规定流于形式,不能真正起到规制行政许可撤销(撤回)权的作用,对信赖保护原则抱有的较高期望落空。④ 有学者对政府撤回某开发项目纠纷案例的考察结果,印证了对相关立法的得失探讨,认为比照英国、欧共体的合法预期,虽然我国实体性保护规定更为务

---

① 章剑生:《行政许可审查标准:形式抑或实质——以工商企业登记为例》,《法商研究》2009 年第 1 期。

② 陈海萍:《论我国行政法上合法预期的保护——以行政许可行为为对象的分析》,《公法研究》(第六辑),浙江大学出版社 2008 年版,第 195—220 页;余凌云:《对〈行政许可法〉第 8 条的批判性思考——以九江市丽景湾项目纠纷案为素材》,《清华法学》2007 年第 4 期。

③ 陈海萍:《论我国行政法上合法预期的保护——以行政许可行为为对象的分析》,《公法研究》(第六辑),浙江大学出版社 2008 年版,第 195—220 页。

④ 王太高:《行政许可撤回、撤销与信赖保护》,《金陵法律评论》2008 年秋季卷。

实客观,但是程序性保护缺失,补偿性保护过于抽象。① 有学者对从行政许可的财产权性质着手,借鉴《国家赔偿法》和征收补偿实践的经验教训,对补偿范围、补偿标准、补偿的计算方法等,进行了行政许可撤回补偿体系的整体研究。②

七 相对集中行政许可

相对集中行政许可权制度是在全面推进相对集中行政处罚及综合行政执法之后,行政许可立法确立的一项行政审批制度改革措施。实践中行政服务中心成为相对集中行政许可权制度的主要运行载体,面临组织法上的定位困境和许可法上的职能困境。③ 在理论上正确认识相对集中行政许可的本质及其与政府机构改革、职能改革的关系,可以为解决行政服务中心困境提供思路与方向。有学者指出,相对集中行政许可应理解为原相近或相关部门之间、行政许可项目之间的合并、集中,必须与行政管理体制机构的改革同步并进,大部制改革促进行政许可权集中,是实现集中行政许可的重要方式。因而,行政服务中心应是一个过程性的促进力,而不是行使实体性许可权,应建立协调型服务中心模式,法律上定位为政府派出机构,代表政府统筹管理公共服务事项,协助政府掌控行政许可事务,进而为机构改革打下基础。相对集中行政许可权仅仅是一个阶段性行动方案,机构改革完成后,应当依职权法定原则,将行政许可权直接授予实施机关。④

---

① 余凌云:《对〈行政许可法〉第8条的批判性思考——以九江市丽景湾项目纠纷案为素材》,《清华法学》2007年第4期。
② 李诗林:《基于财产权的行政许可撤回之补偿》,厦门大学2009届硕士学位论文。
③ 方洁:《相对集中行政许可权理论与实践的困境与破解——以行政服务中心"一站式服务"为视角》,《政治与法律》2008年第9期。
④ 参见方洁《相对集中行政许可权理论与实践的困境与破解——以行政服务中心"一站式服务"为视角》,《政治与法律》2008年第9期;徐继敏《相对集中行政许可权的价值与路径分析》,《清华法学》2011年第2期。

第三节　行政规划

一　研究概况

行政规划作为我国大陆地区行政法学研究的新兴领域，与行政法其他领域的研究相比，无论从研究质量还是数量来看，存在非常大的差距。行政规划在现代行政中的角色愈来愈重要，行政法学界对此的研究从2000年才开始起步，理论研究与具体实践之间处于严重失衡的状态。[1]

行政规划法制化的迫切感来自多层面，20世纪末宪法确立建设法治国家的方略和21世纪初中央提出建设法治政府的目标自然是重要因素。[2]现实中，规划行政权与私权之间的冲突演变成为亟待解决的重大社会问题，与行政计划有关的一系列法律控制问题，如在方法上应倾向于实体控制还是程序控制，如何在我国现实基础上推动计划程序的法制化，是否应将计划程序纳入统一的行政程序法典等，已成为行政法学研究的迫切任务。[3]同时，中国从计划经济转为市场经济的过程中，在表层意义上完成了去"计划"化的任务，然而，中国依然是计划国家，而且世界诸国已经普遍地进入了计划国家阶段。因此，在确认政府在行政计划中的主导地位基础上，如何贯彻科学、民主、法治的理念，架构各种利益均能得到充分表达和具体实现的计划确定机制，是包括行政法学在内的功能法学研究的重要课题。[4][5]

行政法学界对于行政规划的理论研究，从论文、专著和承担的国家课题来看，基本上自2000年之后才开始出现，数量非常有限。仅以在中国

---

[1] 应松年：《政府职能的演变与行政规划》，《郑州大学学报》（哲学社会科学版）2006年第1期。

[2] 姜明安：《行政规划的法制化路径》，《郑州大学学报》（哲学社会科学版）2006年第1期。

[3] 骆梅英：《行政计划的法律控制研究》，《重庆大学学报》（社会科学版）2005年第2期。

[4] 杨建顺：《计划行政的本质特征与政府职能定位》，《中国人民大学学报》2007年第3期。

[5] 关于行政规划与行政计划的混同使用问题，具体参见本节第一部分"基本范畴研究"。

知网学术文献总库篇名检索为例，分别使用行政规划、行政计划为篇名检索，整理筛选相关行政法专业论文，至 2012 年 6 月共计约 180 余篇，其中硕士论文 40 余篇。最早可检索到的论文为两篇，发表于 1999 年，多数论文发表于 2005 年之后。鉴于城市规划是行政规划中关注度高、立法相对成熟的领域，以城市规划为篇名检索硕士和博士论文，整理筛选相关专业后，硕士论文约为 20 余篇。博士论文 4 篇，分别在 2008—2011 年间完成，其中三篇出自上海交通大学，[①] 一篇出自吉林大学。[②] 另有可查找到的最早一篇行政规划专题博士论文，完成于 2004 年。[③]

有一些综合性行政法著作和程序法专著中，开始设专门章节探讨行政规划问题。[④] 迄今有关行政规划的研究性专著有三部。[⑤] 其中《行政规划的法治化——理念与制度》是作者承担的 2005 年国家社科基金项目"行政规划法律制度研究"的成果。作为首部出版的从行政法角度研究行政规划的专著，作者就行政规划基本理论及其法律控制进行了探讨，试图对行政规划法治化作出阐释和回应。另两部专著《行政规划及其法律控制研究》以及《行政规划法治化研究》，分别由作者以博士论文为基础整理出版。两位作者均长期关注研究行政规划，其论著结合我国行政规划制度沿革和实践现状，介绍分析域外法律制度和理论，从行政规划的思想基础、法理基础，行政规划程序、规范原则、规划裁量、私益保护、司法救济等方面，对行政规划法治化问题进行了比较深入的探讨，就行政规划法律性质、程序控制、司法救济等，提出的观点突破了传统认知，为相关制

[①] 李泠烨：《城市规划法的产生及其机制研究——以德国和美国为中心的标志性考察》，上海交通大学 2011 届博士学位论文；陈越峰：《城市规划权的法律控制——基于实然视角的考察》，上海交通大学 2010 届博士学位论文；陈振宇：《城市规划中的公众参与程序研究》，上海交通大学 2009 届博士学位论文。

[②] 梁国启：《我国城市规划法律制度研究——立足于私权保护和公权制约的视角》，吉林大学 2008 届博士学位论文。

[③] 李凌波：《行政规划研究——原理探究与实证分析》，北京大学 2004 届博士学位论文。

[④] 基本统计资料可参见宋雅芳等《行政规划的法治化——理念与制度》，法律出版社 2009 年版，第 28 页。

[⑤] 宋雅芳等：《行政规划的法治化——理念与制度》，法律出版社 2009 年版；郭庆珠：《行政规划及其法律控制研究》，中国社会科学出版社 2009 年版；王青斌：《行政规划法治化研究》，人民出版社 2010 年版。

度完善提供了理论基础。另外，关于城市规划方面出版了一部《城市规划行政法》，该书对于如何提升已经制定完成的规划的拘束效力、现有城市规划法与土地管理法等相关法规之间的衔接与冲突、如何以法律制度的完善来确保规划编制的科学性，以及规划实施中的行政许可制度、规划的保障和实现、城市规划救济制度等问题进行了探讨。①

自 2003 年开始，陆续有学者承担国家或部委相关课题研究，如国家社科基金项目有杨临宏的 2003 年"行政计划程序立法研究"，宋雅芳的 2005 年"行政规划法律制度研究"，章剑生的 2006 年"行政规划中公众参与的原理与制度研究"。教育部项目有朱芒的 2005 年"行政规划制度研究"，黄学贤的 2009 年"中国农村城镇化进程中的依法规划问题研究"。还有朱新力的 2003 年中国法学会课题"行政计划研究"，莫于川的 2005 年司法部课题"行政规划法律制度研究"，周汉华的 2009 年住房和城乡建设部课题"城乡规划督察员制度法理基础研究"。

整体来看，有关行政规划的主要研究重心，在于提出一系列问题以强调对行政规划进行法律控制的必要性，研究涉及行政规划基础理论，对行政规划的实体控制、程序控制，行政规划裁量，私益保障，司法救济，执法监督等主题，相关讨论仍有待深入。如行政规划的规制范围及其正当性尚不明确，规划主体的组织法讨论欠缺，程序控制的实证研究薄弱，法律救济研究不够细化，执法监督机理研究明显不足。行政规划裁量的研究数量少，虽然注意到规划裁量因其独特的法律个性与行政裁量有质的差别，但是对于规划裁量的合理性、经济和社会条件等制度运行环境如何影响规划裁量等问题，显然没有引起足够重视。② 另外，从规范层面和实践层面对现有制度进行很好地梳理、分析和归纳，揭示行政规划运行过程中真正问题的专题成果非常有限。

有学者提出，行政规划理论研究滞后存在五个方面的原因，其分析中肯到位。第一，由于行政规划并非必然具有拘束力，在传统行政行为理论

---

① 刘飞主编：《城市规划行政法》，北京大学出版社 2007 年版。
② 参见苏苗罕《计划裁量权的规制体系研究》，《云南大学学报法学版》2008 年第 2 期；孟鸿志《行政规划裁量与法律规制模式的选择》，《法学论坛》2009 年第 5 期；夏雨《行政规划裁量论》，《北方法学》2009 年第 5 期；郭庆珠《论规划裁量及其界限——基于与一般行政裁量相比较的思考》，《法治研究》2010 年第 2 期。

体系中容易处于被边缘化的地位。第二，我国把行政行为划分为具体行政行为和抽象行政行为的分类方法处于绝对主流的地位，而大多数行政规划兼具抽象性和具体性的特征，增大了对其进行类型化研究的难度。第三，绝大多数行政规划不能纳入我国现行行政诉讼的受案范围，使得对行政规划的研究失去重要的制度推力。第四，学科的封闭性造成学术研究互动机制的缺失，一定程度上造成行政法学关于行政规划研究的不足。第五，传统的行政法学方法论不利于对行政规划的研究，很难给予行政规划研究以路径的指导。①

二 行政规划的基本范畴研究

（一）行政规划与行政计划的术语之辨

在我国的行政法理论研究与实践应用中，基本上将行政规划与行政计划作为意义相同的两个术语相互混用。从使用趋势来看，早期多用行政计划，目前则普遍倾向于使用行政规划，行政计划这个表述主要见于译介域外制度的论文中。虽然有学者提出应当仅使用其中一种表述最为合适，②但是理论研究中基本不再纠缠于两种表述孰优孰劣的问题。

至于个中缘由，一是认为两种文字表述不存在行政法意义上的实质差异。二者可被视为一个概念的两种不同表达，可混同使用。从法律角度区分使用既没有必要，也存在实际困难。③ 区分规划与计划属毫无意义的文字游戏，应当摒弃，转而将重点放在"计划化"的事实，引入立法政策学、公共选择理论等方法论，以更好实现计划行政应有的各种功能。④二是从我国计划体制改革的时代背景上，可以更合理地解释术语的变迁。

---

① 莫于川、郭庆珠：《我国行政法学界关于行政规划的理论研究现状分析》，《南都学坛》2007年第1期。

② 李凌波：《行政规划研究——原理探究与实证分析》，北京大学2004届博士学位论文；沈烨、倪妮：《比较视阈下的行政规划与行政计划——基于词源、法律文本的解读》，《四川理工学院学报》（社会科学版）2009年第1期；黄海华：《行政计划理论初探》，苏州大学2003届硕士学位论文。

③ 参见孟鸿志《行政规划》，见应松年主编《当代中国行政法》，中国方正出版社2005年版，第1035页；宋雅芳等《行政规划的法治化——理念与制度》，法律出版社2009年版，第2页。

④ 杨建顺：《计划行政的本质特征与政府职能定位》，《中国人民大学学报》2007年第3期。

在表述上多用规划而不是计划，往往出于对过去计划泛滥的反省，体现革新的决心，没有过多的法律理由存在。① 有学者指出，国内立法与官方用语在2004年之前使用"计划"的比率远大于"规划"，而2005年、2006年后，可能是为了彻底摆脱计划经济时代的阴影，更愿意使用"规划"而不是"计划"，特别是2006年《中共中央关于制定国民经济和社会发展第十一个五年规划的建议》，将延续了50多年的国民经济和社会发展"计划"首次变成"规划"，这也是理论研究中倾向于把行政计划转换为行政规划的原因。② 在中国知网上分别用行政规划和行政计划作为篇名检索行政法专业相关论文，检索结果也基本印证了上述时间段转换的判断，使用行政规划一词的论文主要从2005年起开始批量出现，至2012年6月共计140余篇，使用行政计划一词的论文最早可检索到1999年，至今计约40篇。

（二）行政规划的含义

综观行政规划的学术界定，具有以下特征：其一，注重静态与动态两个维度相结合，关注行政规划的演进过程。如有学者指出，行政计划是一个综合的指标体系或行为体系，不是一个独立的行为。③ 有学者认为，行政规划是指行政主体在其法定职权范围内，为在未来一定时期内实现特定公共利益、达到特定行政目的，就与此有关之方法、步骤或者措施，与行政相对人充分沟通协商而预先进行的安排和部署，对规划所涉及各方当事人均具有法律意义的一种行政行为。④ 该定义不仅从行政主体、职权、目的、法律意义等要素把握行政规划的含义，还加入了行政相对人协商的过程，体现了民主行政、参与行政的现代行政法理念。还有学者进而提出，规划行为的结果相对静态的存在，要接受定期评估，根据客观形势变化而

---

① 郭庆珠：《行政规划及其法律控制研究》，中国社会科学出版社2009年版，第4页。

② 应松年：《政府职能的演变与行政规划》，《郑州大学学报》（哲学社会科学版）2006年第1期；宋雅芳等：《行政规划的法治化——理念与制度》，法律出版社2009年版，第3页。

③ 杨临宏：《关于行政计划的法律思考》，《云南大学学报法学版》2004年第4期。

④ 李凌波：《行政规划研究——原理探究与实证分析》，北京大学2004届博士学位论文。

修正，整体上处于循环过程。① 其二，凸显规划过程中利益衡量的地位与作用，深刻揭示行政规划的本质。如有学者强调，行政计划是指行政主体为了体制的维持及其改良性发展，解决现在及将来的公共问题乃至调整均衡各种利益，在实施公共事业及其他活动之前的事前决定过程，以及该决定过程所产生的结果。②

（三）行政规划的功能

关于行政规划之功能，因研究视角不同，导致相关的观点亦不同。有两功能说，如保证行政的科学合理性、调整和综合功能，或者在此基础上增加为三功能说或四功能说，如增加启发诱导功能或有效利用资源、引导行政主体和相对人行为功能。③ 有学者提出可分为三个层面认识，对于行政主体来说，行政计划具有目标预定性、协调性和自律性功能；对行政相对人而言，行政规划具有获取行政信息、利益诱导的功能；对于行政主体和行政相对人二者而言，行政计划具有指引性功能和合力性功能。④ 有学者则提出，行政规划的四个功能应包括集中事权、利益衡量、社会塑造、民主参政，或者预先筹划、提供依据、集中事权和民众参与。⑤ 有学者总结，各种学说不够简约，甚至因果逻辑颠倒，利益衡量和民主参与是行政规划应当遵循的原则和制度设计，而不是其功能。行政规划的功能可以概括为决策、指导、协调三个功能，后面两点可以从行政权和相对人两个层面解读。⑥

---

① 郭庆珠：《行政规划及其法律控制研究》，中国社会科学出版社2009年版，第34页。

② 杨建顺：《计划行政的本质特征与政府职能定位》，《中国人民大学学报》2007年第3期。

③ 参见姜明安主编《行政法与行政诉讼法》，法律出版社2003年版，第114—115页；高秦伟《行政计划及其法律规制》，《理论探索》2003年第5期；孟鸿志《行政规划》，见应松年主编《当代中国行政法》，中国方正出版社2005年版，第1048—1049页。

④ 杨临宏：《关于行政计划的法律思考》，《云南大学学报法学版》2004年第4期。

⑤ 参见李凌波《行政规划研究——原理探究与实证分析》，北京大学2004届博士学位论文；章剑生《行政规划初论》，《法治研究》2007年第7期。

⑥ 郭庆珠：《行政规划及其法律控制研究》，中国社会科学出版社2009年版，第72—76页。

(四) 行政规划的分类

由于规划目的的多样性以及行政主体所采取方法、手段和措施的多样性，行政规划的形式和内容极其多样化，对规划难于分类和难于全面地认识其范围，正是造成规划研究落后与不景气的原因之一。[1] 总体来看，对于行政规划，有两种代表性的分类方法，一种是精细分类，如将行政规划按照七种或八种标准分别归类。[2] 另一种是简约分类，主要从法律效果的视角观察行政规划。如以是否直接设定或者变更规划所涉及的行政相对人的权利义务为标准，将行政规划划分为拘束性规划与非拘束性规划；或者以法律效果为重心，分别从效力范围、效力的位阶高低和效力强弱角度，将行政规划分为三种类别：内部与外部规划，上位与下位规划，以及咨询性、影响性与强制性规划。持第二种分类观点的学者认为，对行政规划精细分类法多从行政技术角度划分行政规划，过于注重其外在表现形式，对本质揭示不够，应当关注行政规划在法律意义上的效果，这样对法学研究和行政规划的法律规制具有重要现实意义。[3]

(五) 行政规划的性质

明确行政规划法律性质的核心目的，在于确定行政规划本身的拘束力，因为法律性质不明首先带来的就是拘束力不明和规划本身的刚性得不到体现，亦不利于杜绝纷争并保障私人权益。[4] 对规划法律性质的分析，主要基于我国行政法学理论上行政行为的分类并借鉴域外行政法学理论和行政法律制度而进行，从应然的角度展开，即行政规划在理论上和法律中应当被界定为何种性质，对实践中规划事实上的法律性质进行界定的研究比较少。

有学者梳理各类学说后归纳指出，行政法学界对行政规划法律性质的

---

[1] 李凌波：《行政规划研究——原理探究与实证分析》，北京大学2004届博士学位论文。

[2] 参见孟鸿志《行政规划》，见应松年主编《当代中国行政法》，中国方正出版社2005年版，第1043—1044页；宋雅芳等《行政规划的法治化——理念与制度》，法律出版社2009年版，第12—14页。

[3] 李凌波：《行政规划研究——原理探究与实证分析》，北京大学2004届博士学位论文；郭庆珠《行政规划及其法律控制研究》，中国社会科学出版社2009年版，第79—82页。

[4] 刘飞：《城乡规划的法律性质分析》，《国家行政学院学报》2009年第2期。

不同观点，有单一性质说和非单一性质说。单一性质的思路有两种，其一，将行政规划归属为既有传统法律形式之一；其二，将行政规划作为一种特殊而自成一类的法律形式看待。非单一性质说认为，应根据最终法律形态判定其属性，在现有法制体系中找到对应位置。①

对于上述观点，学者评析认为，首先，基于行政规划的特殊性，即行政规划外化形式的多样性以及动态过程的特点，对行政规划行为的具体性质不可能进行单一性的认定，只能区别对待，即根据具体情形，特别是规划的制定机关与规划的具体内容与法律拘束力，予以具体认定。② 有学者分析城乡规划的法律性质时，基本持相似观点，认为城乡规划的法律性质可以是不统一的，决定规划性质的是规划所具有的法律效果。③ 其次，以是否产生特定法律效果为目的，可以将外部行政规划区分为行政法律行为和行政事实行为。该学者通过详细分析比较日本和我国台湾地区相关案例，得出以上基本结论。同时指出，规划的性质由规划的自身内容和因素决定，那种认为只能由"确定规划裁决"的性质决定规划性质的观点并不妥当。并且，将强制性行政规划定性为行政法律行为时，具体以是否需经过民意代表机关批准，划分为具有法律、地方性法规形式的行政行为和一般意义上的行政行为。④ 上述评析既对传统观念即规划本身不以法律效果为目的提出挑战，又不同于简单用最终表现形式来判定行政规划属性的习惯思维，显然更有利于保障规划利害关系人的权益。

三 行政规划的程序控制

行政规划是对于未来的预测和目标的确定，行政规划主体多重、内容繁多、形式多样、裁量广泛，这些特殊因素都决定了对行政规划实体控制

---

① 参见李凌波《行政规划研究——原理探究与实证分析》，北京大学2004届博士学位论文；郭庆珠《行政规划的法律性质研究——与王青斌先生商榷》，《现代法学》2008年第6期。

② 李凌波：《行政规划研究——原理探究与实证分析》，北京大学2004届博士学位论文。

③ 刘飞：《城乡规划的法律性质分析》，《国家行政学院学报》2009年第2期。

④ 郭庆珠：《行政规划的法律性质研究——与王青斌先生商榷》，《现代法学》2008年第6期；《行政规划及其法律控制研究》，中国社会科学出版社2009年版，第99—126页。

的局限，因而更倾向于程序控制。① 规划程序的制度设计完善等相关问题，成为学界的关注重心。有关行政规划的程序控制的研究特点，也在相关学术实践中得到明显体现。

第一，运用行政程序法基本理论，论证行政规划一般性程序控制的必要性以及如何完善现有制度，以保障利害关系人在规划制定过程中享有的民主参与等程序性权利，公众参与的理论与实践也因此在行政规划领域得到拓展。② 另外，有学者注意到规划决策咨询程序在行政规划程序控制中的重要性，对我国规划咨询委员会机制进行了专题研究，梳理其制度演进，揭示实践现状存在的问题，并提出完善建议，认为规划咨询委员会要真正承载起促进利益综合调整、引入专家知识等任务，发挥对规划裁量权

---

① 骆梅英：《行政计划的法律控制研究》，《重庆大学学报》（社会科学版）2005年第2期。

② 参见高秦伟《行政计划及其法律规制》，《理论探索》2003年第5期；杨临宏《关于行政计划的法律思考》，《云南大学学报法学版》2004年第4期；朱建忠《程序对行政计划的法律控制》，《甘肃理论学刊》2004年第9期；朱芒《论我国目前公众参与的制度空间——以城市规划听证会为对象的粗略分析》，《中国法学》2004年第3期；朱新力、苏苗罕《行政计划论》，《公法研究》（第三辑），商务印书馆2005年版，第123—145页；周佑勇、王青斌《论行政规划》，《中南民族大学学报》（人文社会科学版）2005年第1期；胡锦光《论对行政规划行为的法律控制》，《郑州大学学报》（哲学社会科版）2006年第1期；姜明安《行政规划的法制化路径》，《郑州大学学报》（哲学社会科学版）2006年第1期；郭庆珠《论行政规划利害关系人的权利保障和法律救济——兼从公益与私益博弈的视角分析行政规划的法律规制》，《法学论坛》2006年第3期；孙髯《行政计划程序立法比较研究》，《学术探索》2007年第5期；徐键《城市规划中公共利益的内涵界定——一个城市规划案引出的思考》，《行政法学研究》2007年第1期；章剑生《行政规划初论》，《法治研究》2007年第7期；宋雅芳《论行政规划确定程序中的参与机制》，《郑州大学学报》（哲学社会科学版）2006年第1期；《论行政规划变更的法律规制》，《行政法学研究》2007年第2期；林鸿潮、栗燕杰《行政规划中的公众参与程序：理想与误区——从汶川地震恢复重建规划说起》，《政法论丛》2008年第5期；苏苗罕《计划裁量权的规制体系研究》，《云南大学学报法学版》2008年第2期；王青斌《论行政规划的程序控制》，《国家行政学院学报》2009年第6期；蔡定剑主编《公众参与——欧洲的制度与经验》，法律出版社2009年版；陈振宇《城市规划中的公众参与程序研究》，上海交通大学2009届博士学位论文；廖珍珠《利益衡量中的公众参与——以行政规划为例》，《公法研究》（第九辑），浙江大学出版社2011年版，第89—167页；章志远《穿行于科学与民主之间——城镇化进程中规划决策的专家参与及公众参与》，《苏州大学学报》（哲学社会科学版）2011年第1期。

的制衡机能，应从职能定位、组织架构和过程控制等方面着手切实改进。①

第二，对未来制定统一的《行政程序法》时是否规定行政规划程序和如何规定这一程序，在比较德国、日本和我国台湾地区相关制度基础上展开讨论。对前一问题，反对的观点认为，特定种类行政行为的程序规定，应该给单项实体法设定程序内容留有空间。应理性对待一国计划程序设计背后的政治经济文化背景和可行性，将行政计划纳入统一的程序法典应该缓行。② 赞成的观点认为，将规划行为排除在外与作为行政程序基本法典的性质不符，也与规划程序应当尽快纳入法律轨道的现实需求相悖。纳入行政程序，有利于规划程序制度的统一和规范化，纠正重规划内容、轻程序规制的传统观念，保障公民参与的权利和提高规划制定的效率。③

如果将行政规划纳入行政程序法调整范围，如何规定有关程序，学界主要参照借鉴德国行政程序立法和我国台湾地区行政程序立法经验，探讨规定的基本内容，④ 以及如何引入规划确定程序。规划确定程序在这里是作为专门术语从德国行政程序法引进而来，指的是行政规划制定程序中的一种特殊程序，有特定适用范围和程序设置。我国学者在引用该术语讨论时，存在将规划确定程序混同于一般规划程序的现象，或者将规划确定程序中的规划确定裁决与规划本身区分不清。有学者的研究追溯了规划确定程序的制度渊源，指出规划确定程序仅限于特定土地利用、重大公共事业设立或公共设施设置，涉及不同利害关系人和不同行政机关权限。基本步骤中的规划确定裁决类似于审批行为。规划确定程序与一般规划程序的最大不同在于其通过规划确定裁决产生集中事权效果，即由规划确定机关取

---

① 苏苗罕：《行政法视野中的规划咨询委员会问题研究》，《行政法论丛》（第10卷），法律出版社2007年版。

② 参见王万华《中国法学会行政法学研究会2002年年会综述》，《行政法学研究》2002年第4期；骆梅英《行政计划的法律控制研究》，《重庆大学学报》（社会科学版）2005年第2期。

③ 参见姜明安主编《行政程序研究》，北京大学出版社2006年版，第109页；郭庆珠《我国行政规划程序的不足与立法展望——以〈行政程序法〉之规划程序建构为基点》，《行政论坛》2010年第5期。

④ 参见黄学贤《我国行政计划立法中的若干问题研究》，《华东政法大学学报》2007年第5期。

代了规划涉权机关的许可、核准或同意的管辖权。这是德国为节约行政资源、提高行政效率,通过法律赋予裁决具有形成、核准和集中事权的效果,设计了该项制度。① 总体来看,规划确定程序的研究,在借鉴域外制度、引入相关概念时,缺乏与我国制度规范和实践运行相结合的实证分析,理论本土化程度不够,尚不能为立法与相关制度完善做好充分的理论准备。

四 行政规划的司法救济

行政规划具有的未来导向性、裁量性、变动性等特点,使行政规划的司法救济理论与实践极具争议性和不确定性。学界对于这一主题的研究,主要是结合行政规划法律性质的理论探讨,将重心放在论证行政规划本身的可诉性,试图扭转行政规划不产生直接法律效果因而不可诉的传统观念和主流司法实践,借此构建完整的权利保障体系。

有学者将行政规划的司法救济分为狭义和广义两种情况。狭义的行政规划司法救济,是指直接针对行政规划本身提起诉讼;广义的行政规划司法救济,是指针对根据规划实施的后续具体行政行为而提起的行政诉讼。由于司法实践中尚不认可直接针对行政规划提起行政诉讼,现有学术研究中围绕规划诉讼案例展开的讨论都从广义上阐述的。相关研究需要注意到行政规划的固有特征及其与后续具体行政行为的必然关联性。如有学者探讨了行政规划预防性不作为诉讼的可能性和空间。② 有学者指出,研究城乡规划许可诉讼原告资格,目的在于运用现行法律依据中原告资格的判断依据,形成与城乡规划特征相符合的判断方法。③

就狭义的行政规划司法救济而言,基于司法实践现状,学界集中论证了应当能够针对行政规划提起诉讼这个观点。学者从行政规划的法律性质,该行为是否是具体行政行为、是否直接影响私人权利义务、满足成熟性原则等方面,借鉴德国、日本和我国台湾地区理论与实践,对规划的具

---

① 李占华:《行政计划确定程序制度研究》,苏州大学 2004 届硕士学位论文;郭庆珠:《行政规划及其法律控制研究》,中国社会科学出版社 2009 年版,第 157—175 页。

② 郭庆珠:《预防性不作为诉讼:行政规划救济的路径选择——从城市规划中强制拆迁自力救济悲剧说起》,《内蒙古社会科学》(汉文版)2010 年第 4 期。

③ 凌维慈:《城乡规划争议中的原告资格》,《行政法学研究》2010 年第 3 期。

体内容、规划的制定行为和规划的变动行为等引起的三类争议，分别提出相应的观点。具体的强制性规划会现实地影响或限制相对人的权益，属于具体行政行为，可以成为司法审查的对象。规划制定行为如规划拟定、规划草案、规划确定等，除法律规定以外，不满足决定成熟性的要求，不具有可诉性。规划变动行为的可诉性则是以信赖保护原则为依据。①

另外，关于行政规划的审查强度，由于行政规划的未来性、行政规划法的目的程序规范结构以及涉及利益众多，行政规划的裁量空间远远超过一般的行政裁量，有学者解读和借鉴了德国行政规划司法审查标准，指出立法规定基本上是规划审查的唯一标准，除非构成了利益衡量瑕疵，法院才会对规划合理性进行有限的审查，并尽可能地把其转化为合法性问题。所谓权衡瑕疵，包括权衡片面、衡量武断、衡量疏漏、衡量失调等四个方面。②

---

① 参见苏苗罕《行政计划诉讼问题研究》，《行政法学研究》2004年第3期；张瑾《略论行政计划的司法审查问题》，《山西高等学校社会科学学报》2006年第4期；郭庆珠《论行政规划利害关系人的权利保障和法律救济——兼从公益与私益博弈的视角分析行政规划的法律规制》，《法学论坛》2006年第3期，《行政规划的司法救济空间探讨》，《学术论坛》2008年第1期，《论行政规划变更的正当性及其法律规制——兼及〈城乡规划法〉中规划修改制度的反思》，《河北法学》2009年第4期，《行政规划的司法审查研究——与王青斌博士商榷》，《东方法学》2012年第2期；陈颖《行政计划变动中的信赖保护原则研究》，《云南大学学报法学版》2007年第5期；刘畅《日本行政计划制度研究》，吉林大学2007届硕士学位论文；刘飞《城乡规划的法律性质分析》，《国家行政学院学报》2009年第2期；宋雅芳等《行政规划的法治化——理念与制度》，法律出版社2009年版；王青斌《论行政规划的司法审查》，《当代法学》2010年第4期。

② 张璐：《论行政规划变更的司法审查强度》，《法制与社会》2009年第11期；《行政规划变更的法律规制》，山东大学2010届硕士学位论文；郭庆珠：《论规划裁量及其界限——基于与一般行政裁量相比较的思考》，《法治研究》2010年第2期；《行政规划的司法审查研究——与王青斌博士商榷》，《东方法学》2012年第2期。

第七章

行政执法、行政强制和行政处罚研究的新发展

第一节 行政执法研究

行政执法理论研究，反映在行政法的总论，部门行政执法论述以及行政执法的专题论述三个方面。在行政法总论性质的著述中，一般将行政执法作为行政行为的一个类别展开阐述。[1] 至于部门行政执法的论述，则是比照行政法总论的体例和理论，从概念、原则、依据、组织法、行为法、程序法、监督法、救济法等方面，逐一分解说明，[2] 基本属于教科书式散而全的体系。而在行政执法的专题论述里，将行政执法作为一个制度现象，有参照总论体例的全面阐述，[3] 更多的是对其中存在的行政执法体制问题进行探讨，集中在执法主体及其权力整合、执法责任等方面。还有不少学者探讨行政执法方式多元化，特别是行政执法非强制手段的运用问题。为基本掌握有关研究热点，这里对行政执法专题论述所关注的重点领域进行研究回顾。

---

[1] 参见胡建淼《行政法学》，法律出版社2003年版；应松年主编《当代中国行政法》，中国方正出版社2005年版。

[2] 参见周叶中、周佑勇主编《高等教育行政执法研究》，武汉大学出版社2007年版；王振清主编《海洋行政执法研究》，海洋出版社2008年版；邢捷《公安行政执法权理论与实践》，中国公安大学出版社2009年版。

[3] 姜明安主编：《行政执法研究》，北京大学出版社2004年版；彭贵才主编：《行政执法理论与实务》，北京大学出版社2005年版。

一 行政执法含义辨析

行政执法这一概念自 80 年代中后期为我国理论界和实务界采用至今，由于学者的论述角度各有不同，对其含义的界定有所差异。具体而言，存在以下几种不同角度的理解。

（一）行政执法即行政

在这里，行政执法就是行政的同义词。这种界定，多数是在建设法治政府的主题下，以现代国家的分权理论为基础，强调行政的功能是执行法律，从属于法律，是依法办事，[1] 是法治国家的必然要求。如有学者分别指出，行政执法的实质是行政活动，之所以取行政执法之名，是表示行政对法律的依附和服从，因为在法治主义下，行政的一切活动都被要求是对法律的贯彻执行。名称的改变象征着观念的转换及其背后的制度变革。[2] 依法行政包括两个层面的含义：一是指规范行政执法权的授予，二是指依照法律规定实施行政执法权，行政执法权的授予是指抽象层面的依法行政，行政执法是指具体行政执行层面的依法行政，是依法行政的具体操作。[3]

（二）行政执法属于行政行为的具体内容之一

在行政法学理论研究中，根据行政的作用和行政活动的具体内容，习惯上将整体行政的内容分成两大部分，即行政立法与行政执法，或者三大部分行政立法、行政执法和行政司法。

前者二分法中的行政执法，是指行政主体将具有普遍约束力的法律、法规和规章以及其他规范性文件适用于具体的人或事，处理具体行政事务的活动。例如有学者认为，行政执法在外延上排除了行政立法行为、制定行政规范性文件的行为、有权行政主体的法律解释行为和行政协作行为等。可以分为处置性行政执法，如处罚、强制、许可、征收征用和裁判性

---

[1] 姜明安主编：《行政执法研究》，北京大学出版社 2004 年版，第 8 页。
[2] 应松年、袁曙宏主编：《走向法治政府：依法行政理论研究与实证调查》，法律出版社 2001 年版，第 254—270 页。
[3] 刘靖华、姜宪利等：《中国法治政府》，中国社会科学出版社 2006 年版，第 249—250 页。

行政执法，如复议、裁决等。①

后者三分法中对行政执法的界定，则是将行政执法作为与行政立法和行政司法并列的一个概念。三分法得到我国行政法学界普遍采用，并以此架构行政行为的理论体系。② 因此在行政法学中，行政执法一般是狭义的，特指行政机关以及其他行政主体作出的、除去制定法律规则和处理法律纠纷以外的其他具体行政行为，还有学者在此基础上对行政执法的界定更为狭窄，认为行政执法是行政机关单方面做出的具体行政行为，有其特定对象，具有单方面意志性。③

（三）行政执法的过程论

宏观政策层面上，特别是为了突出现阶段依法行政这一重要的观念革新，行政执法这个术语有其存在的独特价值，但是，行政执法不应简单作为行政行为的替代用语。有学者针对这个问题提出，行政执法是过程与结果的统一。行政执法不仅是行政主体最终作出的、直接影响相对人权利义务的静态行为，而且是多个主体参与的多层次网络关系；行政执法为行政权力的运行过程，同时亦指对行政决策结果的执行过程。④ 行政执法过程论、系统论的分析视角，有助于审视某个具体事件背后相关因素之间的互动，突破传统行政法学制度框架内的法律解释学。

二 行政执法体制中的问题及其完善

行政执法体制的研究，始终没有脱离行政执法权力配置以及执法权力制约两个主题。研究者对行政执法体制问题的总结，仍然与多年前有相似之处，认为主要表现在主体、职责、监督等方面，即行政执法主体不合法和执法主体混乱，行政执法权横向上太分散、纵向上缺乏必要分解，执法

---

① 刘志坚：《西部大开发与行政法制现代化研究》，中国社会科学出版社2007年版，第268页。
② 姜明安主编：《行政执法研究》，北京大学出版社2004年版，第8页。
③ 江必新主编：《法治政府的建构〈全面推进依法行政实施纲要〉解读》，中国青年出版社2004年版，第159页。
④ 杨解君、蔺耀昌：《综合视野下的行政执法——传统认知的反思与校正》，《江苏社会科学》2006年第6期；《中国行政法治的内和谐——以行政执法为中心》，《河北法学》2007年第6期；刘靖华、姜宪利等：《中国法治政府》，中国社会科学出版社2006年版，第250—251页。

趋利明显，行政机关的内部监督制约机制不完善。① 有学者提出，现有政治和法治框架的不合理性和无正当性，影响到行政执法权的合理配置。② 现行行政执法体制是在行政管理体制改革不断深化、政府法制建设不断推进的过程中形成的，带有双重缺陷：既不能保持原有行政体制的效率，又难以体现依法行政所要求的法制特性。在完善行政执法的思路上，基本的观点就是重新整合执法权，实施行政综合执法，并建立权责一致的权力运行机制，实施行政执法责任制。③

三 综合行政执法

（一）综合行政执法的含义

由于实践中的综合行政执法发端于行政处罚，因此有人认为，综合行政执法是指依法成立或依法授权一个跨部门的行政机关，由它行使两个或两个以上的行政处罚权。④ 这一定义只是将综合行政执法权定性为行政处罚权，范围过于狭窄。根据实际改革需求，有观点认为，现有综合处罚、综合许可并不能完全代表综合执法，综合执法是行政权力的重新整合及让渡，应包含行政执法外延所涵盖的全部内容，涉及行政处罚权、行政许可权、行政强制权、行政征收权等权力及其主体、机制、制度的综合。⑤

有研究者对行政综合执法存在的前提作了理论界定，认为行政主体的执法行为若有明确的法律、法规规定，行政事态的管理和管辖若有清楚的职能承担者，行政管理关系若是一个单一的关系形态，就没有行政综合执

---

① 参见汪永清《对改革现行行政执法体制的几点思考》，《中国法学》2000年第1期；吴金群《综合执法：行政执法的体制创新》，《地方政府管理》2002年第9期；曾峻《相对集中行政处罚权和中国行政执法体制的改革》，《政治学研究》，2003年第4期。

② 姜明安主编：《行政执法研究》，北京大学出版社2004年版，第43—44页。

③ 汪永清：《对改革现行行政执法体制的几点思考》，《中国法学》2000年第1期；姜明安主编：《行政执法研究》，北京大学出版社2004年版，第66—67页；青锋：《行政执法体制改革的理论图景和理论分析》，《上海行政学院学报》2007年第1期。

④ 刘磊、仇超：《行政综合执法问题略论》，《岱宗学刊》2004年第1期。

⑤ 青锋：《行政执法体制改革的图景与理论分析》，《上海行政学院学报》2007年第1期；李国旗：《综合行政执法的理论界定》，《天津行政学院学报》2008年第2期。

法可言，行政综合执法既是出于对行政管理事态有效处理的考虑，又从一个侧面反映了行政机关组织体系中职责范围不健全这一事实。① 也有学者认为，综合执法适用于同一违法行为触犯由数个行政机关负责执行的法律规范的场合，超出这一范围，没有必要也没有可能在法律上实行综合执法。②

综合行政执法应当与联合执法的概念相区别。有研究者认为，早期的专业化执法体制受到计划经济时期形成的行政管理体制、管理方式影响，存在先天缺陷，联合执法和综合执法是先后采取的改革措施。联合执法指对某方面进行集中治理时，将数个行政机关的部门管理力量抽调到一起，在调查取证时联合行动，在做出行政决定时各司其职，形式上联合，实体上独立。③ 有研究者对联合执法的特性总结为：联合执法机构的产生没有法律依据，是多个行政主体的执法，具有临时性和应急性，容易导致权责不清、造成行政权的滥用。④

（二）综合行政执法的发展与意义

现有研究对综合行政执法的发展进行了详细回顾，将其划分为从联合执法、巡警体制到相对集中行政处罚权，相对集中处罚权试点初始、试点扩大、试点工作结束全国推进，从相对集中行政处罚权到相对集中行政许可权等发展阶段；或者将其描述为从单独执法到联合执法、到相对集中行政处罚权，再到城市管理综合行政执法的发展过程。⑤ 综合行政执法的主要意义在于创新行政组织和权力运行模式，提高行政效能。⑥ 有研究者将综合行政执法置于大部制改革背景下，认为是建立职能有机统一的大部门体制的有益探索。⑦ 还有观点认为，现行综合执法改革并未实现大部制改

---

① 关保英：《执法与处罚的行政权重构》，法律出版社2004年版，第4页。
② 冯军：《行政处罚法新论》，中国检察出版社2003年版，第236页。
③ 马凌云：《行政执法体制比较研究》，中央民族大学2007届硕士学位论文；周春莉：《行政权的整合——我国综合执法机构研究》，华东政法大学2004届硕士学位论文。
④ 罗许生：《行政综合执法研究》，西南政法大学2006届硕士学位论文。
⑤ 参见罗许生《行政综合执法研究》，西南政法大学2006届硕士学位论文；刘春禾：《城市管理综合行政执法体制研究》，中央民族大学2007届硕士论文。
⑥ 蔡恒：《我国行政执法组织创新与行政体制改革协同性研究——兼评农业行政综合执法组织的合理性和局限性》，南京农业大学2004届博士学位论文。
⑦ 程遥：《综合行政执法主体的分析与建构》，中央民族大学2009届硕士学位论文。

革的目标，仅将性质相近、技术可行的权力予以机械整合，在实践运行中未能有效解决政府机构重叠、职责不清的问题。①

(三) 综合行政执法主体的规范建构

有研究者认为，综合行政执法主体的规范建构需要在其规范依据、职权结构、组织结构和运行机制等构成要素的研究中得到展开，并且，规范的主体建构和行政权力的协调配合并不能解决行政执法领域的全部问题，还需要执法方式的创新、执法程序的完善和多元主体的参与。②

四 行政执法责任制

行政执法责任制是健全行政执法体制的重要制度创新，源于20世纪90年代地方政府的法制实践。学者们陆续对行政执法责任制的内涵、性质、基本内容进行了理论总结，并针对该制度在推行中存在的问题提出完善对策。较早而且相对全面地对行政执法责任制展开理论研究的成果，是西南政法大学硕士论文《行政执法责任制研究》，以及专著《行政执法责任制理论与实践及对策研究》。③ 另外有一些学者对如何完善行政执法的两项核心内容，即行政执法评议考核制度和行政执法责任追究制度，作了技术上的探讨。

(一) 行政执法责任制的性质、问题与完善

有学者归纳了地方立法的不同规定，强调行政执法责任制应当兼具监督管理、行政执法和工作程序制度的特性。认为现行行政执法责任制的模式是一种政府主导型模式，受到下列不利因素的制约：权治和人治因素、计划体制因素以及对政府盲从的社会意识因素。存在四个缺位：行政法律规范、程序规则、责任制度和体制制约缺位。相应的完善对策为从机制的角度形成对执法主体，违法责任人全方位多层次的监控体系。④ 有学者总

---

① 王佳：《综合行政执法研究——以大部制改革为视角》，西南政法大学2009届硕士学位论文。

② 程遥：《综合行政执法主体的分析与建构》，中央民族大学2009届硕士学位论文；熊文钊、刘华：《社会秩序局：综合行政执法管理体制的完善途径——基于对北京城管的调查》，《北京行政学院学报》2009年第2期。

③ 青维富：《行政执法责任制研究》，西南政法大学2002届硕士论文；郑传坤、青维富：《行政执法责任制理论与实践及对策研究》，中国法制出版社2003年版。

④ 青维富：《行政执法责任制研究》，西南政法大学2002届硕士论文。

结了现有行政责任制的结构性缺陷：权责不对等、行政责任设定失序、行政责任规定不全面、行政责任机制设计失之偏颇，提出行政责任制的变革应遵循权责对等、程序正当、权利救济原则，这些分析对于推行行政执法责任制具有指导意义。①

（二）行政执法责任制度体系的内容与构建

行政执法责任制度体系，以行政执法公示制、行政执法评议考核制和错案责任追究制为其核心。有学者对各省级行政单位有关行政执法评议考核制的立法作了梳理，认为行政执法评议考核制度的立法缺乏专门性，基本上局限于内部评议，评议内容抽象且无统一标准；评议方法缺乏科学性，导致评议考核的结果难以真正反映行政执法的实际情况。应通过确立新的"以公民为中心"的价值理念，完善行政执法评议考核制度。② 有学者将实施行政执法评议考核制的技术路线，总结为坚持三个结合、四个制度。"三个结合"是指，内外结合、日常考核与年度考核结合、定量考核与定性考核相衔接。"四个制度"是指，评议考核专门制、绩效晋级挂钩制度、考核工作预告制和考核结果公示制。③ 行政执法责任的归责原则设计与确认，是行政执法责任追究制的核心和基础。有学者考察了我国十多个省级相关立法并作了定量描述，认为行政执法责任应当区别于民事归责原则的理论探究，以行政法的原则和精神为指导，构建多元化归责原则体系。④ 有学者提出，应当完善行政执法责任追究的程序，成立追究行政执法责任的审查委员会，解决行政执法责任追究责权分离矛盾。⑤

五 多元化行政执法方式

研究者认为，虽然进行了行政执法权的改革，但是由于传统命令式行

---

① 宋功德：《行政执法责任制的结构性缺陷及其调整》，《中国行政管理》2007年第2期。

② 何琳：《论我国行政执法责任的归责模式》，《湖北社会科学》2009年第4期。

③ 郭薇、曹媛媛：《论行政执法责任制之评议考核制》，《成都行政学院学报》2006年第2期。

④ 何琳：《论我国行政执法责任的归责模式》，《湖北社会科学》2009年第4期。

⑤ 谢尚果：《论行政执法过错责任追究制的完善》，《广西民族学院学报》（哲学社会科学版）2005第3期。

政执法过于强调行政主体单方意志性，公众利益表达机制缺失，执法手段机械、单一，易于挫伤相对人对政府的信任感和支持度，严重降低行政执法的效率，行政执法改革效果并不理想。①

有鉴于此，学者论证了转变行政执法方式的必要性。有研究者分析批判了传统行政法理论中行政主体与行政利害关系人的关系结构，提出有必要将谈判、协商、沟通、交流作为行政法实施的基本方式和过程，建立信任与合作的新关系。② 有学者长期关注行政执法活动的非强制化方式，并受到美国学者诺内特和塞尔兹尼克所著《转变中的法律与社会：迈向回应型法》一书的影响，提出压制型行政模式和回应型行政模式的理论模型，认为行政模式必须从前者转向后者，以适应社会转型的需要。③ 有学者认为，在上述回应型法取向倡导下，发端于私法契约自由的合意理念在中国当代行政日益凸显，合意理念在行政执法领域的渗透完全成为一种必要，合意理念表现为协商、调解、契约等交涉性行政方式的涌现。④ 在构建和谐社会的理念背景下，近几年有更多的研究者关注如何在行政执法领域建立具体的协商、沟通机制。⑤

---

① 参见许林华《论行政执法和解》，苏州大学 2009 届硕士学位论文；王春业《论柔性执法》，《中共中央党校学报》2007 年第 5 期。

② 施建辉：《行政执法中的协商与和解》，《行政法学研究》2006 年第 3 期；张翼飞：《我国行政执法中的沟通问题研究》，北京交通大学 2008 届硕士学位论文。

③ 崔卓兰、蔡立东：《从压制型行政模式到回应型行政模式》，《法学研究》2002 年第 4 期；崔卓兰、卢护锋：《我国行政行为非强制化走向之述评与前瞻》，《北方法学》2007 年第 2 期。

④ 胡建淼、蒋红珍：《论合意理念在行政领域中的渗透——基础、表现及其支撑系统》，《法学杂志》2004 年第 7 期。

⑤ 参见杨建顺《行政强制中的和解—三环家具城案的启示》，《南通师范学院学报》（哲社会科学版）2002 年第 1 期；王锡锌《规则、合意与治理——行政过程中 ADR 适用的可能性与妥当性研究》，《法商研究》2003 年第 5 期；郑鹏程《论现代反垄断法实施中的协商和解趋势——兼论行政垄断的规制方式》，《法学家》2004 年第 4 期；裴娜《试论执行和解制度在行政强制执行中的确立》，《行政法学研究》2004 年第 4 期；林丽霞、薛承勇《我国试行证券监管和解制度问题初探》，《证券市场导报》2006 年 10 月号；陈新民《和为贵——论行政协调的法制改革》，《行政法学研究》2007 年第 3 期；焦海涛《反垄断执法和解中的利益平衡》，《西南政法大学学报》2007 年第 2 期；周佑勇、李俊《论行政裁量中的和解——以德国法和美国法为观察》，《行政法学研究》2007 年第 1 期；涂怀艳《行政执法和解初探》，《法商研究》2008 年第 2 期；许林华《论行政执法和解》，苏州大学 2009 届硕士学位论文。

行政执法方式的选择及其运行受到特定政治、法律和社会等制度环境的制约，相关研究应当在梳理借鉴域外典型国家的有关理论时，加强多元化执法方式的背景考察，同时关注分析行政执法方式选择的合法性与有效性，从而真正建立其与行政体制改革、公共治理的内在必然联系。

第二节 行政强制研究

一 研究概况

1999年全国人大常委会法制工作委员会开始启动行政强制立法起草工作，行政强制立法进入实质性制度架构，行政强制的理论研究逐步深入展开。本世纪伊始，即以行政强制的理论和实践为主题，中国法学会行政法学研究会召开2000年（青岛）年会，全国人大常委会法工委与德国技术合作公司于2000年12月召开国际研讨会。2000年之后行政强制的理论研究，主要呈现以下几个特点：其一，早期出版了数本关于中外行政强制研究的重要专著。第一部行政强制专题研究的著作问世，即《行政强制研究》。[1] 该书运用法哲学理论、宪政理论和行政法学理论，通过行政强制的一般法理解说、行政强制的基本理论问题、行政强制设定问题、行政强制执行论、行政即时强制论、行政强制措施论、其他行政强制、非诉讼行政执行论和行政强制比较研究等九个专题，对行政强制基本理论和行政强制行为进行了扎实的研究。该专著以全面完整的体系、透彻细致的分析、多维度的研究方法，推动行政强制的理论研究进入新阶段。其后，浙江大学"行政强制法的基本理论和实践"课题组完成了国家社科基金项目，出版一系列研究成果。《行政强制》一书为初步研究成果。[2] 该书梳理行政强制概念的演变，辨析行政强制执行与行政强制措施的关系、行政即时强制与行政强制措施的关系，提出行政先行执行行为的概念，对行政强制的法理基础、行政强制制度的历史渊源、行政强制基本原则、行政强制权、行政强制主体、行政强制的基本手段、行政强制的基本程序、行政强制的法律救济等问题，进行了拓展研究。该课题最终研究成果形成四本专著：《行政强制法研究》、《中国行政强制法律制度》、《外国行政强制制

---

[1] 傅士成：《行政强制研究》，法律出版社2001年版。
[2] 胡建淼主编：《行政强制》，法律出版社2002年版。

度研究》、《中外行政强制法研究资料》。① 该丛书既包括资料占有,还有理论阐释,对我国行政强制立法问题、现行行政强制制度和外国行政强制制度,展开了比较全面的研究,为行政强制立法提供了重要基础。另外,《警察行政强制的理论与实践》一书从警察行政强制角度,思考行政强制立法中亟待解决的问题,将行政法基本理论和部门行政法相结合,推进部门行政法专题研究。②

其二,对域外行政强制理论与制度的比较介绍显著增多。有学者对德国行政执行法作简要述评,认为其形式上立法简洁、内容完整,实质上体现了行政权优先的思想,立法理念以促进行政效率的提高为其追求的主要目标,同时注重对行政相对人合法权益的维护。③ 有学者则是从德国的历史渊源、法治理念出发,对德国的行政上的即时强制制度,特别是对即时强制与直接强制的关系,即时强制法律特征、适用范围与程序作了翔实的阐述。④ 有学者详细介绍了德国的行政执行法律制度,包括执行前提条件,金钱债权的执行,代执行、执行罚、代偿强制拘留、直接强制等执行手段,以及执行程序等。⑤ 有学者从德国行政执行法出发,结合中国当前实际状况,对强制行为中的四个概念进行另一角度的逻辑建构。⑥ 有学者概述了荷兰的行政强制制度,⑦ 讨论了美国行政执行制度所依据的宪制和法律框架,以及行政执行的类型。⑧ 有学者对日本行政执行制度进行了较为全面的论述,包括代执行、强制征收、执行罚和直接强制在内的四种行

---

① 胡建淼主编:《行政强制法研究》,法律出版社2003年版;金伟峰主编:《中国行政强制法律制度》,法律出版社2003年版;朱新力主编:《外国行政强制法律制度》,法律出版社2003年版;章剑生主编:《中外行政强制法研究资料》,法律出版社2003年版。

② 余凌云:《警察行政强制的理论与实践》,中国人民公安大学出版社2003年版。

③ 章志远:《德国〈行政强制执行法〉述评》,《法学杂志》2000年第1期。

④ 胡建淼:《试论德国行政上的即时强制制度及理论》,《浙江社会科学》2001年第1期。

⑤ 郑冲:《德国的行政执行法律制度》,《行政与法制》2002年第1期;李升、庄田园:《德国行政强制执行的方式与程序介绍》,《行政法学研究》2011年第4期。

⑥ 王珏:《从德国〈行政执行法〉看行政强制诸定义》,《东南大学学报》(哲学社会科学版)2008年第10卷增刊。

⑦ 刘东亮:《荷兰行政强制法律制度简介》,《行政法学研究》2002年第2期。

⑧ 陈红:《美国行政执行法律制度》,《现代法学》2002年第6期。

政上的强制执行类型,以及作为强有力强制手段的即时强制和行政调查,作为确保行政上义务履行的其他手段的拒绝给付、行政罚、公布违法事实、课征金、加算税等手段。① 有学者介绍了二战之后韩国在行政强制上出现的新的理论趋向和问题。② 有学者介绍了我国台湾地区行政执行的概念、特征、种类,探讨了其法理基础及原则,分析了其修订后的"行政执行法"在形式和内容上的变化,并就公法上金钱给付义务的执行,公法上行为、不行为义务的执行,行政上的即时强制,行政执行行为的性质及法律救济等问题,进行了详细探讨,对我国台湾地区行政执行制度及理论的特色与不足也作了分析。③

其三,研究的广度和深度有重要提升。至2011年《行政强制法》颁布,行政强制的研究领域得到较大拓展,包括行政强制的进一步辨析界定,以及比例原则的适用、行政强制手段、执行模式、实施程序、法律救济等方面。

二 行政强制概念的再辨析与检讨

(一) 主要观点之辨析

行政强制如何界定,虽然《行政强制法》采纳行政强制二分法,即包括行政强制措施和行政强制执行,给予了实定法上的结论,但是回顾过去多年来的研究,对于行政强制与行政强制措施、行政强制执行、即时强制这些概念之间的关系应当怎样理解,理论界一直存有不同意见。行政强制不能简单等同于行政强制执行或行政强制措施,这是正式开展行政强制立法以来学界形成的基本共识。不过,行政强制作为上位概念,其涵盖的范围究竟有哪些,仍然存在二分法和三分法的分歧。

持二分法的学者认为,行政强制是对行政强制执行和行政强制措施的统称。行政强制措施与即时强制有区别,但是立法时倾向于将两类行为统称为强制措施,从可诉性角度考虑,在行政行为阶段,将行政强制分为上

---

① 杨建顺:《日本行政执行制度研究》,《法学家》2002年第4期。
② 余凌云、陈钟华:《韩国行政强制上的诸问题——对中国草拟之中的行政强制法的借鉴意义》,《中国人民公安大学学报》2003年第3期。
③ 胡建淼:《论中国台湾地区的行政执行制度及理论》,《法学论坛》2003年第5期。

述两类，有助于对行政强制的进一步认识。① 有学者认为，行政强制措施与域外的即时强制在特征上相同，实为同一种行政行为。主张理论与立法使用即时强制，以避免行政强制措施产生的歧义。② 有学者则对行政强制措施的含义持不同看法，直接采用即时强制替代行政强制措施，将即时强制和行政强制执行作为行政强制二分法的表述。③

另一种主流观点则认为，行政强制应当包括三类行政行为。如有学者一直将行政强制理解为由行政强制执行、即时强制和行政调查中的强制共三个部分组成，这种观点是基于对日本行政法上的经典架构三分法的承继。④ 有学者在此基础上做了一定修订，认为行政强制的下位概念为行政强制执行、行政即时强制和其他行政强制，以免有遗漏之嫌。该学者强调，行政强制措施作为强制的方法、手段，可以在不同位级的概念中存在，只有在使用时连同特定时间、过程、条件程序和主体一起，才转化为行为。⑤ 还有学者将行政强制分为一般强制与即时强制、执行性强制，一般强制必须经过法定的程序，并须作出书面的行政强制决定；即时强制则是只有情况紧急时当即实施强制措施的行为，它没有事先程序，无须也不可能按通知、告诫、书面决定等阶段进行。执行性强制即行政强制执行。⑥ 行政强制立法起草研究机构最初的态度，则是从理论与现实出发，综合上述观点，将行政强制视为最广义的行政强制措施，由执行性的行政强制执行、非执行性的行政强制措施和即时强制三部分构成。⑦

---

① 应松年：《中国的行政强制制度》，见全国人大常委会法制工作委员会、德国技术合作公司编《行政强制的理论与实践》，法律出版社2001年版，第1—13页。

② 胡建淼：《论中国"行政强制措施"概念的演变及定位》，《中国法学》2002年第6期。

③ 叶必丰、何琳：《行政即时强制界说》，《求是学刊》2000年第1期；朱新力：《论行政上的即时强制》，《浙江学刊》2001年第5期。

④ 杨建顺：《行政强制法18讲》，中国法制出版社2011年版，第1—13页。

⑤ 傅士成：《行政强制研究》，法律出版社2001年版，第36—37页。

⑥ 杨解君、叶树理：《关于行政强制若干理论观点的批判》，《法学》2000年第8期。

⑦ 李援：《中国行政强制法律制度的构想》，见全国人大常委会法制工作委员会、德国技术合作公司编《行政强制的理论与实践》，法律出版社2001年版，第47—55页。

(二) 分歧之再检讨

上述分歧争议点主要集中在两方面：一是行政强制措施在行政强制中的定位，二是即时强制在法律制度上加以型式化的问题。

1. 行政强制措施的定位

就第一点而言，起因在于对行政强制措施的理解，即行政强制措施仅为手段或方法，适用于各类行政强制，还是专指某一类行政强制行为。应当说，行政强制措施与行政强制执行、行政即时强制等，不属于同一层次或性质的问题，用行政强制措施作为行政强制下位的一类行政行为，是对已有立法用语的刻意迎合与妥协，尽管该用语并不具有法律上的严谨性，经不起推敲。学者亦承认，如果从字面理解，行政强制措施作为一种方法和手段，当然可以同时用在行政强制执行阶段，作为行政强制执行行为的一种形式。《行政诉讼法》第11条第2项使用行政强制措施一词，有不宜之处。但是，为了不冲击基本成熟的立法思路，与行政诉讼法第11条和第66条规定的架构保持一致，应从行为的角度来定位，即行政强制措施是一种具体行政行为，而不是指一种手段或方法。① 这个观点已经得到实定法上的支持，将行政强制措施与行政强制执行并列，作为行政强制的下位概念。

2. 即时强制的两个讨论重点

关于第二点争议，由于行政强制措施这一用语的强势存在以及我国即时强制理论发展相对欠缺成熟，即时强制最终并没有作为型式化的一类行政行为，出现在法律文本中，它与行政调查中的强制等逐渐融于行政强制措施中，转为立法上的附带性制度。②

行政强制立法起草初期，学者主要用现有行政强制措施的制度实践，与域外即时强制的理论与制度进行比照，试图从条件、目的、内容、手段和属性等方面，更细致地认知即时强制并提出相应的规范制度。其辨析重点有两个：一是即时强制中紧急情况之理解及其一般行政权的属性。二是即时强制与行政强制执行的划分标准。

关于即时强制中紧急情况之理解及其一般行政权的属性，相对早先较

---

① 胡建淼：《论中国"行政强制措施"概念的演变及定位》，《中国法学》2002年第6期。

② 杨建顺：《行政强制法18讲》，中国法制出版社2011年版，第4页。

为宽泛的即时强制描述,学者注意到即时强制中的紧急性。例如对于启动即时强制的条件有:遇有重大灾难或事故,以及其他严重影响国家或公民利益的紧急情况;需出现紧急状态,如阻止犯罪发生、阻止危害发生、避免急迫危险,且无法期待相对人自动履行。紧急情况下,为相对人即时设定权利义务、即时执行。[1] 有学者强调,即时强制权不是常规状态下的权力,但是不属于紧急状态法意义上的紧急权,总体属性上它仍属于一般行政权力。即时强制之称反映其所指称的强制措施的急迫性、断然性和及时性。就此意义而言,即时强制的采用区别于一般性强制。[2]

关于即时强制与行政强制执行的划分标准,理论界先后以是否存在先前义务、先前决定或生效基础行为等作为二者的区别标准。如有学者主张,行政强制执行是行政机关对先前某一确定义务的执行,[3] 有学者提出,用先前决定代替先前义务来作为区分标准,即行政即时强制和行政强制执行的差别,主要是有无为相对人确定义务的具体行政行为的先行存在,[4] 进而言之,行政强制执行的依据只能是已经成立并产生法律效力的具体行政行为。[5] 有学者借鉴域外划分基础行为和执行行为的理论,在总结评判已有理论的基础上,提出以基础行为是否生效作为划分标准,认为是具有时间感的标准,可以避免主观性。二者在法律救济方式上存在差异。[6]

三 比例原则的适用

比例原则作为公法之帝王条款的观点,已经为我国学者广泛接受。学界耳熟能详的是比例原则三结构,包括适当性原则、必要性原则和均衡性

---

[1] 参见李援《中国行政强制法律制度的构想》,见全国人大常委会法制工作委员会、德国技术合作公司编《行政强制的理论与实践》,法律出版社2001年版,第47—55页;叶必丰、何琳《行政即时强制界说》,《求是学刊》2000年第1期;朱新力《论行政上的即时强制》,《浙江学刊》2001年第5期。

[2] 傅士成:《行政强制研究》,法律出版社2001年版,第224页;《行政强制措施研究》,《南开学刊》2004年第5期;胡建淼:《行政强制措施与行政强制执行的边界划定》,《法学》2002年第6期。

[3] 李援:《中国行政强制法律制度的构想》,见全国人大常委会法制工作委员会、德国技术合作公司编《行政强制的理论与实践》,法律出版社2001年版,第47—55页。

[4] 叶必丰、何琳:《行政即时强制界说》,《求是学刊》2000年第1期。

[5] 傅士成:《行政强制研究》,法律出版社2001年版,第125页。

[6] 胡建淼主编:《行政强制》,法律出版社2002年版。

原则，但是理论上止于浅表的宏观价值肯定，立法上无明确规定，司法审查实践亦非常有限。从行政强制法草案强调最小损害原则到最终文本采用了行政强制的设定和实施应当适当的表述，使比例原则在学理和实务上得到进一步发展的契机。

有学者提出，比例原则是行政强制法应当明确坚持的一项根本原则，要在具体内容上做出明确的规范，防止权力恣意专横，兼顾公共利益和当事人合法权益。进而针对行政强制立法草案中明确规定的最小侵害原则，也就是必要性原则，论述其在行政强制上的特殊意义并将其内容诉求加以细化。分别从强制行为模式行为类型、行为要素和行为过程提出适用标准，以及确保该原则适用的告诫、和解、执行方式转换与和解等四个程序性制度，为行政强制权确立相对清晰的评价标准，解决争议提供可操作性的有效工具，在一定程度上避免司法过度运用价值判断与利益衡量带来的高程度的主观化风险。①

四 行政强制手段的规范

面对各国行政强制手段渐趋多样化的实践，学界在这一时期的研究呈现两个特点，一是加强对传统行政强制手段的反思和完善，二是主张从人权保障的基本理念出发，尽量抑制直接强制手段的适用，跳出传统的间接强制模式去寻求其他多样化强制手段，以更好地实现预期行政目标。②

（一）传统行政强制手段的法律规制

在传统强制手段的法律规制研究方面，对警察行政强制手段、突发事件下行政强制手段的规范依据以及代履行等问题，有了更多的关注。

1. 警察行政强制手段

警察行政强制在维护社会治安秩序、处置突发事件中的重要作用不言而喻，并且具有相当强的侵益性，学者既有较为全面的阐述警察行政强制的理论，③还有详尽分析警察行政强制措施中的特定种类，如以盘查为

---

① 参见王泽诚《论行政强制法的比例原则及在我国的实践》，《广东行政学院学报》2003年第15卷第4期；郭庆珠《论行政强制法中的比例原则》，《南阳师范学院学报》（社会科学版）2006年第5卷第8期；胡建淼、蒋红珍《论最小侵害原则在行政强制法中的适用》，《法学家》2006年第3期。
② 金伟峰：《行政强制手段模式的比较与反思》，《浙江大学学报》2001年第6期。
③ 余凌云：《警察行政强制的理论与实践》，中国人民公安大学出版社2003年版。

例，认为应划分种类、设立程序要件与实体要件，区分盘查措施与刑事强制措施的界限，建立科学的盘查措施体系，完善司法救济制度。①

2. 突发事件下行政强制手段的规范依据

自2003年非典事件以来，应对突发事件时行政强制手段的采用如何经由形式法治达到实质法治，引发了学者持续性讨论。学者继而质疑行政强制法立法者将行政机关对突发事件采取的应急或临时措施排除出去，认为作为规范行政强制的一般法，却不对应急措施这种非常典型的即时强制措施予以规范，欠缺妥当性。现有特定领域的法律规范存在自身局限性。应当设计一种有条件的概括授权机制，规定实施警察行政强制措施的原则和程序，对具体行政强制措施作开放性的列举，并注意三方面制度的配合运用。② 其后学者对防汛措施的研究结论，事实上对其论点有所印证。③

3. 代履行

代履行是间接强制执行的一种形态，并被认为是对民事第三人代履行制度核心精神的继承与发展，体现公共治理均衡化的理念，暗合了当下公私合作的大背景下对公共治理格局的需求。④ 围绕代履行这个术语，理论界与实务界一直没有达成统一。理论界多数援用日本、我国台湾地区的用法使用代执行，而且认为代执行就是代履行。有学者指出，名称上的使用有一个从代执行到代执行和代履行并用，再到倾向于代履行的过程，一定程度上反映了对代执行实质内容认识的深化。⑤ 立法最终采用代履行作为法律概念。立法起草者认为，代履行不同于代执行，否则无法与直接强制执行区分，代履行的独特内涵在于行政机关委托第三人的内容是当事人应

---

① 高峰：《比较法视野下的盘查措施》，《现代法学》2006年第28卷第3期。

② 参见钟会兵《抗SARS中限制人身自由措施的正当性与合法性分析》，《法律适用》2003年第7期；朱芒《SARS与人身自由——游动在合法性和正当性之间的抗SARS措施》，《法学》2003年第5期；余凌云《增设突发事件中警察行政强制措施的立法建议》，《法商研究》2007年第1期。

③ 陈越峰：《防汛与人身自由——以"强制转移权"设定的合法性分析为例》，《行政法学研究》2010年第1期。

④ 刘平、程彬、王天品：《代履行制度的法律关系辨析——兼论民事法律制度在行政法中的引入》，《政府法制研究》2008年第8期；李大勇：《公私合作背景下的代履行——以行政强制法草案相关条文为分析对象》，《河南省政法管理干部学院学报》2011年第4期。

⑤ 傅士成：《行政强制研究》，法律出版社2001年版，第170页。

当履行的义务,而不是行政强制执行权。[1]

对代履行的探讨主要围绕以下几方面问题展开:(1)代履行的实施主体,特别是行政机关能否自为代履行;(2)代履行参与者之间的法律关系性质;(3)第三人违法或者不适当履行的法律责任,以及第三人的权利保护;(4)代履行费用的征收。

代履行由行政机关自行实施还是请第三人代履行,立法规定二者皆可,但是理论上存在争议。有学者质疑,代执行或是代履行都无法与直接强制执行中的行政机关直接实现相对人义务作本质区别。[2] 从立法论的角度来看,"自己执行"属于直接强制。[3] 只有没有利害关系的第三人代为履行才是真正意义上的代履行,这是保证代履行公正公平的一项基本原则,在紧急情况下的行政机关代为履行则属于直接强制执行。[4]

代履行参与者之间的法律关系,分为行政机关与义务人之间的行政管理法律关系、行政机关与第三人之间的委托法律关系以及义务人与第三人之间的关系。关于行政机关与第三人之间的委托法律关系性质,学界存在较大争议,存在两种观点。一种观点认为是公法关系性质,行政机关与第三人之间是行政委托合同关系,因其内容涉及公共事务,行政机关对合同的履行享有行政优益权,可以对第三人代为履行义务的行为进行指挥和监督,甚至在特定条件下有权单方解除合同。[5] 另一种观点则认为是私法契约关系,即第三人费用的要求与其他契约上请求均应向行政机关提出,而

---

[1] 乔晓阳主编:《〈中华人民共和国行政强制法〉解读》,中国法制出版社2011年版,第160页。

[2] 杨海坤、刘军:《论行政强制执行》,《法学论坛》2000年第3期。

[3] 余凌云、陈钟华:《韩国行政强制上的诸问题——对中国草拟之中的行政强制法的借鉴意义》,《中国人民公安大学学报》2003年第3期。

[4] 刘平、程彬、王天品:《代履行制度的法律关系辨析——兼论民事法律制度在行政法中的引入》,《政府法制研究》2008年第8期;李大勇:《公私合作背景下的代履行——以行政强制法草案相关条文为分析对象》,《河南省政法管理干部学院学报》2011年第4期。

[5] 参见刘平、程彬、王天品《代履行制度的法律关系辨析——兼论民事法律制度在行政法中的引入》,《政府法制研究》2008年第8期;乔晓阳主编《〈中华人民共和国行政强制法〉解读》,中国法制出版社2011年版,第161页;江必新主编《〈中华人民共和国行政强制法〉条文理解与实务指南》,中国法制出版社2011年版,第171页。

不是直接指向义务人，这纯粹是私法上的性质。因此，行政机关不得以该第三人不履行代履行契约为由迳行对其施以行政强制，行政机关与第三人也不得因已订立代履行契约为由而妨碍义务人可能自动履行其义务。但是，在特殊情况下，行政机关与第三人之间属于公法关系，即无论第三人是否同意，行政机关都能使第三人实施相对人的义务。此时，第三人的执行实质相当于行政机关自己执行。① 而义务人与第三人之间一般认为无直接的法律关系。义务人在第三人代替其履行义务时，负担因执行而产生的忍受义务。第三人与义务人之间存在附随义务关系，该观点意在强调第三人在代替义务人履行义务的过程中，要对义务人的合法利益尽到善意维护与适当注意的义务，以最利于义务人利益的方式来进行，避免义务人的财产遭受不必要的损失。②

第三人的赔偿责任承担如何解决，亦存在两种主张。有学者认为，正因上述法律关系的定性，第三人因故意或者过失或擅自转委托侵害义务人权益的，并且这种侵害与代履行行为没有直接关系的，应当直接向义务人承担民事赔偿责任；如果这种侵害是为实现代履行行为所不可避免的，第三人可以免责，义务人只能以行政机关为被告，提起国家赔偿。③ 但是，有学者指出，从现实情况看，义务人和代履行人之间并不存在任何法律关系，如果人为地将一个一体性的公法关系分割为两个不同性质的法律关系，肯定会带来解释上的困难和当事人权利救济上的难题。因此代履行人的原因给当事人造成的损失，由行政机关承担国家赔偿责任；代履行人是

---

① 参见皇甫艳丽《试论行政代执行》，《山西省政法管理干部学院学报》2001年第4期；余凌云、陈钟华《韩国行政强制上的诸问题——对中国草拟之中的行政强制法的借鉴意义》，《中国人民公安大学学报》2003年第3期；杨建顺《行政强制法18讲》，中国法制出版社2011年版，第97页。

② 刘平、程彬、王天品：《代履行制度的法律关系辨析—兼论民事法律制度在行政法中的引入》，《政府法制研究》2008年第8期；吴恩玉：《行政法上代履行费用的若干问题研究——兼及〈行政强制法〉（草案）的完善建议》，《政治与法律》2010年第1期。

③ 刘平、程彬、王天品：《代履行制度的法律关系辨析—兼论民事法律制度在行政法中的引入》，《政府法制研究》2008年第8期；李大勇：《公私合作背景下的代履行——以行政强制法草案相关条文为分析对象》，《河南省政法管理干部学院学报》2011年第4期；吴恩玉：《行政法上代履行费用的若干问题研究——兼及〈行政强制法〉（草案）的完善建议》，《政治与法律》2010年第1期。

行政机关委托的没有利害关系的其他组织，行政机关在赔偿后，有权向代履行人追偿。①

第三人在代履行过程中合法利益如何得到有效保障的问题，行政法学界的讨论没有针对具体问题深入展开。从法律关系上看，第三人报酬请求权或受到的损害应根据委托关系向行政机关提出请求，而程序立法上没有具体规定。有学者提出，代履行费用的缴纳方式可授权行政机关裁量，执行程序等同于其他公法金钱义务，清偿顺序仅次于税收。对支付代履行费的决定可提起行政诉讼。义务人拒不缴纳的，可成立留置权。而义务人无力缴纳费用时，有赖于政府的补助扶持，以及相应基金制度与保险制度的建立和健全。②

（二）其他行政强制手段的研究

为解决行政执法实践中执行难的状况，确保行政法上义务得以履行，保障基本人权，学者一直在探求如何创新多样化强制手段，对断水断电、违法事实公布等作为行政强制手段的必要性及其法律规制进行论证。

在《行政强制法草案》一次审议稿颁布前，曾有学者认为，为了强制执行的有效性和坚持比例原则，断水断电断气等给付拒绝应当作为一项重要的强制执行方式写进行政强制法。③ 只是在 2005 年《草案》公布后，就鲜见这样的观点。至 2009 年三次审议稿重新做了表述，有学者认为探讨断水、断电的合比例性须从目的使手段合法出发，在水污染防治领域中，环境权的保护在当下中国具有一定的优越性，在对程序性规定更加重视的基础上，适用断水、断电具有一定的正当性。④

针对公告违法事实这一行为，有学者认为，该行为应当定性为责令改

---

① 肖泽晟：《我国行政强制立法第三人条款之检讨——实体公平与程序便宜的视角》，《华东政法大学学报》2010 年第 6 期。

② 吴恩玉：《行政法上代履行费用的若干问题研究——兼及〈行政强制法〉（草案）的完善建议》，《政治与法律》2010 年第 1 期；王知：《论行政代履行》，中国政法大学 2011 届硕士学位论文。

③ 叶必丰、许炎、谭剑：《强制执行的方式及强制执行权的分配——行政强制法草案修改意见》，《浙江社会科学》2003 年第 5 期；余凌云、陈钟华：《韩国行政强制上的诸问题——对中国草拟之中的行政强制法的借鉴意义》，《中国人民公安大学学报》2003 年第 3 期。

④ 夏雨：《论"断水、断电"作为行政强制执行方式的正当性》，《中南大学学报》2011 年第 2 期。

正违法行为的强制执行手段并加以法律规制,① 有学者则首先对该行为的法律属性作声誉罚、公共警告、行政处罚结果公开形式及行政强制执行手段的区分,而后认为针对行政强制执行体制之争,《行政强制法》作出了维持现状的选择,创新执行手段随之成为破解行政强制执行难的务实路径。行政任务多样性与执行手段有限性之间的矛盾、间接强制优于直接强制理念的落实,以及信息社会确保行政法义务履行的实效性,为违法事实公布成为间接强制执行的新手段,提供了正当性依据。应当从法律依据、适用条件及程序设置三个方面,实现对违法事实公布手段的法律控制。②

而对于行政强制和解制度,学者们的认识逐步深入。首先,提出行政强制和解具有现实可能性,在参与型行政或互动型行政的理念下,能动法治主义更有利于公共利益和个体利益的协调。③ 执行和解与行政行为的效力理论之间并不存在矛盾。其次,行政强制和解不是原则而是例外,是实现强制执行适当性与时效性的一种路径或手段。④ 最后,应在比例原则指导下,细化行政强制执行和解的约束与评价机制,如从和解行为性质、内容标的、时间阶段、主体等四方面,作立法层面的设置限制,完善执行和解行为的行政救济制度以及非诉执行和解的法院审查。⑤ 行政强制法最终确立了行政强制执行协议制度,相对于2005年一次审议稿曾经将执行和解作为行政强制原则加以列举,在内容和范围上大大限缩。

五 行政强制执行模式

针对我国实行的司法主导型行政强制执行体制,即以申请人民法院执行为原则、以行政机关自力执行为例外,主流的观点认为,这种体制借鉴

---

① 王周户、李大勇:《公告违法行为之合理定位》,《法律科学》2004年第5期。

② 章志远、鲍燕娇:《公布违法事实的法律属性分析》,《山东警察学院学报》2011年第6期;《作为行政强制执行手段的违法事实公布》,《法学家》2012年第1期。

③ 杨建顺:《行政强制中的和解——三环家具城案的启示》,《南通师范学院学报》(哲社会科学版)2002年第1期。裴娜:《试论行政执行和解制度在行政强制行政执行中的确立》,《行政法学研究》2004年第4期。

④ 杨建顺:《行政强制法18讲》,中国法制出版社2011年版。

⑤ 裴娜:《论行政强制执行中的执行和解制度》,《盐城师范学院学报》(人文社会科学版)2006年第4期。

和吸取了各国经验中的有益成分,是适合中国国情的。① 由于该体制实施中存在行政和司法上的效率与成本等问题,出现改革现行强制执行模式的各种主张。在改革行政强制执行模式时,有学者提出,主要应从行政强制执行权的属性、行政强制执行制度的目的、一国行政法发展的传统和行政强制执行制度的运行现状等因素加以考量。② 就行政强制执行模式应当如何改革,形成两种主要的观点,是以行政强制执行权的归属为标准,分为行政模式以及司法与行政的复合模式(双轨制),这在2000年的行政法学年会上已经集中显现,并且复合模式被认为属于主流观点。各位学者以现有宪制条件为前提,比较行政强制执行权归属于不同主体的优缺点,并致力于分析、论证执行权的法律特征、基本要求等问题。③

就现有执行体制的形成原因,并没有明确的立法说明,学者回顾相关制度的社会历史背景,认为主要有以下几点:其一,视执行权为司法权的传统观念,行政义务的强制执行制度援用了民事诉讼程序;其二,法院威信与地位的提高,以及在执法组织上的建制化比执法能力较分散的行政机关更加成熟和定型化;④ 其三,人民法院行政案源稀少,不得不给它配些东西。⑤ 这种执行体制既不是出于保护公民权益免受行政执行权侵害的初衷,也不是基于对行政权加以控制的考虑。⑥ 但是现有制度模式应当具有其司法的监督功能,能保证相对人的合法权益、有利于监督机关的依法行

---

① 应松年:《中国的行政强制制度》,见全国人大常委会法制工作委员会、德国技术合作公司编《行政强制的理论与实践》,法律出版社2001年版,第1—13页。
② 章志远:《重构我国行政强制执行体制的理论思考》,《甘肃政法学院学报》,2000年第4期;傅士成:《行政强制研究》,法律出版社2001年版,第112—120页。
③ 参见关保英、杨建顺、戚建刚《行政强制执行法的模式分析——2000青岛行政法学年会综述》,《法学家》2000年第6期。
④ 参见傅士成《行政强制研究》,法律出版社2001年版,第294—295页;刘莘、张江红《行政强制执行体制探析》,《法商研究》2001年第1期;于立深《论行政强制执行主体的模式选择——透过案例的钩沉》,《南京工业大学学报》(社会科学版)2006年第3期。
⑤ 于立深:《论行政强制执行主体的模式选择——透过案例的钩沉》,《南京工业大学学报》(社会科学版)2006年第3期。
⑥ 刘莘、张江红:《行政强制执行体制探析》,《法商研究》2001年第1期。

政，节约行政强制的成本、保证执行的规范化，减少国家赔偿的责任。①

主张复合模式的学者，多数认为在坚持现行司法主导型执行体制的前提下，为改变行政效率低下的状况，应适当扩大行政机关的强制执行权。为划清二者之间的执行权限，提出了执行标的说、法律后果严重程度说、案件影响大小说、对相对人权益影响大小说、案件执行难度说、执行紧迫程度说等区分标准。②而来自实务部门的对策分析则充分表明，行政机关在当前司法主导的强制执行模式下，有必要参与甚至享有执行权，增加执行中的能动性。③

有学者根据实证案例考察得出结论，认为现行行政强制执行主体"双轨制"的存在有其正当性。基于国情分析，从"两权"分离制的功能、法院的司法监督功能、行政处理决定的法律依据的不可接受性等三方面考虑，应该保留人民法院对非诉案件的行政强制执行权，并充实执法力量。而立法可通过强化行政机关强制执行程序、明确法院的听证式实质审查权、保障紧急状态和特殊事项的及时强制执行权、承认行政强制执行中的和解以及确立行政强制执行的救济程序等，对现行制度加以修正完善。④

主张行政主导模式的学者，认为上述复合模式的思路折射出论者对司法的过度迷恋和对行政权的过分担忧，应废除法院的行政强制执行权，将行政强制执行权回归行政机关，建立行政主导型的强制执行体制，并设立必要的配套制约机制。⑤在行政系统内成立综合性强制执行机关，与专门

---

① 江必新：《论法院在行政执行中的地位与作用》，见全国人大常委会法制工作委员会、德国技术合作公司编《行政强制的理论与实践》，法律出版社2001年版，第68页。

② 参见关保英、杨建顺、戚建刚《行政强制执行法的模式分析——2000青岛行政法学年会综述》，《法学家》2000年第6期；叶必丰、许炎、谭剑《强制执行的方式及强制执行权的分配——行政强制法草案修改意见》，《浙江社会科学》2003年第5期。

③ 郑琦：《基层行政机关申请人民法院强制执行具体行政行为面临的问题与对策研究——以杭州市为实证分析》，《行政法学研究》2009年第1期。

④ 于立深：《论行政强制执行主体的模式选择——透过案例的钩沉》，《南京工业大学学报》（社会科学版）2006年第3期。

⑤ 章志远：《重构我国行政强制执行体制的理论思考》，《甘肃政法学院学报》2000年第4期。

行政机关执行相结合，再设定科学合理的执行程序，规范行政强制执行权的行使。① 有学者归纳了中国内地现存的行政强制执行制度的八种类型，认为应改造目前不伦不类的"双轨制"，未来的模式应该是由行政机关通过行政程序实施具体行政行为，由人民法院实施对行政机关执行行为的司法监督，司法强制执行由人民法院通过司法程序实施司法裁判。②

还有学者提出，执行权力的行政属性决定了行政主导的模式，但是对现有制度的改造，可以在保留法院事先审查的前提下，法院继续承担审查职能，执行职能回归行政机关，使其具有司法执行模式的灵魂。③ 有学者表达类似观点，认为鉴于对行政权力被滥用的警戒，应导入司法裁判和行政执行相结合的裁执分离模式。④《行政强制法》在这个问题上基本维持了现行司法主导模式，但是为裁执分离留下了操作的空间。《最高人民法院关于办理申请人民法院强制执行国有土地上房屋征收补偿决定案件若干问题的规定》（2012年2月27日最高人民法院审判委员会第1543次会议通过）对《国有土地上房屋征收与补偿条例》规定的"司法强拆"模式，就采用了裁执分离的方案。

六 行政强制程序的研究

对于行政强制应当遵循的程序，有学者不仅从告诫、决定和实施三方面，做了更为详尽的分析，并且区分法定程序与自主程序、强制性法定程序与任意性法定程序作为构成程序违法的认定标准，认为法院应考虑对相对人的权益影响，来确定程序违法的行政强制行为的法律后果。⑤ 还有学者从宏观层面，系统探讨了行政直接强制程序的法律地位，指出行政直接

---

① 石佑启：《论我国行政强制执行模式选择及其运作》，《河北法学》2001年第2期；王学栋：《我国行政强制执行模式的立法选择》，《理论与改革》2002年第5期；高伟凯：《中国行政强制执行体制的模式选择与构建》，《南京大学学报》（哲学·人文科学·社会科学）2002年第1期。

② 胡建淼：《我国行政法上的强制执行：行为、定性及立法归属——兼论〈行政强制法〉或〈行政程序法〉与〈行政诉讼法〉对现行行政强制执行行为在调整范围上的划分》，《政法论坛》2003年第4期。

③ 傅士成：《行政强制研究》，法律出版社2001年版，第314页。

④ 杨建顺：《司法裁判、裁执分离与征收补偿——〈国有土地上房屋征收与补偿条例〉的权力博弈论》，《法律适用》2011年第6期。

⑤ 胡建淼主编：《行政强制》，法律出版社2002年版。

强制的属性与强制程序的选择定位以及性质确定密切关联，认为应从四个方面处理好行政直接强制程序的立法技术问题。①

七 行政强制的法律救济研究

对行政强制的法律救济研究发展，主要体现为参照域外研究经验，从研究方法上有所突破。有学者从行政强制执行的实体瑕疵和程序瑕疵分析，提出行政强制的救济途径，应当包括声明异议、行政申诉、行政复议、提起诉讼、国家赔偿、行政补偿。② 对于行政强制的可诉性，有学者主张，不能从静态的角度和一般意义上讲行政强制是否可诉，而是从理论上和实务的、动态的角度分析。③

八 有关行政强制其他问题的研究

（一）行政强制中的证据制度

学者对此问题的研究既弥补了相关研究的不足，也说明了我国行政证据制度存在的立法缺陷。有学者指出，在行政强制程序中，应强调社会公众、当事人提供证据的权利和责任，以及社会公众协助的义务。关于行政强制的证明标准，可具体区分为三类：强制性行政检查措施采用"有理由的相信"证明标准，应急性行政强制措施应当确定"合理根据"证明标准，行政强制执行应当采用排除合理怀疑证明标准。④ 有学者认为，在行政强制法实施背景下，更加说明立法上完善相对人不履行证明义务的法律责任之必要性，并提出当前地方立法可采取的应对举措。⑤

（二）行政强制执行中公法债权与私法债权的冲突与协调

有学者以若干案例分析了行政强制执行与民事执行衔接协调的必要性和具体解决方案。认为应在综合权衡公益私益的前提下，确立公法上债权和私法上债权受偿的一般顺序。当民法上的特别优先权与行政法上税金以

---

① 关保英：《行政直接强制的程序探讨》，《法律科学》2008年第2期。
② 项新：《论行政强制的瑕疵表现与救济途径》，《行政法学研究》2002年第2期。
③ 傅士成：《行政强制措施研究》，《南开学刊》2004年第5期。
④ 徐继敏：《行政强制证据制度初探》，《当代法学》2006年第1期。
⑤ 叶必丰：《〈行政强制法〉背景下行政调查取证制度的完善》，《法学》2012年第2期。

外的债权发生冲突时，是否应将行政法上的债权视同普通债权对待，应当视情况进一步探讨。为了保证受偿顺序的公平及其公私法上债权的最终实现，还应当建立起执行协调机制。①

这一时期行政强制的研究离不开立法驱动的因素，并一直为立法提供坚实的理论支持和基础，而行政强制法的实施也为学术界留下研究空间，下一阶段的研究将更注重实效性，诸如行政强制法与其他法律的衔接，行政强制措施和行政强制执行的分界，各种类型的行政强制在程序上的区别，行政机关实施行政执行的执行机构，行政机关代履行，法院对行政强制执行是否裁执分离，不同种类的强制执行对行政诉讼和复议的适用及适用程序等问题，值得继续探讨。

第三节 行政处罚研究

自本世纪以来，有关行政处罚的研究有以下几方面特点：其一，理论上积极回应实践中的自主制度创新，如行政处罚裁量基准制度的深度研讨；其二，实证跟踪观察相关制度的运行并作出理性评判；其三，运用行政法学研究的新视角，解读行政处罚领域的一些热点法治问题。

一 行政处罚裁量基准

进入21世纪以来，实践中行政处罚裁量基准（早期亦被称为裁量标准）的遍地开花，使得裁量基准逐渐成为理论界和实务界关注的热点，行政处罚裁量基准的研究带动了行政裁量基准和行政裁量的整体研究。

行政处罚裁量基准制度是实务部门自身探索的一种自下而上的实践模式，最早在2003年由浙江金华公安局推行行政处罚裁量基准并为全国各地所效仿。其后又经历了一种自上而下、中央到地方的推动模式。2008年国务院出台的《关于加强市县政府依法行政的决定》，提出行政裁量权的细化、量化，行政处罚裁量基准在全国推行。实践中呈现这种趋势的原因在于，社会经济的发展对法制建设和依法行政提出了新的要

---

① 肖泽晟：《论被执行人和第三人的法律地位——以行政法上金钱给付义务的执行为例》，《法治论丛》2006年第6期；杨解君：《论利益权衡下的行政执行与民事执行衔接》，《中国法学》2007年第1期。

求，进一步对行政裁量权进行控制是规范行政执法要求的主要内容。作为行政裁量中存在领域和种类最为广泛的行政处罚裁量权，则是控制行政裁量权的重中之重。在行政执法实践中的体现，便是行政处罚裁量基准制度的创造。对此问题的理论关注较早见诸于报纸，[1] 其后在学术刊物上陆续发表一批有影响力的研究成果。当然，也有对这一制度热潮的质疑，认为其本身存在合法性问题，而且会出现裁量控制的简单化和技术的误用，应运用多种控制技术建立裁量权综合控制体系。[2] 有最早的域外制度介绍，从行政程序法的建设借鉴角度，说明日本裁量基准制度在内容和过程方面的设置思路、表述方式、相关解释及其形成过程中学界和行政实务界的有关主张。[3] 多数研究成果肯定了这一制度性创造的积极效应，有的以实证调研为基础作批判式思考，[4] 或者着力解决行政处罚裁量基准的基本理论问题，力图理清行政处罚裁量基准的正当性基础、性质与效力、与司法审查的关系等，对行政处罚裁量基准制度的实施保障机制作出分析建议，以提升行政处罚裁量基准的质量与功效。正如有学者指出的，事实上在裁量基准质疑者和支持者分歧的背后仍然存在着共通见解，当前学术论争的焦点体现在对裁量基准实效性的不同判断以及制度弊端如何纠偏的问题上。[5]

(一) 行政处罚裁量基准的正当性基础

从理论基础上来看，有学者论证了行政处罚裁量基准具有宪制法治基础。如有观点认为，行政裁量标准的规范基础在于宪法第33条的规定，

---

[1] 马秀琴、邢玲玲：《规范行政处罚不妨试行自由裁量基准制度》，《检察日报》2005年2月8日；王贵松：《行政裁量标准：在裁量与拘束之间》，《法制日报》2005年6月13日。

[2] 王锡锌：《自由裁量权基准：技术的创新还是误用》，《法学研究》2008年第5期；崔卓兰、刘福元：《析行政自由裁量权的过度规则化》，《行政法学研究》2008年第2期。

[3] 朱芒：《日本〈行政程序法〉中的裁量基准制度——作为程序正当性保障装置的内在构成》，《华东政法学院学报》2006年第1期。

[4] 余凌云：《游走在规范与僵化之间——对金华行政裁量基准实践的思考》，《清华法学》2008年第3期；周佑勇、钱卿：《裁量基准在中国的本土实践——浙江金华行政处罚裁量基准调查研究》，《东南大学学报》（哲学社会科学版）2010年第4期。

[5] 章志远：《行政裁量基准的兴起与现实课题》，《当代法学》2010年第1期。

也就是法律面前人人平等的要求。① 有学者指出，裁量标准的理论基础实际上存在于"裁量一元论"，其本身所指向的是"实质法治主义"，因为它是以对"行政的前法律性"的否定为前提。在这个意义上，裁量标准的终极理论基础或者规范基础是"实质法治主义"。② 有学者认为，裁量基准在宪制框架内生存的正当性，直接源于西方"限制性授权理论"的发展。法律保留原则下重要性保留理论的提出，为作为职权命令的裁量基准提供了生存空间。③ 但是，有学者指出，行政裁量基准制定与立法权存在紧张关系，认为如果裁量基准的制定本质上就是次级立法，并不享有行政立法权的行政机关所制定的裁量基准，本身就具有合法性瑕疵。④

从现实基础来看，有学者从行政处罚裁量基准制度的产生动因、基本功能以及裁量权行使微观过程等角度，论证其存在的行政正义性。学者认为，裁量基准制度的兴起，契合了社会转型时期中国的现实情境，彰显了行政规则之治的发展趋势，成为行政改革和政府再造的重要符号，是创新的行政自治制度。本身具有限定裁量范围、防止"同案异判"而有损个案正义的内在功能，其要义是限制而非消灭裁量空间。⑤ 金华行政处罚裁量基准本着自下而上和实践先行的生成路径，融合在自律与他律之间，其深层动因在于对社会资本干扰的反抗。⑥ 有学者认为，这一制度具有公开行政机关行使裁量权的判断过程的最基本功能。⑦ 有学者围绕金华行政裁量基准实践，对设定基准的义务、适用范围、控制技术以及程序等，进行了批判性思考，揭示裁量基准的基本功能在于从微观层面构筑裁量权行使

---

① 王贵松：《行政裁量标准：在裁量与拘束之间》，《法制日报》2005年6月13日。

② 王天华：《裁量标准基本理论问题刍议》，《浙江学刊》2006年第6期。

③ 周佑勇：《裁量基准的正当性问题研究》，《中国法学》2007年第6期。

④ 王锡锌：《自由裁量权基准：技术的创新还是误用》，《法学研究》2008年第5期。

⑤ 周佑勇：《裁量基准的正当性问题研究》，《中国法学》2007年第6期；章志远：《"烟民被拘案"呼唤理性对待裁量基准》，《行政法学研究》2009年第4期；《行政裁量基准的兴起与现实课题》，《当代法学》2010年第1期。

⑥ 周佑勇、钱卿：《裁量基准在中国的本土实践——浙江金华行政处罚裁量基准调查研究》，《东南大学学报》（哲学社会科学版）2010年第4期。

⑦ 王天华：《裁量标准基本理论问题刍议》，《浙江学刊》2006年第6期。

的具体轨迹。① 有学者观察了各地所推行的裁量基准制度后，提出相反观点，认为这一制度不具有行政正义性，因为其核心技术是通过"规则细化"甚至"量化"的方式而压缩、甚至消灭了自由裁量。②

（二）行政处罚裁量基准的性质与效力

在行政处罚裁量基准的制定和适用过程中，裁量基准的性质和对内、对外法律效力并不明确，理论上亦存在不同观点，相关案例如文山交警处罚案说明其在法律适用中引发的困惑。一种观点认为，裁量标准是行政执法机关对其所执行的行政法律规范的具体化。作为一种行政内部规定，对下级行政机关及其执法人员有事实上的约束力但是没有法律拘束力。这意味着，违反上级行政机关以规范性文件形式设定的裁量基准做出具体行政行为，并不必然导致该具体行政行为违法。③

更多学者则认可裁量基准属于行政规则，以不同方式和依据对内和对外发生法律效力，分别拘束行政机关、相对人和司法审查中的法院。如有学者将裁量标准定位为其他规范性文件，属于软法规范，对外不具有直接拘束力，借助于立法授权旨意要求的说明理由制度，以及裁量基准自身体现出来的法律原则（平等对待原则、信赖保护原则和行政自我拘束原则）的适用效力等硬法保障机制，获得间接的司法适用，产生对外法律效力，可以正当的理由逸脱裁量基准的边界，以实现个案正义，对内拘束力是基于行政机关的指挥权或监督权产生，往往通过行政机关内部激励、评议考核和责任追究等自我约束机制来实现。④

有学者分析上述不同论据后认为，作为一类具有规范具体化和解释功

---

① 余凌云：《游走在规范与僵化之间——对金华行政裁量基准实践的思考》，《清华法学》2008年第3期。

② 王锡锌：《自由裁量权基准：技术的创新还是误用》，《法学研究》2008年第5期。

③ 王天华：《裁量标准基本理论问题刍议》，《浙江学刊》2006年第6期。

④ 参见王贵松《行政裁量标准：在裁量与拘束之间》，《法制日报》2005年6月13日；《行政裁量的软法之治——软法在行政裁量中的功能及其司法保障》，见罗豪才等《软法与公共治理》，北京大学出版社2006年版，第287—289页；周佑勇《裁量基准的正当性问题研究》，《中国法学》2007年第6期；《在软法与硬法之间：裁量基准效力的法理定位》，《法学论坛》2009年第4期；黄学贤《行政裁量基准：理论、实践与出路》，《甘肃行政学院学报》2009年第6期；伍劲松《行政执法裁量基准的适用效力》，《行政法学研究》2010年第4期。

能的行政规则,裁量基准效力的外部化是一个普遍的世界性现象,有关裁量基准事实拘束力和法律拘束力辨析的意义日趋弱化。①

(三) 行政处罚裁量基准的正当性保障机制

实践中大规模地制定行政处罚裁量基准并普遍适用,必须防止和解决可能带来的裁量格式化甚至僵化问题。有学者认为,应当从制定权限的合理分工、程序控制机制、制定技术等方面,防范和纠正制度的异化,满足在规范性与能动性、羁束与裁量之间平衡的要求。

就整体裁量基准运行机制的构建路径而言,有学者提出,应借鉴管制行政领域普遍采用的自我规制技术,建构"自下而上"的裁量基准运行机制。作者剖析制约裁量基准可执行性和可接受度的因素,认为实证的考量表明裁量基准的制定抽象化程度越高,则越背离其本身的目标价值。②

在合理分配不同层级制定者的地位和权限时,必须承认裁量基准依附于裁量权的基本法理,也应使来自基层社会的地方性知识和来自官僚上层的行业性智慧能够通过裁量基准的形式成文化,因而上下级分享基准制定权,但内容上存在一般原则、程序和更详细、具直接操作性的差异,上级享有监督、审查权。③ 有学者从规则制定的信息成本、自我规制的运行架构角度来解释这一分工差异,并提出三级行政机关职责分工:省、部级行政机构更适宜作为审查、监督者,市、县级行政机关是最主要的制定者和实施者,更低位的行政机关只是基于法制统一以及基准制定对业务能力的要求,其制定权限被吸收到市、县级行政机关基准制定的参与程序中,但是仍然拥有对裁量基准的变通适用权,这也同样被吸收到裁量基准制定的例外条款和逸脱程序中。④

关于行政处罚裁量基准的程序控制,包括制定程序和适用程序两方面

---

① 章志远:《行政裁量基准的理论悖论及其消解》,《法制与社会发展》2011年第2期。

② 朱新力、骆梅英:《论裁量基准的制约因素及建构路径》,《法学论坛》2009年第4期。

③ 章志远:《"烟民被拘案"呼唤理性对待裁量基准》,《行政法学研究》2009年第4期;《行政裁量基准的兴起与现实课题》,《当代法学》2010年第1期;《行政裁量基准的理论悖论及其消解》,《法制与社会发展》2011年第2期。

④ 朱新力、骆梅英:《论裁量基准的制约因素及建构路径》,《法学论坛》2009年第4期。

控制。从制定程序来看，主要提出应具备参与、报备、公开等程序要素。有学者指出，应引入公众协商机制，强化行政过程中的利益沟通。[1] 有学者则进一步提出，应实现上下互动的参与，强调基层执法人员的执法经验和裁量技术的总结，相对人的反馈信息和评估意见的收集与整理，将裁量基准的制定、修改与完善，视为一个统一的过程。[2] 而报备公布制度是承载上述不同层级行政机关权限分配的程序性机制。[3] 对于公开这一程序要素，有学者在一系列理论与实证研究后，立场发生一定变化。先前的论证从理论上坚持认为，充分的公开能提高基准制度的民主性、合理性和科学性，而且有益于增加相对人对行为的预测可能性及对基准的认可度，从而促进基准对裁量权的切实监控和对相对人合法权益的有效保护。在基准没有得到充分的公开和正式的告知与引用的现状下，使得裁量基准的外部效力以及司法审查等问题丧失实际意义。[4] 而新近发表的论文在实证考察并反思之后，基于行政自制控权逻辑和比较分析，从绝对公开转向相对公开的理论预设，认为可以尊重行政效率，避免理论过于主观的弊端。[5]

在适用程序的控制上，学者主要强调应制定行政机关不适用处罚裁量基准的逸脱程序，这是裁量基准效力的延伸。执法机关有权根据个案而逸脱裁量基准的边界，选择不予适用或变更适用基准；与此同时，要设定严格的逸脱程序加以限制，在实践中具体表现为说明理由制度、集体会办制度和逐级报批制度等。[6] 有学者进而提出在理由说明方面，应区别下级脱

---

[1] 周佑勇：《裁量基准的正当性问题研究》，《中国法学》2007年第6期。
[2] 章志远：《行政裁量基准的兴起与现实课题》，《当代法学》2010年第1期。
[3] 朱新力、骆梅英：《论裁量基准的制约因素及建构路径》，《法学论坛》2009年第4期。
[4] 周佑勇：《裁量基准的正当性问题研究》，《中国法学》2007年第6期；周佑勇、钱卿：《裁量基准在中国的本土实践——浙江金华行政处罚裁量基准调查研究》，《东南大学学报》（哲学社会科学版）2010年第4期。
[5] 周佑勇、熊樟林：《争议与理性：关于裁量基准的公开性》，《兰州大学学报》（社会科学版）2012年第1期。
[6] 余凌云：《游走在规范与僵化之间——对金华行政裁量基准实践的思考》，《清华法学》2008年第3期；朱新力、骆梅英：《论裁量基准的制约因素及建构路径》，《法学论坛》2009年第4期；周佑勇、钱卿：《裁量基准在中国的本土实践——浙江金华行政处罚裁量基准调查研究》，《东南大学学报》（哲学社会科学版）2010年第4期。

离上级制定的裁量基准和本级行政机关脱离自身所定裁量基准的情形,分别实行从宽说理原则和从严说理原则,以兼顾行政自我约束原则的落实和裁量基准制定主体多样化的现实,从而灵活地游走于一般裁量与具体裁量、典型个案与特定个案之间。[①]

就行政处罚裁量基准的具体制定技术而言,学者主要从行政法原则、行政惯例与基准的融合、基准的技术构成以及例外条款的规定等方面来讨论。有学者认为,裁量基准应引入比例原则,[②] 而当下裁量基准文本中明文引入行政法基本原则如合理性、平等对待、比例等原则,基准所蕴含的分格、量罚幅度、考量因素等控制技术,内在地表达了诸多行政法原则的要求,将有助于克服传统行政内部控制的悖论。[③] 有学者注意到行政惯例对行政裁量基准的制定具有引导作用,并通过裁量基准制度得以表达,是裁量基准重要的实质渊源,对裁量基准的制定,既具有弥补成文法律规范漏洞、保障相对信赖利益等正面效应,也具有滋生裁量怠惰、导致行政专横等负面效应,应建立机制实现良性指引。[④] 有学者认为,基准的技术构成包括情节的细化技术和处罚的格化技术,重点关注和考察了对利益衡量有实质影响的各种事实情节和适用,认为应当预设有限的情节判断余地、预留一定量罚幅度。[⑤] 在技术平衡上,还可以制定基准的例外条款来限制基准的适用,即明确法律法规、行政政策或者情势变更对于基准的优先效力,避免违背基准本身的价值目标。[⑥]

二 相对集中行政处罚权制度

相对集中行政处罚权制度自1997年开始试点,在2000年之后,进入

[①] 章志远:《行政裁量基准的兴起与现实课题》,《当代法学》2010年第1期。
[②] 周佑勇:《裁量基准的正当性问题研究》,《中国法学》2007年第6期。
[③] 章志远:《行政裁量基准的理论悖论及其消解》,《法制与社会发展》2011年第2期。
[④] 郑雅方:《论行政裁量基准的实质渊源——以行政惯例为例》,《法制与社会发展》2010年第3期;章志远:《行政惯例如何进入行政裁量过程——对"钓鱼执法事件"的追问》,《江苏行政学院学报》2010年第4期。
[⑤] 周佑勇:《论行政裁量的情节与适用》,《法商研究》2008年第3期。
[⑥] 朱新力、骆梅英:《论裁量基准的制约因素及建构路径》,《法学论坛》2009年第4期;周佑勇、钱卿:《裁量基准在中国的本土实践——浙江金华行政处罚裁量基准调查研究》,《东南大学学报》(哲学社会科学版)2010年第4期。

规范试点和总结推广阶段。理论界对该制度抱持两种不同的态度，有学者对此总结为，此项执法改革的合法性与合理性争议的实质在于，形式法治与实质法治或称体制创新与制度规范的两难，行政集权与分权的二律背反，公平与效率的价值冲突及协调。①

有学者将相对集中行政处罚权制度作为我国行政管理、行政执法、行政处罚体制的一个改革方向予以推崇，认为是我国建立新的法律运行机制过程中的重要里程碑。② 实务部门的研究者于近几年陆续发文总结该制度的成效与经验。③ 但是，也有学者不仅质疑该制度理论上的合法性，而且根据多年制度运行的实践表现，否定其实效性。综观学者质疑的理由，主要是在合法性判断上，认为从实在法规定上来说，无论是《行政处罚法》第16条的规定还是国务院法制办试点复函、试点省市所颁布的地方规章及其他规范性文件，都存在与依法行政原则相冲突的嫌疑，违背了职权法定、法律优先、法律保留、法制统一等若干原则。④ 而这项改革的合理性、实效性亦不容乐观。相对集中行政处罚权制度并未超脱"谁管理，谁处罚"的模式，无法从根本上消除行政处罚的体制弊端。⑤ 作为在行政机关之间重新配置行政处罚权的制度设计，相对集中行政处罚权改革成本过高收益甚低，缺乏人文关怀、违背法治行政

---

① 冯皓：《行政处罚权相对集中问题研究》，《研究生法学》2008年第1期；魏明月：《相对集中行政处罚权制度的困境与对策》，中国政法大学2008届硕士学位论文。

② 应松年、袁曙宏主编：《走向法治政府：依法行政理论研究和实证调查》，法律出版社2001年版，第430页。

③ 江凌、张水海：《相对集中行政处罚权制度：发展历程、实施情况与基本经验——城管执法体制改革12年回顾》，《行政法学研究》2008年第4期；青锋、江凌：《实施相对集中行政处罚权制度的主要成效和基本经验——城管执法体制改革十三年回顾》，《城市管理与科技》2010年第1期、第2期。

④ 冯军：《行政处罚法新论》，中国检察出版社2003年版，第119页；王毅：《相对集中行政处罚权制度发展研究——以城市管理领域为例》，《法学》2004年第9期；姚爱国：《论相对集中行政处罚权》，苏州大学2004届硕士学位论文；王丛虎、陈建宏：《论我国相对集中行政处罚权的合法性》，《中国人民大学学报》2006年第3期。

⑤ 冯军：《行政处罚法新论》，中国检察出版社2003年版，第119页、第235—236页；陆迎芳：《相对集中行政处罚权制度若干问题评析——兼论我国行政处罚体制的困境与出路》，《行政法学研究》2004年第3期。

基本精神，从我国行政法民主化的发展趋势上看，这一改革尝试应当尽快停止。①

学界对相对集中行政处罚权制度持改良立场的研究，则是坚持理性认识合法性问题，②从宏观层面和微观层面分别提出完善建议。有学者指出，相对集中处罚权执法改革只是精简机构、裁减冗员的阶段性产物，从理念上最终趋势还是应还权于民、公民自治；从制度生成与运行困境的背景看，应放松政府管制、放宽市场准入，建立完善社会保障制度、消除户籍歧视。③就具体制度设计与手段而言，例如确立行使集中处罚权主体法律地位，解决法律冲突问题，合理设置权力集中的范围，以"行政分权"及"行政处罚司法化"为目标，向政府法制部门集中行政处罚决定权，或者向法院转移部分处罚权限。④

三 行政处罚种类的设定与辨析

学者对于现行法上的行政处罚种类的设定多有批评，并提出相应立法完善的建议。有学者就处罚种类的体系设定，认为应当确立主从罚区分的处罚种类体系，并以没收制度为例，分析其因惩罚功能的相对缺弱所导致的价值错位及从属性地位，并指出对于从罚的司法适用，应当遵循"与主罚并科为原则、单独宣告为例外"的规则。⑤

就财产罚的设定，特别是罚款和没收违法所得在实践中引发的诸多

---

① 杨海坤、章志远：《中国行政法基本理论研究》，北京大学出版社2004年版，第311—313页；章志远：《相对集中行政处罚权改革之评述》，《中共长春市委党校学报》2006年第1期。

② 关保英：《相对集中行政处罚权的理性评价》，《南都学刊》（人文社会科学学报）2003年第11期。

③ 冯皓：《行政处罚权相对集中问题研究》，《研究生法学》2008年第1期。

④ 参见张红《集中行使行政处罚权的行政机关：评估与前瞻》，《行政法学研究》2009年第1期；王丛虎、陈建宏《论我国相对集中行政处罚权的合法性》，《中国人民大学学报》2006年第3期；青锋《行政处罚权的相对集中：现实的范围及追问》，《行政法学研究》2009年第2期；邓蔚、彭泉《相对集中行政处罚的主体失范及模式转换》，《西南政法大学学报》2005年第4期；陆迎芳《相对集中行政处罚权制度若干问题评析——兼论我国行政处罚体制的困境与出路》，《行政法学研究》2004年第3期。

⑤ 蒋红珍：《论行政处罚的主从罚体系建构——以没收制度为切入点》，《福建师范大学学报》（哲学社会科学版）2007年第2期。

问题，分别有学者指出，其一，立法中罚款设定存在普遍化和随意化趋势，必须强调立法目的正当化，并协调配置各种性质的法律责任，对其进行必要、合理的矫正。① 立法需要注重多种罚款设定方式的恰当选择和科学组合，最大限度实现罚款的规制目的。② 其二，以违法所得为基数的行政处罚设定，其本身欠缺科学性和可行性。对违法所得的错误解读造成了立法的混乱和执法的困惑。主张引入涉案金额的概念，以此来重新建构我国的违法所得立法，剥离违法所得与行政处罚之间的直接联系。③

法律、行政法规规定的"其他行政处罚"是《行政处罚法》对行政处罚种类的兜底规定，这种开放式设定为创设新的行政处罚种类留有余地，却为其他行政处罚的认定带来困惑，导致法律控制的错位。有学者对此作出颇为周密的分析，提出以六项特性作为认定行政处罚的实质标准，认为现行行政处罚应当摈弃按形式标准划分种类的分类制度。作者在详尽统计实际立法规定的基础上，指出目前由法律和行政法规规定的"其他行政处罚"数量多，分辨难度大，大量本不属于行政处罚范畴的行为被误认为"其他行政处罚"。鉴于"其他行政处罚"的准确认定直接关系到法律的适用和行政诉讼管辖的确定，作者将其他行政处罚与行政强制措施、执行罚、责令纠正（停止）违法、具体行政行为的撤回、行政收费、确认无效、行政行为无效以及承担民事责任等加以区别，非常具有理论和现实的指导意义。④

有学者从食品卫生行政案件入手，分析了取缔行为的法律属性，指出其表现形式尽管与行政强制措施相当类似，但性质仍是行政处罚。⑤ 有学者分别对实践中多种违法制裁手段如责令改正、撤销学位、责令承担民事责任、征收社会抚养费等行为性质加以剖析，指出其不属于行政处罚，需

---

① 阎锐：《行政处罚罚款设定普遍化研究》，《行政法学研究》2005年第2期。
② 徐向华、郭清梅：《行政处罚中罚款数额的设定方式——以上海市地方性法规为例》，《法学研究》2006年第6期。
③ 叶平、陈昌雄：《行政处罚中的违法所得研究》，《中国法学》2006年第1期。
④ 胡建淼：《"其他行政处罚"若干问题研究》，《法学研究》2005年第1期。
⑤ 崔巍、张卫兵：《取缔行为的法律属性》，《人民司法》2002年第8期。

要加强规范，强调行政机关适用时必须注意实质、形式、程序等基本要件。① 有学者对此持有不同观点，如认为责令改正或赔偿属于申诫罚，理由在于尽管措施本身不具有惩戒性，但是加上"责令"二字，性质就转化成为行政机关的职务行为，且这种行为对相对人具有非难性和谴责性，从而影响相对人的名誉，因此是一种申诫罚。② 也有学者认为，责令改正系独特的行政处理行为，超过补偿或者救济的限度就表现为行政处罚行为。③ 而公布违法事实的法律属性应当作声誉罚、公共警告、行政处罚结果公开形式及行政强制执行手段的区分，从条件、程序、救济机制等方面进行有效控制。④

四 行政处罚与刑罚的衔接

在实践中，行政处罚与刑罚的界分以及二者在实体与程序上的衔接存在不少困扰。对此问题主要是刑法学界在着重研究，并形成了相对明晰的主流观点。而行政法学界有学者注意到，构筑行政处罚与刑事执法的传导机制，对于建构多样性违法制裁体系的重要性。⑤ 还有学者提出行政刑法的问题，认为作为行政刑法界域的行政犯罪具有违反行政法和刑事法的双重违法性，应对行政法和刑法之间的交叉、互动与协调关系加以探讨。⑥ 在近几年，陆续有学者采用与刑法学界类似的分析方法探讨相关问题。如有学者就非法行医案件中行政违法与犯罪的界限，认为应当从主体和客观

---

① 参见杨小君《行政处罚研究》，法律出版社2002年版，第190—192页；李孝猛《责令改正的法律属性及其适用》，《法学》2005年第2期；朱志辉《试论撤销学位的行政行为性质——由陈颖诉中山大学案引发的思考》，《高教探索》2006年第6期；胡建淼、吴恩玉《行政主体责令承担民事责任的法律属性》，《中国法学》2009年第1期；湛中乐、伏创宇《社会抚养费法律性质考察——从若干相关行政、司法实践而展开》，《法制与社会发展》2011年第1期。

② 冯军：《行政处罚法新论》，中国检察出版社2003年版，第235—236页。

③ 藤祥志：《"责令改正"的独立性原理探讨》，《公法研究》（第八辑），浙江大学出版社2010年版，第212—233页。

④ 章志远、鲍燕娇：《公布违法事实的法律属性分析》，《山东警察学院学报》2011年第6期。

⑤ 周汉华：《违法制裁手段多样性的制度思考》，《南方周末》2002年10月17日。

⑥ 周佑勇、刘艳红：《行政刑法性质的科学定位——从行政法与刑法的双重视野考察》，《法学评论》2002年第2、4期。

方面予以界分。程序上应完善案件移送与接受机制，规范案件移送中的证据转化。① 有从刑事案件立案后所作行政处罚决定的效力入手，分析行政处罚和刑罚在功能和价值取向方面存在一致性，认为二者原则上不能同时适用，行政机关只能就专属行政职权与职责内容的法律责任追究行使独立的案件主管权。② 有学者专门就程序衔接机制提出具体建议，认为应当建立和完善涉嫌犯罪案件的移送、受理与处理机制，证据收集与转换制度以及相配套的信息交流机制、联席会议机制和提前介入制度。③ 有学者则以《行政处罚法》第7条第2款规定展开细致分析，提出区分行政处罚和刑罚的决定因素，即根据行为的情节、后果、条件、数量和主体等因素，确定给予行政处罚抑或刑罚。并以"行政→刑事"和"刑事→行政"正反两个程序模式的架构，从启动要件、运作步骤和程序效力等方面，解释现行相关规定的实质内容。④

五 合作治理视野下的处罚

行政法学界运用这一新视角，对与行政处罚相关联的法治事件或现象作出反思与回应，分析对象主要分为两类：一是国家机关以外的公共组织行使惩戒或处罚权，二是私人参与行政执法。

国家机关以外的公共组织行使惩戒或处罚权现象已是普遍存在，其面临的合法性地位、与行政处罚之关系处理以及法律规制等问题，亟须有说服力的行政法理论进行解读。有学者于2006年完成博士论文《社团处罚研究》并于2009年出版，该书从反思行政法体系出发，采用行政法的领域论、公务论、法团主义、公民社会、权力格局等一系列方法论，对社团处罚问题作了全面深刻的系统剖析。作者认为，社团处罚配合国家秩序行政发挥功能是善治行政的具体表现。政府职能转变促使现有的国家秩序行

---

① 张道许：《非法行医案件中行政执法与刑事司法的衔接——兼评最高人民法院有关司法解释》，《行政法学研究》2010年第2期。

② 王周户、王漾：《论行政处罚的适用条件及其与刑罚的适用关系》，《法律科学》（西北政法大学学报）2011年第3期。

③ 周佑勇、刘艳红：《行政执法与刑事司法相衔接的程序机制研究》，《东南大学学报》（哲学社会科学版）2008年第1期。

④ 章剑生：《违反行政法义务的责任：在行政处罚与刑罚之间——基于〈行政处罚法〉第7条第2款之规定而展开的分析》，《行政法学研究》2011年第2期。

政作出调整，部分行政任务向社团处罚转移。社团处罚是一种社会行政行为，具有社会化的秩序行政特征，是特殊的行政处罚。政府与社团各就其位，不可互相替代。在社会分权自治价值取向上，拥有自治权能的社团确实能够分解国家公务，成为国家间接行政的主体，社团处罚则在其中显示出秩序行政社会化的重要功能。[1] 相似的观点也见诸个别领域的研究。[2]

传统行政处罚权行使过程中，由于执法资源的关系，行政机关寻求体制之外的力量参与执法来创新执法方式、实现执法目标，这种努力往往因欠缺规制导致弊端无限放大，最终可能遭致法律和道德的双重否定，但是这并不意味相关学术研究和实践探索的止步，需要从理论深度上有待发掘并给予实践上的指导。较早有学者探讨多样性的违法制裁体系时，就认为应考虑公法执法与私法执法之间相互替代的可能性。[3] 在私人拍交通违章、钓鱼执法等事件引起的各种法治拷问中，有学者注意到其中蕴含的私人参与执法机制之意义，并做了简明的制度规范分析。[4] 正如学者所指，这些事件真实地反映了转型中我国警察任务民营化跌宕起伏的图景，从警察任务民营化改革的时机选择、法制依赖和监督加强上看，私人参与履行警察任务在我国行政法上依旧是一个未竟的前沿课题。[5]

---

[1] 方洁：《社团罚则与合作治理》，《浙江社会科学》2007年第4期；《社团处罚研究》，法律出版社2009年版。

[2] 张迎涛：《律师协会惩戒权比较研究》，《公法研究》（第七辑），浙江大学出版社2009年版，第439—466页。

[3] 周汉华：《违法制裁手段多样性的制度思考》，《南方周末》2002年10月17日。

[4] 参见施蕴涵《行政处罚之私人取证的证据法效力探析——以私人拍摄交通违章为例》，《中共乐山市委党校学报》2009年第4期；陈太清《罚款用途的两个主要路径解析——以"钓鱼执法"事件为例》，《长白学刊》2011年第1期；桑本谦《"钓鱼执法"与"后钓鱼时代"的执法困境——网络群体性事件的个案研究》，《中外法学》2011年第1期。

[5] 章志远：《我国私人参与履行警察任务法制的现状与课题》，《河南财经政法大学学报》2012年第1期。

第八章

行政指导和行政合同研究的新发展

　　因应发展市场经济、转变政府职能、创新社会管理方式、推进公私合作等的需要,[①] 行政主体开始在传统的、以"命令—服从"为特征的强制性行政行为之外,探索和运用新的、非强制行政方式和规制手段,"行政的非强制化和回应性愈发彰显"。[②] 行政法学适时回应了公共行政的这一变化,开始将非强制行政行为作为一个新的研究范畴。[③] 相关研究对政府

---

　　① 这些要求在国务院颁布的重要文件中被屡次强调。例如,国务院 2004 年颁布的《全面推进依法行政实施纲要》第 9 条明确提出:"要改革行政管理方式,充分发挥行政规划、行政指导、行政合同等方式的作用,这是转变政府职能、深化行政管理体制改革的重要内容。"国务院 2010 年颁布的《关于加强法治政府建设的意见》第 5 部分第 14 条也提出,要"推进政府职能转变和管理方式创新";第 15 条要求"改进和创新执法方式,坚持管理与服务并重、处置与疏导结合,实现法律效果与社会效果的统一"。
　　② 崔卓兰、蔡立东:《从压制型行政模式到回应型行政模式》,《法学研究》2002 年第 4 期。
　　③ 首次提出"非强制行政行为"概念的,是吉林大学的崔卓兰。她在 1998 年发表的《试论非强制行政行为》一文中指出,行政指导、行政合同、行政奖励等行为具有"行政"性,但同时与行政行为的一般性定义之间有着明显不同,从而引入了"非强制行政行为"一词,并建议将非强制行政行为作为新的行政行为种类,列入我国行政法学的理论研究体系,纳入行政法领域加以规范调整。参见崔卓兰《试论非强制行政行为》,《吉林大学社会科学学报》1998 年第 5 期。类似的概念有"柔性行政方式"、"柔性管理方式"、"非权力行政方式"等,参见莫于川《柔性行政方式法治化研究——从建设法治政府、服务型政府的视角》,厦门大学出版社 2011 年版,第 146—157 页;莫于川《行政民主化与行政指导制度发展(上)——以建设服务型政府背景下的行政指导实践作为故事线索》,《河南财经政法大学学报》2013 年第 3 期。

的角色、职能和责任进行了反思，并在理论上重构了相关争议的司法审查的模式、程序和规则，在一定程度上"更新了行政组织法、行为法和救济法的理论，推动了相应公法规则的调适与回应，促进了行政法自身的发展"。① 研究者们除了在一般意义上讨论非强制行政行为的概念和特点、② 立论依据、③ 非强制行政行为制度化的正当性、④ 制度的价值功能、⑤ 责任机制的设置⑥等问题之外，还将目光投向了行政指导、行政合同、行政调解、行政资助等一些非强制行政行为的具体类型。行政指导和行政合同是其中最典型也是运用最广泛的两类，行政指导和行政合同的研究，在深入、系统和全面性以及对实践的影响等方面，亦较其他非强制行政行为更为突出。

第一节 行政指导研究的新发展

一 研究概述

行政指导作为一种灵活的行政管理方式，广泛应用于"二战"结束

---

① 参见莫于川《公共危机管理·行政指导措施·行政应急性原则——公共危机管理中的行政指导措施引出的行政法学思考片段》，《公法研究》2005年第1期。

② 例如，周正：《论非强制行政行为》，《长春理工大学学报》2007年第4期。

③ 例如，"平衡论"即为行政的非强制化提供了一些理论的支持。"平衡论"之精髓在于肯定并倡导行政主体与相对方的地位平等、相互协商与合作，强调"在一些行政领域应尽量避免强制性的手段的运用……在依法行政的前提下，行政机关应进一步变革传统的管理模式，积极推行行政指导等公民参与管理和行政管理社会化等措施，以协调与行政相对方的关系，维护两者的平衡"。参见罗豪才、沈岿《行政法的"平衡"及"平衡论"的范畴》，《中国法学》1996年第4期。

④ 参见崔卓兰、孙红梅《非强制行政行为制度化探微》，《法制与社会发展》2011年第3期。文章指出，基于非强制行政行为制度所强制的是行政主体而非相对人、制度化并不影响非强制行为的柔性和灵活性特征、制度化能够有效促进强制性行为向非强制行为转化这三个方面的理由，应当将非强制行政行为通过制度形式固定下来。

⑤ 参见崔卓兰、卢护锋《非强制行政的价值分析》，《社会科学战线》2006年第3期。文章从权利文化、行政效率、行政民主、政府服务和社会和谐这五个维度，研究了非强制行政行为的价值。

⑥ 参见李宝君、刘福元《论非强制行政行为的制度建构》，《当代法学》2011年第2期。

后的日、德、英、法、美等实行市场经济的国家。① 尤其是在日本,行政指导被誉为战后经济得以快速振兴的一把"金钥匙"。与行政指导相关的理论亦得到了这些国家行政法学界的关注。②

在我国,行政指导这一手段也已在经济和社会管理领域得到运用。③ 现行宪法、法律和法规中已有关于行政指导的一般性规定,但其提法大多为"指导"、"引导"和"鼓励"等,而未直接使用"行政指导"。"行政指导"一词被首次正式使用,是在1999年通过的《最高人民法院关于执行〈中华人民共和国行政诉讼法〉若干问题的解释》中。④ 此外,《湖南省行政程序规定》和《山东省行政程序规定》均以专节对行政指导作出了规定。

学术界对行政指导的研究兴趣也渐显浓厚。⑤ 行政法学界对于行政指导的研究,可追溯至杨海坤1985年提交全国行政管理学术研讨会的一篇

---

① 需要注意的是,各国用以表述这种政府活动的词汇存在差异。一般认为,英语中行政指导直接对应的词是 administrative guidance。但英、美等英语国家较多使用 non-coercive form of administrative action(直译为"非强制行政行为")或 informal administrative action("非正式行政行为")。德国没有与行政指导直接相对应的词汇,使用较多的是"非正式行政活动"(informelles verwaztungshandeln)或"简便式行政活动"。我国的"行政指导"一词,从文字的角度看与日语中的"行政指导"一词相近。参见朱一中《法治视野中的中国行政指导》,苏州大学硕士学位论文,2004年,第4—5页。对此,莫于川认为,"尽管各国对于行政指导在术语表达上有所差异,在对实际含义的理解上也有一定出入,但可以说大致指称的是同一概念或同一类概念"。参见莫于川等《柔性行政方式法治化研究——从建设法治政府、服务型政府的视角》,厦门大学出版社2011年版,第162页。

② 例如,1992年德国公法学年会的主题之一便是"行政指导与公法秩序",参见杨海坤、黄学贤《行政指导比较研究新探》,《中国法学》1999年第3期。

③ 20世纪末,行政指导就已在振兴乡镇企业,促进农业技术进步,鼓励和规范投资与出口,推行国家产业政策,鼓励兼并、改组等方面,得到大量运用。参见包万超《转型发展中的中国行政指导研究》,见罗豪才主编《行政法论丛》(第1卷),法律出版社1998年版。

④ 该司法解释第1条规定:"不具有强制力的行政指导行为",不属于行政法院的受案范围。

⑤ 在法学之外,经济学和政治学也对行政指导予以了关注。例如,经济学界在研究政府对经济的干预时,介绍了日本成功的产业政策中行政指导的角色;《中国大百科·政治学》设立了"行政诱导"项目。参见王天华《试论中国的行政指导实践》,《行政与法》1996年第4期。

论文。① 三年后，罗豪才主编的《行政法论》一书设专节对行政指导问题予以探讨。② 研究渐成规模始自1990年代后期，兴盛于2004年后。③ 迄今为止，有七部关于行政指导的著作问世，包括：郭润生、宋功德所著的《论行政指导》（1999年）④，莫于川所著的《行政指导论纲》（2002年）和《行政指导要论——以行政指导法治化为中心》（2002年）⑤，莫于川等著的《法治视野中的行政指导》（2005年），曹静辉所著的《论中国行政指导的完善与强化》（2007年），田文利所著的《非强制性行政行为及其法治化路径研究》（2011年），以及陆伟明、周继超主编的《行政指导在行政执法中的规范运用：以重庆市北碚区实施行政指导为样本》（2013年）。此外，近年来出版的几乎所有的行政法专著和教材上，均以专章或专节的形式论及行政指导，涉及定义、特点、功能、分类、法律依据，以及事实上的强制力等问题。以行政指导为主题的专题论文和学位论文，则主要围绕行政指导的性质、法律规制、司法救济机制、制度的中外比较、实践中的困难及对策等问题展开。

　　从研究视角和方法来看，目前关于行政指导的研究，往往跨越与行政指导制度相关的经济学、政治学、法学（包括法理学、宪法学、行政法学、经济法学）等各个领域，研究者综合采用文献分析、比较研究、实证调查、个案分析、对策研究等方法，从法律经济学、法哲学、法社会学、法律心理学等交叉学科的角度，努力突破原有的学科界限，进行多角度观察。这样的综合研究方法，对于行政指导乃至整个行政法学的基础理论和行政法治实践，均有着重要价值。

　　但需要正视的是，无论是行政指导的基础理论（包括概念、性质和特点），还是对目前行政指导实践的认识和分析，抑或对行政指导制度化

---

① 杨海坤：《论行政指导——我国行政管理的新模式》，《1985年全国行政管理学会学术研讨会论文集》，广西南宁。

② 罗豪才主编：《行政法论》，光明日报出版社1988年版，第161页。

③ 在中国知网以"行政指导"为主题进行检索发现，1990年至2012年，该网收录的各年度发表的论文篇数分别为：3、2、5、15、23、7、6、9、11、16、34、37、53、87、130、119、175、191、190、292、308、330、260。

④ 该书是我国第一部系统论述行政指导制度理论与实践的专著。

⑤ 《行政指导要论——以行政指导法治化为中心》是我国第一篇专题研究行政指导的博士学位论文。

前景的设计，整个行政法学界仍是分歧多于共识。可以说，行政指导在我国是一个方兴未艾的研究领域。

二 行政指导的概念辨析

行政法学界已基本认同，行政指导作为一个描述性概念，是行政法学意义上对一类行为的归纳性总称。[①] 但对于行政指导的内涵究竟为何，学界的认识并不统一，这在一定程度上妨碍着行政指导法学研究的深入。

例如，有学者认为，"行政指导是指行政主体在其法定职权范围内，为实现特定行政目的，遵循法律位阶原则，制定诱导性法律规则、政策；或者依据法律原则、规则与政策，针对特定相对方采取具体的示范、建议、劝告、警告、鼓励、指示等非强制性方式，并施以利益诱导，促使相对方为或不为某种行为之非强制性行政行为"。[②] 也有学者认为，"行政指导是行政机关在其职责范围内，为实现一定行政目的而采取的指导、劝告、建议等不具有国家强制力的行为"。[③] 类似的定义还有："行政指导是行政机关在其职权范围内，针对相对人采取诱导或引导措施，谋求相对人自愿以行政主体期待之方式配合（作为或不作为），以实现行政管理目的的非强制性行政行为"；[④] 以及 "行政指导是指行政主体在其职责范围内，采取劝告、建议、鼓励等非权力性的手段，在相对方同意或协助之下，要求其为一定作为或者不作为，以实现行政目的的行政活动"。[⑤] 北京大学公法研究中心行政执法与行政程序课题组起草的《行政程序法（试拟稿）》则指出，行政指导是行政机关或其他行政主体为达成一定行政管理目标，就其所管理事务，向行政相对人提出建议、劝告、咨询意见或发布信息或行动指南，引导行政相对人作出或不作出某种行为的非强制性行政

[①] 朱新力、金伟峰、唐明良：《行政法学》，清华大学出版社2005年版，第283页。

[②] 郭润生、宋功德：《论行政指导》，中国政法大学出版社1999年版，第59页。

[③] 莫于川：《行政指导要论》，人民法院出版社2002年版，第11页。

[④] 姜明安主编：《行政程序研究》，北京大学出版社2006年版，第322页。

[⑤] 余凌云：《行政法讲义》，清华大学出版社2010年版，第272页。

行为。① 至于官方层面的认识，则在全国人大法工委的《行政程序法（试拟稿）》中有所体现。该试拟稿所定义的行政指导，是指行政机关为谋求当事人作出或不作出一定行为以实现一定行政目的，而实施的指导、劝告、建议等不具有国家强制力且不直接产生法律效果的行为。

上述定义对于行政指导的法定性（或称职权性）、外部性、行政目的性、非处分性、非强制性、灵活性、诱导性、手段的多样性等特点已基本达成共识，② 现存的分歧主要在四个方面：第一，行政指导的主体是行政主体抑或行政机关；第二，行政指导是权力行为还是非权力行为；第三，针对不特定多数人的行政计划、规划等，是否属于行政指导；第四，行政指导只包括针对相对人的指导，还是也包括行政机关内部上级对下级的指导。总体来看，行政指导的主体和对象范围，均呈扩大的趋势。目前主流观点认为，行政指导的主体应当既包括行政机关，也包括法律、法规授权的组织等其他行政主体；其对象应当既包括特定相对人，也包括不特定的多数人，即抽象的行政计划、规划等行为也属于行政指导的范畴。③ 至于行政指导是否包括行政机关内部上级对下级的指导，多数学者持否定的态度。④ 这种观点可能建立在行政法主要是解决外部行政关系的认识基础上。也有学者认为，行政机关的上级领导对下级采用指导的方式，作为近年来行政管理中逐渐得到重视的一种领导方式（或曰行政改革），理应纳入行政指导的范畴；但同时也承认，内部的行政指导在法规范、程序和救济上，与外部行政指导存在不同之处。⑤ 而分歧的第二点，即行政指导是权力行为还是非权力行为，是关涉行政指导性质的关键问题，下文将进一步分析。

---

① 参见北京大学公法研究中心网站，网址：http://www.publiclaw.cn/zxdt/DispZxdt.asp/ID=22。
② 参见莫于川《行政指导要论——以行政指导法治化为中心》，人民法院出版社2002年版，第26—32页。
③ 关于行政指导是否只针对特定相对人作出，争议未泯。即便是在行政指导研究成果丰富的日本，学界也有不同意见。
④ 例如，参见刘宗德《试论日本的行政指导》，《政大法学评论》1989年第40期。
⑤ 参见余凌云《行政法讲义》，清华大学出版社2010年版，第272—273页。

三 行政指导的性质

行政指导的性质是其理论的核心问题，却也是目前分歧最为严重的问题。对于行政指导的非强制性及事实行为的性质，行政法学界已基本达成共识，目前相关争论主要围绕行政指导是否具有权力性展开。

由于行政指导在执行手段上所具有的非强制特征，一直以来，"行政指导是非权力行为"的论断似乎是行政法学界的"通说"。[①] 学者们或明确指出行政指导是一种"非权力性行为"，或间接表达了这样的观点。[②] 但近来这种观点已受到了越来越多的质疑。持反对意见的学者认为，这种论断一方面是基于对权力行为与执行手段的强制性之间关系的机械理解，[③] 更深层次的原因则在于我国曾受到德国行政行为（行政处理，Verwaltungsakt）概念的影响，将行政行为理解为行政机关就具体事件所为的对外发生法律效果的单方法律行为，从而将包括行政指导在内的事实行为排除在行政行为和"公权力行为"之外。[④] 随着行政行为理论的发展，主流行政行为理论所理解的"行政行为"在内涵和外延上，已远较德国法上的概念宽泛，例如江必新提出的"统一行政行为"的概念。[⑤] "强制是行政权行使的唯一特征"的结论已为主流学说所摒弃，行政指导等与传统的"命令—服从"式行政行为之间尽管在方式上存在强制与非强制性

[①] 参见吴华《论行政指导的性质及其法律控制》，《行政法学研究》2001年第2期。

[②] 参见皮纯协主编《行政程序法比较研究》，中国人民公安大学出版社2000年版，第391页；莫于川《柔性行政方式法治化研究——从建设法治政府、服务型政府的视角》，厦门大学出版社2011年版，第146—148页。还有学者认为，行政指导和行政合同等在本质上不属于行政行为，只是一种在主体、内容或形式上"与行政相关"的行为。参见胡建淼《行政法学》，法律出版社1998年版，第408—424页。

[③] 基于传统的理解，以法律上的强制力为后盾的行政行为与权力性行为之间，没有法律上的强制力与非权力性行为之间，被画上了等号。参见罗志敏《试论行政指导》，《行政法学研究》1999年第3期。

[④] 参见朱新力、金伟峰、唐明良《行政法学》，清华大学出版社2005年版，第284—285页。

[⑤] 江必新、李春燕：《统一行政行为概念的必要性及其路径选择》，《法律适用》2006年第1—2期。

的区分，但并不意味着它们在性质上有非权力性和权力性之别。① "行政行为既然是行政机关行使职权的行为，那么它必定是一种权力行为"，只是根据权力性的强弱，可将其再分为"强权力行为"和"弱权力行为"。② 有学者更明确指出，行政指导的出现所表现的是行政权扩张的倾向，因而"从逻辑上说，称行政指导为非权力性行为亦是一个悖论"。③

在此基础上，学者指出，具有非强制性特征的行政指导行为在现实中显现出强大功能，而保障行政指导实效性的机制包括事实上的强制力和诱导利益的设置两方面。其中，事实上的强制力主要体现在规制性和调整性行政指导中，④ 诱导利益的设置则主要针对助成性行政指导，⑤ 相对人实际上并不真正具有充分的"意志自由"。⑥ 正如两位法官在审判实践的经验基础上所指出的，行政指导是拟制平等的双方为着各自利益而采取积极柔和手段进行的多次博弈；但在此过程中受到诱导利益和信赖利益的影响，行政主体与相对方实际上处于一种事实上的不平等状态，使行政指导具有了一种事实上的强制力。⑦ 还有学者指出，在有些情况下，行政指导在实际运用中还具有一定的担保手段，⑧ 这些担保手段的存在，也使行政

---

① 《非强制行政行为——现代行政法学的新范畴》，110 法律咨询网，网址：http://www.110.com/falv/falvlunwen/xingzhengfalunwen/qtxzflw/2010/0726/188140.html。
② 杨海坤、黄学贤：《中国行政程序法典化》，法律出版社 1999 年版，第 387 页。
③ 郭润生、宋功德：《论行政指导》，中国政法大学出版社 1999 年版，第 58 页。
④ 参见唐明良、李鸿兰《行政指导的权力性——比较法和社会学意义上的考察》，《行政法学研究》2005 年第 4 期。
⑤ 参见朱新力、金伟峰、唐明良《行政法学》，清华大学出版社 2005 年版，第 285 页。
⑥ 参见杨海坤、黄学贤《行政指导比较研究新探》，《中国法学》1999 年第 3 期。
⑦ 参见段禹、王心福《试论行政指导的救济》，中国法院网，网址：http://www.chinacourt.org/article/detail/2005/10/id/182215.shtml。
⑧ 根据台湾地区学者刘宗德的研究，这些担保手段有：公布已为行政指导或不服从行政指导的事实；进行行政指导时，对行政权限保留不加使用；利用其他行政权限，对不服从者加以制裁。参见刘宗德《试论日本的行政指导》，《政大法学评论》1989 年第 40 期。

指导在有的情况下获得了某种事实上的强制效果。①

四 行政指导的分类

目前为行政法学界普遍认同的行政指导分类，是根据行政指导的功能将它分为规制性指导、助成性指导和调整性指导。这一分类借鉴自日本。② 所谓的规制性指导，是指以规制行政相对人的活动为目的进行的，是对妨碍公共秩序、危害公共利益的行为的规范和制约；助成性指导是指为达成预期的行政目的（例如推动某项政策的实施）而为相对人出谋划策或作出指导性建议的行为；而调整型指导是为了解决相对人之间的纠纷而进行的。③

此外，还有不同的学者从不同角度，对行政指导进行了分类。例如，有学者以指导是否具有法律依据为标准，将其分为"正式的行政指导和非正式的行政指导"，正式的行政指导有着明确的行为法依据，应遵从基本的程序规则，是行政主体的法定义务；非正式的行政指导则没有行为法上的直接依据，行政主体具有较大的自由裁量权。④ 这一分类有助于行政指导司法审查标准的确立。还有学者以指导针对的对象为标准，分为一般和个别行政指导；以行政指导蕴含的行政意志的强弱为标准，分为警示性行政指导和非警示性行政指导，其中警示性行政指导的行政意向较为强烈，相对人不遵守可能会承担不利的法律后果；⑤ 以指导的形式为标准，分为书面的和口头的行政指导，等等。⑥

行政指导的具体表现方式十分多样。莫于川将其做了十分细致也是十分体系化的归纳，包括：指导、引导、帮助、辅助；通知、提示、提醒、建议；劝告、说服、规劝；劝诫、告诫、劝阻；建议、意见、主张；商

---

① 参见余凌云《行政法讲义》，清华大学出版社2010年版，第276—277页。
② ［日］盐野宏著、杨建顺译：《行政法》，法律出版社1999年版，第143—144页，转引自姜明安主编《行政程序研究》，北京大学出版社2006年版，第323页。也可参见莫于川《行政指导要论》，人民法院出版社2002年版，第40页。
③ 参见余凌云《行政法讲义》，清华大学出版社2010年版，第273—274页。
④ 姜明安主编：《行政程序研究》，北京大学出版社2006年版，第324页。
⑤ 参见蒋正平、何立慧《行政法学》，兰州大学出版社2004年版，第279页。
⑥ 朱新力、金伟峰、唐明良：《行政法学》，清华大学出版社2005年版，第283页。

讨、协商、沟通；赞同、提倡、表彰；宣传、推广、示范、推荐；激励、勉励、奖励；调解、调和、协调、周旋；指导性计划；纲要行政、导向性行政政策；发布官方信息、公布实情，① 等等。②

五　行政指导的兴起背景和独特功能

行政指导作为一类新的行政行为方式，其兴起的特定背景和独特功能，也是学者们研究的兴趣所在。

综合学者们的解读，行政指导在现代行政法上的迅速崛起具有以下背景：其一，随着民主宪制的建立和发展，人权保障意识深入人心，而传统行政手段过于生硬，转而探寻更加符合现代宪制理念的新手段，③"指导式行政"的理念开始被接受。④ 其二，国家职能的转变和急剧扩张，而立法相对滞后，导致出现了一些规范真空亟须填补，而行政指导在一定程度上可以起到弥补规范真空的作用。其三，东亚国家（日、韩、中）对行政指导较为重视，还因为这些国家深受中华法系的儒家文化影响，民众对行政机关具有较强的唯上和尊重意识。⑤ 此外，理论思潮的变迁也构成行政指导迅速崛起的背景因素，特别地，有学者以美国为例指出，"非正式行政行为"在美国逐渐被关注和接受的理论背景，除了有社会学、法学和综合法学等之外，还有"规制缓和论"和新经济政治理论。⑥

学者们归纳的行政指导的功能包括：第一，对紧急行政及时作出反应，弥补立法之不足。在《公共危机管理・行政指导措施・行政应急性

---

① 也有学者认为，某些"无拘束力的提供资讯和通报情况"，如果只是政策宣示，并无特定的行政目的及其行政作用，则其不属于行政指导行为。参见翁岳生主编《行政法》，中国法制出版社2002年版，第911页。

② 参见莫于川等《柔性行政方式法治化研究——从建设法治政府、服务型政府的视角》，厦门大学出版社2011年版，第172—175页。

③ 参见余凌云《行政强制执行理论的再思考》，《中国人民大学学报》1998年第4期。

④ 参见陈新民《中国行政法学原理》，中国政法大学出版社2002年版，第236页。

⑤ 参见[日]根岸哲著、鲍荣振译《日本的产业政策与行政指导》，《法学译丛》1992年第1期。

⑥ 参见莫于川《行政民主化与行政指导制度发展（上）——以建设服务型政府背景下的行政指导实践作为故事线索》，《河南财经政法大学学报》2013年第3期。

原则——公共危机管理中的行政指导措施引出的行政法学思考片段》一文中，提到了行政指导具有应急性。① 还有学者认为，行政指导可以被用来进行行政策试验。② 第二，提高行政相对方的地位，"提供了民主参与行政过程的便利渠道"。③ 第三，作为法律强制手段的先行程序。第四，有助于协调、促进和疏通相冲突的利益关系。④ 第五，有助于减少执法冲突，降低行政机关和公务人员的政治和法律风险。⑤ 第六，具有预防和抑制的作用。⑥

六 行政指导实践中的突出问题

出于各种原因，各国行政指导实务中较普遍地存在着一些问题。对此，有学者做了比较全面的归纳，诸如，行为不够透明，存在"暗箱操作"；动机不纯正，掺杂不正当考虑；指导方与受指导方之间的关系尚未理顺，存在角色错位；行政主体用以保障指导实效性的一些"保障措施"，容易使指导变为实际上的强制行为，侵害受指导人权益；行政机关实施行政指导的职权和责任不明确；对行政指导造成的某些利益损害，难以得到有效救济。⑦

由于存在上述这些问题，一种否定行政指导甚至主张中国不宜推行行政指导的观点在学界已出现。例如王克稳提出，我国行政法应以审慎的态度来对待和接纳行政指导。并表示了几点担忧：在中国这样一个法治尚待健全和完善的国度，倡行行政指导是否会导致对法治原则的破坏？由于行政指导缺乏有力的法律监督，行政主体在运用行政指导时是否会借行政指

---

① 莫于川：《公共危机管理·行政指导措施·行政应急性原则——公共危机管理中的行政指导措施引出的行政法学思考片段》，《公法研究》2005年第1期。
② 参见余凌云《行政法讲义》，清华大学出版社2010年版，第274—276页。
③ 莫于川：《行政指导论纲——非权力行政方式及其法治问题研究》，重庆大学出版社1999年版，第52页。
④ 莫于川：《行政民主化与行政指导制度发展（上）——以建设服务型政府背景下的行政指导实践作为故事线索》，《河南财经政法大学学报》2013年第3期。
⑤ 郑宁：《行政指导的防控风险功能及风险防控机制的建立》，《攀枝花学院学报》2011年第1期。
⑥ 余凌云：《行政法讲义》，清华大学出版社2010年版，第274页。
⑦ 参见莫于川等《柔性行政方式法治化研究——从建设法治政府、服务型政府的视角》，厦门大学出版社2011年版，第178—179页。

导为名而行行政强制之实？行政指导是否会成为行政主体规避法律责任的一种手段？① 面对这些诘问展开思考，也许有助于学界在行政指导问题上的基本学术立场的进一步明晰。

七 行政指导的法治化

行政指导目前面对着赞誉与质疑并存、理想与病症同在的局面。那么，究竟应如何看待这一全新的法律事物？它能否（以及在何种程度上）与法治行政理念相契合？如何将这一具备良好初衷的制度纳入法治轨道？学者们从理论上对这些极具挑战性的问题，做出了自己的回答，为我国的行政指导制度提供了发展方向。归纳来看，大多数学者都认为，行政指导的法律控制应体现在事前、事中、事后，即合法性原则的约束（法律优先和法律保留）、程序法规制和救济制度的设置三个方面。

（一）合法性原则的约束

合法性原则首先要求，行政主体只有在对某一事务拥有法定管辖权时，才能就该事务实施行政指导。对于行政指导必须遵循"法律优先"的原则，行政法学界几无疑义。此原则的具体要求是：第一，如果已有法律对行政指导作为规定，则实施行政指导不得违反该法律规定；第二，行政指导不得与立法的精神和宗旨相悖；第三，行政指导不得违反行政法的基本原则，如比例原则等。② 有学者还指出，行政机关进行行政指导不得滥用自由裁量权，不得歧视行政相对方，否则构成违法。③ 而对于行政指导是否受"法律保留"原则的拘束，则存有疑问。行政法学界大多倾向于采用"功能目的保留说"，主张根据行政指导的具体情况区别对待，即以行政指导对相对人意志的影响程度，来决定是否需"法律保留"。即对于一些规制性较强，事实上具有强制效果和制约性，尤其是经常反复使用的行政指导，应该有具体的实体法上的依据；④ 而对于规制性行政指导以

---

① 王克稳：《政府干预经济的手段与经济行政行为探讨》，《东吴法学》2002年号。
② 参见朱新力、金伟峰、唐明良《行政法学》，清华大学出版社2005年版，第286—287页。
③ 崔卓兰、卢护锋：《我国行政行为非强制化走向之述评与前瞻》，《北方法学》2007年第2期。
④ 余凌云：《行政法讲义》，清华大学出版社2010年版，第277页。

外的指导行为，只要求其具有组织法或程序法上的依据、不与法律明文规定相抵触、不违反法律一般原则，而不强求其实体法上的明确依据。①

（二）程序法规制

学者们都赞同对于行政指导的程序法规制，因为"通过程序规则限制恣意，实现行政指导的目标合理化和过程合理性，……这种方法不但可行，而且成本最低"。②有学者主张在具体程序设计上，应结合行政程序法的理论和日本、德国等国的立法，并着重考虑告知、听证、行政程序终止、备案等几个方面的问题。③有学者补充认为，调查程序、商谈程序和申辩程序应当是行政机关实施行政指导必须遵循的。④余凌云的观点鲜明地体现了对相对方知情权的尊重，他主张，应对行政指导的程序作出如下必要的规范：（1）行政主体在实施行政指导时，应将内容、理由和负责人等告知相对人；（2）如果相对人要求行政主体提供记载指导内容和事项的书面材料，行政主体原则上不得拒绝，除非是要求相对人当场就完成的行为，或者要求的内容与已依文书通知相对人的事项内容相同；（3）为实现统一行政目的而对符合一定条件的多数人实施行政指导时，行政主体应实现依事件性质订立该等行政指导共同的内容事项，且除行政上有特别困难的以外，应予公布。⑤总的来看，研究者均强调，应在行政指导的程序中，保障行政相对方的意志和权益的尊重、表达和实现。

（三）司法救济

行政指导的司法救济和法律责任问题，一直是行政指导研究的难点，也是分歧较多的领域。理论上，之所以认为行政指导会存在法律责任问题，一方面是因为行政指导作为政府实施的行为，要受到"信赖保护原

---

① 参见朱新力、金伟峰、唐明良《行政法学》，清华大学出版社2005年版，第286—287页。

② 包万超：《转型发展中的中国行政指导研究》，见罗豪才主编《行政法论丛》（第1卷），法律出版社1998年版。

③ 参见章剑生《论行政指导及其程序》，《浙江社会科学》2002年第6期。

④ 崔卓兰、卢护锋：《我国行政行为非强制化走向之述评与前瞻》，《北方法学》2007年第2期。

⑤ 关于行政指导的公开，《湖南省行政程序规定》（2008年）和《山东省行政程序规定》（2011年）都做了规定。例如，《湖南省行政程序规定》第105条："行政指导的目的、内容、理由、依据、实施者以及背景资料等事项，应当对当事人或者公众公开，涉及国家秘密和依法受到保护的商业秘密或者个人隐私的除外。"

则"和"禁止反言"的约束；另一方面，是因为有些行政指导具有事实上的强制效果，对于相对方因不得不服从而受到的侵害，必须提供相应的救济。但事实上，对于行政指导究竟能不能追究责任和提供救济，取决于行政指导的定性以及其程序规范性的程度。这个问题十分复杂，至今争论不休。有学者在对行政指导理论和实践均已较为成熟的日本和美国的几例典型的行政指导诉讼案件进行分析后指出，由于对于行政指导的性质、作用、方式、适用、弊端、救济等方面认识的差异，对于案情相似的案件，不同国家的法院在相同时期，或者一个国家的法院在不同时期，裁判结果都会有极大差别。①

在行政指导理论和实践发展已经比较成熟的日本，关于这个问题的争论也持续了很长时间。日本法院一开始认为行政指导争议在法院是不可裁决的，因为相对人是自愿服从，因而无从要求救济。并且，行政指导不具有"行政处分"（相当于我国的行政处理）的性质，不能作为处分撤销之诉与无效确认之诉的对象。但在后续一些案例中，法院逐渐改变了态度。在1960年代中期的"窗口指导案"的判决中，东京地方法院认为，该案中行政机关的劝告"在实际上起到了不许可处分或附条件许可处分的作用……会使得公民的意志表达自由因行政机关的事前抑制措施超越了最小限度的范围而遭致丧失，故这种名为行政指导、实为附条件许可处分的行为乃是违宪和无效的行为"。② 1971年，东京地方法院在"塑料标尺公司诉国际贸易与工业部"③ 的判决中进一步肯定，内部指令没有改变当事人的具体权利义务，但对此却产生了严重影响，对于这种特定行政处理，当事人如果没有其他救济途径，应当允许起诉。自那以后，行政指导被纳入行政诉讼的受案范围。

我国目前相关的程序性法律规定是《行政复议法》和《行政诉讼法》，实体法中仅有《农业技术推广法》（2003年）规定了指导过错的赔

---

① 参见莫于川《国外行政指导典型案例研究》，《行政法学研究》2003年第3期。

② 同上。

③ 在该案中，原告是一家制造和销售塑料尺的工厂，其产品采取多种度量单位（包括厘米、英寸等）。国际贸易与工业部下发一个通知，要求尺子一律采用厘米度量，并指示当地行政机关处理，将处理结果上报该部。地方行政机关遂向原告发出了一个停止生产的警示。原告申请异议无效，提起诉讼。

偿责任。《行政复议法》第2条规定了复议范围："公民、法人或者其他组织认为具体行政行为侵犯其合法权益,向行政机关提出行政复议申请,行政机关受理行政复议申请、作出行政复议决定,适用本法",而行政指导作为一种事实行为,似乎不属复议范围;第6条对于可以提起复议行为的列举中,也没有包括"行政指导"。《行政诉讼法》对于受案范围的规定,同样使用了"具体行政行为"的概念,似乎也排除了行政指导。最高人民法院《关于执行〈中华人民共和国行政诉讼法〉若干问题的解释》的第1条第2款第4项规定:不具有强制力的行政指导行为,不属于法院行政诉讼受案范围。对于这一司法解释,有不同理解。多数学者认为,行政指导中"不具有强制力"的一类并未直接影响相对方权益,因此不可诉,但具有事实上强制力的行政指导则属于受案范围。参与起草该司法解释的人士则指出:"不具有强制力"是定语,只是为了进一步提示行政指导的性质。[①]

尽管如此,随着行政指导被排除在司法救济之外所带来的弊端和问题愈发明显,学者们纷纷主张行政指导应纳入司法审查范围,他们所持的主要理由是,相对人基于政府承诺的确信而产生的信赖利益应得到救济。[②]同时,他们也主张对不同行政指导予以区分对待:如果行政指导是纯指导性的,即当事人完全出于自愿而作出响应,由此而造成损害,不能提起行政复议或行政诉讼;对于实践中那些以行政指导名义实施的,实质上属于具体行政行为的,可申请复议或提起行政诉讼。[③] 甘文也认为,随着行政法治适用范围的不断扩展,在条件成熟时,部分行政指导行为可以接受司法审查。[④]

在此基础上,有学者就不同情形下行政指导主体的补偿和赔偿责任,作了进一步分析后认为,如果行政指导本身没有任何瑕疵,但接受指导者

---

① 参见甘文《行政诉讼司法解释之评论——理由、观点与问题》,中国法制出版社2000年版,第25—26页。

② 参见包万超《转型发展中的中国行政指导研究》,见罗豪才主编《行政法论丛》(第1卷),法律出版社1998年版,第336页;崔卓兰、卢护锋《我国行政行为非强制化走向之述评与前瞻》,《北方法学》2007年第2期。

③ 参见应松年主编《行政行为法》,人民出版社1993年版,第581—582页。

④ 参见甘文《行政诉讼司法解释之评论——理由、观点与问题》,中国法制出版社2000年版,第25页。

因其他原因遭到一定损失,则行政指导主体应基于信赖保护原则,向被指导者赔礼道歉,并适当给予一定经济补偿;如果行政指导者因自身情报或信息有误而误导了被指导者而使被指导者遭受较大损失,指导者应考虑到行政机关在占有信息、情报方面的全面性、权威性而负有一定的补偿责任;如果行政指导内容违法,而受指导者出于不知情接受了指导,则行政指导主体必须给予包括直接损失和间接损失在内的全部赔偿。① 如果指导者的行政指导行为存在着动机不纯正、程序不透明、不平等对待、侵犯被指导者自主权、指导事务不属于该行政机关职权范围、以指导代处罚等现象的,则属行政违法或不当,应承担相应责任。②

第二节 行政合同研究的新发展

一 研究概述

中国行政法学者在中华民国时就曾从日本引入"行政契约"概念,并将之写入教科书。③ 新中国成立后很长一段时间,法学界关注的是传统行政行为和私法合同,对于行政合同的研究呈现空白。张树义于1994年完成的《行政合同》是该研究领域的第一本专著,在该书中,针对当时的研究状况,张曾言,"在中国学术界的研究中,行政合同几乎可以说仍是'不毛之地'"。④ 其后,对于行政合同制度的研究继续推进,一些专著对行政合同有所涉及,行政法教科书中也大多专设章节对它进行介绍。在1995年至2013年的十数年间,有十部左右关于行政合同的专著出版,包括余凌云的《行政契约论》(2000年、2006年)、王克稳的《政府合同研究》(2007年)、施建辉与步兵的《政府合同研究》(2008年),以及

---

① 参见杨海坤、黄学贤《行政指导比较研究新探》,《中国法学》1999年第3期。

② 参见莫于川等《法治视野中的行政指导》,中国人民大学出版社2005年版,第238页。

③ 参见范杨《行政法总论》,上海商务印书馆1935年出版。转引自于立深《中国行政合同制度的实践与发展——透过行政合同判例和法律文书的观察》,见余凌云主编《全球时代下的行政契约》,清华大学出版社2010年版。

④ 张树义:《行政合同》,中国政法大学出版社1994年版,前言,第1页。

法律出版社的"行政契约四部曲"。① 相关论文数量也在逐年增加,在1989年至2013年8月间,共有400余篇研究行政合同的论文发表,并出现了为数不少的以此作为研究主题的硕士和博士学位论文。2005年时,有学者曾预言我国关于行政合同的研究将"走向繁荣"。② 部分受助于国内外的行政合同实践产生的推动力,部分得益于早期学人独立而深入的研究所积累的学理和话语资源,③ 这一预言正在实现之中。

目前中国对于行政合同问题的研究,可归纳为三个层面:一是观念层面,关注将契约精神所内含的价值因素引入公共权力管理领域,即文化层面的行政合同问题;二是手段层面,结合对契约国家、市场化、民营化、民主等的研究,旨在重新审视和平衡公共权力和私人权益之间的关系,将行政合同作为一种新型的行政管理手段,关注政策工具层面的行政合同问题;三是制度层面,即将行政合同作为具体的社会关系调整方式,从严谨的权利义务关系的逻辑结构、可执行力及其司法审查入手,强调行政合同作为一种形而下的、可调整和控制的制度工具,关注行政合同在社会生活和生产秩序中的实际运行问题。④ 从学术研究的角度看,我国行政法学界的分歧处于呈缩小之势,例如对于行政合同的识别标准已初步达成共识,对于"行政合同兼具行政性与合同性"已基本接受,并认为行政合同"可以也应当借鉴较为成熟的私法契约规则"。⑤ 在此基础上,学界围绕行政合同,

---

① 包括杨解君主编《中国行政合同的理论与实践探索》,法律出版社2009年版;蔺耀昌:《行政契约效力研究》,法律出版社2010年版;步兵:《行政契约履行研究》,法律出版社2011年版;施建辉:《行政契约缔结论》,法律出版社2011年版。

② 参见邢鸿飞《行政合同》,见应松年主编《当代中国行政法》(下卷),中国方正出版社2005年版,第973—974页。

③ 早年的研究中,有代表性的包括但不限于周伟:《论行政合同》,《法学杂志》1989年第3期;牛太升:《行政合同及其诉讼地位探讨》,《中国法学》1992年第3期;高鸿:《行政合同刍议》,《行政法学研究》1993年第12期;关保英:《论市场经济与行政合同内涵的转变》,《法律科学》1994年第1期;刘莘:《行政合同刍议》,《中国法学》1995年第5期;孙笑侠:《契约下的行政——从行政合同本质到现代行政法功能的再解释》,《比较法研究》1997年第3期;余凌云:《论行政契约的救济制度》,《法学研究》1998年第2期等。

④ 于立深:《中国行政合同制度的实践与发展——透过行政合同判例和法律文书的观察》,见余凌云主编《全球时代下的行政契约》,清华大学出版社2010年版,第13页。

⑤ 参见施建辉《行政契约缔结论》,法律出版社2011年版,第2页。

展开了一些高层次对话和论辩。在对话中，对于行政合同的概念是否确能成立等元命题进行了辩论，① 对于行政合同中是否存在真正的合意、依法行政与契约自由的关系如何协调、行政合同中行政主体的特权及其约束、行政合同的司法救济等问题，提出了逻辑性和说服力很强的论断。②

二 行政合同概念的"适法性"

行政合同一经产生就饱受质疑。无论是在受奥托·迈耶的传统行政法学统率的德国，还是在戴雪的古典法治思想影响下的普通法国家，抑或行政合同的理念和具体制度借鉴自前两者的我国台湾地区，都曾就行政合同概念的正当性问题展开激辩。实践演进和理性辩论的结果，是行政合同的"适法性"已不构成问题，转而深入至更为具体和切实的领域。③

中国的行政合同，则还在为获得其应有的"名分"而努力。《合同法》（1999年）出台前后，行政法和民商法学界曾围绕行政合同概念展开过激辩。大部分行政法学者主张将行政合同纳入合同法，④ 民法学者则多

---

① 例如，阎磊的《行政契约批判》（知识产权出版社2011年版），作者从自己的视角，层层分析"行政契约"的理论基础，指出"行政契约"是一个伪概念。

② 此处所根据的是中国知网（www.cnki.net）和读秀网（www.duxiu.com）的查询结果，最后查询时间：2013年8月30日。根据查询得知，相关博士论文共有6篇，分别是邹志臣：《行政契约基础理论法哲学研究：以公法与私法的衔接为视角》，吉林大学2006年博士学位论文；苏林琴：《我国高等学校与学生的行政法律关系研究——兼论高等学校与学生行政契约关系成立的可能性》，北京师范大学2007年博士学位论文；施建辉：《行政契约缔结论》，武汉大学2007年博士学位论文；步兵：《行政契约履行制度研究》，武汉大学2007年博士学位论文杭仁春：《行政契约违约责任研究》，武汉大学2009年博士学位论文；闫磊：《行政契约否定论》，武汉大学2009年博士学位论文。

③ 参见[德]哈特穆特·毛雷尔著、高家伟译《行政法学总论》，法律出版社2000年版，第361页；[德]平特纳著，朱林译：《德国普通行政法》，中国政法大学出版社1999年版，第148页；林明昕：《行政契约与开发契约——以农地开发利用契约为中心》，见吴庚大法官荣退论文集编辑委员会编《公法学与政治理论——吴庚大法官荣退论文集》，2004年版，第558页。

④ 行政法学界的绝大部分学者认同行政合同概念的成立，但对于行政合同是否应纳入合同法则持有不同看法。例如，余凌云就认为，行政合同与民事合同属于完全不同的理论模型，将这两种不同性质的法律关系调和于一部合同法中，会在立法技术上遭遇极大困难。参见余凌云《行政契约论》，见罗豪才主编《行政法论丛》（第1卷），法律出版社1998年版。

持否定态度。1997年，应松年发表《行政合同不容忽视》一文，指出合同法应对行政合同予以专门规定；① 梁慧星则针锋相对，认为行政法学所界定的绝大多数行政合同（包括政府采购、国家粮油并购、军用物资采购、公共工程、科研开发合同等）属于民事合同，所涉为民事法律关系而非行政管理关系。②"如果说有所谓行政合同的话"，也只能存在于行政权力作用领域，例如中央与地方财政之间签订的财政包干协议、行政机关罚没款收入上交协议等，才属于行政合同。③ 甚至有民法学者发出警示，"警惕计划体制下的行政专断借助行政合同死灰复燃"。④《合同法》终未将行政合同纳入，此后民商法学界对于行政合同一直报以"淡定"而沉默的态度。

最高人民法院的江必新曾以理论共识与法制建构之间的关系，来论证在我国构建行政合同法制之必要性。他说："立法需要理论上做充分准备，但并不要求达成理论共识（即便是基本共识）。理论共识与法制构建之间是互促关系而非先后关系，不能以一方作为另一方的前提。从经验来看，理论争议较大的问题，有时恰恰需要立法建制来结束或减少争议。"⑤ 言下之意，是中国法学界尚未就行政合同达成理论共识（哪怕是基本共识）。面对这种现实，从事行政合同研究已十余年的余凌云不无憾意地说，"在中国学者眼里，行政契约是个巨大的问号！"⑥

事实上，中国的行政合同研究者（和实践者）们多年来一直在理想与现实的夹缝中艰难前行。尽管行政委托合同、特许经营合同、征用征收补偿合同、行政协作合同等区别于传统私法合同的合同类型在实践中运用得日益频繁；尽管国内几乎所有的行政法教科书都将行政合同作为一部分

---

① 应松年：《行政合同不容忽视》，《法制日报》1997年6月9日。
② 参见梁慧星《合同法讲座》，百度空间，网址：http://hi.baidu.com/sjflwz/blog/item/39dae10784cfbecc7a89474c.html。
③ 参见梁慧星《中国统一合同法的起草》，见梁慧星主编《民商法论丛》（第9卷），法律出版社1997年版，第29—30页。
④ 参见史际春《〈合同法〉的喜与忧》，《法学家》1999年第3期。
⑤ 江必新：《中国行政合同法律制度——体系、内容及其构建》，《中外法学》2012年第6期。
⑥ 余凌云：《它还是个问号吗？》，见余凌云主编《全球时代下的行政契约》，清华大学出版社2010年版，第1页。

予以绍介，聆听着不时入耳的批判之声，① 我们还是不能否认，"行政合同还没有得到学术界和实务界的普遍承认"。② 对此问题的解决，需要公、私法学者摒弃单一视角，深入研究、积极交流，实现理论的整合和方法论的创新。

三 行政合同的识别

中国近代以来的法律思维之逻辑起点，是概念。关于行政合同的争论，也常常起于行政合同概念本身——它成立与否？如果成立，它与其他概念之间的实质区别何在？

归纳我国行政法学者对于行政合同的定义及特点的论点可知，关于行政合同的识别标准、进而对于行政合同内涵和外延的争议，主要集中于以下三点。

（一）行政主体间签订的合同是否属于行政合同

将"合同的缔约方中是否至少有一方为行政主体"，作为区分行政合同和私法契约的标准之一，在我国几无疑义。③ 然而，就行政合同是否可存在于行政主体之间这一问题，存在着鲜明的分歧：一类观点认为，行政合同仅存在于行政主体与相对人之间。例如，叶必丰认为，"行政合同即行政契约，是指行政主体和相对人以协商一致的方式，设立、变更或消灭

---

① 参见阎磊《行政契约批判》，知识产权出版社2011年版。

② 参见马怀德主编《司法改革与行政诉讼制度的完善——〈行政诉讼法〉修改建议稿及理由说明书》，中国政法大学出版社2004年版，第343页。

③ 也有学者认为，存在两个私法主体之间签订的特殊的行政合同，这种合同的内容是有关行政事务的，或者合同受到行政法规则的支配，或者决定了公法上权利义务归属的，同样也是行政合同。参见陈敏《行政法总论》，台湾新学林出版山股份有限公司2004年版，第572页；宋子慧、董鸿波：《论行政合同法律关系主体与分类》，《中国工商管理研究》2002年第11期。持这种观点的学者不多。在德国和法国的实践中，也有这种情况。例如，德国Nordrhen-Westfalen的《水力法》第95条规定："维护水道之义务，经高等水利机关之同意，得以协议之方式由他人承受，发生公法之效力。"本文认为，行政合同作为现代国家行使行政目的的一种新型法律方式，是行政主体行使其职能的一种手段，其发起方应当是行政主体。尽管有些情况下私法主体间签订的合同涉及传统的公法活动领域，例如其效果促进了公共利益或者有助于公共管理目标的实现，但实践中判断这类合同的效果并不容易。正是由于这个原因，主张以合同主体和合同订立目的作为判断行政合同标准的法国，也将合同是否含有"超越私法的规则"作为补充的判断标准。

行政法上权利义务关系的合同", 行政主体之间达成的协议, 则通常应称为"行政协议"而不属行政合同。其主要理由是, 行政主体之间的合同不适用"行政优益权"原则, 亦不属行政诉讼范畴而经受司法审查。[①] 另一类观点主张, 行政合同亦可存在于行政主体和相对人之间。这种观点对行政合同主体外延界定更为宽泛, 属于主流观点。如应松年认为, "……不但行政主体与相对人之间可以缔结行政合同, 行政主体之间、行政机关和其所属下级机构或者公务员之间亦可能存在行政合同关系……";[②] 余凌云认为, "行政契约可以在行政主体与相对人之间、行政主体之间和其所属下级机构或者公务员之间缔结", 甚至"在法律有特别规定时, 非行政主体间也可能缔结"。[③]

上述两种观点对立的实质, 是对于对等权[④]合同是否属于行政合同的意见不一。第一种观点赞同行政合同仅为隶属性合同, 而第二种观点则将隶属性合同和对等权合同囊括入行政合同之中。事实上, 这两种不同观点也从侧面反映了我国对于国外行政合同理论及具体制度内容的不同理解和偏好。

正是由于国内外关于行政主体和行政合同主体理论存在着一定的差

[①] 参见叶必丰《我国区域经济一体化背景下的行政协议》,《法学研究》2006年第2期。亦可参见刘莘《行政合同刍议》,《中国法学》1995年第5期。

[②] 应松年认为"行政合同可以根据双方当事人的地位分为'对等契约'和'不对等契约'。这里作为划分标准的地位, 是指契约当事人在其自然状态下所处的事实上或法律上地位, 而不是缔约时所拥有的法律或形式上的地位, 因为后种地位完全可以通过法律规定而拟制平等。'对等契约'是由地位平等的当事人之间缔结的, 在行政合同中属于'对等契约'的主要是由不具有隶属关系的行政主体之间签订的合同, 比如, 政府间就毗邻行政区域界限的争议所达成的协议(《行政区域边界争议处理条例》第3、14条)……"参见应松年主编《行政法与行政诉讼法学》, 法律出版社2005年版, 第305—309页。其他学者的相似观点, 参见罗豪才主编《行政法学》, 中国政法大学出版社1989年版, 第228页;许崇德、皮纯协主编《新中国行政法学研究综述》, 中国政法大学出版社1991年版, 第472页;胡建淼《行政法学》, 法律出版社1998年版, 第421页。

[③] 余凌云:《行政法讲义》, 清华大学出版社2010年版, 第253页。亦可参见余凌云《行政契约论》, 中国人民大学出版社2006年版, 第24页。

[④] 对等权合同, "是指原则上地位相同的合同当事人之间, 特别是具有权利能力的行政主体间所签订的合同。"[德]哈特穆特·毛雷尔著、高家伟译:《行政法学总论》, 法律出版社2000年版, 第353页。

异，使得我国的行政合同在理论构建和立法及司法实践中的地位显得犹疑不定。例如，应松年主持起草的《行政程序法（专家试拟稿）》第六章"行政合同"中，第169条第1款规定，本法所称行政合同，是指行政机关为了实现行政管理目标，与公民、法人或其他组织之间，经双方意思表示一致所达成的协议。率先以立法形式确认行政合同的《湖南省行政程序规定》（2008年4月17日）也采用了这一主体规定较为宽泛的定义。①反对的观点则认为，"行政主体之间也可以缔结行政合同……意味着行政主体可以根据自身意志将自己权限范围内的权力在合意基础上全部或部分转移给对方行政主体"；"这是非常危险的，它违背了行政法上国家权力不得自由处分的一般规则，同时也有悖于宪法关于国家机关职权法定的规定"。②另一课题组——马怀德主持的教育部人文社会科学重点研究基地重大项目招标课题组——起草的《行政程序法（草案建议稿）》，则明确将"行政机关与其他行政机关、下属机构以及公务员之间签订的协议"排除出了该草案的调整范围。③

不同主体之间的关系，经过法律的调整会形成不同的权利义务关系，而这种法律关系一旦形成，就会对该法律关系的主体产生相应的制约，包括对该法律关系主体相关权益的救济管道和方式的设定。然而，目前我国关于行政主体和行政合同主体的理论认识尚存分歧，引致行政合同概念遭遇困惑，更使得行政合同法律制度的进一步构建缺乏坚实基础。行政合同主体究竟应包括哪些？无疑值得探讨。

对这个问题，本文赞同最宽泛的对于行政合同主体的划定，即行政合

---

① 该地方政府规章第93条规定：本规定所称行政合同，是指行政机关为了实现行政管理目的，与公民、法人或者其他组织之间，经双方意思表示一致所达成的协议。

② 参见罗豪才主编《行政法学》，中国政法大学出版社1989年版，第228页；许崇德、皮纯协主编《新中国行政法学研究综述》，中国政法大学出版社1991年版，第472页；胡建淼《行政法学》，法律出版社1998年版，第421页；应松年《行政合同不容忽视》，《法制日报》1997年6月9日；姜明安《行政程序研究》，北京大学出版社2006年版，第288页。

③ 该《行政程序法（草案建议稿）》第163条规定："本法所称行政合同，是指行政机关为了实现行政管理任务，与公民、法人和其他组织之间，经双方意思表示一致而达成的协议。行政机关与其他行政机关、下属机构以及公务员之间签订的协议，不属于本法调整的行政合同的范围。"

同可以成立于行政主体与相对方之间，也可以形成于行政主体之间。这种认定已为西方国家行政法理论与实践所普遍接受。例如，在德国和我国台湾地区行政法理论和实务上，都肯定行政机关间可缔结对等合同；日本公共团体间以行政合同方式达成行政目标的例子俯拾皆是；美国和英国亦存在行政主体之间的合同，例如行政机关之间的协作许多情形下就是通过合同来完成；在法国的去集权化（decentralization）时代，公共团体之间（包括中央与地方政府之间）签订的"合同"，是实现政治策略的一种重要手段；① 全球化背景下的跨域治理实践中，地方政府间（甚至不同国家的地方政府间）签订的行政合同正扮演着重要角色。②

就具有隶属关系的行政主体和公务员之间签订的合同而言，本文更倾向于余凌云和江必新的观点，③ 即在行政机关和其所属下级机构或公务员间也可能存在行政合同关系，因为"只要享有法定权限，即可在权限范围内表达意思，缔结行政合同"；④ 这同时也是符合现实的考量：我国当前实务中大量出现了行政机关内部通过层层签订责任书方式落实责任制的倾向，将其纳入行政法研究的视野是理智之举。

同时需要明确的是，对等行政合同由于与隶属行政合同在功能、规则适用、缔结的目的、具体权利义务分配、救济渠道和方式等方面大相径庭，因而不应作为《行政程序法》所调整的典型意义上的行政合同，应作为一类特殊的行政合同由《公务员法》或行政组织法等予以规范。⑤

（二）目标标准应采"行政（管理）目标"还是"公共利益"

将"合同缔结的目的"作为识别行政合同的标准，已为一般学者所认同。"合同目的标准说"主张，可探究缔结合同的行政机关的意思表示

---

① L. Neville Brown and John S. Bell, *French Administrative Law*, Oxford University Press Inc., 1993, p.193.

② Ibid..

③ 参见余凌云《行政契约论》，中国人民大学出版社2006年版，第16—18页；江必新《中国行政合同法律制度——体系、内容及其构建》，《中外法学》2012年第6期。

④ 陈淳文：《公法契约与私法契约之划分》，见台湾行政法学会主编《行政契约法与新行政法》，元照出版公司2002年版，第148页。

⑤ 该案裁定可见于台湾地区"法务部"编印：《行政程序法裁判汇编》，2004年印行，第593—595页。

来判断合同的性质。理由是，既然行政机关具有选择其行为形式的自由，因此其所缔结的合同的属性应该根据其主观态度加以判断。但是，就行政合同的目的究竟是为了"执行公务，实现行政目标"，还是"实现公共利益"这一问题，尚存分歧。① 大多数学者认为，行政主体执行公务，在实现行政目标的任务同时也是为着公共利益的目的，但公共利益的范畴远比行政管理目标宽泛，如果以公共利益为目的作为标准，恐怕会涵盖所有行政主体作为一方当事人的合同，因而赞成行政目标说。

我国台湾地区的台北高等行政法院1991年度诉字第2128号裁定理由，可以作为行政目标标准的佐证："区别公法契约及私法契约之标准仍采契约标的理论，惟如何判别契约标的之法律性质，依司法院释字第533号解释意旨……足见我国实务采契约目的说。惟契约目的，不能仅凭模糊之'公益目的'或私益目的即遽断契约之属性，否则行政机关所缔结之契约，经扩大目的或任务，皆被归类为公法契约，以致于行政机关任何订立之私法契约，均无存在空间。所以所谓契约目的，系指个别或特定之行政目的而言，法院于判断是否公法契约自应调查行政机关所订立之契约，其背后原因及追求之特定目的。"这一裁定理由充分表明，我国台湾地区的行政法院对于"合同公益目的说"抱持不信赖的态度，并试图对其予以限缩。就经验法则而言，由于行政机关行为的行为（或多或少）具有公益的追求，至少很难说完全与公益无关。公益目的说明显扩大了行政合同的范畴。②

---

① 持前种观点的占多数，有姜明安、杨解君、王克稳等，参见姜明安主编《行政法与行政诉讼法》，北京大学出版社、高等教育出版社2007年版，第350页；杨解君《中国行政合同的理论与实践探索》，法律出版社2009年版，第3—4页；王克稳《政府合同研究》，苏州大学出版社2007年版，第30页。持后一种观点的有邢鸿飞等，参见邢鸿飞、赵联宁《行政合同在BOT项目中的运用及其法律保障》，《河海大学学报》（哲学社会科学版）2001年第4期。

② 进而，对"合同目的说"台湾行政法院也在判决中表达了一些疑问，认为合同性质的判断应依客观而非当事人主观意思来判断。例如台湾地区"最高行政法院"99年度判字第786号判决理由认为："私立机构、团体依相关补助要点之规定向主管机构申请补助，主管机关如同意其申请补助而与之订立契约，相互约定补助之内容、目的，及其他双方之权利义务关系者，此项契约即属代替行政处分之行政契约，且不因契约当事人以之为私法契约所为约定之影响，而变成私法契约，……契约之公法性质，系客观判断之，而非依当事人之主观意思定之。"

当然，单纯强调行政（管理）目标标准也存在隐忧，尤其是在公私合作的背景下，强调行政管理目标可能会导致对相对人意思的忽视，导致在理论上过于强调"行政优益权"的情形，而不利于合作伙伴关系的建立。

（三）是否在目标标准之外，兼采法律关系标准或"特殊权力条款"

目的标准、法律关系标准和"特殊权力保留条款"，都涉及对于合同实质内容的考量。目的标准已为我国行政法学界通说所接受，但在目标标准之外，还应采哪种标准来从实质内容上划分行政合同与私法合同？是法律关系标准抑或"特殊权力条款"？众说纷纭。

受法国"三标准"的影响，多数学者将"特殊权力保留条款"作为识别行政合同的标准。[1] 例如，应松年在合同的目的标准之外，认为"在合同权利义务的配置上，行政机关具有某些特别权力，例如监督甚至指挥合同的实际履行，单方面变更合同的内容，认定对方违法并予以制裁"是判断行政合同的另一项标准。张树义、胡建淼、杨解君、王克稳等也持同样的见解。"法律关系标准说"亦非少数派，余凌云是"法律关系标准说"的拥护者。叶必丰也认为："行政合同，是指行政主体和行政相对人以协商一致的方式，设立、变更或消灭行政法上的权利义务关系的合同。"[2] 还有学者兼采法国的"三标准"和德国的"法律关系标准"，例如，姜明安认为，行政合同是具有公法上法律效果的行政法律行为，区别于其他合同之处在于合同的客体。也就是说，判断行政合同的实质标准应该是合同公法因素的存在与否。具体而言，要看合同的目的是否在于达成公共管理目标，以及合同是否创设、变更或消灭了行政法律关系。值得强调的是，姜还使用了"弱行政权力因素"的概念，在承认行政主体在行政合同中享有特权的同时，对其强制色彩进行了限缩："一方面，行政主体在行政合同中享有某些特权；另一方面，行政合同中行政特权的强制色彩要明显弱于行政主体在行政命令中所享有的职权。"[3]

---

[1] 参见应松年《行政合同不容忽视》，《法制日报》1997年6月9日第1版。
[2] 叶必丰：《行政法学》，武汉大学出版社2003年版，第291页。
[3] 姜明安：《行政程序研究》，北京大学出版社2006年版，第289—290页。

德国的"法律关系标准",被认为有"循环论证"的嫌疑。① 因为,"行政法律关系"指的是行政法规范在对行政权力行使中产生的各种社会关系加以调整之后形成的一种行政法上的权利义务关系;行政行为则是行政主体运用行政权力针对行政相对人作出的行为。"法律关系标准说"明显是把行政法律关系这一行政法规范调整行政管理关系的结果作为标准,造成了"逻辑上的矛盾"。② 作为修正,学者提出,法律关系标准理论需要考察合同的规范依据,如果依据的是公法,则属行政合同。然而对于这一"规范依据标准",也不无疑问,这是因为:一则可能存在公私法混合的合同,二则这种判断的前提是法律上必须存在明确规定,在合同的缔结没有直接依据或没有法律的强制性规定时如何适用(尤其是对于公私合作合同),则无法回答。③ 也许部分基于这种考虑,郑春燕进而将"行政主体有无相应的行政裁量权"作为判断合同属民事或行政的标准,并主张,如果法律法规已明确合同权利义务所涉事项属于行政主体的裁量范畴,该合同当属行政;若找不到直接连接合同的法规范,则通过检视合同所涉事项是否在行政组织法上属于行政主体的分管范围来定。④ 这一提法很有新意,基本属于对"法律关系标准"的具体诠释,较之抽象的"法律关系标准"更具理解性和操作性。

鉴于钻研关于识别行政合同的"主体说、修正的法规主体说,乃至综合考察说……注定会徒劳无功",也有学者呼吁"倒不如化繁为简,干脆透过立法途径或者直接采行为主体说,将一切契约,只要有行政机关参与为契约当事人者,无论有没有法律依据,都一律划定为公法契约"。⑤

---

① 参见程明修《行政契约标的理论》,见程明修《行政法之行为与法律关系理论》,新学林出版股份有限公司 2000 年版。
② 马怀德主编:《行政程序立法研究》,法律出版社 2005 年版,第 416 页。
③ 参见程明修《行政契约标的理论》,见程明修《行政法之行为与法律关系理论》,新学林出版股份有限公司 2005 年版。
④ 参见郑春燕《论裁量视角下的行政契约》,《浙江学刊》2007 年第 5 期。
⑤ 许宗力:《双方行政行为——以非正式协商、协定与行政契约为中心》,见杨解君主编《行政契约与政府信息公开》,东南大学出版社 2002 年版,第 63 页。同时,许宗力自己也承认,单一的主体说,会使得原本属于行政辅助行为或行政营利行为的合同,都被归于行政合同的范畴,致使行政效率受损。

这是一种实用主义的路径,深得英美法系政府合同理论与实践之精髓,[①]但遗憾的是,在素有公私法划分的传统、拥有司法多元制的法制构造的大陆法系国家和我国,这样做无疑回避了无从回避的问题。从实际意义上而言,之所以要识别行政合同,将它与单方行政行为、与私法合同界分开来,简单来说"即在于救济法院的选择与行政程序法的适用与否方面"。[②]

蔺耀昌在行政合同的界定这一问题上,见地颇深。蔺认为,从实际生活经验来看,之所以将合同分为行政合同和私法合同,并对行政合同制定特殊的调整规则,其根本原因有三:第一,行政主体具有事实上和法律上的优势地位;第二,行政主体担负着特殊的公共任务,必须服务于公共利益,但同时,行政公务人员和部门具有私利和部门利益;第三,行政主体支配着公共资源,有义务确保不特定的相对人通过公平竞争获取使用这些公共资源以谋求自我生存和发展。基于行政合同在这三个方面的特殊性,各国法律对于行政合同给予不同程度的"特别"规制。相应地,这些"特别"规制的目的在于:第一,防止行政主体滥用优势地位,以合同的名义侵害相对人的合法权益;第二,防止行政主体借契约方式,借契约自治逃避公共任务,侵害公益;第三,在确保有效达成公共行政目的的前提下,在公共资源利用过程中实现公平竞争。依循同样的逻辑,区分公、私法合同,宜以主体推定为前提,即以行政主体作为一方所缔结之合同在识别上应以行政合同为原则,而以私法合同为例外。进而,这类合同只要存在以下三种情形之一,即应被认为属行政合同:(1)存在行政主体滥用优势地位,以合同方式侵害公民、法人或者其他组织的合法权益之虞的;(2)存在行政主体以合同方式逃避公法规制,贩卖公权以谋取非正当利

[①] 在英美法系国家,所有由行政机关与他人订立的合同统称为政府合同。"原则上,政府契约适用普通契约法的规定,除非政府基于社会公共利益或契约妨碍政府正常执行职务,行使国会警察、征收等权,否则,不能否除普通法原则。"(于安:《政府活动的合同革命》,《比较法研究》2003年第1期。)此外,行政机关订立、撤销、变更、解除合同的行为若属行使行政职权,则应受行政法规则调整,而合同法权益受到该行为影响的人,可就此类行为寻求行政法救济。实践表明,对于一些特殊类型的政府合同来说,完全适用普通法进行调整,存在许多问题。这说明,英美法系国家也面临着建构政府合同制度的挑战。参见蔺耀昌《行政契约效力研究》,法律出版社2010年版,第8页。

[②] 许宗力:《双方行政行为——以非正式协商、协定与行政契约为中心》,见杨解君主编《行政契约与政府信息公开》,东南大学出版社2002年版,第63页。

益的重大可能性的；（3）公民、法人或其他组织在利用公共资源的过程中，有值得保护的公共竞争权益的。① 但对于此标准，要在实践中精确把握，并不容易。

四　行政合同的适用范围

行政合同的适用范围是一个动态发展的开放空间，它的大小，在一定程度上反映了行政主体和相对人之间利益对话的平台和空间的大小。行政合同在历史上曾遭受的理论否定甚或反对，反而为它的开放发展提供了一个免受理论羁绊的自由空间。在国外，行政合同大多由给付行政领域开始施展开，② 正是在这个领域内行政合同的良好运作，使得其适用领域渐渐泛化。当然，行政合同并非适合于任何领域，不可能"放诸四海而皆准"。

国内通说认为，我国行政合同的出现，始于1978年底十一届三中全会后进行的经济体制改革。确切地说，以行政合同来代替传统的行政命令、决定和指令性计划，始于农业联产承包责任制。在之后短短几年里，农村经济的飞速发展和农村的巨大变化令世人震惊。1985年，中共中央、国务院发布了《关于进一步活跃农村经济的十项政策》，将粮食和棉花的统购改为合同订购。于是，粮食、棉花订购合同与土地承包合同一起，标志着"在农业领域国家管理的方式上，行政合同已占据了主导地位"。③ 1987年，党的十三大明确提出了以合同方式确定国家与企业之间的责、权、利，行政合同遂开始广泛应用于我国的行政管理领域。

"从具体的实定法规中找出行政法规所承认的行政手段的特殊性及行政的特权，并将其引向体系化的认识"，越来越被视作现代行政法学的核心任务。④ 对于行政合同这一"实践导向"的产物，更是适于运用实证主义的方法，从实定法中廓清行政合同的适用范围。通过检索发现，单纯就法律层面而言，目前法律中涉及行政合同适用的有29部，包括《兵役

---

① 蔺耀昌：《行政契约效力研究》，法律出版社2010年版，第10—11页。
② 在法国，最早关于行政合同的规定是拿破仑时代的一项法律（1799年雨月28日），该项法律目前仍然有效，该法明确规定凡与公共工程有关的合同皆为行政合同。王名扬：《法国行政法》，中国政法大学出版社1989年版，第9页。
③ 参见刘莘《试论行政合同的存在意义》，《法律科学》1999年第5期。
④ 杨建顺：《日本行政法通论》，中国法制出版社1998年版，第77页。

法》、《煤炭法》、《节约能源法》、《农村土地承包经营纠纷调解仲裁法》、《城市房地产管理法》等。可见，我国的行政合同的适用范围，主要在国有土地使用权出让、全民所有制工业企业承包、农村土地承包、公共工程承包、公用征收、国家订购、科研、BOT政府特许经营、计划生育、能源、公职人员聘用等领域。同时，行政机关在其各种内外部管理活动中，也大量借助缔结合同的手段来解决问题，包括和解书、责任制合同、事务委托合同、承诺合同等。然而，与域外相比，尤其是与行政合同的理论和实践都已较为发达的德、法等国家相比，我国的行政合同适用范围仍显得狭窄。可以期待的是，随着我国经济体制改革的深入，平等、契约、民主、自由、诚信、服务等精神融入现代行政，行政合同作为社会和经济管理的重要和法定手段，适用范围将日益扩大，地位也将日益显要。

五 行政合同的分类

就行政合同的种类和分类的关系而言，正如余凌云所说的："种类是分类的结果，离开分类谈种类是不可能的，也是不科学的。对于层出不穷的合同行政实践，要想穷尽所有的合同形式也是比较困难的，但这并不意味着我们不能找到一定的标准来进行分类。"[1] 质言之，只有先确立分类和分类标准，才能谈行政合同的种类。

在行政合同的分类标准上，学界目前尚未形成统一认识。除了借鉴域外的一些分类标准外，也针对国内行政合同的特殊性提出了一些独有的划分。比如，根据行政关系的范围不同，分为内部合同和外部合同；根据合同的内容不同，分为承包合同、转让合同和委托合同；根据合同的目标不同，分为政府采购合同、外包合同和管制合同；[2] 根据合同是否有给付内容，分为有金钱给付内容的合同和无金钱给付内容的合同；根据行政机关的职务范围不同，分为各种专业管制合同，如工业管制行政合同、交通管制行政合同、农业管制行政合同、文化管制行政合同、计划生育合同

---

[1] 余凌云：《行政契约论》，中国人民大学出版社2006年版，第81页。
[2] 毕洪海：《合作行政法：现代公共治理的一种法律框架》，北京大学法学院2009年博士论文，第113页。

等;① 根据行政合同的作用领域,分为行政组织中的行政合同(如政府人事任免合同、机关内部责任书、行政事务委托合同等)、行政争议中的行政合同、行政活动中的行政合同(主要适用于规制行政和给付行政领域,前者包括许可管制中的合同、治安管理处罚中的担保协议,房屋拆迁协议等,后者包括政府借贷合同、奖励承诺书、给付合同等);② 根据法律上是否对行政合同予以了特别规定,将行政合同分为有名行政合同与无名行政合同;③ 根据合同双方在自然状态下所处的事实或法律上的地位,分为对等权合同和隶属合同;④ 根据合同中的行政主体是否承担经济性任务,分为经济性行政合同和非经济性行政合同;⑤ 根据相对人一方义务是否具有法定性,分为法定义务型合同和非法定义务型合同。⑥

上述分类,各有其合理性,有助于把握行政合同的内涵和外延。颇值强调的是,余凌云以合同中的两个变量——合意和权力因素——的程度为标准,将行政合同这一"游离于公法上行为与普通民事合同之间的一种特殊形态",划分为混合契约、纯粹契约和假契约,直指行政合同的核心要素,也为不同类型的行政合同寻找相应的法律适用规则和纠纷解决渠道提供了理论准备。然而,由于处于切分边缘的"混合契约"(与私法合同之间)和"假契约"(与行政处分之间)的界限比较模糊,在具体归类上也引发了一些争议。⑦ 作为辩护也是作为解释,余主张,不必在合同的属性上过分较真,而要"以问题为导向、以解决问题为本位";不应削足适

---

① 参见张正钊、韩大元主编《比较行政法》,中国人民大学出版社1998年版,第413页。

② 参见施建辉《行政契约缔结论》,法律出版社2011年版,第11—13页。

③ 参见蔺耀昌《行政契约效力研究》,法律出版社2010年版,第28—29页;杨解君:《契约在行政中的运用》,海峡两岸行政法学术研究会论文,2001年。

④ 余凌云:《行政契约论》,中国人民大学出版社2006年版,第125页。

⑤ 参见史际春、邓峰《合同的异化与异化的合同》,《法学研究》1997年第3期。

⑥ 朱新力:《行政法基本原理》,浙江大学出版社1995年版,第213页;朱新力、金伟峰、唐明良:《行政法学》,清华大学出版社2005年版,第292页。

⑦ 参见余凌云《行政契约及其法治化》,见莫于川等《柔性行政方式法治化研究——从建设法治政府、服务型政府的视角》,厦门大学出版社2011年版,第208—209页;余凌云《行政法上的假契约现象——以警察法上各类责任书为考察对象》,《法学研究》1998年第3期。

履、墨守成规，应"更关注鲜活的社会实践，适时地自我更新"。①

毕洪海综合合同的目标与权力要素的程度，将以行政主体为缔约一方的合同划分为以下三类：第一类是政府采购合同，指的是政府以契约的方式购买由政府消费的商品或服务。这可以说是政府存续的物质保障手段，政府本身是购买者，也是消费者。第二类是外包合同，即公私双方主体合作提供由公众消费的服务，例如政府与私人主体签订公用事业的特许经营协议。政府本身是购买者，但并不是消费者。第三类是管制合同，是指通过利害关系人之间的协商、交易与或合意的方式履行职能、制定规则，往往体现为书面的协议。这类合同不仅包括协商制定行政规则，也可以包括执行和实施方面的协议，因而背后的权力性因素要超过第二种类型的外包合同。毕洪海同时主张，对于不同类型的合同形式，应就制度上如何设置，根据各自特点进行有针对性的讨论。②

进而，作为实现行政目的的一种新型的手段与方式，行政合同也可以以其适用的事项范围这一具体标准来进行分类。因为行政合同所适用的事项，决定了合同两造的权利义务——也即合同的标的，而合同标的无疑可以作为行政合同分类的一个客观且实用的标准。通过对行政合同调整的客观事项进行分类，有助于我们能够依据行政管理实践当中的客观情况，有针对性地运用行政合同去解决有关的问题，实现行政的具体目标。另一个理由是，在可预见的未来，有名行政合同将是行政合同制度发展的重点和方向。有名合同是借鉴自私法的概念。在私法上，"有名契约亦称典型契约，谓法律为之设有特别规定之契约。无名契约，亦称非典型契约，谓法律上未设特别规定之契约"。③ 有名行政合同，则指在某一特定法域，对公共行政实践中复杂多样的行政合同加以理论概括后予以模式化，并经法律固定后的合同。④

中国行政法学研究会1997年年会论文中，学者将当时我国实践中出

---

① 参见余凌云《对行政契约的三点感悟》，见余凌云主编《全球时代下的行政契约》，清华大学出版社2010年版。

② 参见毕洪海《合作行政法：现代公共治理的一种法律框架》，北京大学法学院2009年博士论文。

③ 史尚宽：《债法总论》，中国政法大学出版社2000年版，第10页。

④ 参见蔺耀昌《行政契约效力研究》，法律出版社2010年版，第28页。

现的行政合同种类进行了归纳。① 在整个法学界对于行政合同的内涵和外延尚不清晰的客观现实下，这种关于行政合同种的列举来源于实践，反过来又对实践的操作发挥出较强的指导作用。因而，建议在未来对于行政合同制度的建构中予以借鉴，将其作为行政合同调整事项的相应条款。同时，对于未来的行政实践过程中新生的行政合同类型，只要在形式要件和实质要件上符合行政合同的标准，当然可以纳入。也就是说，在行政合同制度（无论是以法律、法规还是以规范性文件的形式出现）文本的制定过程中明确这一条款：凡符合行政合同形式要件和实质要件的行政管理领域内的合同均属行政合同，并适用关于行政合同的相关法律、法规和规范性文件。

地方立法中对行政合同适用范围的列举，尽管在具体规定上有出入，但基本符合这一思路。例如，《湖南省行政程序规定》第93条②和《山东省行政程序规定》第100条③规定对于行政合同的适用事项和种类均有明确规定。

六　行政合同的法律适用

（一）"公法论"和"混合论"之争

我国的法律体系秉持着公私法二元界分的传统。公法和私法的界分建立在不同的规范旨趣上——私法以个人的意思自治为出发点，旨在解决私

---

① 包括，国有企业承包合同、国有小型工业企业租赁合同、国有土地有偿转让合同、粮食征购合同、政府部门人事聘用合同、行政事务委托合同、计划生育合同、公共工程特许合同、公共工程捐助合同、公共工程承包合同、科研合同、公用征收合同房屋拆迁、移民安置及补偿合同、国家计划合同、安全保卫责任制合同、消防合同、承诺制合同、国土绿化合同、供电合同，等等。参见姜明安主编《行政法与行政诉讼法》，法律出版社2003年版，第212页。

② 《湖南省行政程序规定》第93条："行政合同主要适用于下列事项：（一）政府特许经营；（二）国有土地使用权出让；（三）国有资产承包经营、出售或者出租；（四）政府采购；（五）政策信贷；（六）行政机关委托的科研、咨询；（七）法律、法规、规章规定可以订立行政合同的其他事项。"

③ 《山东省行政程序规定》第100条："行政合同主要适用于下列事项：（一）政府特许经营；（二）国有自然资源使用权出让；（三）国有资产承包经营、出售或者租赁；（四）公用征收、征用补偿；（五）政府购买公共服务；（六）政策信贷；（七）行政机关委托的科研、咨询；（八）计划生育管理；（九）法律、法规、规章规定可以订立行政合同的其他事项。"

人之间的利益冲突问题，公法（尤其是行政法）则以国家机关为规范对象，在为其提供法律上的依据的同时又对它加以限制；私法强调当事人的意思，公法则着重依法行政原则的贯彻，因而在解释和适用相关法规时，也必须辨明其法律属性，才能遵循不同的原理原则，而不致有所偏失。另一方面，面对可谓无穷的社会现象，法律无法穷尽规范，因而在处理法无明文规范的事件时，必须先界定该事件的公、私法性质，才能精确地适用、准用和类推适用相关规定。也就是说，法律关系的性质决定着适用规范选择方面的差异，并进而导致完全不同的司法裁判结果的产出。

在行政合同这个问题上，逻辑则并不这么简单。行政合同作为行政性要素与合同性要素的融合体，如何适用以公私法二分为基础的法律规范体系，是一个"为获得相应便利而不得不承受的负担"。[①] 行政合同属于"行政法律关系"，适用行政法等公法规则自无疑义。然而，因其"合同性"的客观存在，民法等私法规则是否同样适用或如何适用，仁智各见。主张行政合同适用行政法规范，要"通过公法来调整行政合同关系"[②] 的理由包括：行政合同关系本质上应由公法规则调整，公法模式相对于私法模式和公、私法混合的模式而言都更具有优势，而反对公法模式的理由并不成立，等等。[③] 持"混合论"者则主张"在确立行政合同法律制度时，……行政法律规范与民事法律规范的混合适用，既是一种现实的选择，更是行政合同在法律上的需要"。[④] "行政合同虽然在行政法上有其自身发展的需要，但行政合同具有契约性，因此不应以公益上的必要等为理由得出排除民商法适用的结论。"[⑤] 朱新力也持后一种观点，认为应由行政庭在程序上根据行政诉讼法和民事诉讼法规则，在实体上依据行政法和

---

① 江必新：《中国行政合同法律制度——体系、内容及其构建》，《中外法学》2012年第6期。

② 参见江必新《中国行政合同法律制度——体系、内容及其构建》，《中外法学》2012年第6期；张树义主编《行政法学》，北京大学出版社2005年版，第286—287页。

③ 参见江必新《中国行政合同法律制度——体系、内容及其构建》，《中外法学》2012年第6期。

④ 包哲钰：《略论行政合同的混合性》，《兰州商学院学报》2008年第4期。

⑤ 刘旺洪主编：《行政法学》，南京师范大学出版社2005年版，第220页。

普通合同规则来审理行政合同案件。①

《中国行政合同法律制度——体系、内容及其建构》一文，观点鲜明地提出了"公法论"。该文指出，行政合同关系本质上是一种应由公法规则调整的行政关系，因而中国行政合同的建制应选择公法模式。他认为，公法模式较之私法模式，更能胜任监督和制约权力、保障权利以平衡公私利益的任务，而私法规则因缺乏相应机制而"力所不逮"。②本书赞同其中的部分论据和观点，但更倾向于"混合论"。主要理由是，尽管单纯的、类似于法国的公法调整模式是建构中国行政合同制度的理想之所在，但这与中国的现实却相距甚远。法国的公法模式由该国行政法院经由多年实践积累而形成，对这一模式的追求恐对中国这一成文法国家的立法形成太大压力，或者（至少立法完善之前的不短一段时期内）使当事人在订立合同时和法院对行政合同进行司法审查时"无法可依"。也即是说，中国关于行政合同的立法状况，成为在行政合同的法律适用中借鉴德国的"行政法准用民法模式"的又一重要原因。③

此外，学者指出，行政合同与民法合同之间难以割断之血缘，也给了民法很大的适用空间。私法与行政法发展的不平衡性进一步支持了私法规范适用于行政合同的可能性。④ 行政合同制度的逐步完善，必须借鉴其他

---

① 参见朱新力《行政合同的基本特征》，《浙江大学学报》（人文社会科学版）2002年第2期。

② 参见江必新《中国行政合同法律制度——体系、内容及其建构》，《中外法学》2012年第6期。

③ 目前，我国的行政合同立法基本处于"法制缺位"的状态：第一，立法机关尚未明确接受和使用"行政合同"这个概念，也未就与行政合同概念相对应的内容和问题进行系统立法；第二，行政合同应当适用的基本规则，在立法层面付之阙如；第三，对特定类型的行政合同（如国有土地出让合同、国有企业承包合同、政府采购合同）的立法，规范密度较低，关键问题语焉不详；第四，关于行政合同的程序性立法，效力层级较低，其中效力层级最高的是地方政府规章。所幸《行政程序法》正在起草过程中。在《行政程序法》（框架稿）中，行政合同被列为专章，规范的内容包括：行政合同的定义、范围、类型、合意原则、行政机关对行政合同履行的指导和监督权、行政机关对行政合同的解释权、行政机关的单方解除权，行政机关对行政合同订立人的选择权、合同签订方式、合同生效的特别要求、行政救济、允许有条件地援用合同法或其他法律的规定等内容。这无疑于采行"行政法准用民法模式"的现实基础。

④ 张弘：《公共行政与服务行政下中国行政法的结构性变革》，法律出版社2010年版，第75—76页。

法律部门（尤其是合同法）的一些成功经验，特别是其中具有普遍意义的原则和规范。

（二）规则适用的顺位

持"混合说"的学者尽管承认私法规范适用于行政合同的可能性，但同时认为，对于私法规则绝不是任意援引，而是应严格遵守"行政特别法→行政一般法→民法"的适用顺位；即对于民法中表现为一般法理的，且行政法对该问题未作特殊规定的，则可以援引。① 有学者进行了具体分析，指出并非私法规则在所有情形下都适用于行政合同，行政合同适用私法规则至少应符合如下条件：（1）调整该行政合同的法律规定不足；（2）民法对此有相应的规则可以适用；（3）适用民法规则不违反行政法的基本原则，即不能违反法律保留、法律优位、比例原则等行政法原则；同时，也并非所有私法规则都能适用于行政合同。从总体上说，可以适用于行政合同的私法规则必须是对规范行政合同关系具有普适性的规则，主要包括以下几方面：（1）民法基本原则中，对于法律关系的规范具有共通性和普适性的原则，例如诚实信用、公平合理、公序良俗等。（2）民法上关于民事行为成立、生效、无效、可撤销等方面的基本规定，在缺少统一的行政程序法典的情形下，可以参照适用。（3）合同法中除了专门适用于民事合同的、具有普适性的规则，可以参照适用。（4）民法中关于委托代理的规则，在行政法没有规定或规定不完整的情形下，可参照适用于行政委托合同。（5）类推适用民事诉讼规则和民事合同责任原则，以此来处理和解决行政合同争议。②

事实上，援引民法原理和规则的范围与程度，确实是个值得探讨的问题。③ 尤其是在行政合同法制化受困的情境下，"行政合同（行为）的性质到底是什么，适用什么性质法律最理想，还有待于学者们的进一步研究和有权机关的表态"。④ 即便在德国，对这个问题的答案也并非是一成不变的。与德国合同法制密切相关的德国民法债编规定于 2002 年得到修改，

---

① 我国现行《合同法》第 124 条针对无名合同的规定深谙此"准用模式"之道，该条规定："本法分则或者其他法律没有明文规定的合同，适用本法总则的规定，并可以参照本法分则或者其他法律最相类似的规定。"
② 参见王克稳《政府合同研究》，苏州大学出版社 2007 年版，第 67—68 页。
③ 参见余凌云《行政契约论》，中国人民大学出版社 2006 年版，第 75—87 页。
④ 胡建淼：《行政法学》，法律出版社 2003 年版，第 285 页。

这次修改不仅对民法领域产生了重大影响，其影响也辐射到了行政合同，尤其是一般合同条款、债务不履行、缔约过失、损害赔偿等相关的修正，如何影响行政合同的效力及合同之履行，成为德国学界关心的重点。其中，行政合同是否适用一般合同条款以及行政合同是否适用缔约过失原则等问题的争论仍未平息，一直且将长期是行政合同领域热议的主题。

七 行政合同的法律化

目前我国的行政合同在行政法上之所以欠缺应有的法律地位，其关键是立法的缺位；因而，建立我国行政合同制度的当务之急，在于完善行政合同的立法。就这一点，行政法学界已经达成共识。正如我国台湾地区学者所说，"行政契约明文化的目的，是希望使得其概念、类型、法律效果、无效原因、强制执行等各类环节规定都能清楚明白，进而并能使行政契约与私法契约在本质上的不同点可以呈现出来，以正当化其立法理由"。[①]

行政立法研究组起草的《中华人民共和国行政程序法（试拟稿）》中，已将"行政合同"专门规定在第七章中。专家主张，有关行政合同的立法应涵盖行政合同的含义、行政合同的原则、行政合同适用的领域和范围、行政合同的订立、行政主体在行政合同履行中的特权、行政合同的变更终止与补偿、违约责任、行政合同争议的处理等方面。[②] 地方立法的步伐更快。《湖南省行政程序规定》（2008年）和《山东省的行政程序规定》（2011年）将"行政合同"作为专节纳入，就行政合同的定义、适用事项、订立的原则和程序、行政机关的单方特权等做了统一规范。在司法领域，受最高人民法院对待行政合同态度转变的影响，行政合同案件的数量也越来越可观，但在对受案范围、合同的识别、法律规则的适用等重要问题的判断上，分歧还没有明显缩小。[③]

---

① 林明铿：《行政契约法论》，《台大法学论丛》2006年第24期。
② 参见王克稳《政府合同研究》，苏州大学出版社2007年版，第73—75页。
③ 参见于立深《通过实务发现和发展行政合同制度》，《当代法学》2009年第3期；于立深《中国行政合同制度的实践与发展——透过行政合同判例和法律文书的观察》，见余凌云主编《全球时代下的行政契约》，清华大学出版社2010年版，第13页。

第 九 章

行政程序、政府信息公开和个人信息保护研究的新发展

第一节 行政程序研究

行政程序是近十几年来行政法学一直关注的热点问题，每年出版的关于行政程序的研究成果都很多。具体来说，行政程序的研究成果可分为行政程序的基本理论、行政程序一般法和部门法中的行政程序三大部分。

一 行政程序的基本理论研究

（一）行政程序的基本价值

学者对行政程序的认识，经历了从轻视到重视的过程，从认为行政程序是实体的辅助工具，到认识到行政程序具有自己独立的价值的转变。"程序正义"的理念基本为所有学者接受，学者们从多方面论述程序具有独立的公正、效率和控权等价值，行政程序具有程序理性，可以通过行政程序活动过程中的理性选择，防治行政机关的武断、恣意、专横或反复无常，控制自由裁量权的行使。

王锡锌认为，对行政程序功能的认识，由早期的规范行政主体行使行政权力的过程，扩展至对行政相对人程序权利的研究。① 杨彦虎从法理角度，对行政程序价值体系进行的论证。② 不过，王学辉、冯军等学者也认

---

① 王锡锌：《行政过程中的相对人程序性权利研究》，《中国行政法学精粹》（2002卷），机械工业出版社2002年版。周安平：《行政程序法的价值、原则与目标模式》，《比较法研究》2004年第2期。

② 杨彦虎：《行政程序价值体系的法理论证》，《行政法学研究》2010年第1期。

识到,"行政程序对于法治国家来讲,不仅具有正功能,也有负功能,使用不当产生程序的形式主义"。① 但在引进行政程序的过程中,还是出现了"对重实体、轻程序"矫枉过正的局面,学界及实务界更多地强调了程序的正功能,几乎完全忽视了其负功能。② 自觉或不自觉的将行政程序等同于正当行政程序,无视行政程序的繁文缛节、形式主义的弊端,在此理念的影响下,出现了"为程序而程序"的法律形式主义的现象。应松年认为,"不具有实质内容、缺乏明确目的指向的法律程序,极有可能流于过场,从而导致程序的夭折"。③ 而在对待程序与实体的关系上,也出现过于夸大程序功能,认为仅依靠程序即可达至正义的现象。其实即使在正当法律程序的母国——美国,在对实体和程序问题的关系上,也出现了正当程序的"反革命"、"反反革命"的现象,④ 程序设计不当会影响实体性权利的减少。因此,设计适合我国国情的行政程序,在当前得到了学者们认真思考和对待。为实现程序的功能,学者们认为行政程序必须具备以下要素:决策的制定者为自己的决定说明理由;法律程序体现职业主义的原则,程序的展开符合理性推理;程序的实现需要相关制度予以支持等。⑤

(二) 行政程序的基本制度

十多年来的研究使得行政程序的研究更加细致成熟,行政程序中的听证制度,参与制度,⑥ 简易程序,⑦ 以及关于案卷评查、行政说明理由、

---

① 王学辉:《行政程序法精要》,群众出版社2001年版,第199页。
② 周佑勇主编:《行政法专论》,中国人民大学出版社2010年版,第276页。
③ 应松年主编:《行政程序法立法研究》,中国法制出版社2001年版,第26页。
④ Rebecca E. Zietlow, "Giving Substance to Process: Countering the Due Process Counterrevolution", Denv. U. L. Rev. 1997 (9).
⑤ 戴国庆:《行政程序法典化的理性奠基》,《黑龙江省政法管理干部学院学报》2004年第1期。周安平:《行政程序法的价值、原则与目标模式》,《比较法研究》2004年第2期。
⑥ 肖世杰:《通过参与的纠纷消解——作为行政纠纷消解创新机制的公众参与》,《现代法学》2010年第5期;朱捷:《北京市东城区公众参与机制研究》,《行政法学研究》2010年第1期。
⑦ 张淑芳:《论行政简易程序》,《华东政法大学学报》2010年第2期。

告知承诺、意见陈述、案卷排他等制度，学者们的研究都有所涉及。① 在这些制度研究中，重点论述的是听证制度、公众参与制度和程序中的证据制度。

学界对听证制度的态度前后有很大转变：从一开始的一致鼓吹认可，到对实践中成为过场和摆设的质疑，继而引发了人们如何在中国的语境下建设对该制度的思考。姜明安将行政听证分为行政决策的听证与具体行政行为听证两类，指出行政决策听证的功能在于提供公众参与的机会，使行政决策尽可能广泛反映民意；而具体行政行为听证的首要作用在于保障依法行政，保护行政相对人的合法权益。② 程雁雷则剖析了美国法上的正式听证和非正式听证，指出区分两者的实质性标准在于有无司法化性质的判断。③ 宋华琳介绍了英国行政决定中的说明制度。④ 在对听证制度的反思中，余凌云的《听证理论本土化的实践》分析比较精到，他针对听证制度引入中国后引起的一系列的争辩，结合中国国情，指出听证制度没有发挥应有作用的深层次原因，并指出来自行政机关的反对意见未必都是对制度的误读，对稀缺公共资源的忧虑直接影响到听证制度的适用范围。在不断完善的听证制度中，我们必须警惕听证的司法程式化，更要关注在中国

---

① 顾长浩编著：《中国听证制度研究》，法律出版社2007年版；刘艺：《行政程序中的形式与形式主义》，《河北法学》2007年第6期；江凌：《行政执法案卷评查制度研究》，《行政法学研究》2007年第3期；李孝猛：《告知承诺制及其法律困境》，《法学论丛》2007年第2期；刘莘、张迎涛：《正当程序中的信息对称》，《甘肃行政学院学报》2007年第4期；马怀德、陶杨：《我国地方立法听证效力的表现方式》，《苏州大学学报》（哲学社会科学版）2007年第3期；胡敏洁：《美国社会保障行政中的听证制度》，《行政法学研究》2007年第2期；朱芒：《行政程序中正当化装置的基本构成——关于日本行政程序法中意见陈述程序的考察》，《比较法研究》2007年第1期；朱应平：《澳大利亚行政说明制度及其对我国的启发》，《行政法学研究》2007年第2期；金承东：《论案卷排他原则的运作原理——听证者与决定者的统一机制》，《行政法学研究》2009年第2期。

② 姜明安：《区别不同听证制度发挥其应有作用》，《市场报》2002年1月23日第5版。

③ 程雁雷：《对划分正式听证和非正式听证标准的思考》，《行政法学研究》2002年第4期。

④ 宋华琳：《英国行政决定说明理由研究》，《行政法学研究》2010年第2期。

情境下的特殊要求。违反听证要求必然会导致行政行为的无效。① 有学者在比较分析的视野中,研究了具体领域中的听证制度。如章剑生在其著作《行政听证制度研究》中,透过比较法的视野,对主要国家和地区的行政听证制度进行了比较分析,实现对行政听证制度理论较为全面、深入的把握。在此基础上,结合我国现行法规范,分析行政立法、行政处罚、行政许可和政府定价中的行政听证制度构建;同时结合个案,对行政处罚和政府定价中的听证制度运作,进行了实证分析。②

公众参与制度是随着行政相对人理论研究的进展,而逐步进入学者的视野中的,在早前的方世荣的博士论文《论行政相对人》中,他将行政相对人界定为是与行政行为存在法律上的利害关系的人,这一界定不仅扩大了行政相对人的范围,也指出了行政相对人之于行政行为的意义。这样的理念反映到行政程序中,必然体现为公众参与制度的构建。王锡锌、章永乐从理念上分析了参与治理模式是公共利益观念与行政机关角色的转型,由基础性制度、支持性制度和六大核心程序技术制度构成。③ 王锡锌的《行政程序法理念与制度研究》、《公众参与和行政过程》和李拓撰写的《中外公众参与体制比较》等,是研究行政程序中公众参与制度的综合论述,其选取了中外行政体制对比的视角,分析了宪制中的公众参与、公共行政与公众参与、公共政策制定与公众参与、司法活动中的公众参与、选举活动中的公众参与比较、比较与借鉴等。④ 此外,有学者探讨了公众参与的若干重大问题,如个体、组织化利用、信息公开、行政规章制定过程、专家咨询制度、政策绩效评估制度等。⑤ 同时也有学者分析参与行政中相对人的权利和义务。⑥ 也有学者研究了环保领域、土地利用、城

---

① 余凌云:《听证理论的本土化实践》,《清华法学》2010年第1期;赵银翠:《论行政行为说明理由——以行政过程为视角》,《法学杂志》2010年第1期。

② 章剑生:《行政听证制度研究》,浙江大学出版社2010年版。

③ 王锡锌、章永乐:《我国行政决策模式之转型——从管理主义模式到参与式治理模式》,《法商研究》2010年第5期。

④ 李拓:《中外公众参与体制比较》,国家行政学院出版社2010年版。

⑤ 杨成虎:《公众网络参与若干问题探析》,《云南社会科学》2010年第3期。王从峰、李海伦:《论政府信息公开过程中公众参与制度的构建》,《陕西行政学院学报》2010年第3期。

⑥ 余凌云:《盘查程序与相对人的协助义务》,《北方法学》2011年第5期。

市规划、技术标准制定等具体领域中的参与，提出有必要设计出更具合理性的程序装置。①

行政程序中的证据制度。行政程序与诉讼制度联系紧密，行政程序中的证据是行政行为的依据，也是法院审理的关键因素。因此，程序中的证据制度也引起了学者的兴趣。有学者看到行政程序与行政诉讼的差别，主张建立独立于诉讼证据规则的行政诉讼的体系，包括举证责任分配原则、证据的接受和收集规则、证据的判断规则等。②徐继敏的《行政程序证据规则研究》对证据制度给予了全面的论述，他论述了行政程序证据规则总论、行政程序证据规则分论和部门行政程序证据规则三大部分内容，探讨了有关行政程序证据规则的历史与前沿问题，对行政程序证据调查收集、审查判断和认定规定，进行了具体刻画。③ 在证明责任方面，学者们沿袭了行政诉讼的证据规则，行政机关承担主要证明责任，相对人承担次要证明责任，但在具体构想方面存在差别。肖萍认为，行政事务的复杂性和专业性决定了行政程序与行政诉讼中的证明责任在说服对象及内涵上的本质区别。在行政程序中确立由行政主体承担主要证明责任、行政相对人承担特殊证明责任的分配规则，更为适合我国的法治现实。④刘善春认为，我们应当吸收两大法系行政程序举证责任的优点，主张责任、肯定性抗辩、行政法事实要件分类主要用于分配行政机关的举证责任，少数情形也用于分配当事人之间的举证责任。"范围责任"较好说清了行政机关负担法律问题和裁量权问题的举证责任，举证能力、人权保障和公平等为举证责任倒置给行政机关的根据，而证据距离、范围责任、概然性等，可以作为当事人负担举证责任少数事实争点的理由。主张我国行政程序一般证

---

① 莫于川：《公众参与：中国环境法制的民主化、法治化课题——从近年来若干重大环境事件分析入手》，《河南省政法管理干部学院学报》2011年第3期；王士如、郭倩：《城市拆迁中公众参与机制的功能与立法建议——对"新〈条例〉"制定困境的思考》，《行政法学研究》2010年第2期。

② 郑钟炎、程竹松：《论我国行政程序法典证据制度的构建——借鉴美国联邦行政程序法中的证据制度》，《法治论丛》2003年第2期。高树德、郑永强：《行政证据制度研究》，《中国法学会行政法学研究会2002年年会综述》，http://law.china.cn/committee/txt/2006-07/13/content_138945.htm，最后访问日期2012-6-12。

③ 徐继敏：《行政程序证据规则研究》，中国政法大学出版社2010年版。

④ 肖萍：《论行政程序中证明责任的分配规则》，《法学论坛》2010年第2期。

明标准是"清楚令人信服",根据主张性质,对当事人影响程度,公共利益的关切状况及所适用的不同行政程序等,上下浮动,实行证明标准类型化。①

二 行政程序法

从制定《行政程序法》立法提议之初,再到《行政程序法(草案)》不断修订,学者们均对其给予了持续的关注和热情,这方面的研究成果非常丰富。② 学者们极度肯定行政程序的立法意义,认为该项立法是一个"政府再造"的契机,对于推进公共行政管理体制与模式的改革具有重要的意义。它具有公正、效率和秩序价值,有利于促进民主政治的发展,有利于保障公民的基本权利,有利于遏制和消除腐败现象促进廉政建设,有利于提高行政效率。也有学者提出对行政程序的立法应理性看待,保持清醒的认识,如张庆福、冯军提出,"行政程序法典化充其量是对类型化、形式化的行政行为进行的规制,目的在于规定所有行政机关普遍遵循最低限度的公正程序规制。如何更好地使行政程序法典蕴含的理念及规定适用于具体的实践,对相对人权益充分保障,则需要深入细致的探讨,绝不是一部行政程序法就能解决的"。③ 从制定法典的过程来看,虽然行政程序法几易其稿,但至今迟迟未能出台,就其立法难点,学者们归纳了几个方面:第一,行政程序法原则的效力问题。这些原则是否具有直接效力,原则和具体制度的关系怎样把握?第二,行政程序的一般规定与特别行政程序之间的关系的处理问题。第三,违反行政程序的法律责任问题。第四,行政程序的立法形式问题。④

关于行政程序的立法模式,学者们认可了"通则性法典"的立法模式,即采用"原则+一般规定+特别规定"的法体结构,"原则适用于所有的行政过程,一般规定适用于法律无特别规定的所有情形,而特别规定

---

① 刘善春:《论行政程序举证责任》,《政法论坛》2009年第4期。

② 据不完全统计,学界关于行政程序法的试拟稿、草拟稿有四部之多,有应松年、皮纯协、姜明安、马怀德等人制定的,还有一些框架性的建议稿,但对这些建议性的文本,立法机关或具有立法性质的机关均未予以正面回应。

③ 周佑勇主编:《行政法专论》,中国人民大学出版社2010年版,第279页。

④ 于立深:《〈行政程序法〉编纂中的矛盾关系及其化解》,《长白学刊》2003年第3期。

适用于特别的行政过程"。① 关于行政程序法内容的研究，主要论点集中在行政程序法是否规定行政行为的实体规则、内部行政行为、抽象行政行为、特殊行政行为和非行政机关的组织所实施的公法行为等问题上。学者们认可行政程序法不仅规定程序问题，还应当规定一些必要的实体内容。还有学者建议，应当包括行政立法程序、行政执法程序和行政司法程序在内的所有程序。之所以要规定这些实体规则的理由，是实体规范没有统一法典，而在行政程序法典中规定实体规则，是各国行政程序法的通行做法。②

对行政程序法的定位，虽然大家一致认为不应仅仅局限在程序方面，但实体内容应包括哪些，具体范围和界限还是存在争议的。学者们认为，如果不加区分和限制，行政程序法将会变成一部包罗万象的法典，削弱其程序立法的意义。对此如何解决呢？姜明安指出，行政程序法应规定的实体内容受到"统一法典与单行法、程序法和实体法、规范具体行政行为与规范抽象行政行为、规范外部行政行为与规范内部行政行为、规范行政行为与规范行政救济行为、规范权力性行政行为与规范非权力性行政行为、规范国家公权力行为与规范社会公权力行为、规范行政机关公权力行为与规范其他国家公权力行为"这八对关系的影响。③ 王万华认为，对立法中的实体和程序的问题，"可以行政权力为核心概念，遵循行政权力涉及的主体——行政权力的运行程序——行政权力的运行结果的思路予以架构。对程序规定本身，应当确立正当行政程序的理念、突显正当行政程序制度为第一考虑要素，并根据立法惯例中'先一般，后特别'的规制，先规定行政程序的一般规定，后规定特定种类行政行为程序；关于内部行政程序，则置于法典中行政机关部分作出规定"。④ 《行政程序法（草案）》将其定位为一部基本的程序法典，但在具体内容的设置上的犹疑不决，其实是学界争议的反映。

---

① 王锡锌：《行政程序立法：现状与展望》，http://article.chinalawinfo.com/article_print.asp?articleid=23788，最后访问日期 2012-6-12。
② 马怀德：《行政程序法的价值及立法意义》，《政法论坛》2004 年第 5 期。
③ 姜明安：《制定〈行政程序法〉应正确处理的几对关系》，《政法论坛》2004 年第 5 期。
④ 王万华：《行政程序法的立法架构与中国立法的选择》，《行政法学研究》2005 年第 2 期。

关于行政程序法的目的和宗旨，有学者从中国行政法的基础理论、历史发展和现实国情出发，认为行政程序法的价值定位在效率与公正上。遵守公正、公平和公开的原则。[1] 除此之外，也有学者提出，"行政程序立确立诚信和依赖保护原则，将带来行政程序立法制度创新和观念变革，有利于进一步完善司法审查体制，保护相对人的合法权益"。[2]

对行政程序法的整体设想和制度架构，体现在学者们纷纷提出的行政程序法的建议稿上。其中，皮纯协的草拟稿在其主编的《行政程序法比较研究》中，[3] 姜明安主笔的北京大学公法研究中心（现改为宪法与行政法研究中心）行政程序法草拟稿，应松年主持的行政立法小组的草拟稿，马怀德主笔中国政法大学法学院和诉讼法学研究中心行政程序立法研究课题组行政程序法草拟稿和王万华著《行政程序法研究丛书——中国行政程序法典试拟稿及立法理由》。[4] 各草拟稿都对统一行政程序法典的条文，展开立法构想与论证，内容包括每一条条文的题旨、条文、说明、理由、外国和我国台湾地区立法参考例，力图全面、完整地揭示条文内涵及作出如此规定的理由和参照系。许显辉的《行政程序法体例研究》一文在借鉴西方国家行政程序立法的典型体例，以及总结我国行政程序立法理论研究成果的基础上，结合湖南省行政程序地方立法实践，对我国行政程序法体例进行了建构，建议我国的行政程序法立法体例为：总则、行政程序主体、行政程序的一般规定、行政行为程序、监督和救济程序、附则。[5]

2008年4月17日湖南省人民政府颁布的《湖南省行政程序规定》将行政程序的研究推向一个小高潮，得到了学界的普遍关注和充分肯定。由于中央行政程序的立法迟迟未能出台，湖南省率先以地方政府规章的形式，颁布了我国第一部系统的行政程序方面的立法，打破了这一立法坚

---

[1] 王锡锌：《行政程序法价值的定位——兼论行政过程效率与公正的平衡》，《政法论坛》2002年第5期。

[2] 李浩：《行政程序中信赖保护原则的制度设计》，《经济与社会发展》2010年第3期；周安平：《行政程序法的价值、原则与目标模式》，《比较法研究》2004年第2期。

[3] 皮纯协主编：《行政程序法比较研究》，中国人民公安大学2000年版。

[4] 王万华：《行政程序法研究丛书——中国行政程序法典试拟稿及立法理由》，中国法制出版社2010年版。

[5] 许显辉：《行政程序法体例研究》，《行政法学研究》2010年第1期。

冰，也开创了先地方后中央的立法路径。该规定立足湖南行政管理现状，呈现出较强的功能主义立法色彩。有学者认为这是责任型、法治型和服务型政府从历年迈向具体的重要一步。①

三 部门法领域中的行政程序

行政程序问题继续得到关注使得行政程序的研究和讨论也更加深入，研究呈现向两个方向延伸的特征：一是注重部门领域的行政程序；二是研究行政程序与其他相关制度的关系。对于具体领域中的行政程序问题研究，主要集中在集体土地征收程序问题，② 规章制定的程序问题，③ 司法审查中正当行政程序原则的适用问题，④ 许可变更程序，⑤ 行政强制执行程序。⑥ 在考察这些程序的现实运作的基础上，分析不足并提出相应的完善建议。

行政自由裁量与行政程序的问题。有学者认为，应以效益与紧急两个标准判断程序自由裁量是否违法、不合理。有人认为，实现行政程序的法制化是有效控制自由裁量行为运行，充分保护相对人权利的关键。⑦ 行政诉讼中的行政程序问题。章剑生以1985—2008年最高人民法院公布的典型案例为例，分析了其中以"违反法定程序"为由判决的案件，认为判决理由和朱文玉行政诉讼法的规定和学理解释之间存在重大差异，指出认定违反法定程序的标准时，法律法规和规章规定的程序为"法定程序"；

---

① 刘莘、李辉：《民主、善治与公众参与——湖南行政程序立法在中国的意义》，《湖南社会科学》2008年第5期。
② 相关文献参见章剑生《行政征收程序论——以集体土地征收为例》，《东方法学》2009年第2期；谢海燕《论我国土地征收的程序保障》，《河南省政法管理干部学院学报》2010年第3期；宇贺克也、肖军《日本土地征收法中的行政程序》，《时代法学》2010年第2期。
③ 张淑芳：《论规章制定中听证程序的完善》，《法律科学》2010年第2期。
④ 何海波：《司法判决中的正当程序原则》，《法学研究》2009年第1期；何海波：《正当程序原则的正当性——一场模拟法庭辩论》，《政法论坛》2009年第5期。
⑤ 符健敏、汪进元：《论行政许可变更的正当程序》，《时代法学》2010年第5期。
⑥ 梁玥：《论行政强制执行中的催告程序》，《河南省政法管理干部学院学报》2010年第4期；杨建顺：《行政强制措施的实施程序》，《法学杂志》2011年第11期。
⑦ 魏小星：《论行政自由裁量权的程序规制》，《重庆科技学院学报》（社会科学版）2008年第12期。

无"法定程序"时,可以辅助以正当程序理论来进行判断,判决时应考虑"是否损害行政相对人的合法权益",并根据不同情况分别作出撤销判决、确认判决或驳回诉讼请求。① 何海波先从田永案、刘燕文案谈起,回顾了张成银诉徐州市政府房屋登记行政复议案等,对司法判决如何写入正当程序进行了深入细致剖析,他指出,虽然断言正当程序原则在司法实践中已经确立还为时过早,但在相对局促的空间下,中国法院还是展示了维护正当程序原则的积极立场,不但实施法律,也在发展法律。作者还探讨了司法能动主义的潜力和限度问题,指出正当程序原则的确立,仍然要靠法的完备和司法权威的确立。② 在另一篇文章里,何海波则探讨了法官在判决中适用正当程序原则时应当考虑的因素,指出法官应当权衡双方当事人的利益,即没有正当程序保障当事人利益受损害的程度,和给予正当程序保护行政成本的增加,还要考虑更加普遍的法律价值,包括法院适用正当程序原则对行政过程可接受性的提升和对良好行政的促进,以及法院判决中回溯适用正当程序原则对法律可预测性的损害,最好还要考虑司法自身的权威和法官的普遍素质,以及允许法院适用正当程序原则可能带来的法律统一性问题。③ 杨登峰对程序违法行为的补正等问题,也进行了探讨。④

总体来说,2000年以来关于行政程序的研究呈现出以下特征:首先,研究内容非常丰富,理论日趋成熟。行政程序的研究从基础理论发展到立法实践,从一般行政程序发展到特定行为的行政程序。其次,出现理论研究和社会实践相互呼应,密切联系的局面。中国加入"WTO"和中国行政程序的立法,为行政程序法的研究提供了强大的动力,而学界对行政程序法的研究,也为《行政程序法(草案)》的一次次修订,提供了深厚的理论基础和学术支持。再次,行政程序的研究出现了与部门行政融合的特征,即对部门行政或特定领域的程序研究。随着部门行政法的逐步兴起,部分学者将研究的视点逐渐转向具体领域中行政程序的设计。

---

① 章剑生:《对违反法定程序的司法审查——以最高人民法院公布的典型案例(1985—2008)为例》,《法学研究》2009年第2期。

② 何海波:《司法判决中的正当程序原则》,《法学研究》2009年第1期。

③ 何海波:《正当程序原则的正当性——一场模拟法庭辩论》,《政法论坛》2009年第5期。

④ 杨登峰:《程序违法行为的补正》,《法学研究》2009年第6期。

虽然行政程序中学术研究的成果非常丰富，但也存在一些不足，如"学界对统一行政程序法典制定出来后与行政程序单行法的关系多有论述，但对制定前如何处理二者之间的关系研究不多"。① 对西方行政程序法的研究，局限于条文介绍和模式归纳，缺乏对其从发生、发展的视角进行介绍。再者，没有结合部门行政领域从实证、实物的视角研究行政程序，程序草拟中的可操作性及实施效果缺乏保障。最后，行政程序与相关制度的关系研究不足，如行政程序与行政诉讼、行政程序与自由裁量、行政程序与政府信息公开等等。因此，学界还应继续加大理论研究的进度，为行政程序法典化提供更多的理论支持。

第二节 政府信息公开研究

我国政府信息公开制度的推出，采用了先地方立法积累经验、后中央立法整体推进的立法路径，取得了较理想的效果。从2001年开始制定政府信息公开地方性法规或地方政府规章，到2007年年初国务院通过《中华人民共和国政府信息公开条例》（以下简称《政府信息公开条例》），政府信息公开制度由点及面、由地方到中央，迅速普及，取得了相当的成就。就政府信息公开的研究来说，国内研究信息公开制度以《政府信息公开条例》的颁布为分界点，可分为两个阶段，《政府信息公开条例》颁布前，信息公开的研究依托于行政程序，将行政程序的公开分为行政机关决策及过程的公开和行政机关制定或决定的文件、资料、信息情报的公开两部分，而信息公开是作为行政程序中的一个基本制度研究的。后来有学者在考察域外一些国家政府信息公开制定的基础上，提出我国应制定行政信息公开法的建议，从而引发了学界关于政府信息公开研究的热情。这一阶段的研究，集中在介绍域外政府信息公开制度、基本理论知识和我国信息公开制度的设想和建议上。《政府信息公开条例》颁布之后，针对条例实施情况，学者们的研究转向了条例的实施效果、不足和完善建议等方面。

---

① 姜明安：《制定〈行政程序法〉应正确处理的几对关系》，《政法论坛》2004年第5期。

一 《政府信息公开条例》制定之前的理论准备

国内第一个对政府信息公开制度进行系统研究的课题组,是中国社会科学院法学研究所于2000年初设立"信息社会与中国政府信息公开制度研究课题组",对推进我国的信息公开制度的发展发挥了重要作用,其《政府信息公开条例》(专家建议稿)对该条例的最终出台产生了深刻的影响。

就信息公开的相关理论来说,学者们围绕制定信息公开条例的几个关键问题展开深入的讨论,包括信息公开的原则、信息公开的权利主体、信息公开的范围与例外、信息公开的方式与程序、信息公开的救济制度。关于信息公开的域外介绍,有人专门对日本、美国等国家信息公开制度做了详细的译介。[①] 关于政府信息公开条例的立法,邢天敏、周玉华认为结合中国当前的情况,信息公开立法应采取低层次的规章或法规的形式,不宜采取全国人大进行高层级的立法。同时,应借鉴美国政府信息公开条例的法律体系,不宜采用统一法典的形式。[②] 还有学者讨论信息公开与相关制度的关系,就行政程序公开与信息公开的立法关系方面,刘恒、张勇认为二者的调整范围不同,行政程序法不是政府信息公开立法的前提。[③]

行政信息公开与档案公开也有很大不同,应当从定密、解密、扩大解释和完善程序等方面淡化二者的区别,充分保护公民的知情权。行政信息公开与个人资料保护制度是基于不同的权利保护理念和不同的信息来源形成的两种制度,前者由运用公权力取得,任何人都可以利用,后者虽然也是在行政权力的运行过程中所得,但应严格限制使用范围,只能个人使用。有学者认为,行政信息公开是政务公开的一个环节,要实现政务公开的法治化,仅仅做到信息公开是不够的,还应当增设公开的程序;建立公务员财产申报和公开的制度;公共财政公开以及制定个人隐私法保护个人

[①] 周汉华:《美国政府信息公开制度》,《环球法律评论》2002秋季号;甘峰:《日本信息公开发实施与民间主导的行政目标》,《浙江大学学报》(人文社会科学版)2002年第3期;刘平:《日本信息公开法研究》,中国检察出版社2008年出版。

[②] 邢天敏、周玉华:《振兴东北老工业基地与政府信息公开的法制化》,《黑龙江省政法管理干部学院学报》2005年第3期。

[③] 刘恒、张勇:《政府信息公开立法问题探析》,《中山大学学报》(社会科学版)2002年第6期。

隐私不受侵害，完善商业秘密法保障商业秘密，修改《保密法》保障国家机密。就中国信息公开法制度的建立，周汉华归纳了实践中必须解决的六大问题，包括加强对信息公开问题的认识，设立权威性的机构统一协调信息公开政策；启动政府信息公开的进程；充分利用因特网，实现政府信息公开；修改保密法等法律，科学地界定公开与保密的关系；以多种形式实现政府公开，赋予民众政府信息请求权；尽快制定一部统一的《政府信息公开法》。①

二 《政府信息公开条例》颁布后的研究状况

自从《政府信息公开条例》颁布以来，对政府信息公开的研究也更加深入，行政信息公开的论文是数量最多的主题之一。论文主要集中在两方面：一是对信息公开条例实施后出现的问题的总结和反思；二是研究具体领域的政府信息公开问题。

（一）《政府信息公开条例》的实施状况

在《政府信息公开条例》颁布之初周汉华就指出，信息公开条例的成功出台，受到国务院信息办和中央纪委等国家高层行政机关的支持、中央领导的高度重视、媒体和学者的关注和宣传，以及信息公开条例的制定没有明显的反对等这些因素的影响和大力推动，又是处在信息化和加入WTO的国际大环境中，因此其成功具有不可复制性。虽然条例的出台对中国政府的法治建设具有重要意义，但结合行政许可法在执行中存在的问题，随着条例公布后的推动力减弱及受关注程度的降低，对信息公开条例实施状况不能盲目乐观。②周汉华的警示被条例随后的执行状况所证实。

《政府信息公开条例》从2009年开始实施，各地各类行政机关根据《政府信息公开条例》规定陆续公布年度报告。有学者通过深入调研，发现信息公开存在一些问题，如依申请公开总体情况不容乐观；成本费用一律免费未必适当；复议诉讼等法定救济渠道利用情形堪忧。年度报告的真

---

① 中国经济时报：《财经视野：政府信息公开须解决六个问题》，http://finance.sina.com.cn/d/82885.html。

② 周汉华：《〈政府信息公开条例〉评述》，《洪范评论》第8辑，中国法制出版社2007年版，第202—214页。

实性、公众参与和通过行政诉讼解决争议等问题都有待改进。① 刘恒在其《中国政府信息公开制度：回顾、现状与展望》的文章中认为，由于条例本身规定的不清晰，在信息公开的范围、国家秘密的界定等领域是引发这些问题的原因。但是，也有学者持有不同看法，如程浩认为"条例使用和出现的诸多问题并不是立法不完善，根本原因在于行政机关没有选择以公开为主导的原则和政策取向"。"行政机关没有选择以公开为主导的原则和政策取向，没有完全遵从上位法优先，而是倾向于采取'不予公开的规定优先'的标准或者倾向于将较为保守的同位阶或者位阶更低的法规作为特别规范适用，排除《政府信息公开条例》的适用，造成法律适用'倒挂'现象。"另外，"行政机关的误解、对政府信息的分类等也是错误的原因"。"可以尝试由省级人大或政府出台地方性法规或规章，或由法院通过司法解释，对某些有争议的信息属性做进一步的说明。"②

学者近来对政府信息公开的研究，多集中在《条例》第 8 条规定的国家秘密、商业秘密和个人隐私这三类不公开事项的范围和界定上。章剑生认为，"对保密范围的确定应当遵守'最小限制'和'保密例外'原则，并应当陈述保密理由并接受'无公然、明显的错误与恣意'标准的审查"。③ 王锡锌认为，信息公开的广度和深度与"国家秘密"的内涵和外延界定紧密相关，与世界上信息公开制度先进的英、美、加等国相比，我国"对国家秘密的界定模糊、范围宽泛，保密审查程序苛刻"。"建议明确国家秘密的定密标准，规范定密程序，明确解密程序，并对维护公共利益条款作正确理解。"④ 贺诗礼对免于公开的范围进行了探讨，认为应

---

① 莫于川：《政府信息公开法的基本理念、立法目的和指导原则再检讨——兼从年度报告看政府信息公开发的基本理念、立法目的和指导原则的实现情形》，《河南政法干部管理学院学报》2009 年第 6 期；莫于川：《政府信息公开工作初次年度报告的若干特点》，《南都学坛》(人文社会科学学报) 2009 年第 4 期。肖明：《政府信息公开制度运行状态考察——基于 2008 年至 2010 年 245 份政府信息公开工作年度报告》，《法学》2011 年第 10 期。

② 程洁：《政法信息公开的法律适用问题研究》，《政治与法律》2009 年第 3 期。

③ 章剑生：《阳光下的"阴影"——〈政府信息公开条例〉中"不公开事项"之法理分析》，《政法论坛》2009 年第 6 期。

④ 王锡锌：《政府信息公开语境中的"国家秘密"探讨》，《政治与法律》2009 年第 3 期。

包括"政府讨论过程中的信息、执法性信息和根据其他法律须保密的信息"。① 伏创宇考察了我国台湾地区相关判决中对信息公开中咨询公开与卷宗阅览存在很大差别，从而区别对待的做法，反思了我国大陆地区对二者不做区分的做法，认为是导致信息公开条例存在缺陷的一大原因。②

此外，还有学者从经济学成本理论、信息学、政治学等视角，分析信息公开的范围；还有学者讨论行政机关内部准备性行为是否属于信息公开的问题。③ 总之，对信息的界定和公开的范围这些条例规定的核心问题，仍将是学术研究的重点问题。

（二）信息公开法与档案法、个人信息保护法以及保密法的关系

有学者基于美国信息公开制度历史进程和最新发展的考察，探讨信息公开的司法适用，并分析了信息公开和个人隐私的关系。④ 有学者研究了新《保密法》，认为"其目标仍然是强化保密，应当在政府信息公开的前提下，寻求保密与公开的协调与统一，将保密制度作为信息公开制度的特殊制度"。⑤ 但也有学者对此持有不同看法，如周汉华认为，"公开是原则、保密是例外"应该是处理两者关系的基本原则，公开与保密不可分割，保密法修改确立了公开优先的原则，等于隐含确认了公开是原则、保密是例外；保密行政管理部门应该准确定位，主要承担决策与监督职能，不应沦为一般的行政执法部门；保密法修改的缺憾在于未能在决策权的统一和充实保密行政管理部门的监督手段方面有更多的制度创新。⑥

此外，随着科技的发展和互联网的普及，政府信息公开的载体也随之扩大，建设电子政府，制定电子政务法成为一种必然。有学者介绍了电子政府立法的国际浪潮，分析了制定电子政务法的重要性、必要性、立法时

---

① 贺诗礼：《关于政府信息免予公开典型条款的几点思考》，《政治与法律》2009年第3期。

② 伏创宇：《两岸信息公开豁免案例之比较评析——以个人隐私和商业秘密之探讨为中心》，《行政法论丛》第13卷，法律出版社2010年版，第111—113页。

③ 王勇：《也论政府信息公开制度》，《法学评论》2011年第6期。

④ 张千帆：《政府公开的原则与例外——论美国信息自由制度》，《当代法学》2008年第5期；许莲丽：《政府信息公开诉讼中的秘密审查制度：美国的实践》，《环球法律评论》2011年第3期。

⑤ 沈福俊：《建立与政府信息公开制度相适应的保密制度——以保守〈国家秘密法〉的修改为视角》，《法学》2009年第9期。

⑥ 周汉华：《保守国家秘密法修改评述》，《法学家》2010年第3期。

机、调整范围和立法原则,指出应当制定电子政务法来推动电子政务工作的发展,并提出在立法中应当注意的一些深层次矛盾与问题。①

(三)政府信息公开诉讼

在信息公开的诉讼领域,由于政府信息公开引发的行政争议构成了一种新类型的行政诉讼,急需理论对之作出积极的回应,保障公民的知情权,保证政府信息公开制度的良性运行。倪洪涛通过对引发的政府信息公开案件考察分析,发现引发信息公开诉讼的原因主要在于立案受理环节的行政程序缺失,《政府信息公开条例》第23条的规定是行政机关拒绝公开的主要挡箭牌。② 江必新、梁凤云认为,信息公开行政诉讼基本制度中的"当事人、举证责任和诉讼程序等因不同的诉讼类型而有显著区别,政府信息公开诉讼最关键的问题是法院对国家机密的审查,而是否属于国家机密,必须通过有权机关的确认,如果当事人因为政府信息公开而遭受损失,应当可以得到国家赔偿"。③ 黄学贤、梁玥研究了政府信息公开诉讼的受案范围,认为应当将不履行政府信息公开义务的行为、公开虚假信息的行为、信息公开迟延的行为、公开不该公开的信息的行为以及对公开的信息进行任意删除的行为等,均应纳入政府信息公开诉讼的受案范围。④ 林鸿潮、许莲丽、陈明湖等学者研究了政府信息公开诉讼中的证明责任,认为政府信息公开诉讼与普通行政诉讼在证明责任上存在重要差别,现有的行政诉讼证明责任分配规则不足以完全解决其中的问题。其中,认定政府信息属于国家秘密的证明责任,依申请公开中关于申请条件的证明责任,信息不存在的证明责任,以数据电文形式提出申请的证明责任,都需要在现有证明规则的基础上进一步明确。⑤ 针对主动公开的行政

---

① 周汉华:《电子政务法研究》,《法学研究》2007年第3期。

② 倪洪涛:《依申请信息公开诉讼周年年度调查报告——基于透明中国网刊载的40宗涉诉案的考察》,《行政法学研究》2009年第2期。

③ 江必新、梁凤云:《政府信息公开与行政诉讼》,《法学研究》2007年第5期。

④ 黄学贤、梁玥:《政府信息公开诉讼受案范围研究》,《法学评论》2010年第2期。

⑤ 林鸿潮、许莲丽:《论政府信息公开诉讼中的证明责任》,《证据科学》2009年第1期;陈明湖:《政府信息公开诉讼中证明责任的失范与重构》,《法治研究》2011年第1期。

诉讼中，许莲丽认为面对容易引发的滥诉、司法权的界限问题、诉讼类型的问题等，可以通过对现有诉讼制度的技术调整和修补改革来暂渡难关，但更为根本的还是通过信息公开制度的渐进发展来加以解决。① 还有学者研究了反信息诉讼的问题。②

总之，《条例》的颁布对行政诉讼产生了极大的挑战，在 2001 年中国政法大学举办的"政府信息公开研讨会"中，来自各个层级的法官对行政信息公开诉讼案件的发言，可反映出该种诉讼实践操作中面临的问题：一是政府信息公开诉讼原告资格的问题。对于政府依申请公开的信息，一般是赋予申请公民信息公开诉讼的原告资格；对于政府主动公开的信息，一般先进行转化，先由当事人申请公开，将不特定的人转化为特定的人之后再赋予其原告资格。但是当涉及第三人利益时，该第三人是否成为原告？二是信息公开诉讼中的公益诉讼问题；三是涉及商业秘密的举证责任问题，企业认为举证会泄露产品配方，但是否会构成这样的后果如此专业的问题法官无法判断，需要有专业机构出具专业意见。另外，政府是否有责任收集企业拥有的信息等等。这些问题需要学者加强研究，为实践提供理论支撑。

（四）具体领域中的信息公开

具体领域中的信息公开研究，如朱应平撰文探讨了行政机关内部准备性行为的公开问题，认为虽然法律没有明确规定，按照国际通行做法应把他归为豁免公开信息的范围。③ 姚金菊考察了美国高校信息公开的立法和实践，提出我国《高等学校信息公开办法》在适用信息公开高校的范围、其内部机构是否适用信息公开、信息属性的区分等方面存在不足，需要借鉴美国高校信息公开的经验加以完善。④ 杨寅重点阐述了行政处罚信息公开的特殊性、法律依据、基本原则、内容把握、公开时限和制度衔接等问题。⑤ 在这里，值得关注的是私人主体是否需要遵守行政公开的义务。随着民营化时代的到来，诸多政府公共职能外包给私人主体，使得传统的信

---

① 许莲丽：《论政府信息主动公开的行政诉讼》，《河北法学》2009 年第 10 期。
② 李广宇：《反信息公开行政诉讼问题研究》，《法律适用》2007 年第 8 期。
③ 朱应平：《行政机关内部准备性行为的信息公开问题探析》，《法商研究》2010 年第 3 期。
④ 姚金菊：《美国高校信息公开研究》，《行政法学研究》2010 年第 4 期。
⑤ 杨寅：《行政处罚类政府信息公开中的法律问题》，《法学评论》2010 年第 2 期。

息公开立法目的落空。《政府信息公开条例》第37条规定了教育、医疗卫生、计划生育、供水、供电、供气、供热、环保、公共交通等与人民群众利益密切相关的公共企事业单位在提供社会公共服务过程中制作、获取的信息公开，参照本条例执行。但如何在实践中适用该条例的这一规定，引发很多争议，诸如，这一强制性的要求是否会侵犯公用事业的商业秘密？如何协调与消费者的知情权的关系？怎样处理二者的矛盾？高秦伟基于公共服务民营化的背景，对《政府信息公开条例》对公用企业适用性、公用企业如何更好地履行信息公开义务、公众如何有效获取信息等问题进行了探讨。① 对私人主体的信息公开义务做了法理基础和分类阐述。② 卢超认为，信息公开立法的目的在于钳控传统官僚科层政府，并以公用事业民营化中的信息公开事项为例，另外主要结合英国公用事业民营化的实践，探讨信息公开立法直接适用于承担公共职能的私主体之可能性。并在转型社会与全球化的背景下，来考量现代与后现代，法治的交轨处转型国家信息公开立法的多重使命。③

第三节　个人信息保护研究

在全球信息化浪潮的冲击下，个人信息的作用越来越重要，但也面临着越来越严重的威胁。一方面，个人在真实世界的存在转化为数据信息，可以通过网络迅速传播。另一方面，信息具有资源属性能够带来巨大的商业利益。如何保护个人信息实现个人对自己信息的掌控并最大限度的发挥其商业价值，是世界各国都面临的问题。1973年，瑞典政府最早制定《资料法》，在全球范围内掀起了个人信息保护专门立法的浪潮。我国信息产业基础薄弱，对个人信息保护的研究也起步较晚。只有进入21世纪以后，信息传递方式的改变，个人信息滥用问题的增多，加之《政府信息公开条例》的出台，个人信息保护问题才成为我国学者关注的热点。

---

① 高秦伟：《对公众获取公用企业信息的法律分析》，《行政法学研究》2010年第4期。

② 高秦伟：《私人主体的信息公开义务——美国法上的观察》，《中外法学》2010年第1期。

③ 卢超：《民营化时代下的信息公开义务——基于公用事业民营化的解读》，《行政法学研究》2011年第2期。

随着将个人信息保护纳入立法规划的呼声越来越高，这方面的研究也日益丰富。归纳起来，学者们研究领域主要集中在以下几个方面。

一 个人信息保护的必要性和急迫性

加强对个人信息的保护是学者们的共识，学者们从多个角度论述了必要性。吕艳滨认为，随着我国信息化的不断发展，批量处理和传递个人信息已经越来越容易，而且，信息作为一种无形的财产却会为人们带来经济价值的东西，对于整个社会的发展也越来越显得必不可少。而个人信息遭到不当收集、恶意利用、篡改以至扰乱公民个人安宁生活进而危及其生命、财产安全的隐患也就随着出现。因此，对于我国而言，尽快制定个人信息保护制度已经是刻不容缓了。这对于有效保护个人利益、有效利用信息资源、促进我国电子商务和电子政务健康发展、保障我国企业顺利从事国际投资和贸易、促进政府信息公开制度的确立和完善等均有重大意义。[1] 旺娜、崔子宁从个人信息被滥用造成的危害为视角，认为根据中国社科院发布的 2009 年"法治蓝皮书"，我国个人信息滥用问题已经对公民人身、财产安全和个人隐私构成了严重威胁。导致这一现象发生的原因，在于缺乏健全的法律保护，完善个人信息法律保护体系，有助于合理使用个人信息、信息的正常沟通和社会的进步。[2] 郑成思认为，加强个人信息保护有助于维护市场信息安全和信用制度的发展。[3] 周汉华在《个人信息保护法》（专家建议稿）的立法研究报告中，将规定个人信息保护法的意义和重要性进行了综合归纳：是保护个人权利的需要，是有效利用信息资源的需要，可以促进电子商务和电子政务健康发展，在国际关系中保持主动，有利于推定政府信息公开工作，可以推动我国信息化法律体系的建设。[4]

---

[1] 参见吕艳滨《论完善个人信息保护法制的几个问题》，《当代法学》2006 年第 1 期。

[2] 旺娜、崔子宁：《个人信息法律保护现状及研究综述》，《法制与社会》2010 年第 9 期（上）。

[3] 郑成思：《个人信息保护立法——市场信息安全与信用制度的前提》，《中国社会科学院研究生院学报》2003 年第 2 期。

[4] 周汉华：《中华人民共和国〈个人信息保护法〉（专家建议稿）及立法研究报告》，法律出版社 2006 年出版，第 34—39 页。

二 个人信息的定义及其法律名称

虽然对个人信息进行专门立法保护是世界上很多国家的通行做法，但对个人信息的概念至今尚未形成一个统一的用语和定义。个人资料在各国立法上，被分别冠以"个人资料"、"个人信息"或"个人隐私"等概念。我国学者在进行研究的时候，对这些个人信息使用了不同的称谓，如齐爱民、孔令杰称为个人资料，周汉华称为个人信息，还有称个人隐私，[①] 个人数据，个人数据隐私权。[②] 对应当纳入法律保护的信息的范围，也存在不同的看法。根据学术检索的结果，使用"个人信息"的学者和成果占据主要地位，为方便论述，下文将以个人信息作为本文对法律应予保护信息的统一称谓。[③]

关于个人信息的内涵，学界有"隐私说"和"识别说"两种主要观点。"隐私说"认为，向外透露的或是个人极为敏感而不愿他人知道的个人信息。所谓"识别"是指信息与信息本人存在某一客观确定的可能性，通俗地说就是通过信息能够把信息本人"认出来"。周汉华研究员指出，我国同时存在阴私、隐私和个人信息三个概念，隐私权与个人信息在概念出现的时间，涵盖的范围和权利属性都存在不同。个人信息比隐私的范围广，应当成为公法的保护对象，不同的对象需要不同的保护制度。[④]

关于个人信息的性质，陈红认为，"从各国关于保护个人资料的立法或判例来看，大多有涉及隐私的情况，'个人资料'保护的目的，即在保护个人隐私"，因此是一种隐私权利。[⑤] 汤擎认为是一种所有权利，[⑥] 齐爱民认为，"个人资料的收集、处理或利用直接关系到个人资料本人的人

[①] 刁胜先：《论网络隐私权之隐私范围》，《西南民族大学学报》（人文社科版）2004年第2期。

[②] 孙宇：《试论网络环境下我国个人数据隐私权的保护》，《科技信息》2010年第1期。

[③] 根据笔者在中国知网上的检索数据，以"个人信息"为标题的论文有940条，以"个人隐私"为标题的论文有221条，以"个人数据"为标题的论文有92条，以"个人资料"为标题的论文有98条。

[④] 杨利敏：《个人信息保护国际学术研讨会研究综述》，《行政法论丛》第10卷，法律出版社2007年版，第533页。

[⑤] 陈红：《个人信息保护的法律问题研究》，《浙江学刊》2008年第3期。

[⑥] 汤擎：《试论个人资料与相关法律关系》，《华东政法学院学报》2000年第5期。

格尊严，个人资料所体现的利益是公民的人格尊严的一部分"，因此是一种人格权利。① 周汉华认为，"现代意义的隐私权在具有消极、静态、阻碍他人获取与个人有关的信息等特性的同时，更具有了支配权的特点，具体表现为，权利主体对与自己有关的信息进行收集、储存、传播、修改等所享有的决定权，按自身意志从事某种与公共利益无关的活动而不受非法干涉的个人活动自由权……，因此，它已演变成为一种公民在宪法上的基本人权"。②

由于对个人信息的概念和性质的认识存在分歧，导致对其范畴也颇有争议。很多人把个人名字、声音、形象或肖像等排除在个人信息范围之外，而仅仅把以文字或文本形式存在的个人信息作为研究的对象。杨立新认为，个人信息是隐私权保护的内容，凡属于个人的与公共利益无关的个人资讯、资料，包括计算机储存的个人资料、域名、网名、电子邮件地址等都是个人信息。在我国《个人信息保护法》（专家建议稿）中，将个人信息界定为是指个人姓名、住址、出生日期、身份证号码、医疗记录、人事记录、照片等单独或与其他信息对照可以识别特定的个人的信息。也有学者从抽象意义上划分个人信息的范围，提出个人信息的构成要素分为实质要素和形式要素。构成个人信息的实质要素是"识别"。个人信息是可以直接或间接识别本人的信息。构成个人信息的形式要素有两个：得以固定和可以处理。对一些特殊主体如法人、外国人、死人和胎儿、家庭是否享有个人信息的权利，学界存在不同看法。③

---

① 齐爱民：《论个人资料》，《法学》2003年第8期。张靖钰：《个人信息权初探》，《新疆社科论坛》2006年第1期。

② 周汉华：《中华人民共和国〈个人信息保护法〉（专家建议稿）及立法研究报告》，法律出版社2006年出版，第49页。

③ 有观点认为，个人资料的主体"个人"既包括"自然人，也包括自然人组成的家庭"。但有学者认为，个人资料的主体范围不应该包括家庭，也没有必要包括。有人认为，死者与胎儿是权利主体。但有人认为，只有活着的人和已出生的人才能享有信息权利。关于法人应否属于信息保护主体，有观点认为，法人资料应该与个人资料一并保护，法人也有一般人格权，法人的一般人格权应该受到平等保护。但有学者认为不应包括法人，法人信息的性质和作用不同于自然人，不是一种人格权利，应由保护商业秘密法等法律保护。

三　个人信息与相关法律制度关系

电子政务与个人信息保护的关系，骆梅英通过对电子政府先进国家的案例分析，切入公众对电子政府的信心，进而引出个人信息保护与电子政府建设的关系；并进一步分析了影响公众对电子政府信任的因素。提出了约束电子政府对个人信息处理的一般原则：个人信息的专属性、普遍性和长期性原则；信息主体在信息活动中，处理自身信息的完全自由原则；建立与信息的敏感性相适宜的法律保护体系；保密原则。论述了电子政府背景下个人信息保护之法律框架的基本目标。[①] 关于政府信息公开与个人信息保护的关系，陈红认为，由于"政府信息公开制度的建立使得政府持有的个人信息在一定程度上属于公开的信息范围"，因此，可采取利益平衡的方法来权衡知情权和个人信息权之间的平衡，以期在确保知情权的情况下使个人信息受到保护。[②] 在特定情况下，个人信息保护是政府信息公开的例外，如属于自己的个人信息时，该项个人信息可以对该申请人进行公开；申请人同意公开的个人信息情形；提供信息的个人事先被告知可能公开其个人信息的情形；个人信息已经被公众知晓的情形。刘飞宇从分析案例的方法入手探讨二者关系。[③] 信用制度与个人信息保护制度紧密相关，[④] 吴国平认为"处理好个人信息公开与个人隐私权的保护是构建征信制度的关键，必须明确规定个人信用信息征集的主体和范围，明确规定个人信用信息使用的范围与目的，明确规定个人信用信息征集和使用的程序，确立消费者个人信息数据主体的权利体系"。[⑤] 王秀哲研究了身份证明与个人信息保护的关系，认为"信息社会人们之间的交往需要权威的身份证明，由公权力介入推行的身份证明制度满足了这种需要。但是只有

[①] 骆梅英：《电子政府视野中的个人信息保护——法律规制框架的初步厘定》，《电子政务》2009年第7期。

[②] 陈红：《个人信息保护的法律问题研究》，《浙江学刊》2008年第3期。

[③] 刘飞宇：《行政信息公开与个人资料保护的衔接——以我国行政公开第一案为视角》，《法学》2005年第4期。

[④] 雷继平：《个人征信系统与个人信用信息保护》，《法律适用》2006年Z1期。郑成思：《信用制度与个人信息保护立法》，《人民司法》2002年第3期。

[⑤] 吴国平：《个人信息开放与隐私权保护——我国征信立法疑难问题探析》，《法学杂志》2005年第3期。

通过法律规制明确公民个人信息自决权,并设定政府不侵犯和保护个人信息的责任,才能真正发挥身份证证明身份的权威作用。我国目前身份证法律规制的弊端,在于政府没有履行必要的个人信息保护职责,公民的个人信息主体地位缺失,导致了政府滥用职权和个人权益受到损害。所以必须以保护个人信息为核心,完善我国的居民身份证法律规制制度"。①

互联网的迅速发展使得个人信息保护的问题变得更为严峻,网络隐私权的问题是学界关注比较多的。赵峻镭认为,"在网络经济时代,对用户网络隐私权的确认和有效保护具有一定的必然性和必要性,实践中侵害网络隐私权的现象颇多,因此,迫切需要确立和加强对网络隐私权的保护。采取单独制定网络隐私保护法的方式更加适合网络自身的特点,所以更有利于对网络隐私权的维护"。② 刁胜先将网络隐私归纳为四种:"具有可识别性的个人信息,个人活动与私事,个人领域,其他涉及个人生活安宁与秩序的隐私。"③ 2010年发生的腾讯与360大战更是将何谓网络隐私,如何保护网络隐私的讨论引入高潮。严霄凤在《腾讯与360大战再次引发对个人信息保护的思考》中,提出该由谁来保护用户的个人信息、国家相关政府机构该做什么和第三方测评机构能做什么等一系列问题,认为"国家相关政府机构和第三方测评机构在个人信息保护中应发挥的作用",国家应确定专门的监管部门,建章立制、加强监管;完善相关立法及其保护标准;督促互联网协会和第三方测评机构发挥作用。第三方测评机构应当在相关部门的大力支持和正确指导下,履行其社会责任和义务,开展个人信息保护相关问题的研究,继续完善《个人信息保护测评指标体系》,协助政府定期开展互联网个人信息保护测评、监控和检查,为用户把关和提供真相,帮助互联网用户消除疑虑,辅助政府相关部门进行个人信息保护工作。④

---

① 王秀哲:《身份证明与个人信息保护——我国居民身份证法律规制问题研究》,《河北法学》2010年第5期。

② 赵峻镭:《论网络隐私权的法律保护》,《北方工业大学学报》2004年第12期。

③ 刁胜先:《论网络隐私权之隐私范围》,《西南民族大学学报》(人文社科版)2004年第2期。

④ 严霄凤:《腾讯与360大战再次引发对个人信息保护的思考》,《技术探讨》2011年第11期。

四 域外个人数据保护的研究

贾淼"从国外的个人信息保护法的发展历程出发,论述第一代个人信息保护法和第二代个人信息保护法的形成及其特点,并通过对OECD的自由流通原则基本内容的介绍,分析其局限性"。提出在制定中国的个人信息保护法律法规时,应当充分借鉴国外先进的立法例,同时根据本国国情进行适当的立法。① 周健介绍了美国《隐私权法》的立法原则、适用范围、个人记录公开的限制和登记、公民查询与修改个人记录的权利、对行政机关的限制与要求、免除适用的规定以及该法与美国《信息自由法》的关系。② 陈健论述了"美国个人金融信息保护中的'舒尔茨规则'和'米勒规则'"。③ 还有其他学者对美国的相关制度也有论述。④ 谢青、周健等学者介绍了日本、德国、加拿大等国的《个人信息保护法》。⑤

五 个人信息保护的立法模式和立法框架

学者们考察发现,对个人信息保护世界上存在三种立法模式:统一立法的德国模式;分散立法和行业自律相结合的美国模式和统分结合的日本模式。大部分学者认为,由于现行法的滞后,我国信息行业的力量不强,难以形成自律监管。因此选择统一立法的德国模式更适合我国国情。⑥ 由国务院信息办委托中国社科院法学研究所成立课题组起草的《中华人民

---

① 贾淼:《个人信息保护法的回顾及启示》,《沿海企业与科技》2010年第9期。
② 周健:《美国〈隐私权法〉与公民个人信息保护》,《情报科学》2001年第6期。
③ 陈健:《美国个人金融信息保护中的"舒尔茨规则"和"米勒规则"》连载(上),《信息网络安全》2006年第1期。陈健:《美国个人金融信息保护中的"舒尔茨规则"和"米勒规则"》连载(下),《信息网络安全》2006年第2期。
④ 赵培云、郑淑荣:《从美国网络隐私权保护立法原则看中国个人信息保护立法应注意的问题》,《信息化建设》2005年第12期;齐爱民:《美国信息隐私立法透析》,《时代法学》2005年第2期。
⑤ 例如,谢青:《日本的个人信息保护法制及启示》,《政治与法律》2006年第6期。周健:《加拿大〈隐私权法〉与个人信息的保护》,《法律文献信息与研究》2001年第1期。
⑥ 参见齐爱民《美德个人资料保护立法之比较——兼论我国个人资料保护立法的价值取向与基本立场》,《甘肃社会科学》2004年第3期;陈红《个人信息保护的法律问题研究》,《浙江学刊》2008年第3期;蒋舸《个人信息保护法立法模式的选择——以德国经验为视角》,《法律科学》2011年第2期。

共和国个人信息保护法》（专家建议稿），是在对域外个人信息保护先进国家制度深入研究的基础上，结合我国国情而编定的，该立法建议稿及随附的立法研究报告是我国个人信息保护研究的奠基之作。① 该专家建议稿认为，个人信息保护法包括总则、政府机关的个人信息处理、其他个人信息处理者的个人信息处理、法律的实施保障与救济、法律责任和附则等几个部分。谢天和邹平学对应采用何种立法模式持有不同看法，他们认为，"基于国外的立法经验、目前我国已有的立法基础以及现实对于私权利保护的诉求，针对个人信息保护的立法应当采取分散的立法模式，即将公共部门和私营机构收集、储存和处理个人信息的行为，分别置于不同法律部门中的不同法律文件内进行规范调整"。② 对于《个人信息保护法》迟迟未能出台的原因，朱加强归纳为三点：信息立法首先面临着信息种类和范围的界定难题；其次是如何增强立法的可操作性和公民信息权的可救济性；最后立法模式的确切选择，也制约着个人信息保护的立法质量。③

六 个人信息保护的主要内容

个人信息保护的立法理念，立足我国国情借鉴国外先进立法是我国立法通常采用的方法。洪海林考察了欧洲政府和美国政府的保护路径，发现欧洲更为重视从权利角度出发保护个人信息，美国则更注重从信息流通的角度出发促进个人信息的自由流通。个人信息保护的"权利保护论"与"自由流通论"，以及因为对上述理论的解释与侧重不同而产生的欧洲的国家立法主导与美国的企业自律的个人信息保护模式，均有其合理与可取的方面。我国的个人信息保护法在立法理念上，应当兼顾个人信息的"权利保护"与个人信息的"自由流通"，以达到二者之间的和谐与平

---

① 课题组在研究的基础上出版了个人信息保护研究丛书，包括《个人信息保护前沿问题研究》、《域外个人数据保护法汇编》和《中华人民共和国〈个人信息保护法〉（专家建议稿）及立法研究报告》，法律出版社2006年出版，该丛书在个人信息保护研究领域享有很高的引用率。

② 谢天、邹平学：《我国个人信息保护的立法模式探析》，《岭南学刊》2011年第2期。

③ 朱加强：《个人信息保护立法任重道远》，《江淮法治》2008年第20期。

衡。① 齐爱民也认为,"个人信息保护法的宗旨在维系信息社会个人信息资源的开发利用和人格权保护之衡平——在保障人格权不受非法侵害的前提下,促进个人信息资源的合法利用"。②

关于个人信息保护的基本原则,陈红认为,包括公开原则、信息正确原则、收集限制原则、目的明确化原则、使用限制原则、信息管理原则和法律救济原则。③ 周汉华认为,包括合法原则、权利保护原则、利益平衡原则、信息质量原则、信息安全原则、职业义务原则和救济原则。④ 虽然学者们主张的原则名称各异,这些原则都离不开 OECD《关于隐私保护与个人资料跨国流通的指针的建议》确立的先进理念。因此刘小燕、贾淼专门翻译了 OECD 确立的个人信息保护 8 项原则。⑤ 进行个人信息保护,离不开与个人信息有关的各类主体之间的法律关系及其权利义务。学者们认为,个人信息保护法律关系的主体包括信息权利主体、信息义务主体和信息的监管与评估主体。汤擎分析了个人数据保护中涉及的法律关系,包括个人数据所有者与数据采集者之间的关系、数据库所有者与数据库使用者之间的关系等,认为只有明确了这些关系,才能从根本上保护个人数据所有者的合法权益不受侵害。⑥

关于信息保护法律关系主体享有的信息权利,包括个人信息主体对自己的信息享有自决权和控制权;企业的信息利用和流通权。吕艳滨认为,个人信息主体享有的权利包括:决定是否提供本人的个人信息的权利,请求信息处理者告知个人信息的利用目的等事项的权利,请求个人信息处理者告知是否拥有本人的个人信息,并向其公开该个人信息的权利,请求订正、删除或者停止使用有关个人信息的权利、获得救济的权利。作为与商

---

① 洪海林:《个人信息保护立法理念探究——在信息保护与信息流通之间》,《河北法学》2007 年第 1 期。

② 齐爱民:《个人信息开发利用与人格权保护之衡平——论我国个人信息保护法的宗旨》,《社会科学家》2007 年第 2 期。

③ 陈红:《个人信息保护的法律问题研究》,《浙江学刊》2008 年第 3 期。

④ 周汉华:《中华人民共和国〈个人信息保护法〉(专家建议稿)及立法研究报告》,法律出版社 2006 年出版,第 64 页。

⑤ 刘小燕、贾淼译:《OECD〈关于隐私保护与个人资料跨国流通的指针的建议〉》,《广西政法管理干部学院学报》2005 年第 1 期。

⑥ 汤擎:《试论个人数据与相关的法律关系》,《华东政法学院学报》2000 年第 5 期。

业利益息息相关的信息，企业对信息的合理使用和信息的流通，有助于为社会和个人提供更多的福利和便捷。因此，企业享有信息采集、合理利用和流通的权利。①

关于个人信息保护的义务主体，"将政府以外的主体纳入到了法律调整的范围之中，强调通过市场自身的责任承担，重视规范基于商业目的收集、处理和利用个人信息的行为"。② 信息的收集、使用和流通都应遵循相应的规则，并对敏感信息及信息的二次开发利用等，进行了进一步的探讨。

就个人信息保护的救济措施来说，有学者认为，个人信息保护的救济措施主要通过规定侵权人应承担的法律责任来补偿受害人的损失。③ 周汉华认为，单一的救济方式不足以实现保护的目的，应构建出行政责任、民事责任或是刑事责任的多方位的责任体系。④ 刁胜先、秦琴主张，通过确定信息监督机关设置、权利义务责任以及救济等相关内容，加强个人信息的行政法保护。⑤

七 特定行业的个人信息保护

对特定行业制定个人信息保护的特别规定，是个人信息保护立法普遍采取的做法，包括医疗、征信与网络隐私权的保护，⑥ 档案人事管理中的个人信息保护等。徐瑜"从界定馆藏个人信息范围、建构档案信息安全体系和个人信息档案安全内控机制三个方面，提出国家档案馆个人信息保护对策与建议"。⑦ 陈炳亮、许长提出，在流动人员档案管理方面，应"建立档案信息本人见面制度，制定科学的鉴定、更正和更新程序，明晰

---

① 吕艳滨：《个人信息保护法制管窥》，《行政法学研究》2006 年第 1 期。
② 谢珺：《论网络服务提供者的个人信息保护义务》，《新闻知识》2011 年第 2 期。
③ 冯心明、戎魏魏：《个人信息保护立法若干问题思考》，《华南师范大学学报》（社会科学版）2007 年第 4 期。
④ 《〈个人信息保护法〉专家建议稿出台》，《司法业务文选》2005 年第 11 期。
⑤ 刁胜先、秦琴：《个人信息行政法保护的国际经验与借鉴》，《重庆社会科学》2011 年第 5 期。
⑥ 赵峻镭：《论网络隐私权的法律保护》，《北方工业大学学报》2004 年第 4 期。
⑦ 徐瑜：《国家档案馆个人信息保护对策与建议》，《档案学研究》2010 年第 6 期。

人事档案管理主体、人事档案形成单位、档案信息本人的权责关系，建立个人信息监督、保护机构，建立'人事立户'的存档新模式等设想"。[1] 在银行业个人信息的保护方面，张德芬认为，"银行卡个人数据包括个人身份信息、交易信息和信用状况信息。这些信息都属于隐私权保护的范围。持卡人对之享有允许或拒绝他人查询、收集和使用的权利，任何单位和个人不得非法使用，否则视为侵权。持卡人有权提起诉讼，请求停止侵害，赔偿损失"。[2] 蒋舸在论述消费者个人信息保护的途径时，认为"在构建其全面的个人信息保护法系统之前，先循序渐进地在修改现行法的基础上，对个人信息保护的个别方面进行改进的设想。最直接的是修改《消费者权益保护法》，明确消费者享有个人信息自决权，并明确经营者侵权时的包括停止侵害、赔偿损失和没收违法所得在内的法律责任。此外，还可以通过修改《反不正当竞争法》，提高直接营销的门槛，进而限制对消费者个人信息的采集与使用"。[3] 张倩论述了保险行业的个人信息保护。[4]

八 小结

总体来说，受我国信息发展层次较低，立法滞后及认识不足的影响，我国学界对个人信息法律保护的研究还很不成熟。具体而言，呈现出以下特点：首先，虽有一些相关论文和著述，但多为重复研究，侧重于个人信息的定义、内容、性质等基本理论问题，以及国外个人信息法律保护情况的介绍等，层次较浅且研究内容和观点雷同。其次，对某一具体行业或领域个人信息法律保护的研究，缺乏对该行业的具体了解以及结合行业特点设计制度，仅仅是将个人信息保护的理念和总则性的东西直接放入具体领域，缺乏行业特点和行业适用性，导致建议的针对性和可操作性不强。比如互联网上个人信息的保护、档案管理过程中个人信息的保护、电子政务中的个人信息保护、消费者的个人信息保护等。再次，认识到个人信息保

---

[1] 陈炳亮、许长：《从个人信息保护法看流动人员人事档案管理》，《档案学通讯》2006年第4期。

[2] 张德芬：《论银行卡个人数据的隐私权保护》，《法学杂志》2005年第2期。

[3] 蒋舸：《消费者个人信息保护之途径探讨》，《湖北社会科学》2011年第5期。

[4] 张倩：《论保险公司个人信息保护》，《保险研究》2010年第10期。

护的重要性及现行规定的不足，但对如何完善个人信息法律保护的具体建议措施却较少。最后，也是特别重要的一点，学者相关个人信息保护的研究多局限于自己的专业，公法学者仅从公法角度论述，私法学者也只是从私法角度论述，且相关论述偏重论民法保护，"四法"合璧进行研究的几为空白，宏观上缺乏体系之间的呼应。

2005年《个人信息保护法》（专家建议稿）出台，采取了法国、德国模式进行统一立法，为个人信息保护立法找到了适合我国法律体制的立足点，标志着我国的个人信息立法的研究迈上一个新台阶。但信息社会日新月异，在科技的推动下，域外国家个人信息保护出现新的发展和制度转向，更加强调个人信息保护的责任机制。而我国时至今日，该法迟迟未能列入立法计划，理论研究也缺乏与时俱进的创新和应有的深度，对立法的推动和提供的理论支持还不够。因此学者们对个人信息保护域外立法、实践操作及相应判例应予以持续关注和进行译介。另外，到底如何借鉴国外先进的立法经验并设计出能为我国接受的制度安排，也应是该领域需要加强研究的地方。可以说，我国公民个人信息法律保护这一问题的研究，还是任重而道远的。

第 十 章

行政监督和救济法研究的新发展

本章主要是评述进入 21 世纪以来，行政复议、行政监察和信访研究的新发展。行政复议、行政监察和信访虽然在性质上有所不同，但都属于行政救济的范畴。这三个专题都是行政法研究的传统领域，研究都起源于 20 世纪 80 年代，进入 21 世纪后研究质量得到明显提升。总的来讲，行政复议、行政监察和信访的研究呈现出两个明显的特点：一是研究向纵深方向发展，体现出精细化研究的风格。这在行政复议的研究上体现得最为明显，行政复议司法化、行政复议委员会、行政复议调解等命题的提出与展开，体现出行政法学人日臻完善的研究素养。二是研究成果对于相关制度建设，发挥了直接的指导和推动作用。2007 年《中华人民共和国行政复议法实施条例》的制定、2004 年《中华人民共和国行政监察法实施条例》的制定、2010 年《行政监察法》的修订、2005 年《信访条例》的制定，都是行政法学界直接推动的结果，都广泛吸纳了行政法学人的研究成果。

第一节 行政复议研究的新发展

一 研究概况

近年来法学界对行政复议的研究，主要集中在行政复议的性质、定位、司法化、行政复议委员会、禁止不利变更原则、调解制度、行政复议终局裁决、审查程序、与行政诉讼的关系等问题上。全面研究行政复议的专著则不多见，主要有周汉华的《行政复议司法化：理论、实践与改革》、杨小君的《我国行政复议制度研究》、杨勇萍的《行政复议法新论》、蔡小雪的《行政复议与行政诉讼的衔接》、张胜利的《完善行政复议法基本问题研究》。《行政复议司法化：理论、实践与改革》从五个方面，对行政复议司法化进行全面的探讨，在进行前沿性理论探讨的同时，体现出实践性和针对性。① 《我国行政复议制度研究》的主要内容，包括行政复议性质、范围、管辖、主体、当事人、申请、审查方式、决定、对行政规定的审查与处理。② 《行政复议法新论》将理论探讨与规范分析相结合，较为全面、系统地阐述了行政复议法的基本原理和主要制度。③ 《行政复议与行政诉讼的衔接》从四个方面，分析行政复议与行政诉讼之间的关系：行政复议与行政诉讼在受案范围上的关系、与行政复议决定有关联人在行政诉讼中的法律地位、不服复议决定诉讼案件的受理问题、行政复议机关审查与人民法院审理的衔接问题。④ 《完善行政复议法基本问题研究》以我国经济社会领域的深刻变革、法治对其的引领与保障为背景，运用比较、分析等方法对行政复议基本制度进行探讨。⑤

二 行政复议的性质

关于行政复议的性质，学术界存在如下三种不同的观点。

第一种观点认为，行政复议是一种行政行为，是由行政系统内部的行政机关对下级或所属的行政机关作出的违法或者不当的具体行政行为，实施的一种监督和纠错行为。这种观点的重要依据就是国务院提请全国人大常委会审议《行政复议法（草案）》的说明：应体现行政复议作为行政机关内部监督的特点，不宜也不必搬用司法机关办案的程序，使行政复议"司法化"。⑥

第二种观点认为，行政复议是一种行政救济活动。行政复议应当成为公民、法人和其他组织合法权益的救济途径。不能片面强调行政复议机制的行政机关内部监督作用，忽视其首先应是权利救济机制和争诉机制的性质；不能片面强调复议程序的行政性，忽视现实对正当法律程序的迫切要

---

① 周汉华：《行政复议司法化：理论、实践与改革》，北京大学出版社2005年版。
② 杨小君：《我国行政复议制度研究》，法律出版社2002年版。
③ 杨勇萍：《行政复议法新论》，北京大学出版社2007年版。
④ 蔡小雪：《行政复议与行政诉讼的衔接》，中国法制出版社2003年版。
⑤ 张胜利：《完善行政复议法基本问题研究》，中国政法大学出版社2011年版。
⑥ 王周户：《行政法学》，中国政法大学出版社2011年版，第352页。

求。复议程序的关键不在于行政化或司法化,而在于它是否符合所适用的事实和情况,充分发挥保障个人利益和行政利益的效果。①

第三种观点认为,行政复议是一种行政司法活动。行政复议既有行政性质也有司法行为的性质、特征,行政复议既不同于纯粹行政活动,也不同于纯粹司法活动,是具有双重色彩的行为。②

相比较而言,第三种观点更加全面地把握了行政复议的性质。至于在行政性与司法性(救济性)两种性质之中应以何种性质为主,则并非一个先验的问题,而是一个制度选择的问题,这就涉及下面要讨论的行政复议的定位问题。

三 行政复议的定位

关于行政复议的定位,学术界存在两种不同的观点。

第一种观点认为,行政复议应明确采取行政化立场。其主要理由是,将行政复议放在行政纠纷解决的大背景下来看,行政化程度较高可能不是缺点而是优势。在行政复议的组织与程序设计上,对一些特殊性、专业性较强的领域,如税收、土地管理、保险和证券的监管等领域,可以建立相对独立的复议委员会,适用准司法的程序;而在其他领域,则仍以附属于一般行政组织的复议机构行使复议职能。为保证行政复议结果最低限度的公正性,必须增加或者调整十项基本程序制度:增设回避制度、增设律师代理制度、增设告知制度、调整管辖制度、补充证据制度、完善审查制度、增设限制变更制度、增设不利变更禁止制度、补充复议中止和终止制度以及完善行政规定的审查处理制度。③

第二种观点认为,行政复议应当进行司法化改革。行政复议司法化的主张并非将司法程序全盘照搬至行政复议,实质在于将体现程序公正的基本要素引入行政复议中,在行政复议中确立公正程序的各项基本原则,切实保障申请人的各项程序权利,在此基础上完成正当行政复议程序制度重

---

① 杨小君:《我国行政复议制度研究》,法律出版社2002年版,第225—226页。

② 同上书,第3页。

③ 杨海坤、章志远:《中国行政法基本理论研究》,北京大学出版社2004年版,第542—543页。

构，具体包括回避制度、复议案件公开审理制度、言词辩论制度、复议决定说明理由制度等。① 行政复议制度的司法化，包含三个方面的内容。首先，它是指行政复议组织应该具有相对的独立性。行政复议活动不受任何外来干预，由复议人员依法独立作出决定，以保证复议过程的公正性。其次，它是指行政复议程序的公正性与准司法性。最后，它是指行政复议结果应该具有准司法效力。进入诉讼程序以后，司法机关应该对行政复议决定给予相当程度的尊重。行政复议司法化包括三种模式：一是行政法院模式。行政法院模式是对现行行政复议制度最为彻底的改革，它需要合并行政复议制度与行政诉讼制度，废止普通法院的司法审查权，以政府法制机构为基础建立独立的行政法院。独立的行政法院实际上是将争议解决的行政程序与司法程序合二为一，既可以保证行政审判的专业性，又可以实现公正司法。二是双轨制。双轨制是对现行行政复议制度改动最小的模式，是在基本维持现行行政复议体制不变的前提下，在少数特定的领域率先引入独立的复议机构或独立裁判所，与现行的行政复议制度并行发展。随着条件的成熟，再逐步扩大这种领域的范围。三是司法化模式。司法化模式既不是全盘激进的改革，又不是漫长的某个领域的逐步演变，而是以复议制度的司法化为目标，对现行的复议制度与行政诉讼制度进行比较系统的联动改革，以增强行政复议制度的独立性与公正性，如增加复议机构外部独立委员、设立行政复议委员会，实现复议机构的独立等。②

有研究者认为，行政复议司法化的根本作用，是要打破目前权利保障领域非制度渠道膨胀，制度渠道萎缩的恶性循环，建立一个职能分离、结构多元、公平正义、良性循环的争议解决体系。所谓职能分离，是指政府的行政管理职能与争议解决职能的分离，实现争议解决职能的专门化与权威化。所谓结构多元，包括两个方面的含义。第一方面是指争议解决机制的多元化与多中心化，第二方面是指行政复议制度本身的多元化与多样性。所谓公平正义，是指各种形式的争议解决方式本身的特性和内在制度禀赋。不论争议解决机构如何，它们必须严格依法办事，独立公正地做出决定，

---

① 王万华：《行政复议程序反司法化定位的思考及其制度重构》，《法学论坛》2011年第4期。

② 周汉华：《我国行政复议制度的司法化改革思路》，《法学研究》2004年第2期。

不受任何外部权力的干预。所谓良性循环包括两个方面的含义，一是指政府行政管理职能与争议解决职能之间的良性循环，两者各司其职，彼此独立，相互补充；二是指争议的替代解决方式之间以及替代解决方式与诉讼制度之间的良性循环，不同的争议解决方式各自发挥其优势，既相互补充，又相互制约，形成合理有效的分工，提高争议解决的效率和公正性。[①]

四 行政复议组织改革

（一）行政复议组织改革的原则

有研究者认为，改革行政复议组织的根本原则，是强化行政复议组织的专门性、超脱性和专业性。行政复议是行政纠纷的裁决机制，应将之定位于准司法性活动。改革我国的行政复议组织，要从行政复议的这一性质定位出发，强化行政复议组织的专门性、超脱性和专业性。专门性是指要突出行政复议组织的法定性，避免行政复议机关设置行政复议机构的随意性。超脱性是指赋予行政复议组织在处理行政纠纷时的中立地位，使其只对法律和事实负责，不受非法干预。专业性是指行政复议组织应当具备解决行政专业性问题的能力和知识。[②]

（二）行政复议组织改革的方案

关于行政复议组织改革的方案，学术界存在四种不同的观点。

第一种观点认为，建立具有中国特色的行政裁判所，以此作为我国行政复议的专门机构。在英国的行政裁判所模式的基础上，吸收美国行政法官制度的优点，并结合我国实际，对行政复议加以改造或许是条可行之路。行政裁判所可以设在行政机关内部但又要相对独立于行政机关，可设为中央与地方两级，中央裁判所同各部委地位相同，接受全国人大常委会的直接领导。[③]

第二种观点认为，建立以主持人中立为核心的复议机构。第一，坚持新老并举、分级推进的原则。县级政府依然维持旧有体制，市级以上的行

---

① 周汉华：《行政复议制度司法化改革及其作用》，《国家行政学院学报》2005年第2期。
② 方军：《我国行政复议组织改革刍议》，《法学论坛》2011年第5期。
③ 马香超、陈裕国：《论我国行政复议制度改革》，《山东行政学院学报》2011年第4期。

政复议机关中可以考虑设立与我国台湾地区的诉愿审议委员会相近的行政复议委员会。第二，应保证可供遴选的社会人士、学者、专家的数量、范围、行业、专业，便于行政纠纷双方的选择。同时，复议委员会委员的履历公开，坚持回避原则和禁止单方面接触原则。第三，赋予申请人对复议委员会委员的优先选择权。①

第三种观点认为，建立独立的行政复议机构。应重新构建行政复议模式，充分保障复议机关的专业性、独立性，使其拥有自身的财权和人事权，脱离原来的层级行政隶属关系，超脱于行政机关内部关系，相对中立、公正地判断争议行政行为。在独立的行政复议机构建立之前，原则上应取消"条条"管辖规定，统一由所属人民政府管辖行政复议。②

第四种观点认为，统一设立独立的行政复议委员会。行政复议委员会必须符合三个条件：有独立于行政机关之外的常设工作机构；有一支精通法律且熟悉行政工作的稳定的高素质专业队伍；审查的程序规范化。③

五 行政复议委员会

（一）行政复议委员会试点的特点

有研究者认为，当前行政复议委员会试点的制度实践，具有如下特点：（1）行政复议委员会的设置具有统一性，主要在县级以上各级地方政府设立。目前各地的试点方案实际上避开纵向线路，主要是对一级人民政府的复议组织机构进行改造，在政府法制工作机构的基础上，向外拓展复议组织的工作力量。（2）行政复议委员会审议机制与其他审理机制相结合。各地积极探索完善行政复议运行机制，区别轻重缓急，探索不同案件的不同运行模式。（3）集中处理案件，提高办案效率。行政复议委员会单次会议不限议一事，往往在一次会议上审议一段时间内受理的数个案件。（4）分解、配置复议权，实现案件的调查权与议决权相分离。将调查权配置给政府法制机构，由其具体调查复议事项，而议决权由复议委员

---

① 柏阳：《"权利救济"与"内部监督"的复合——行政复议制度的功能分析》，《行政法学研究》2007年第1期。

② 刘恒、陆艳：《我国行政复议条条管辖制度之缺陷分析》，《法学研究》2004年第2期。

③ 周婉玲：《我国行政复议组织与程序的改革》，《法学研究》2004年第2期。

会行使。（5）强化调查环节，加大听证力度。各地试点的复议委员会非常注重调查取证，不断加强实地调查、公开听证等方式的运用，增强决议基础的客观性，提高案件审理的透明度。（6）采取委员会集体民主决策模式。目前试点的行政复议委员会吸纳大量的民间专家委员，议决会议一般要求民间委员的人数占较高比例，并按"一人一票"，采用少数服从多数的表决方式形成复议决定意见。①

（二）行政复议委员会的功能

有研究者认为，行政复议委员会具有多重功能。第一，吸收外部力量参与行政复议案件审理，保障行政复议的公信力和权威性。按照科学决策、民主决策、依法决策的要求，根据专业特长，选择人大代表、政协委员、法学专家、执业律师、相关行政复议人员参与具体案件的研究处理，并按照民主集中制原则行使决策权，既可以监督政府依法行使职责，保证案件处理的公平、公正，也可以有效解决单纯由上级主管部门裁决案件使公民产生"官官相护"的疑虑，增强了行政复议决定的说服力和社会公信力。第二，实现了行政复议资源的集中与优化，行政复议的独立性得到了强化。政府的行政复议委员会集中受理、集中审查、集中决定依法应当由政府及其部门受理、审查、决定的行政复议案件，政府及其部门不再单独受理、审查、决定行政复议案件。第三，保证了复议案件的质量。第四，行政复议逐渐成为解决行政争议的主渠道。②

（三）行政复议委员会试点中存在的问题

有研究者认为，行政复议委员会存在一些亟待解决的问题。一是行政复议委员会委员的履职监督和权益保障问题。目前的改革成果相当程度上取决于这些民间委员的公益热忱，从长远来看，他们的工作热情和责任心并非一个常量。向民间委员支付相应报酬可以起到激励作用，也是其合法权益的一部分，但是支付报酬可能带来利益导向的问题。此外，如果行政复议委员会委员不当或者违法行使有关权力，如何确定其法律责任是不可回避的问题。二是部分试点地方大胆改革行政复议管辖体制，存在与现行

---

① 唐璨：《我国行政复议委员会试点的创新与问题》，《国家行政学院学报》2012年第1期。

② 沈福俊：《行政复议委员会体制的实践与制度构建》，《政治与法律》2011年第9期。

立法相违背的问题。将行政区域内复议审理权一概收归一级政府统一行使的做法,实际上取消了纵向上的主管部门的复议审理权,是对行政复议审理主体的重大改变。这样的做法与现行立法不合,在没有最高权力机关的立法或者授权决定的情况下,显然是违法的,使得行政复议管辖体制在该地区事实上处于一种不法状态。①

（四）行政复议委员会制度的完善

有研究者认为,完善行政复议委员会制度需要从多方面入手。一是要相对集中行政复议权。通过修改《行政复议法》,相对集中行政复议权,县级以上政府设立综合性行政复议中心,统一审理下一级政府和本级政府部门及其派出机构作为被申请人的行政复议案件。部门一般不设行政复议机构,只有海关、税务等法律法规规定复议前置的或专业性较强的机关设立专业复议委员会。二是要重新界定行政复议的性质和功能,确保审议机构的中立性。行政复议与行政诉讼一样,是司法行为而非行政行为。对于行政复议决定不服,可以依法另行通过行政诉讼解决,而不是将行政复议机关作为被告,人民法院受理后行政复议决定自然丧失法律效力。当事人在规定的时间内不提起行政诉讼,行政复议决定生效,具有执行力。三是明确行政复议委员会的职责。一般的案件可以由政府法制工作机构承担,行政复议委员会只审议重大复杂的案件,主要的精力是解决行政复议中带有普遍性的问题,指导行政复议工作。四是实行书面审理与调查、听证相结合的审理方式。对于事实不清的案件、重大疑难的案件、社会影响大的群体性案件,行政复议委员会可以通过召开听证会的方式进行公开审议。五是逐步实现行政复议的独立性。将来行政复议委员会不再以复议机关名义作出复议决定,而直接以复议委员会的名义对外签发复议决定书,实现行政复议的完全独立。②

六 禁止不利变更原则

（一）禁止不利变更原则的依据

有研究者认为,禁止不利变更原则的理论依据包括:一是保障行政相

---

① 唐璨:《我国行政复议委员会试点的创新与问题》,《国家行政学院学报》2012年第1期。

② 金国坤:《行政复议委员会:行政复议困局的突破口》,《国家行政学院学报》2009年第6期。

对人复议申请权的需要。禁止不利变更原则，为复议申请人有效行使复议申请权提供了保障。它可以有效消除复议申请人的顾虑，使其大胆陈述自己的申请理由。二是确保行政复议制度真正贯彻落实的需要。如果申请行政复议可能导致对自己更为不利的裁决，当事人就会不愿行使复议申请权，从而使行政复议制度形同虚设。三是加强行政监督工作的需要。禁止不利变更原则，使复议申请人可以大胆申辩，甚至与作出具体行政行为的机关质证，可以使行政复议机关深入细致地了解下级行政机关的工作，发现行政执法中存在的问题，在加强行政监督工作的同时，促使行政执法水平的提高。四是行政复议制度民主化的需要。禁止不利变更原则，为复议申请人的复议申请权的实现，提供了可靠的制度保障，体现了民主政治的基本要求，是制度化、法律化的民主。①

（二）禁止不利变更原则的价值

有研究者认为，禁止不利变更原则具有重要价值。一是体现了《行政复议法》应是控权法的理念。行政复议作为一种救济手段，应将制度重点放在控权上，即控制监督行政权的行使。二是体现了复议行为属于授益行政行为理念。行政复议本身是一种授益行政行为，因此，变更决定中不应包括不利变更。三是体现了信赖保护理念。由于行政复议具有明显的授益性，行政相对人才会主动而积极地提出申请，也就是说行政相对人在这里存在着信赖利益。复议机关的最终变更决定如果对申请人更不利，那么，行政相对人申请行政复议就需要冒很大的不利风险，其反复权衡的结果很可能就是放弃复议。②

七　行政复议调解制度

（一）行政复议调解的功能

关于行政复议调解制度的功能，学术界存在两种不同的观点。

第一种观点认为，行政复议调解制度具有三重功能。一是效率价值与公平价值最大程度的融合与体现。调解程序将行政机关与相对人放在了完

---

① 张坤世：《论行政复议中不利变更禁止——兼论其在行政处罚复议中的适用》，《行政法学研究》2000年第4期。

② 邓小兵：《行政复议"不利变更禁止原则"初探》，《甘肃政法学院学报》2006年第5期。

全平等的位置上，加强了双方意见的充分沟通和理解，使得当事人可以在法律的基本原则下，努力寻求自己可以接受的公平利益，客观上更有助于行政争议的及时解决。二是个体自由与公共秩序的有机结合。各方当事人在行政复议调解程序中，虽然都是以各自的利益为出发点，但由于个体自由仍然是在法定制度秩序之内进行的博弈，因而从调解所取得的社会效果及长远利益来看，实际上是从不同的角度形成了维护公共秩序的合力。三是个体权利与行政权力的共同归属。行政机关实施具体行政行为的目的，是维持社会公共秩序以实现每个个体的各项权利，保护社会个体的权利是实施行政行为的终极目的。在相对人对具体行政行为提出争议的过程中，行政机关就其具体行政行为与相对人进行协调，正是对社会公共秩序的积极维护。[①]

第二种观点认为，行政复议调解制度具有六个功能：平等参与、意思自治、合意抉择、法律规范、提高效率、减缓冲突。平等参与是指，行政复议调解能够使普通民众在行政复议调解过程中，与行政机关处于平等地位，民众能够影响行政复议决定或调解协议的作出。意思自治是指，行政复议调解制度的确立保障了行政相对人在解决纠纷中的自由，给予他们在法律许可的范围内的处分权，这是对社会成员私权利尊重的具体体现。合意抉择是指，求大同、存小异有原则的自愿，包括是否选择调解、如何调解以及是否接受调解的结果，都有赖于调解双方当事人的自愿选择等内容。法律规范是指，通过完善行政复议调解的程序规范，确保行政复议调解协议内容不损害国家利益、公共利益和他人利益。提高效率是指，以最小的行政复议调解成本，实现全面彻底解决行政纠纷的目的。减缓冲突是指，行政复议调解可以消除主体间的心理对抗，尤其是避免以后可能引发的"二次冲突"，使行政纠纷彻底得到解决，缓解了当事人之间的矛盾。[②]

（二）行政复议调解的原则

有研究者认为，行政复议调解应坚持三项原则。一是自愿原则。行政复议实行调解，必须是建立在纠纷双方当事人自愿的基础上。复议机关不

[①] 仝蕾、陈良刚：《论行政复议中调解程序的优化》，《行政法学研究》2009年第1期。

[②] 许玉镇、林松：《论我国行政复议调解制度的目标定位——以地方规范性文件的比较分析为视角》，《当代法学》2009年第5期。

得强行调解，调解也不是复议程序的必经阶段，行政复议机关也不得强迫当事人接受调解结果。调解未达成协议或者调解书生效前一方反悔的，行政复议机关应当及时作出行政复议决定。二是合法原则。包括范围合法、内容合法，行政机关必须在法定权限内处分行政权。三是不得损害社会公共利益与他人合法权益原则。行政复议调解不得损害社会公共利益与他人合法权益。①

八　行政复议终局裁决

有研究者认为，行政复议终局裁决制度缺乏正当性。其主要理由是：一是违背"有权利必有救济"的基本法治原则。赋予行政机关行政终局裁决权，不仅违背了权利的司法救济原则，而且也使得行政终局裁决权本身变成一种绝对的、实际上不受其他权力监控的权力，这就容易导致行政机关滥用行政终局裁决的权力。二是与"司法最终审查"原则不符。现代法治国家的基本要求之一，就是赋予司法机关"社会纠纷最终裁判人"的职责，由其对于社会纠纷进行独立公正的裁判。行政复议终局裁决法律制度的设立，从本质上说是对"司法最终审查"原则的违反，是以行政权代替司法权，使行政争议终止于行政程序而不能进入司法这一解决社会纠纷的最后防线，使相对人的合法权益受到侵害，不能寻求司法救济。三是与WTO关于司法审查的规则不符。WTO规则对通过司法审查控制行政行为，提出了明确的法治要求和确定了较高的标准。该规则规定，各成员方的司法机关有权审查各成员方的行政机关的行政行为，并确保给因政府行为而受到不利影响的个人和组织提供审查的机会。对司法审查做出明确的承诺，是我国加入WTO议定书的重要内容。我国在加入WTO的议定书中，选择的是普遍的司法最终审查制度，即所有行政复议都不是终局的，都要赋予当事人提请司法审查的机会。根据《中华人民共和国加入世界贸易组织议定书》的要求，凡与实施WTO规则有关的行政行为，当事人皆有向法院起诉的权利。②

---

① 曹胜亮、刘权：《行政复议和解与调解的立法反思与完善》，《法学杂志》2008年第6期。

② 张弘：《选择视角中的行政法》，法律出版社2006年版，第246—250页。

九 行政复议审查程序

有研究者对行政复议的书面审查方式提出质疑。第一，与行政复议公开原则不符。行政复议审查环节的公开是整个行政复议公开原则与基本制度的关键内容和要求，书面审查方式使行政复议公开原则得不到贯彻与体现。第二，与行政复议的争讼特征相违背。行政复议不仅是行政机关层级监督的一种形式，还是解决行政纠纷的争讼制度。实行书面审查方式，不可避免地存在如下缺陷：其一，它省略了各方当事人对对方陈述事实与依据进行据实据理反驳的内容；其二，缺少各方当事人"面对面"的调查、核实与质证；其三，忽视了纠纷各方当事人程序上的权利，使其通过质证或对抗争辩形式实现诉权的途径受到极大阻却；其四，使得复议结果的可信赖程度大大地降低。第三，缺乏相应的制度支持。实行公正有效的书面审查方式必须有相应的制度基础：基本完备的执法档案制度、合法并能适应行政执法特点的行政证据制度等。第四，不足以查清案件事实。复议机构仅凭书面的审阅材料，难以查清全部事实，难以再现已经发生过的事实与行为等。①

有研究者认为，应针对复议决定影响当事人利益的不同，设计不同的程序。这种程序大体可以分为三类：一类是严格程序，一类是简易程序，一类是书面程序。不同类别的行政复议，适用不同的程序。该严则严，宜简则简。对于以下几种行政复议申请，似应实行严格程序：一是由原机关进行的行政复议，二是前置性行政复议，三是终局性行政复议。上述三类行政复议的结果，对当事人的权益有直接而重大的影响，因此，应当参照司法机关的程序办理。②

十 行政复议与行政诉讼的关系

（一）行政复议与行政诉讼关系中存在的问题

有研究者认为，对于行政复议与行政诉讼程序的衔接关系，我国立法存在严重缺陷，具体表现在以下三个方面：一是设置的标准模糊。综观我国当下有关行政复议与行政诉讼程序衔接关系的规定，不难发现其内在标

---

① 杨小君：《对行政复议书面审查方式的异议》，《法律科学》2005年第4期。
② 许安标：《行政复议程序应当多样化》，《法学研究》2004年第2期。

准的缺失。当事人如何启动法律救济程序，完全听凭于单行法律、法规的规定，根本没有什么规律可循。更严重的是，复议与诉讼程序衔接关系的设置还极其零乱，不仅不同种类的法律法规之间规定的模式不同，且同一种类的法律法规之间、同一类型或同一机关管辖的案件之间、甚至同一部法律法规不同的条款之间的规定也不一致。二是设置的功能受阻。无论对复议与诉讼衔接关系作何种安排，其本意都不应该是为当事人寻求法律救济设置障碍，而应当是确保当事人的合法权益获得更为方便、有效的救济。然而，现行的相关制度设计违背了这一初衷。三是设置的正当性不足。行政复议与行政诉讼的衔接关系，直接反映了行政权与司法权之间的分立与协调。如果设计不当，行政权与司法权之间就会出现相互侵蚀，导致整个行政复议体系的紊乱。在我国，大量的复议前置型和复议终局型的存在，即是设置不正当的体现。尤其是在当下我国行政复议机制普遍难以公正化解行政纠纷的情况下，这种安排无疑延缓了当事人合法权益的维护，且在客观上加大了当事人维权的成本。更严重的是，复议终局型的广泛存在已经在事实上否定了法治国家所公认的司法最终原则，从而造成了行政权对司法权大面积的侵蚀。[①]

有研究者认为，我国行政复议与行政诉讼存在脱节。第一，行政复议范围与行政诉讼受案范围的脱节。行政复议范围与行政诉讼受案范围的脱节，体现在具体行政行为和抽象行政行为方面。第二，当事人资格认定上的脱节。当事人资格认定上的脱节，首先体现在行政复议中对申请人资格的认定和行政诉讼中对原告资格的认定方面的不一致。行政复议被申请人与行政诉讼被告资格认定的不一致，也是当事人资格认定上脱节的表现。第三，行政复议审查范围与行政诉讼审查范围的脱节。这首先体现在对具体行政行为的合法性审查方面。此外，两法对极不合理的行政行为的认识和处理也不一致。第四，行政复议与行政诉讼在法律适用上的脱节。在我国，行政执法的依据不仅包括法律、法规、规章，而且包括不具法律形式的规范性文件。按照《行政诉讼法》的规定，人民法院审理行政案件，以法律、行政法规、地方性法规为依据；参照行政规章及地方政府规章；规章以外的其他规范性文件，不能作为审理行政案件的法律依据。《行政

---

① 章志远：《论行政复议与行政诉讼之程序衔接》，《行政法学研究》2005年第4期。

复议法》回避了行政复议的法律适用问题，对行政复议的法律适用未做规定。第五，复议终局裁决与司法终审的脱节。复议机关的终局裁决范围过宽，特别是由于立法上的疏漏或未能有效衔接所引起的隐性的及事实上的终局裁决，破坏了司法最终裁决的原则，削弱了行政诉讼对行政活动特别是行政复议活动的监督和制约。①

（二）理顺行政复议与行政诉讼关系的对策

有研究者认为，理顺行政复议与行政诉讼之间的关系，应当从以下几方面入手：一是取消行政复议终局模式。必须逐步取消目前有关行政复议终局的立法设定，让司法审查全面介入行政纠纷的处理和公民合法权益的维护。二是重新设定复议前置模式。必须减少目前单行立法所规定的行政复议前置情形，将复议前置引向那些真正能够发挥行政机关优势的事项之中。三是严格限定迳行起诉模式。将迳行起诉模式限定于行政机关按照听证程序所作出的行政行为。四是大力推行自由选择模式。在行政救济制度实效日渐式微的背景下，更不宜在法律上强制性地规定复议前置模式。只有在相对人的自由选择中，行政复议与行政诉讼制度的优劣才能为相对人所实际感知；也只有通过相对人的自由选择，行政复议与行政诉讼制度才能在彼此激烈的竞争中，获取相应的生长空间。②

第二节 行政监察研究的新发展

一 研究概况

近年来学术界对行政监察的研究，主要集中在行政监察的管理体制、行政监察专员制度、行政监察中的公众参与、《行政监察法》的完善、对行政监察权的制约等问题上。全面研究行政监察的专著则不多见，主要有陈宏彩的《行政监察专员制度比较研究》、杜兴洋的《行政监察学》、李至伦的《行政监察理论与实践》、王凯伟的《行政监察的理论与实践》等。《行政监察专员制度比较研究》的主要内容包括，行政监察专员制度

---

① 王克稳：《我国行政复议与行政诉讼的脱节现象分析》，《行政法学研究》2000年第4期。

② 韩忠伟：《论我国〈行政复议法〉与〈行政诉讼法〉的立法衔接与完善》，《甘肃社会科学》2010年第4期。

的产生与发展、行政监察专员制度的理论基础与价值诉求、行政监察专员制度构成要素的比较、行政监察专员制度对我国的借鉴意义等。①《行政监察学》的主要内容包括，行政监察的理论基础、我国行政监察制度的演变与发展、行政监察的组织机构、行政监察的职权、行政监察的程序、廉政监察、行政效能监察及预防行政监察等内容。②《行政监察理论与实践》是对新形势下行政监察理论问题的研究与探索。③《行政监察的理论与实践》的主要内容包括，行政监察的本质、行政监察制度的历史沿革、行政监察的主体、行政执法监察、行政监察信访与举报等行政监察的理论与实践问题。④

二　行政监察管理体制

关于行政监察管理体制的完善，学术界存在四种不同的观点。

第一种观点认为，应当建立行政监察垂直领导体制。其主要理由是，垂直领导体制具有监察权力的独立性、监察权力的纵向性、监察权力的层次性、监察权力的组织性等特点。正是垂直领导体制的独特优势，确保了行政监察权的有效行使，从而确保了新加坡、中国香港等国家、地区卓有成效、举世称道的反腐败业绩。根据我国国情，只有建立独立的垂直领导体制，才能保障行政监察机关职权的充分行使，保证政令畅通，维护行政纪律，促进廉政建设，提高行政效能，巩固行政改革成果。建立垂直体制的初步设想包括：第一，确定行政监察系统的独立性。一是与党纪机关相分离，行政监察机关履行行政监察职能，党纪机关负责党纪检查和党纪处分。二是与行政机关相分离，监察系统在人、事、物上具有独立性。第二，行政监察系统内部实行垂直领导体制，可建立与中央、省、市、县相对应的四级监察机关，下级在上级行政监察机关的领导下，独立行使职权，监察工作人员直接对法律负责。第三，最高行政监察长官的任免参照国务院总理、副总理任免的规定，所属各职能部门领导的任免参照国务院各部委领导的任免。第四，行政监察机关根据工作需要，可以在一定地区

---

① 陈宏彩：《行政监察专员制度比较研究》，学林出版社2009年版。
② 杜兴洋：《行政监察学》，武汉大学出版社2008年版。
③ 李至伦：《行政监察理论与实践》，中国商业出版社2003年版。
④ 王凯伟：《行政监察的理论与实践》，湖南人民出版社2003年版。

和单位设置派出监察机构或监察人员。第五，做好新体制下对监察机关和监察人员的监督。①

第二种观点认为，应当增强行政监察机关的独立性。具体内容包括：一是改变按行政区域设置行政监察机关的做法，改为在全国设若干行政监察区。其中，大省可以考虑一省设一监察区，小省且相邻的可以几个省设一个监察区，每一监察区的监察组织由中央派出并对中央负责和报告工作，相对于地方独立行使职权。二是妥善处理好纪委与监察关系，明确行政监察机关的地位：一是明确监察机关和纪委的合作地位，二是纪委应该做到有所为，有所不为。②

第三种观点认为，要做好行政监察外部体制和内部机制的改进。外部体制的改进包括：首先，要提高行政监察机关的独立性；其次，扩大行政监察机关职权，提高权力的执行力；最后，完善行政监察法规体系。内部体制的改进包括：首先，建立科学的行政监察信息系统，以解决行政监察信息采集的被动性、信息渠道的单一性、信息触角的局限性以及信息处理的迟滞性等问题。其次，健全行政监察监督机制和补救机制。由于行政监察机关及其工作人员拥有一定的职权，也能产生一定腐败问题，行政监察人员应受到内部和外部的监督和制约。最后，进一步提高行政监察队伍素质。③

第四种观点认为，应当做好行政监察内部体制改革。一是要建立互查互纠的内部监察体制。就是说，同级监察人员之间、上级监察机关与下级监察机关之间、上级监察人员与下级监察人员之间，可以互相监察、互相检举。二是健全监察官员的个人保障机制。在职级、人身安全、医疗、养老等方面，为监察官员提供切实保障。④

---

① 石柏林、彭帅：《论我国行政监察体制存在的问题及其对策》，《行政论坛》2002年第3期。

② 张杨：《论我国行政监察领导体制的完善》，《中共杭州市委党校学报》2007年第5期。

③ 黄毅、田湘波：《论我国行政监察体制的改进》，《湖南行政学院学报》2009年第3期。

④ 李玉振：《行政监察体制改革刍议》，《中山大学学报论丛》2005年第6期。

三 行政监察专员制度

有研究者认为，行政监察专员制度具有三重价值：一是通过促进合理行政维护社会和谐。行政监察专员以不良、不合理行政行为作为监察重点，触及了法律的"死角"和"盲区"，减少不合理行政走向违法行政的可能，遏制了潜在的社会危机和冲突。二是通过弥补其他监督救济机制的不足而维护社会和谐。和传统的监督救济机制相比，行政监察专员制度具有许多新的特点和优势，是对传统监督救济机制的必要而有益的补充。三是通过化解点滴冲突维护社会和谐。正是一些看起来非常琐碎的事情，影响了人民群众对政府的信任，潜伏着社会不和谐、不稳定的种种危机。行政监察专员在对这些看起来并不重大但事实上非常重要的普通申诉案件的处理中发挥重要作用。①

有研究者认为，建立我国的行政监察专员制度的可行方案是，将信访制度逐渐转化为行政监察专员制度。其主要理由是：其一，行政监察专员是一种独立的、权威的申诉处理机构，能够有效弥补信访机构权威性的不足。其二，行政监察专员统一处理公民的申诉，克服了信访部门各自为政、相互推诿的现象，公民也有了值得信赖的、方便简洁的权利救济途径。其三，行政监察专员统一处理申诉，并将申诉案件的整体情况及情节严重的申诉案件，及时向各级人民代表大会、政府部门以及新闻媒体公布，克服了信访机构对案件进行封闭式处理、信访案件在各级信访部门"旅行"的弊端，并对有关的政府部门和政府官员造成强大的压力，推动申诉案件的妥善处理，并有效地防止因信访造成的恶性案件的发生。此外，行政监察专员制度的建立和行政诉讼并不矛盾，和行政复议制度也可以相互补充。②

四 行政监察中的公众参与

有研究者认为，行政监察中的公众参与具有重要功能：第一，公众参

---

① 朱立言、陈宏彩：《行政监察专员制度：社会和谐的路径选择》，《湖南社会科学》2006年第5期。
② 陈宏彩：《行政监察专员制度：权利救济机制的创新与其他救济机制的比较分析》，《中共天津市委党校学报》2011年第4期。

与是行政监察的基础和前提。我国行政监察机关是政府行使监察职能的监督机关，必然反映公众意愿，代表公众利益，这就决定了行政监察机关必须依靠公众参与。第二，公众参与是行政监察机关履行职能的动力。公众是监察对象实施违法违纪行为的直接受害者，具有纠正和惩处违法违纪行为的强烈愿望和要求，当其自身权利受到侵害时，就会进行控告或申诉，这必然驱使行政监察机关认真履行职责。第三，公众参与对行政监察具有监督作用。公众的批评、建议和意见，可以促使行政监察机关及时发现问题、改进工作。只有自觉接受公众监督，行政监察工作才会更有作为。[①]

五 《行政监察法》的缺陷及其完善

（一）缺陷

有研究者认为，《行政监察法》存在不容忽视的缺陷。第一，《行政监察法》关于我国行政监察机关的规定，未能真实反映我国行政监察机关与党的纪律检查机关合署的实际情况。从性质上来讲，行政监察机关并不单纯是行政部门，而是党政双重身份。在行政隶属关系上，监察部是国务院组成部门，并直接向国务院总理负责，而在现实中是向中纪委常委会负责，地方监察机关直接向地方党的纪检委常委会负责。在领导权限上，行政监察机关的主要负责人并不能对全部行政监察工作实施领导，只能按照纪委的分工开展工作。因而，《行政监察法》关于"国务院监察机关主管全国的监察工作"的规定，未能真正落到实处。第二，行政监察部门缺乏应有的法律上的相对独立性。我国各级行政监察机关在法律地位上从属于各级人民政府，仅仅是业务上受上级监察机关领导。在行政监察部门主要领导的人事任免上，主要受同级人民政府的制约。这使得作为监察主体的行政监察机关，对作为监察客体的各级政府机关及其公务人员，在行政隶属关系上存在着较强的行政依附性。第三，行政监察偏重事后监察，监察范围过于宽泛。在行政监察工作实践中，主要是根据举报进行事后监察，使行政监察工作常常陷入消极被动的不利局面。此外，《行政监察

---

① 李刚、苏科林：《论行政监察中的公众参与》，《重庆科技学院学报》（社会科学版）2007年第6期。

法》第十八条规定的监察机关的职责过于宽泛。①

（二）完善

有研究者认为,《行政监察法》的完善应当从以下几方面入手。一是用《行政监察法》严格规范行政监察工作。修订《行政监察法》时应重点完善以下内容：明确行政监察主体，界定行政监察主体的法定职能，完善具体的工作制度，理顺监察机关领导体制，实现监察工作方式的法制化，在监察机关内部设立专门的监察机构。二是尽快制定颁布《行政监察法实施细则》。重点解决以下问题，包括派出机构问题，任免监察领导干部须报经上级监察机关同意问题，监察机关的调查措施问题，提请法院冻结存款问题，重要监察决定和监察建议须报经本级人民政府和上一级监察机关同意问题，对下一级监察机关的监察决定直接变更或者撤销问题，监察机关人员的法律责任问题，等等。三是抓紧对有关法规、规章进行清理。应对所有有关的行政监察法规、规章全部进行清理，除可以继续适用的以外，该修改的修改、该废止的废止。②

六　对行政监察权的制约

有研究者认为，应当对行政监察权进行制约。其主要理由是：一是防止行政腐败。尽管行政监察权的重要职能之一就是防止腐败，但是作为行政权的重要类型，行政监察权自身的腐败问题也是不能忽视的。二是防止行政监察权非法侵害公民权利。行政监察权的行使可以直接影响到行政相对人的权利自由，特别是行政监察对象的特殊性，容易导致发生侵害公民和社会组织合法权益的行为，因此必须对行政监察机关的侵权行为加以制约。三是防止行政监察机关违法越权和失职行为。越权和失职行为违反了法律赋予行政监察机关行使权力的本意，严重的也应列入滥用行政监察权之列，应当作为行政监察权制约的重要内容。

有研究者认为，行政监察行为具有可诉性。其主要理由是：第一，行政监察行为的性质属于行政行为范畴，符合行政诉讼案件受理条件。法律

---

① 臧云泽、彭文静：《行政监察工作法律层面的思考》，《陕西行政学院学报》2011 年第 3 期。

② 崔扬、高丽华：《关于行政监察法的若干问题与完善思路》，《人大研究》2001 年第 5 期。

关系存在的前提是权利义务关系,这必然存在利益分配的问题,因此,随着行政诉讼范围的不断扩大,行政监察法律关系纳入行政诉讼范围顺应公民权利保护的发展趋势,也符合司法救济作为维护社会正义最后底线的本质要求。第二,司法权的中立性能够保障行政诉讼对行政监察行为的监督和制约。由法院通过行政诉讼的方式审查判断行政监察行为的合法与否,不仅能够更充分地发挥行政诉讼自身的制度优势,而且法院还具有其他机关所不具有的主体优势。一方面,法院依法享有独立的审判权,在一定程度上可以抵御各种外来干预;另一方面,法院内部上下级之间不存在官僚层级关系,办理案件的法官对于具体案件也享有比较大的独立判断权。此外,法院的活动具有比较严格的程序制度规定,能够最大限度地确保案件的公正审理,从而能达到对行政监察行为的监督制约的效果。[1]

有研究者认为,行政监察责任制是对行政监察权进行制约的重要方面。行政监察责任制的主要内容包括:一是强化行政监察责任监督,实行过错追究制度。坚持"双追究制",出现问题既要追究行政监察机关直接责任人的责任,又要追究主管领导的责任。二是将行政监察人员过错责任追究与行政赔偿相结合。行政监察机关及其人员应当同其他单位和个人一样,由于做出错误决定而侵犯他人权益的,在承担相应责任的同时,给予受损害的单位和个人适当的赔偿。三是加强行政监察责任机制与激励机制的互动作用。不仅要通过一系列的外在制约机制来监督行政监察机关及其工作人员,对其形成强大的威慑力,使其将这种威慑力转化为工作的积极性;而且要通过各种内在的激励机制在行政监察人员内心产生良知和理性,形成强大的自觉性和主动性。同时,把行政监察人员的工作绩效与他们的物质利益挂钩,实现工作目标与个人需求的有机结合。四是公开行政监察活动,让人民群众参与监督。将行政监察活动向社会公开,会促使监察机关及其工作人员谨慎用权。[2]

---

[1] 戴建华:《论行政监察权的制约——以司法救济为视角》,《贵州社会科学》2011年第3期。

[2] 王艳文、彭云业:《行政监察责任制度初探》,《山西农业大学学报》(社会科学版) 2005年第4期。

第三节 信访研究的新发展

一 研究概况

近年来学术界对信访的研究,主要集中在信访的性质、功能、优势、成因、信访制度的困境、完善信访制度的对策等问题上。研究信访问题的专著比较多,主要有应星的《大河移民上访的故事》、陈丰的《中国信访制度成本问题研究》、田先红的《治理基层中国——桥镇信访博弈的叙事》、唐淑凤的《中国社会转型中的信访问题研究》、薄钢的《信访与社会矛盾问题研究》、陈小君的《涉农信访与社会稳定研究》、张丽霞的《民事涉诉信访制度研究》、田秉锷的《中国信访学论纲》、赵威的《信访学》、张玮的《信访法律问题与对策研究》、李微的《涉诉信访:成因及解决》、李秋学的《中国信访史论》、王学军的《中国信访制度改革与发展》、刘圣汉的《信访学》、朱应平的《行政信访若干问题研究》、李宏勃的《法制现代化进程中的人民信访》等等。

二 信访的性质

关于信访的性质,学术界存在三种不同的观点。

第一种观点认为,从本质上讲,信访制度是民主政治制度,而非法律制度。因为政治制度的首要目标是解决政治问题,法律制度的首要目标是案件的公正解决。中国有两大基础性民主政治制度:人民代表大会制度和信访制度。人民代表大会制度是精英代理政治制度,信访为则所有公民当家做主设置了一条通道。信访是民众直接参与国家民主政治的制度,是直接民主政治制度。[①]

第二种观点认为,信访是公民的公权力。公权力的含义有两个层面:作为原权力的公权力和作为救济权的公权力。信访权的权利属性主要体现为监督权和获得权利救济的权力。作为救济权的公权力,侧重于确认公民是否享有要求公权力主体作为或不作为的请求权。作为原权利的公权力之一的监督权,强调的是公民以公法主体的身份参与权力的运作过程、表达

---

① 黎晓武、王淑芳:《我国信访制度本质的法理学思考》,《求实》2012年第1期。

自己的意志、监督公权力运作。任何公权力的有效实现，都依赖于完善的制度保障。信访制度的创设是信访权得以实现的前提条件。信访权实现的程度依赖于信访制度的完善状况，信访制度是作为公权力的信访权得以实现的基本制度。信访制度既是保障作为原权利的公权力的信访权得以实现的基本制度，也是保障作为救济权的公权力的信访权得以实现的一种行政性补充救济制度。①

第三种观点认为，在我国宪法框架下，信访属于辅助政制的范畴。所谓辅助政制是相对于核心政制而言的，指的是那些总体上说来处于宪法框架之中，但相对而言处于人民代表大会制度之外的那部分政治制度。第一，在我国宪法框架中，相对于核心政制而言，信访体制只能算作我国核心政制之辅助政制的一部分。因此，核心政制与辅助政制间应该主辅分明，信访体制的存在和发展应该服从、服务于核心政制存在和发展的需要。第二，在我国宪法框架中，从功能上看，信访体制只能补充核心政制之遗缺，或作为核心政制运行的"润滑剂"发挥效用，不能与之分庭抗礼。第三，信访体制是外在于核心政制的东西，在我国整个宪法框架中的实际效用如何，取决于它本身的状态及其与核心政制的协调配合情况。第四，信访是公民享有和运用《宪法》第41条规定的基本权利的一种形式或行为方式，其本身并不是一种基本权利，也不是某种基本权利的具体构成分子。第五，在某些发展阶段，旺盛的信访的需求以及信访体制在宪法框架中居于显要位置，这类状况的存在只是表明，此时核心政制在很大程度上还没能建设到位，还不能承担起本应由其承担的正义推进功能。②

以上三种观点从不同角度对信访的性质进行了分析，三者其实并不矛盾，也是互相补充，共同揭示了信访性质的复杂性。

三 信访的功能

一些学者对信访的功能进行了归纳。有学者认为，信访的功能包括三个方面。第一，信访是党和国家联系人民群众，听取群众意见和建议，保

---

① 朱最新、朱孔武：《权利的迷思：法秩序中的信访制度》，《法商研究》2006年第2期。

② 童之伟：《信访体制在中国宪法框架中的合理定位》，《现代法学》2011年第1期。

障人民群众依法行使民主权利,管理国家事务、经济社会事业,维护自身合法权益的重要形式。第二,信访可以放映社情民意,有利于解决社会矛盾和纠纷。第三,信访是党和国家发扬社会主义民主,接受人民群众监督的重要渠道。①

有学者则认为,信访的功能体现在四个方面。一是为民众政治参与和情绪宣泄提供一条通道。二是为民众利益表达、与政府沟通提供一条通道。三是为决策层收集信息,评估、修正现行政策,出台新政策提供主渠道。四是监督和制约地方各级政府及其官员,维护政权稳定。②

还有学者认为,信访的功能体现为政治属性功能与法律属性功能的融合。政治属性功能与法律属性功能相互促进,而各自又可以划分为若干子功能:政治属性功能可以划分为监督功能、决策参考功能、民主参与功能等,法律属性功能主要是纠纷解决功能。③

另有学者将信访的功能分为实定法上的功能和理论意义上的功能。实定法上信访制度的功能主要分为两个方面,第一位的是民主监督和政治沟通,第二位的是权利救济,信访救济在救济机制中处于补充性地位。理论意义上信访制度的功能主要表现为,行政法变迁视角下的民主监督需要。为了实现人民的主体地位,我国必须有相应的制度来负责合法性审查之外的对行政机关的监督,表达公众对政府工作的意见、建议,而信访制度由于其便捷性和无时限要求,成为群众联系政府的必然选择。④

四 信访的优势

有研究者认为,信访具有诉讼救济所不及的一些优势。第一,信访救济可以节省经济成本,或至少让行政相对人感觉成本较低。诉讼成本高是一个不争的事实,信访在这上面的优势是显而易见的:政府不仅受理信访

---

① 贺荣:《行政争议解决机制研究》,中国人民大学出版社2008年版,第208—209页。

② 黎晓武、王淑芳:《我国信访制度本质的法理学思考》,《求实》2012年第1期。

③ 湛中乐、苏宇:《论我国信访制度的功能定位》,《中共中央党校学报》2009年第2期。

④ 史全增、查志刚:《论宪政视角下信访制度的功能》,《学术界》2011年第12期。

案件不收费，而且在有些情况下甚至还会给上访者一定的路费补贴。第二，信访救济更有利于冲破关系网的束缚，增强裁定的相对独立性。一个行政主体与它的直接上级、法院在内的当地其他单位之间，往往存在着由资源和人情交换构造起来的种种非正式关系。在这一张张以地缘为中心、以单位为依托、以利益为纽带的关系网中，在缺乏有效的新闻监督和严格的司法独立的情况下，能够矫正行政主体侵害行为的最强悍的力量，常常既不是理论上独立于这个主体的当地法院，也不是这个主体的直接上级行政主体，而是比较高层的行政主体。在这里，信访中普遍使用的越级上访手段显现出它的独特优势，信访制度就可能在国家权力的支持下，遏制地方官僚特权的扩张和对行政相对人权利的侵害。第三，信访救济在救济效力上略胜诉讼救济。诉讼与信访的救济效力，可以从四个方面来进行比较：首先从受案范围来看。行政诉讼救济受案范围太窄，信访救济则因其程序的模糊性而可以将行政相对人所有的权益保护都包括在内。其次从救济力度来看。诉讼救济力度比较有限，它只能对行政机关的行政决定作有限的变更；而信访救济可以对行政决定作完全的变更。再次从执行难度来看。行政诉讼案件普遍存在执行难的问题，而信访案件执行起来则可能较为顺畅。最后从调解合法性来看。现行《行政诉讼法》明文禁止调解，但行政诉讼之所以撤诉率一直高得离奇，一个重要的原因就是诉讼双方在所谓"协调处理"的名义下达成案外和解。但是这种和解由于没有得到法院的确认，并无确定力和执行力，行政机关一旦反悔，原告便无法以同一事实和理由再行起诉，从而丧失了请求司法保护的最终权利。而信访救济中的调解尽管也不具有司法的确定力和执行力，但由于它得到了行政权力的明确认可，反而使其具有一定的规范性。此外，诉讼救济的程序相当复杂，对原告要求相当的专业知识，而信访救济是一种较为简便的救济方式，进入门槛甚低。[①]

五 信访的成因

一些学者对信访的成因进行了深入分析。有学者认为，信访生成的基础动因是国家性变迁与民众自主性增强相互作用。首先是国家性变迁。国家性

---

① 应星：《作为特殊行政救济的信访救济》，《法学研究》2004 年第 3 期。

变迁是社会转型过程中的一种伴生现象，其主要表现是政府职能、治理能力及合法性基础方面的变迁。但在当代中国，国家性变迁主要表现在国家的功能性变化，即国家权能的扩张以及国家公共服务功能的萎缩。与此同时，过去由单位承担的各种公共服务问题即刻推向社会，而国家的社会保障制度又相对滞后，由此，一些社会群体感受到严重的相对剥夺，郁积了强烈的不满情绪，成为推动民众通过信访的方式来表达的主要动因。其次是民众自主性的变迁。民众自主性主要表现在利益意识的增强、个体尊严的守护以及权利价值的维护。国家有意识地追求经济增长，导致了一种以利益为基础的社会秩序的形成，从而大大地影响了民众利益意识的觉醒，并在实践中不断增强。一旦利益失衡或遭受损害，民众就会迅速做出反应。总之，国家性变迁和民众自主性的觉醒，构成了推动信访生成的双重动因。

也有学者将信访产生的原因分为五个方面：一是各种利益诉求交织，二是政府主导的利益分配体制不均，三是劳动组织形式的改变，四是清官情结的历史文化遗存，五是社会的现实影响。[①]

另有学者将认为，信访产生的原因包括外在的制度性诱因和内在的观念性诱因。外在的制度性诱因主要表现为：首先，对于土地纠纷、拆迁纠纷等容易引发上访的纠纷，法院往往能不立案就不立案，司法救济大门紧闭。其次，民间救济、行政救济等手段缺乏必要的说服力，难以令弱势的一方当事人相信自己可以通过上述手段获得公平的救济。再次，各主流救济制度之间衔接不畅，缺乏配合与协调，导致救济失灵。内在的观念性诱因主要表现为：首先是成功个案的扩张性影响产生的心理上的暗示。在现实中，的确有一部分访民通过信访这一途径使自己被侵害的合法权益得到了适当的救济，其中有些访民所取得的信访利益甚至远远超过了"适当"的标准。这些人的"胜利"刺激了更多人的信访热情。其次是潜意识里"臣民意识"与"青天情结"根深蒂固的影响。几千年的封建专制、行政权始终不变的强势，使百姓形成一种"臣民"、"顺民"的惯性自我定位，潜意识里有着挥之不去的"臣民意识"。在很多人看来，民众和政府机关较劲，选择通过行政诉讼、行政复议来解决纠纷，简直无异于以卵击石。这种认知令无数原本要走正常行政救济之路的民众止步，转而寄希望于能

---

① 聂爱平：《化解信访困境的必由之路：完善权力制约机制》，《求实》2011年第12期。

得到某位"青天"的特别眷顾。①

六 信访制度的困境

关于信访制度的困境,有学者从不同角度进行了分析。有学者认为,信访制度的困境包括三个方面:第一,信访制度片面强调维稳功能导致功能异化。信访制度作为一种矛盾化解机制,或多或少都会受到政治和权力的影响与制约,但是,过于单纯强调其维稳功能则与现实需求相去甚远。部分基层部门对信访的积极回应,是出于对上级决策的服从而非认同,缺乏对信访价值和功能的全面理解,容易在实践中出现盲目性和失误,并将其引向对自身利益有利,而未必对民众有利的方向。第二,信访制度解决纠纷功能的不足导致其作用有限。从政治学的角度讲,信访是公民进行政治参与的一种形式,但就实际作用而言,信访是中国式的替代性纠纷解决机制。但事实上,信访制度自身的特性决定其无力应付大量复杂的纠纷。从制度运行的实际效果看,信访制度实质上有助于压制而不是有助于解决社会纠纷。第三,信访制度扮演纠纷终结者角色导致其角色错位。司法是权利的最终救济方式和法律争议的最终解决方式。然而,现实中的信访却往往扮演"纠纷终结者"的角色,司法机关在上访浪潮中被日益边缘化。一方面,许多矛盾纠纷的解决根本无法进入司法途径;另一方面,司法机关的最终裁判屡屡在外部权力影响下而被推翻。信访制度本来是收集和传达民意的一种制度设计,现在却成了民众的最后一种救济方式,而且被视为优于其他行政救济甚至司法救济的特殊手段。②

另有学者认为,信访制度的困境体现在四个方面:一是启动法外公权,人治色彩浓厚。只要对法院的判决不满,当事人就可以通过信访启动某种更高的权力来否定对自己不利的判决,导致司法不再是权利救济的最后一道防线。本应是一种柔性辅助制度的信访,事实上却与其他主要救济制度分庭抗礼,成为最后一种救济方式。二是信访机构众多,处理效率低下。依据《信访条例》,从中央到地方,各级党委、人大、政府、政协、

---

① 章彦英:《涉法涉诉信访之案件成因、制度困局与破解之道》,《法学论坛》2011 年第 1 期。

② 陈奎、梁平:《论纠纷解决视野下信访制度的现代转型》,《河北学刊》2010年第 6 期。

法院、检察院及相关职能部门,均设有自己的信访机构,信访机构过多过杂,信访事项也几乎涉及社会生活的所有领域。在现行体制下,信访机构处境尴尬,看起来什么事情都要管,实际上很多事情都管不了,诸机构之间并无行政隶属关系,也不存在对其进行统一管理与协调的机构。这就导致信访人徒劳地奔波于各种不同的信访机构之间,严重影响了信访事项的解决效率和解决质量,损害了行政权威。三是处访程序失范,访民心愿难遂。信访制度本身在程序上存在诸多问题,与行政复议、行政诉讼制度衔接力度不足,立案与答复均存在较大的随意性或非程序性等等,致其无法起到应有的作用,不能有效保障访民的权益。四是考核失之偏颇,救济成本加大。信访量被纳入政绩考核范围,作为地方政府一个重要的政绩考评指标,突破该指标就要在基层政绩考评中扣分。出于自身利益考虑,为了降低上访率以提升政绩,地方政府对民众的上访尤其是越级上访如临大敌,不仅不把这种上访视为民众的一项权利,对上访者反映的问题予以重视,反而还千方百计地采取各种手段进行阻挠和压制,对政府的威信也造成很大的负面影响,严重降低了政府的公信力。①

七 完善信访制度的对策

关于信访制度的完善,学术界存在四种不同的观点。

第一种观点认为,在信访未来的制度创新中,应该发挥信访救济的独特优势;集中矫正其不讲程序、缺乏规范的根本弊端,将信访救济规范改造为行政诉讼救济与行政复议救济的过滤机制、补充机制和疑难处理机制。所谓过滤,是指在尊重行政相对人意愿的前提下,争取把相当一部分可以通过行政诉讼或行政复议途径解决的案件转移到这两个渠道中去,以弥补法院和行政复议机关收案严重不足的问题,缓解信访机构因为"投诉爆炸"带来的负担问题。所谓补充,是指把未列入行政诉讼救济和行政复议救济的案件纳入信访渠道。所谓疑难处理,是指在行政诉讼救济和行政复议救济遭遇种种困难尤其是关系网的阻隔时,把该案件转到信访渠道来处理。②

---

① 章彦英:《涉法涉诉信访之案件成因、制度困局与破解之道》,《法学论坛》2011年第1期。
② 应星:《作为特殊行政救济的信访救济》,《法学研究》2004年第3期。

第二种观点认为,对信访应当区别对待。第一,不可诉的信访事项应当统一纳入人大轨道处理。根据目前我国同级人大及其常委会有权监督政府部门执法行为的工作制度,可以考虑将法院、检察院、公安、司法行政等机关内部设立的信访机构统一起来,设置一个专门的信访工作机构,直接隶属同级人大领导。第二,可诉涉诉的信访事项必须统一纳入司法轨道裁判。信访机构应当坚守不受理、不干预可诉涉诉案件和诉讼终结案件的行为底线。信访机构应当通过法治化的预设程序,将可诉、涉诉、诉讼终结的信访案件,引导至正常的审判程序或审判监督程序之中处理。国家层面要为信访工作机构建构起科学的信访案件传送机制,统一将可诉涉诉信访案件纳入司法轨道。①

第三种观点认为,应当强化信访制度。首先,改革信访体制,强化信访机构的督办职能。其次,适应社会发展,进一步完善信访制度。最后,将信访活动全面纳入法治化轨道。②

第四种观点认为,应当建立一元化的信访体制。积极整合、统一信访机构,将党的信访、国家信访(包括人大信访、政府信访和司法信访)与社会信访(主要包括人民团体信访、新闻媒体信访等)三大类信访机构,统一置于人大信访机构之下,建立起一元化的信访体制。③

我们认为,信访作为一种非正式的救济和监督渠道,本应只是作为行政复议和诉讼等的补充,而不应成为救济和监督的主渠道。但在当前实践中,公民"信访不信法",有纠纷不是首先找法院而是找信访部门,导致信访案件日益增多,使得信访体系不堪重负,法院裁判的终局性和权威性难以确立。信访是公民行使宪法第四十一条所赋予的监督权或请愿权的一种形式,并且对于化解行政纠纷、发现和解决社会问题、维系社会稳定具有积极意义,因此简单地抑制信访是不可取的,但也不宜于过分提高信访制度的地位,同时强化信访的正式性,必然也会对其他现行的正式救济和监督制度造成冲击。要解决中国信访制度的困境,从根本上而言,还是要完善行政诉讼为代表的正式权利救济和法律监督途径,保证公民权利在法治的框架内得到有效的保障,并提高司法的公信力。

---

① 刘炳君:《涉法涉诉信访工作的法治化研究》,《法学论坛》2011年第1期。
② 陈丰:《信访制度变迁:从路径依赖到路径创新》,《江海学刊》2010年第2期。
③ 王彦智:《我国信访制度改革的理性思考》,《甘肃社会科学》2010年第4期。

第十一章

国家赔偿和补偿法研究的新发展

进入新世纪，我国行政法学界对于《国家赔偿法》的研究也步入了新的里程。随着民主法治建设的不断深入，1995年1月1日开始施行的《国家赔偿法》在诸多方面已然问题凸显，学者们纷纷就《国家赔偿法》存在的相关问题大作笔墨，为立法机关更好地完善《国家赔偿法》建言献策。2010年4月29日，十一届全国人大常委会第十四次会议通过了《关于修改国家赔偿法的决定》。历时5年，经过全国人大常委会4次审议的《国家赔偿法修正案》终于出台。此次修订是对国家赔偿制度进行的又一次重要的改革，对解决《国家赔偿法》实施以来出现的问题，充分救济国家侵权受害人，更好地保护公民、法人和其他组织的合法权益，监督国家机关依法行使职权必将产生积极的影响。时至今日，学界对《国家赔偿法》的理论探索方兴未艾，这对于构建我国更为科学合理的国家赔偿法律制度来说，无疑大有裨益。鉴于此，我们在此对新世纪以来行政法学界有关《国家赔偿法》的研究作以综述，供学界参考。

第一节 国家赔偿的归责原则

一 国家赔偿责任的性质

国家赔偿是国家应当承担的一种责任。对于这种责任的性质，高家伟在《论国家赔偿责任的性质》[①]一文中，从风险责任和公平责任两个角度

---

① 高家伟：《论国家赔偿责任的性质》，《法治论丛》2009年11月第24卷第6期。

展开论述。一方面,他认为国家赔偿责任本质上属于因国家管理活动引起的风险责任。从人性的不完美性、人类认识能力的局限性、技术发展的无限性等主客观条件来看,侵权损害是国家管理活动所必然蕴含的、不以人的意志为转移的一种风险成本,因此,国家赔偿责任首先是一种公法上的管理风险责任。另一方面,他主张国家赔偿责任本质上又属于公法上的一种公平给付责任,因为这种风险责任的目的和功能在于使受害人的权利义务恢复到与其他公民同等的状态,其范围取决于公民因国家侵权行为遭受的权益侵害在多大程度上构成了应当予以公平补救的特别牺牲。高家伟总结认为,国家赔偿是追求结果公平的一种法律责任,通过履行赔偿责任来实现结果的公平,进而促进国家管理过程的公平,是国家赔偿的特质所在,也是划定它的范围的根本标准所在。

二 国家赔偿的归责原则

归责原则问题是国家承担赔偿责任的根据,反映着国家赔偿的价值取向,并决定着赔偿责任的具体要件、赔偿范围和赔偿程序等诸多问题,可以说是国家赔偿法的核心问题。因此,科学设定国家赔偿的归责原则,具有十分重要的意义。从国内外的理论研究和国家赔偿的实践看,国家赔偿的归责原则大致上有三种,即违法责任原则、无过错责任原则和过错责任原则。我国1995年的《国家赔偿法》规定了违法归责原则,其第二条规定,"国家机关和国家机关工作人员违法行使职权侵犯公民、法人和其他组织的合法权益造成损害的,受害人有依照本法取得国家赔偿的权利。"2010年修改后的《国家赔偿法》确立了包括违法归责原则和结果归责原则在内的多元归责原则,就新旧《国家赔偿法》归责原则的变化,学者们纷纷作出了分析与论述。

应松年在《建议修改国家赔偿法》[①] 一文中,开篇就指出了1995年《国家赔偿法》归责原则存在的问题。他认为《国家赔偿法》之所以被人们戏称为"国家不赔法",很重要的一个原因就是一些部门对构成《国家赔偿法》归责原则的"违法"理解褊狭,仅仅局限于违背法律、法规和规章明确规定的情形,而没有考虑行政行为违反法律的一般原则、公认的

---

① 应松年:《建议修改国家赔偿法》,《政府法制》2001年10月。

合理标准等滥用职权的情况。

杨小君在其文章《国家赔偿的归责原则与归责标准》[①] 中，对1995年的《国家赔偿法》的归责原则作出了探讨，并提出完善的建议。杨小君认为，这条总的原则明确了我国国家赔偿归责原则是违法归责原则，因此，国家机关的职权行为只有违法侵权的，才承担赔偿责任；如果国家机关的职权行为并不违法，即使给他人权益造成损害，也不由国家负责赔偿。违法归责原则在《国家赔偿法》的其他条文中也反复得到确认和具体化。问题所在：（1）在形式上，归责原则的规定不统一，自相矛盾。（2）《国家赔偿法》关于刑事强制措施赔偿适用标准的规定，与《刑事诉讼法》中适用刑事强制措施标准的规定不一致、有冲突。（3）违法归责原则过于严格地限制了受害人获得赔偿的条件，是受害人难以获得国家赔偿的主要原因之一。（4）违法归责原则不能科学地反映和概括国家赔偿事项的全部特征和内容。对此，杨小君提出了相应的修改建议：在受害人无过错这个总的归责原则基础上，进一步区分国家赔偿责任具体承担形式的归责标准，是国家赔偿归责制度的必然要求。对于国家赔偿具体责任形式的归责标准，不应当是一个标准，而应当根据不同类别的赔偿事项，分别设计不同的能适应各类事项特征的若干个归责标准。具体建议如下：第一，违法归责标准。这种归责标准适用于：国家机关职权行为以及相关的事实行为、抽象行政行为、军事行为、刑事强制措施等。第二，过错归责标准。这种归责标准的适用范围，应当与违法归责标准的适用范围基本一致，适用于国家机关的职权行为、相关的事实行为、柔性行为、军事行为等。国家机关的违法，说到底都具有过错性质。所以，有必要在违法归责标准以外，再增加过错归责标准。第三，结果归责标准。结果归责标准，是一个特殊的归责标准，适用法院的判决行为。结果归责标准，是有条件限制的，这个条件就是，通过执行回转无法挽回当事人损失的或无法完全挽回当事人损失的，才有相应的国家赔偿责任。第四，无过错归责标准。无过错归责标准适用于合法行为的补偿责任形式。这种补偿责任是一种弥补性质和抚慰性质的法律责任，不是一种恩惠，不能以适当为标准搞象征性补偿，而应当是充分的、及时的补偿。第五，过错加风险的归责标准。

---

① 杨小君：《国家赔偿的归责原则与规则标准》，《法学研究》2003年第2期。

这种归责标准，适用于公共设施致人损害领域。

袁曙宏在《〈国家赔偿法〉亟须完善》[①]一文中，从标准的角度研究了国家赔偿的归责原则。他认为国家赔偿的归责原则，就是确定以什么标准确认国家对其侵权行为承担赔偿责任，它是国家赔偿理论研究和实际立法所面临的首要问题。他提到国内外关于国家赔偿的归责原则主要有三种，即过错责任原则、无过错责任原则和违法责任原则。我国的1995年的《国家赔偿法》第二条确立的是违法责任原则，当时这样做主要考虑的是违法责任标准易于掌握，赔偿范围适度。但随着时间的推进，将行政机关或司法机关虽不违法但却明显不当行为的赔偿责任排除在外，显然不利于保护公民、法人和其他组织获得赔偿的权利，同时也与《国家赔偿法》的某些条款相冲突。他特别指出，如司法机关对"没有犯罪事实或者没有事实证明有犯罪重大嫌疑的人错误拘留的"，以及"对没有犯罪事实的人错误逮捕的"，这里的"错误"显然包括违法和明显不当在内，国家因以上"明显不当"行为致公民、法人和其他组织损害的，也应当予以赔偿。

由以上学者的研究，我们可以发现，1995年的《国家赔偿法》确立的是单一的违法归责原则，有严重的不足之处，须建立多元化的归责体系。

2010年的《国家赔偿法》关于国家赔偿的归责原则的规定与1995年《国家赔偿法》不同，其第2条规定："国家机关和国家机关工作人员行使职权，有本法规定的侵犯公民、法人和其他组织合法权益的情形，造成损害的，受害人有依照本法取得国家赔偿的权利。"据此，学者们对新的《国家赔偿法》的归责原则的变化做了深入研究。

马怀德在《国家赔偿制度的一次重要变革》[②]一文中认为，2010年的《国家赔偿法》第2条看似简单删除了"违法"二字，却标志着我国国家赔偿归责原则的重大进步。修改后的《国家赔偿法》确立了包括违法归责原则和结果归责原则在内的多元归责原则，意味着即便国家机关及其工作人员的行为并不违法，但有过错或者从结果上看已经造成损害的，国家仍需承担赔偿责任。这将有利于处理事实行为和刑事司法行为造成的

[①] 袁曙宏:《〈国家赔偿法〉亟须完善》，《检察日报》2001年4月3日。
[②] 马怀德:《国家赔偿制度的一次重要变革》，《法学杂志》2010年第8期。

损害赔偿问题。

江必新在《适用修改后的〈国家赔偿法〉应当着重把握的若干问题》[1]一文中认为，2010年的《国家赔偿法》此举并不意味着取消了违法归责原则。修改后的《国家赔偿法》确立的是以违法归责原则为主，兼采过错归责原则和结果归责的多元归责体系。可以作如下划分和理解：第一，适用违法归责原则的情形应当包括：纳入行政赔偿范围的致害行为；刑事赔偿领域中违反《刑事诉讼法》实施的拘留行为，刑讯逼供、殴打、虐待等行为或者唆使、放纵他人实施殴打、虐待的行为，违法查封、扣押、冻结、追缴行为；非刑事司法赔偿中违法采取的对妨害诉讼的强制措施、保全措施。第二，过错归责原则主要适用于无法实现违法判断，又不适用结果责任的情形。如果由于法律法规尚不健全，实际上应该赔偿的，采用其他原则却无法实现违法判断，又不适合进行结果归责，那么就应该采用过错归责。第三，无罪的人被超期拘留、逮捕、判刑，以及无罪的人被处以罚金、没收财产的，应当适用结果归责原则。

周刚志在《论国家侵权的归责原则》[2]一文中认为，在国家机关职务侵权的赔偿责任，我国宜以现行《国家赔偿法》为规范基础，借鉴民法上的归责原则体系，构建以"过错（违法）责任原则"为主，"严格责任原则"、"无过失责任原则"为辅的多元归责原则体系。过错责任原则：如果法律法规以及有关的规范性文件已经确定了特定的作为或不作为的行为标准，那么应当以此作为过错判断标准；当法律、法规没有规定有关的行为标准时，则可以采"理性人"的标准判断行为人的过失。严格责任原则：所谓严格责任，就是指依据法律的特别规定，通过加重行为人举证责任的方式，而使行为人承担较一般过错责任更重的责任。在严格责任中，受害人并不需要就加害人的过错举证，而由行为人就其没有过错的事由予以反证。从《国家赔偿法》的相关条款来看，国家侵权的"严格责任"系指无法律规定的特定事由不得免责的国家赔偿责任，其主要适用于检察赔偿与审判赔偿领域。

---

[1] 江必新：《适用修改后的〈国家赔偿法〉应当着重把握的若干问题》，《法律适用》2011年第6期。

[2] 周刚志：《论国家侵权的归责原则》，《云南大学学报法学版》2011年第3期。

新修订的《国家赔偿法》修正了以往单一的违法归责，呼应了学者的研究成果，这是法治的进步。

第二节 国家赔偿的范围

国家赔偿的范围十分广泛，主要包括行政赔偿、司法赔偿，而司法赔偿又分为刑事司法赔偿和民事、行政司法赔偿等内容。而行政赔偿构成了国家赔偿的核心内容。

一 关于行政赔偿范围的概念

对于行政赔偿的内涵，马怀德在《行政法制度研究与判例研究》①一文中给出了这样的界定："行政赔偿，是指国家行政机关及其工作人员，在执行职务过程中，侵犯公民、法人或其他组织的合法权益，国家所应承担的赔偿责任。行政侵权赔偿的范围包括两部分内容：一是国家承担赔偿责任的行为范围，即对哪些行为应予赔偿，哪些行为可不予赔偿；二是承担赔偿责任的侵权损害范围，即对哪类损害予以赔偿，哪类损害不予以赔偿，以及对间接损害、精神损害是否给予赔偿等。"

在房绍坤、毕可志共同主编的《国家赔偿法学》②一书中，将行政赔偿范围定义为国家承担行政赔偿的范围。这里的赔偿范围界定为：一是引起赔偿责任的原因行为的范围，即赔偿责任应当确定在哪些行为事项上；二是赔偿义务机关应当赔偿损害的范围，即哪些损害应当赔偿。同时指出，行政赔偿范围应从以下方面理解，即它是受害人行使行政赔偿请求权的范围；是行政赔偿义务机关履行赔偿义务的范围；是人民法院对行政赔偿案件行使审判权的范围。

沈岿在《国家赔偿法：原理与案例》③一书中认为，行政赔偿范围与国家赔偿范围两个概念之间是种属关系。但是，与国家赔偿范围既关注损害事件的原因又关注损害事件的结果不同，行政赔偿范围的规则与学理更侧重于关注损害事件的原因。

---

① 马怀德：《行政法制度研究与判例研究》，中国政法大学出版社2005年版。
② 房绍坤、毕可志：《国家赔偿法学》，北京大学出版社2008年版，第123页。
③ 沈岿：《国家赔偿法：原理与案例》，北京大学出版社2011年版，第192页。

以上观点分别从行政赔偿范围中造成损害的行为、涉及的相关主体、与国家赔偿的关系等方面对行政赔偿范围进行界定，较全面地阐述了行政赔偿范围的本质及如何理解、认识这一概念。

二 关于行政赔偿范围的内容

应松年在《建议修改国家赔偿法》[①] 中认为，1995 年的《国家赔偿法》对赔偿范围的规定，仅适用于国家机关在行使职权中侵权的情况，而道路、桥梁等公共设施因设置、管理欠缺而致人损害的，因不属于违法行使职权的问题，故没有纳入国家赔偿的范围，而是由受害人依照《民法通则》等规定，向负责管理的企事业单位要求赔偿。他认为在当时的情况下，公共设施的经营管理体制仍处在改革之中，1995 年《国家赔偿法》着眼于解决国家机关在行使职权中的违法，没有规定公共设施致人损害的国家赔偿，是可以理解的。但是，随着现代国家服务理念的贯彻，国家在行使权力之外还提供大量的公共服务，如果能够把公共设施、管理不善的侵权纳入国家赔偿的范围，就能够全面反映现代国家的职能和公私的分界。

而随后应松年又在《国家赔偿法修改中的几个问题》[②] 一文中认为，国家赔偿的范围应包括国家承担侵权责任的侵权损害的范围和侵权行为的范围两个部分。从侵权损害的范围来看，他认为应该在国家赔偿法中确立精神损害赔偿制度。从侵权行为的范围来看，他认为应当扩大行政赔偿和司法赔偿的范围。首先他认为，应当将国家机关及其工作人员怠于履行职责，纳入国家赔偿的范围。同时，应拓宽行政赔偿的范围，一方面应当将"行政机关制定、发布的具有普遍约束力的违法的决定、命令等"纳入赔偿范围，因为这些规范性文件制定主体混乱，越权现象严重，程序随意性很大，对行政相对人的合法权益的侵犯，甚至比一些违法的具体行政行为的侵犯还要严重、范围还要广泛。另一方面他认为，针对公有公共设施因设置或管理缺陷致人损害的情况，也应该纳入行政赔偿的范围。因为单纯地将这些公有公共设施授权一定机构管理而最终由这些机构赔偿，不利于

---

① 应松年：《建议修改国家赔偿法》，《政府法制》2001 年 10 月。
② 应松年：《国家赔偿法修改中的几个问题》，《国家行政学院学报》2006 年第 4 期。

充分保障受害人的权益,这些机构财力往往有限,因此由国家承担公有公共设置致害的责任比较合理。

袁曙宏在《〈国家赔偿法〉亟须完善》①一文中认为,我国《国家赔偿法》确定的赔偿范围较窄,仅限于公民、法人和其他组织特定的人身权、财产权受到国家侵害;因此,扩大国家赔偿的范围十分必要。其一,在行政赔偿方面,他主张,可考虑将制定规章以下的规范性文件、公有公共设施设置或管理等致害的,纳入国家赔偿范围,同时将劳动权、受教育权等受损害的,纳入国家赔偿的范围。其二,在刑事赔偿方面,他主张应当减少国家可免责条款,并与1996年修改的《刑事诉讼法》和1997年修改的《刑法》相适应,扩大刑事赔偿的范围,如轻罪重判的,在取保候审中违法罚款和违法没收保证金的,侦查机关因违法搜查侵犯人身权、财产权的,司法机关工作人员纵容他人殴打、侮辱、体罚、虐待或司法机关工作人员侮辱、体罚、虐待犯罪嫌疑人、被告人、服刑人员造成严重后果的,国家均应承担赔偿责任。其三,在人民法院的民事诉讼、行政诉讼赔偿方面,他认为应突破《国家赔偿法》第三十一条的现行规定,将因违法判决造成公民、法人或其他组织损害的,纳入国家赔偿的范围。

杨小君在《需要回归真实的国家赔偿范围》②一文中,对国家赔偿范围作出了重构。他认为确定国家赔偿范围的原则是:有损害即有赔偿的原则,坚持以职务行为确定国家赔偿范围的原则,拓宽归责原则扩大赔偿范围的原则。建议修改《国家赔偿法》,将以下行为或事项纳入国家赔偿范围:一是将赔偿范围模式由列举式改为概括式;二是将各类权益均纳入国家赔偿责任的范围;三是将抽象行政行为损害赔偿纳入国家赔偿范围;四是增加合法行为的补偿责任范围和公共设施致人损害的国家赔偿责任;五是限制免除国家赔偿责任的范围;六是将行政合同中的损害赔偿纳入国家赔偿范围;七是将军事行政损害赔偿也纳入国家赔偿的范围中。

高家伟在《论国家赔偿范围的衡量尺度》③一文中指出,主张对于行

---

① 袁曙宏:《〈国家赔偿法〉亟须完善》,《检察日报》2001年4月3日。
② 杨小君:《需要回归真实的国家赔偿范围——重构〈国家赔偿法〉的赔偿范围》,《宪政与行政法治评论》2004年创刊号。
③ 高家伟:《论国家赔偿范围的衡量尺度》,《国家赔偿的理论与实务》,第151页。

政赔偿范围，应当采用肯定的概括式规定与否定的列举式规定相结合的法律规定方式，以概括的条款对赔偿范围作一般的、普遍的规定，主要目的是确立归责原则和赔偿责任的类型；在此基础上，明确列举规定排除赔偿责任的情形，例如商业风险、自然灾害、意外事件、正当防卫、受害人过错、第三人过错、禁止双重赔偿等。

三 关于精神损害赔偿问题

袁曙宏在《〈国家赔偿法〉亟须完善》[①]一文中认为，应当提高国家赔偿的数额，世界各国的国家赔偿大致有惩罚性、补偿性和慰抚性三种情况。我国1995年的《国家赔偿法》基本上采用的是慰抚性赔偿。对侵犯人身权损害只赔偿身体所受损害的损失和限制人身自由的工资损失，而不赔偿精神损失和间接损失，并且身体所受损害的损失有最高额限制；对侵犯财产权损害只赔偿直接损失，不赔偿间接损失，并且吊销许可证和执照、责令停产停业的，只赔偿停产停业期间必要的经常性费用开支，不赔偿间接损失、可得利益和预期利益损失。《国家赔偿法》规定的上述赔偿数额显然过低；因此，应当提高国家赔偿的数额。对侵犯公民生命健康权的，可参照《民法通则》的规定按受害人的实际损失予以赔偿，取消最高额限制；对侵犯公民人身自由的，应赔偿其工资损失和间接损失；对侵犯财产权造成损害的，应赔偿直接损失和间接损失，包括可得利益损失；同时，对行政机关或司法机关因故意或重大过失造成损害的，应实行一定程度的惩罚性赔偿；此外还应当考虑实行精神赔偿。

马怀德在《论国家侵权精神损害赔偿》[②]一文中认为，1995年的《国家赔偿法》在第30条规定了国家和国家机关工作人员侵犯了公民的名誉权和荣誉权应当承担法律责任，但仅仅据此不能得出1995年的《国家赔偿法》规定了精神损害赔偿的结论，因为该条规定的消除影响、恢复名誉、赔礼道歉三种责任承担方式并无财产内容，也不具备经济补偿的性质，属于一种非财产责任的性质。他认为，1995年《国家赔偿法》没

---

① 袁曙宏：《〈国家赔偿法〉亟须完善》，《检察日报》2001年4月3日。
② 马怀德、张红：《论国家侵权精神损害赔偿》，《天津行政学院学报》2005年2月第7卷第1期。

有规定精神损害赔偿,具有一定的历史和现实的原因。他对精神损害赔偿的范围作出了构想,认为精神损害赔偿的范围应当包括两个方面:一是物质性人格权的损害赔偿;二是精神性人格权的损害赔偿。同时,对于下列精神损害则不应给予赔偿:一是因违约行为造成的精神损害;二是侵犯财产权造成的精神损害。对于精神损害赔偿的权利请求的主体问题,他作了三种探讨:一是关于法人能否进行精神损害赔偿。由于精神损害是生理上或心理上的痛苦,是以脑神经活动为物质基础的,因而法人不能进行精神损害赔偿。二是关于死者能否进行精神损害赔偿。死者不具备民法意义上的民事权利能力,死者不能请求精神损害赔偿。三是关于受害人生前的精神损害赔偿权能否继承。他认为,受害人生前所遭受的人格权的损害虽然具有专属性,但是由此所生之精神损害赔偿却属单纯的债权,不应限制其继承人和其他有抚养关系的人进行继承。关于精神抚慰金的算定问题,马怀德也提出了自己的见解。他认为在计算精神抚慰金时,要综合考虑以下几方面的因素:一是侵权机关及其工作人员的过错程度;二是侵害的具体细节,包括实施侵害的场合、手段和方式;三是受害人精神损害的程度及后果,这是确定精神损害抚慰金的重要依据;四是侵权机关事后采取弥补措施的有效程度。最后,马怀德对修改《国家赔偿法》增加精神损害赔偿制度提出了建议。他认为,,应当在1995年的《国家赔偿法》第四章"赔偿方式和计算标准"中增设专条对精神损害赔偿进行原则的规定。具体条文修改为:"国家机关和国家机关工作人员违法行使职权或因公有公共设施设置或管理缺陷,侵犯公民人格权利造成精神损害的,情节显著轻微,未造成严重后果的,受害人请求精神损害赔偿,一般不予支持,但应当为受害人消除影响、恢复名誉、赔礼道歉。造成严重后果的,除对受害人消除影响、恢复名誉、赔礼道歉外,还应根据受害人的请求赔偿相应的精神抚慰金。"

应松年在《国家赔偿法修改中的几个问题》[①]一文中认为,从侵权损害的范围看,在我国国家赔偿法中确立精神损害制度意义重大。于国家而言,对公民人格权遭受国家侵权行为的侵害所引起的精神损害进行赔偿,乃法治国家的应有之义;于公民而言,对精神痛苦进行金钱慰抚,是对公

---

① 应松年:《国家赔偿法修改中的几个问题》,《国家行政学院学报》2006年第4期。

民权利予以更高层次的救济，也是人权理论与实践取得重大发展的必然结果。其实，应松年的观点已经代表了整个学界关于国家赔偿应该增加精神损害赔偿的学术观点，成为主流观点。

杨小君在《国家赔偿法律问题研究》①一书中认为，精神损害常常表现为受害人反常的精神状况，如精神上的痛苦和肉体上的疼痛。在外在表现上，受害人会出现异常的精神状况，如失眠、消沉、冷漠、易怒、狂躁、迟钝等，严重的会出现精神学上的临床症状。1995年的江苏"刘冰申请沛县公安局行政赔偿案"，2001年的陕西"麻旦旦处女嫖娼案"，都是给受害方造成巨大精神创伤和痛苦的案例。在这两个案例中，损失的重点不在物质，比如说一些医院的检查费用、误工费或是什么上访跟交通费之类的，真正的伤害来自内心，给其名誉上带来的污点，对其精神的刺激才是重中之重。但是在这两个案例中，他们的精神损害赔偿请求都没有得到支持，在"麻旦旦"案中，最后咸阳市秦都区法院对此作出一审判决，判决泾阳县公安局赔偿麻旦旦74.66元，也就是说法院仅仅还是只确认了人身自由损害赔偿。在"刘冰"案中，沛县公安局确认对刘冰收容审查违法，并作出了行政赔偿决定书，赔偿刘冰632.94元。这都是一些物质层面的赔偿，虚冠以国家赔偿的名义。

北京师范大学张红在《国家赔偿法是救济法，不是责任追究法》②一文中，提到了关于精神损害赔偿量化的一个具体的实施办法，即可以根据2001年最高人民法院出台的《关于确定民事侵权精神损害赔偿责任若干问题的解释》参照适用。根据该解释的规定，精神损害抚慰金包括以下方式：致人残疾的，为残疾赔偿金；致人死亡的，为死亡赔偿金，其他损害情形的为精神抚慰金。精神损害的赔偿数额根据以下因素确定：侵权人的过错程度，法律另有规定的除外；侵害的手段、场合、行为方式等具体情节；侵权行为所造成的后果；侵权人的获利情况；侵权人承担责任的经济能力；受诉法院所在地平均生活水平。

对于修改后的《国家赔偿法》纳入精神损害赔偿制度的问题，江必

---

① 杨小君：《国家赔偿法律问题研究》，北京大学出版社2005年版，第149页。
② 张红：《国家赔偿法是救济法，不是责任追究法》，《中国审判新闻》2011年第70期。

新在《适用修改后的〈国家赔偿法〉应当着重把握的若干问题》[①]一文中,作出了全新的阐释。他认为,修改后的《国家赔偿法》没有直接使用"精神损害赔偿"的概念,而是采用"支付相应的精神损害抚慰金",在适用这一制度上应当注意:一是精神损害赔偿的构成要件。申请精神损害赔偿必须具备条件:首先要有人身自由权、身体健康权和生命权受到损害的事实,财产损害不发生精神损害赔偿问题;其次必须有精神损害的事实;再次是造成严重后果,严重后果至少表现为四种:受害人死亡给其近亲属带来的痛苦,受害人重伤给受害人本身带来的痛苦,受害人自由受限制发生的精神抑郁,受害人名誉受损造成的社会评价急剧降低等。二是精神损害的计算标准。《国家赔偿法》的修改过程中,最高人民法院曾希望立法机关给出一个明确的标准,避免实践中产生争议,但立法机关考虑到精神损害实践经验不足,现实情况极其复杂,故没有规定统一标准,建议最高人民法院根据具体实践问题作具体司法解释。而最高院也曾就此问题进行过专门调研,并准备出台相关规定。他认为,目前可以参照民事领域中的精神损害赔偿办法,但要区分不同的情况。刑事冤狱应高于民事赔偿,行政和非刑事司法赔偿可以考虑低于民事赔偿。三是各高级人民法院可以就精神损害赔偿先行制定标准。各地经济发展水平差异较大,而且精神损害赔偿实践经验缺乏的情况下,由各地方高级人民法院根据各地实际情况制定标准很有必要,待到经验成熟后,可由最高人民法院统一出台规定。

四 关于抽象行政行为的国家赔偿问题

抽象行政行为是一个学理概念,是指行政机关针对非特定主体制定的,对后发生法律效力并具有反复适用力的规范性文件的行为。[②]抽象行政行为是否属于行政赔偿范围,理论界存在很大争议。根据我国《行政诉讼法》的规定,抽象行政行为不属于行政诉讼的受案范围,不能被直接起诉;如果该行为违法,对相对人的合法权益造成损害的实际后果,也

[①] 江必新:《适用修改后的〈国家赔偿法〉应当着重把握的若干问题》,《大法官论坛》2011年第6期。

[②] 应松年、杨小君:《国家赔偿制度的完善》,国家行政学院出版社2008年版,第66页。

要通过具体行政行为实施，所以可直接以具体行政行为提起赔偿诉讼，不必诉抽象行政行为。

抽象行政行为给当事人造成的损害具有特殊性，不同于具体行政行为。例如，（1）不特定性，即抽象行政行为针对不特定对象；产生的损害后果难量化，难以估计和统计。（2）派生性，即抽象行政行为可以反复多次实施，派生出无数个具体行政行为；不易判断合法与否等。① 关于抽象行政行为是否应该纳入行政赔偿的范围问题，学者们的主要观点不一。

大多专家学者认为，在理论层面，抽象行政行为属于行政诉讼范围，包含于受案范围。尽管国家赔偿诉讼的参与主体、涉及权利义务内容等与行政诉讼有相同之处，但是二者的性质与解决的问题并不完全相同，用行政诉讼的受案范围来限制行政赔偿的诉讼范围是不恰当的，于法于理均无依据。国家赔偿与行政诉讼是两个相对独立的系统，不能用一个为标准，而要求另一个与其保持一致。

应松年和杨小君在《国家赔偿制度的完善》② 一书中认为，《国家赔偿法》的立法初衷，是当国家权力机关执行职务的行为给公民等主体的合法权益造成损害并构成国家赔偿责任时，为保护、弥补当事人的合法权益受到的损害，由国家承担赔偿责任。《国家赔偿法》重点关注的不是国家公权力是否合法行使，也不是如何监督公权力的运用，而在于解决当公民等主体的合法权益受到违法侵害时，能否得到赔偿、得到多少赔偿和如何得到赔偿等问题，所以行政赔偿与行政诉讼的功能存在较大差异。因此，主流观点认为，应当将抽象行政行为纳入国家赔偿范围，以便更好地保护公民等主体的合法权益。其次，现实中抽象行政行为侵犯相对人权益的现象普遍存在，其与具体行政行为同样可以造成当事人权益的损害。与此同时，抽象行政行为一般持续时间长、影响力大、涉及面广、具有较强的反复适用性和多样性，因此造成的损害程度、破坏力往往大于具体行政行为。如果行政赔偿范围将抽象行政行为排除在外，会严重不利于行政相对人合法权益的保护。并非所有影响公民权益的抽象行政行为都必然通过

---

① 房绍坤、毕可志：《国家赔偿法学》，北京大学出版社2008年版，第141页。
② 应松年、杨小君：《国家赔偿制度的完善》，国家行政学院出版社2008年版，第67页。

某种具体行政行为实施。现实中,存在一些不需要通过具体行政行为实施的行政决定、命令等抽象行政行为,例如禁止某些个人、集体从事某项活动,行政机关完全可以通过一项禁令而不做出任何具体行政行为也能影响当事人的合法权益。如果所有侵犯相对人合法权益的抽象行政行为都必须通过起诉具体行政行为实现,那么这部分抽象行政行为造成的损害将无法救济,从而可能导致放纵行政机关违法行使行政职权的严重后果。我国现行的《国家赔偿法》并未规定对抽象行政行为不能提起诉讼。应松年认为,抽象行政行为不属于行政赔偿范围的结论是对《国家赔偿法》的误读误解,同时他提出,判断标准应当是抽象行政行为造成的损害是否符合行政赔偿的构成要件,若符合,则属于行政赔偿范围,国家应承担赔偿责任,否则国家不承担责任。

杨小君在《国家赔偿法律问题研究》① 一书中认为,包括法律、法规、规章和其他规范性文件在内的抽象行政行为,都有纳入国家赔偿范围的必要和可能。对于将立法行为纳入国家赔偿范围,并不存在太大的理论和制度障碍,主要的障碍是传统观念。立法行为不进入国家赔偿范围只是发展阶段的问题,而不是绝对的永远的问题。所以,在考虑该问题时需要与现阶段的实际相结合。目前,最可行、现实的做法是,将法律、法规和规章都排除在国家赔偿的范围之外,只是将其他规范性文件纳入国家赔偿范围。这样在理论上可以在法(法律、法规和规章)与非法(其他规范性文件)之间划清制度界限;在实际操作中,可以减少反对意见和实施阻力。等到观念、制度等成熟以后,再进一步将制定具有法性质的抽象行政行为最终纳入国家赔偿范围,彻底理顺界限,完善制度建设。该观点对于抽象行政行为应纳入行政赔偿范围的论述较为详细,从理论、实践两个方面进行全面的分析,并理性地提出将抽象行政行为划分为两类,即法的层面和非法的层面,考虑到实际操作中存在观念、制度、发展阶段等因素的制约,提出先将其他规范性文件纳入行政赔偿范围,在今后条件允许时,再将其他抽象行政行为的内容分批次地纳入赔偿范围。这种主张和设想具有较强的实践价值。

---

① 杨小君:《国家赔偿法律问题研究》,北京大学出版社2005年版,第27页。

江必新在《〈行政诉讼法〉与抽象行政行为》[1] 一文中认为，抽象行政行为属于行政赔偿范围还只停留在理论层面。在司法实践中，抽象行政行为在行政赔偿中的具体适用情况并不乐观。即使法院在实践中对不同的抽象行政行为有不同的司法权力，尤其是对规章以下的规范性文件有违法确认权、拒绝适用权、选择适用权等，法院对抽象行政行为也还只是"不完全的审查权限"。沈岿在此理论基础上在《国家赔偿法：原理与案例》[2] 一书中指出，法院对抽象行政行为的不完全审查没有明确的法律规定，又涉及法院与抽象行政行为制定主体之间在政治体制中的微妙关系，故法院在运用时慎之又慎。至于要在此基础上，认定违法抽象行政行为造成损害事实，并要求国家为此赔偿，那就是难上加难了。实践中并无一份这样的判决足以为证。就此而言，抽象行政行为属于行政赔偿范围的认识，还只停留在理论层面。

也有学者探讨了国家对抽象行政行为予以赔偿的特殊条件。在明确抽象行政行为属于行政赔偿范围的基础上，有观点认为，对于因抽象行政行为造成的损害能否给予赔偿，应设制特定的判断标准。例如：该抽象行政行为已被确认为违宪或违法；抽象行政行为造成的损害对象是特定的，而不是普遍的；立法中并没有排除赔偿的可能性，即不存在法定的国家责任豁免权；损害必须达到相当严重的程度，受害人才能就此遭受的损害请求赔偿等。同时法律还应当用列举式的立法模式，明确排除不属于行政赔偿范围的内容。例如，为了保护重大公共利益而做出的抽象行政行为，不负赔偿责任，包括物价上涨、保护公共卫生、应付紧急状态等。符合以上条件的抽象行政行为是可以赔偿的。[3] 这种观点是从现实考虑出发，提出行政赔偿的具体操作方法。在社会公共生活中，存在众多行使行政权力制定规章以下具有普遍约束力的决定、命令，这些规范性文件常常制定主体混乱，存在严重的越权情况，制定程序随意性较大，违法现象严重，容易侵犯行政相对人的合法权益。因此，将抽象行政行为造成的损害纳入行政赔

---

[1] 江必新：《〈行政诉讼法〉与抽象行政行为》，《行政法学研究》2009年第3期。

[2] 沈岿：《国家赔偿法：原理与案例》，北京大学出版社2011年版，第201页。

[3] 韩忠伟、段海龙：《浅议我国行政赔偿的范围》，《黑龙江教育学院学报》2010年1月第29卷第1期。

偿范围，对当事人受到的损失进行赔偿，并进一步规范行政主体的行为具有现实意义。

五 关于公共设施致害问题

有学者认为，公共设施致害应当归国家赔偿范围。在实践中，根据目前承担民事赔偿责任的规定，如果应承担公共设施致害赔偿责任的经营管理单位的经费不足，就无法使受害人的权利得到保护和弥补。持该观点的大多为行政法学者，他们均从政府为社会提供公共设施是一种公共服务的角度加以论述，从而证明公共设施致害应当归入国家赔偿范围。

杨小君在《国家赔偿法律问题研究》[①]一书中认为，提供公共设施属于非权力的服务行政，而非权力的服务行政仍然属于行政法规范的内容，是行政法调整的对象，形成行政法律关系，适用行政法律规则，由此产生的损害赔偿，也就应当顺理成章地纳入国家赔偿范围。

应松年在《国家赔偿制度的完善》[②]一书中认为，目前的公共设施致害采用民事赔偿的方式和制度，不符合国有公共设施和国家赔偿的性质与功能，没有弄清利用者或使用者在利用或使用公共设施上与设置者、管理者之间形成的法律关系的性质，也与最大程度保护受害人合法权益的目的相违背。具体理由包括：第一，国有公共设施是由国家设立和创建来完成国家服务职能的设施；第二，国有公共设施的使用人或利用人与设施的管理者、设置者之间形成的法律关系，并不是一种对等的法律关系，具有一定的不平等性；第三，从国家赔偿的本质而言，国家赔偿制度是一种建立在公共负担平等观念基础之上的维系基本社会公平的制度；第四，国有公共设施的设置或管理机关是代表国家来履行公共服务职能的，其与国家之间形成的是一种行政特许或行政合同与委托关系，其相当于国家的代理人，与普通行政机关和国家的关系类似；第五，国家赔偿的费用来自国库，具有较强的赔偿能力，完全可以保证当事人的损害赔偿；第六，采用国家赔偿方式有利于国有公共设施的设置机关或管理机关积极履行职责，促进其提高责任感；第七，从域外的制度来看，各国通常把国有公共设施

---

① 杨小君：《国家赔偿法律问题研究》，北京大学出版社2005年版，第55页。
② 应松年、杨小君：《国家赔偿制度的完善》，国家行政学院出版社2008年版，第76—80页。

损害纳入国家赔偿的范围，适用国家赔偿的制度。该观点最为全面、具体地论述了公共设施致害应当归入国家赔偿范围的原因，对该问题的研究具有重要的参考价值和指导意义。

高家伟在《论国家赔偿范围的衡量尺度》[①]一文中主张，凡是没有进行民营化改制，由国家机关直接管理，作为执行公务手段或者条件的设施，例如红绿灯、政府网络、公共工程等，因设计、建设、设置、维修、养护等缺陷而造成公民合法权益损害的，都应当纳入国家赔偿的范围。该观点对公共设施应当归入国家赔偿范围的内容进行简单的分析，清楚明了地说明需要解决的问题，但是并未详细具体地展开论述。

第三节 国家赔偿的程序

一 关于确认程序

应松年在《国家赔偿法修改中的几个问题》[②]一文中，对国家赔偿的程序修改作出了建议。他认为应当取消确认违法的程序，改赔偿义务机关前置处理程序为选择性程序，该赔偿义务机关的单方面决定程序为双方协议程序，取消人民法院赔偿委员会的设置，将行政赔偿程序和司法赔偿程序统一为诉讼程序。具体修改建议体现在：一是设计增加协议程序。即赔偿权利人和赔偿义务机关可以自愿对赔偿进行协商，达成赔偿协议，制作赔偿协议书。赔偿协议的当事人和其他利害关系人可以向赔偿义务机关所在地的人民法院提起诉讼，请求撤销或变更赔偿协议。二是设计增加赔偿诉讼程序。在人民法院专设国家赔偿审判庭，赔偿诉讼实行二审终审制度。赔偿案件由赔偿义务机关所在地的人民法院管辖，如果赔偿义务机关是人民法院，可以考虑异地管辖或上一级法院管辖。赔偿诉讼可以适用调解，调解达成协议应当制作调解书。未达成调解或调解送达前一方反悔的，人民法院应当及时判决。三是设计了赔偿诉讼的举证责任规则。他建议国家赔偿诉讼应实行举证责任倒置的规则。包括全部倒置和部分倒置两

---

① 高家伟：《论国家赔偿范围的衡量尺度》，胡建淼主编：《国家赔偿的理论与实务》，浙江大学出版社2008年版，第151页。
② 应松年：《国家赔偿法修改中的几个问题》，《国家行政学院学报》2006年第4期。

种情形：全部倒置仅应适用于被限制人身自由期间或因限制人身自由而发生伤害、死亡的情形；部分倒置则是由赔偿请求人承担初步证明责任，赔偿义务机关对赔偿义务的减轻和免除承担责任。

蒋冰晶认为，鉴于现有的国家赔偿确认程序设计复杂但实效性不高，存在国家赔偿的自为确认程序违反程序正义原则、赔偿确认程序缺乏详细的规则设计、人民法院非刑事赔偿案件的具体确认机关不明确、违法赔偿确认程序缺乏有效的救济途径等诸多问题，建议在进行国家赔偿法修订时将现行赔偿义务机关先行确定的强制性规定，修改为赔偿双方可以先行协商处理，协商不成的可以直接诉诸法院，违法确认与赔偿判决统一由法院在诉讼中一并进行，法院既有查清案件事实的责任，也有依法判决的义务。①

二 关于追偿程序

关于追偿程序问题，应松年在《国家赔偿法修改中的几个问题》② 中作出了建议。他认为，1995 年的《国家赔偿法》仅设一个条文对追偿制度进行了原则性的规定，而追偿的程序、方式以及公务员不服追偿决定的救济等均未涉及。他提出以下几点建议：一是国家机关工作人员应当承担部分或全部费用的，可以从工资中按月扣除，但必须留足维持基本生活的费用。如果数额太大无法支付的，有关行政机关可以给予行政处分，有故意或重大过失造成严重后果的，有关机关应依法给予处分，构成犯罪的应依法追究刑事责任。二是被追偿的国家机关工作人员，对追偿决定不服的，可以在一定期限内向上一级国家机关提出申诉，上一级国家机关应当在收到申诉书之日起一定期限内作出复查决定，上一级国家机关复查决定的程序，可以考虑按照《行政复议法》的规定进行。

杨解军、蔺耀昌认为，《国家赔偿法》对国家追偿具体程序的规定存在很大的欠缺。主要体现在：其一，没有关于被追偿者参与程序的规定。从国家追偿程序启动至国家追偿决定作出的整个过程，都缺乏保障被追偿者的知情权、陈述和辩论权的程序，这与程序公正的要求不相符合。其

---

① 蒋冰晶：《我国国家赔偿确认程序的探析》，《政法学刊》2007 年第 6 期。
② 应松年：《国家赔偿法修改中的几个问题》，《国家行政学院学报》2006 年第 4 期。

二，未建立国家追偿的时效制度。任何权利（力）在法律上都是有时间限制的，权利（力）主体在法定的期间内不积极行使权利（力），就会产生对其不利的法律后果。许多国家和地区的国家赔偿法对国家追偿的消灭时效都作了具体规定。其三，国家追偿的监督程序欠缺。我国《国家赔偿法》既没有涉及国家追偿的公开问题，也没有设置国家追偿的司法救济程序。①

三 关于先行处理程序

关于国家赔偿的先行处理程序问题，杨小君在《国家赔偿法律问题研究》②一书中认为，在理论上先行处理程序的积极作用和合理性是应当肯定的，但在制度上把先行处理程序作为一个必经程序是存在缺陷的。因为从实践中看，先行处理程序反倒成为拖延受害人获得国家赔偿的一个办法。因此他建议，将先行处理程序改为选择性质的先行处理程序，受害人可以选择先向义务机关提出申请，双方协商解决；也可以直接向法院提起赔偿诉讼，通过诉讼程序尽快弥补损失。同时，关于协议的问题，他建议《国家赔偿法》应当增加赔偿协议条款，一方面明确规定受害人与赔偿义务机关之间可以就赔偿事项协商解决；另一方面，具体规定对赔偿协议的限制规则，防止赔偿义务机关利用赔偿协议再度违法、侵权。

宋广奇在《行政赔偿先行处理程序的再完善》③一文中，对修改后的《国家赔偿法》中先行处理程序仍然存在的问题作出了阐释，并提出了完善的新思路。他认为，我国新修正的《国家赔偿法》对行政赔偿先行处理程序做出了相应的修改，这对行政赔偿先行处理程序的改进具有一定的现实意义。但由于修正的不彻底性，行政赔偿先行处理程序在长期实践中所暴露的问题并没有得到全面的解决。法律依据的缺失仍是行政赔偿先行处理程序所面临的现实问题，因而他针对行政赔偿先行处理程序主体、程序模式、责任体系及处理结果、效力，修正的国家赔偿法实施后仍然可能

---

① 杨解君、蔺耀昌：《国家赔偿的制度欠缺及其完善》，《中国法学》2005年第1期。

② 杨小君：《国家赔偿法律问题研究》，北京大学出版社2005年版，第187—194页。

③ 宋广奇：《行政赔偿先行处理程序之再完善》，《法学评论》2011年第5期。

面临的问题等,阐述了自己的见解,并提出了继续完善的新思路。具体而言,他认为,修改后的先行处理程序仍然存在的问题表现在:一是行政赔偿先行处理程序主体缺乏有效设计;二是行政赔偿先行处理程序缺乏具体规范;三是行政赔偿先行处理程序缺乏具体规范;四是行政赔偿先行处理程序的处理效力缺乏法律保障。因此,他对我国赔偿法规制先行处理程序的再修正,提出了四点建议:一是构建行政赔偿先行处理权行政机构的新路径;二是科学规范行政赔偿先行处理程序模式;三是建立行政赔偿先行处理程序行政责任体系;四是确立行政赔偿先行处理程序处理结果的法律效力。

第四节 国家赔偿的方式和计算标准

应松年在《建议修改国家赔偿法》[①]一文中,对国家赔偿费用的支付方式存在的问题进行了探讨。他认为,1995年的《国家赔偿费用管理办法》规定的国家赔偿费用支付方式,是由赔偿义务机关先从本单位预算经费和留归本单位使用的资金中支付,支付后再向同级财政机关申请拨付。而在实践中,一些受害人在获准赔偿后却拿不到赔偿金,另一方面许多地方国家赔偿金却花不出去。这样的法外运作模式使得国家赔偿的监督功能大打折扣,因此他建议,应将赔偿费用的支付方式改为,赔偿请求人凭赔偿决定书或判决书直接向财政机关申请赔偿金。关于国家赔偿标准问题,他认为,国家赔偿的标准经过6年多的实践,既不足以慰抚受害人,消除受害人的怨气,也不能有效遏制违法,促进国家机关依法行使职权。对于财产损失的国家赔偿,1995年的《国家赔偿法》仅仅对直接损失进行赔偿,而对可得利益损失一概不赔。他通过例子说明了这个问题:例如,某个连年利润70万以上的企业,因行政机关的一纸违法决定而停产,最后倒闭,依照1995年《国家赔偿法》规定的这种赔偿标准,国家对该企业的可得利润不予赔偿,对该企业的倒闭也不承担责任。因此,他认为国家对行政侵权应给予充分赔偿,其赔偿标准不应当低于民事赔偿的标准。

---

① 应松年:《建议修改国家赔偿法》,《政府法制》2001年10月。

随后应松年又在《国家赔偿法修改中的几个问题》① 中,对完善国家赔偿的方式和标准作出了建议。赔偿的方式方面,他认为,1995年《国家赔偿法》对于赔偿的方式规定十分简略,缺乏可操作性,不利于当事人权益的保障。因此他建议:一要完善返还财产的赔偿方式。应当返还的物品损坏的,能恢复原状的恢复原状;不能恢复原状的,按照市场价给付相应的赔偿金。应当返还的财产被拍卖或者灭失的,应该按照市场价格支付相应的赔偿金。应当返还金钱的,还应返还所生的利息。二要完善恢复原状的赔偿方式。现实中,受害人往往因国家的侵权行为而丧失工作、职务、职级、福利待遇等,因此国家赔偿中的恢复原状,应松年认为既应当包括物品的恢复原状,还应当包括对权利状态的恢复,包括对工作、职务、福利待遇的恢复。在国家赔偿的标准方面,他认为,1995年的《国家赔偿法》考虑了当时立法环境,采用了慰抚性的赔偿标准。在现在来看,这种标准略显偏低,建议适用民事赔偿标准的有关规定提高赔偿标准。他还建议,要对限制人身自由的赔偿标准作出专门的规定,因为在民事法律中对限制人身自由没有作出规定,而且在现实中国家机关及其工作人员侵犯公民人身自由的情况也十分常见,往往对受害人的人身和精神都造成了极大的伤害。而且,1995年《国家赔偿法》确立的全国职工日平均工资的标准太低,而且全国各地经济发展水平不同导致日平均工资的水平也不相同,建议赔偿金应按照受害人所在省的日平均工资的几倍计算,这样才能保证公平。

杨小君在《国家赔偿法律问题研究》② 一书中,也对国家赔偿标准问题提出了意见,他认为1995年《国家赔偿法》的国家赔偿标准太低,这就是对国家赔偿标准的总体评价。这种低表现在三个方面:一是法定标准本身就偏低;二是法定标准的适用范围太广泛,这就导致了低赔偿数额与实际损害之间的距离太大,难以弥补受害人的损失;三是缺乏必要的赔偿项目,如精神损害赔偿和惩罚性赔偿等。因此,他针对这些问题提出了解决的总体思路,那就是提高赔偿标准,健全赔偿项目,把法定标准模式改为以实际损害赔偿为原则的赔偿标准。具体而言,应当在原则上适用民事

---

① 应松年:《国家赔偿法修改中的几个问题》,《国家行政学院学报》2006年第4期。

② 杨小君:《国家赔偿法律问题研究》,北京大学出版社2005年版,第186页。

法律规定的民事损害赔偿标准，对于民事法律中已有规定的财产损害标准、精神损害赔偿标准、人身健康和生命损害赔偿标准，一律不再另外规定赔偿标准，《国家赔偿法》需要专门作出规定的赔偿标准，只是那些不同于民事损害的侵权行为和民事法律中没有规定的赔偿事项，主要是人身自由的限制。因此，杨小君对国家赔偿标准的总体结论就是，国家赔偿标准不应当与民事赔偿标准不同，没有必要在损害的计算上以及对损害的赔偿上"另起炉灶"。

第五节　行政补偿研究

一　行政补偿的概念

关于国家补偿的问题，应松年在《建议修改国家赔偿法》[①]一文中认为，1995年的《国家赔偿法》没有提到国家补偿。在实践中，国家机关合法行使职权过程中，也可能给人们造成损失。对于那些因公共利益而承受特别牺牲的人，根据公平原则，应该给予适当的补偿。例如，军队演习、训练，配合执行国家公务，见义勇为，国家保护的野生动物致人身、财产损害等，需要采取适当的方式给予补偿。

马怀德在《完善国家赔偿立法基本问题研究》[②]一书中认为，综合比较国内外对行政补偿概念的界定，其共同点主要表现在以下三个方面：第一，产生行政补偿制度的前提是基于社会公共利益；第二，产生行政补偿的原因是国家合法的公权力行为，即国家行使法定正当权力的行为；第三，有特别损失的存在。

从世界范围来看，有的国家把行政补偿视为一种特殊的行政赔偿，有的国家则把两者分开。[③] 我国1995年《国家赔偿法》明确规定，只有国家机关及工作人员违法行使职权侵犯公民、法人和其他组织的合法权益造成损害的，受害人才有取得国家赔偿的权利，而对于合法行使职权行为的行政补偿并未提及。可见，我国明显是把行政补偿和行政赔偿作为两种不

[①]　应松年：《建议修改国家赔偿法》，《政府法制》2001年10月。
[②]　马怀德：《完善国家赔偿立法基本问题研究》，北京大学出版社2008年版，第341页。
[③]　胡建淼：《行政法学》，法律出版社2003年版，第501页。

同的制度分别看待的，我们据此可以认为，行政补偿和行政赔偿是两种相互对应的行政法上的制度。要界定国家补偿和行政补偿的关系，我国行政法学界对国家赔偿和行政赔偿两者关系的解说是极好的借鉴。在我国，国家赔偿这一概念的外延要大于行政赔偿，它包括行政赔偿、司法赔偿等。相应地，我们认为行政补偿也只能是国家补偿的一个有机组成部分，两者是部分与整体的关系。国家补偿除因行政权行使造成损害的补偿即行政补偿外，还包括因立法权或者司法权行使产生损害的补偿，以及国家对社会弱势群体等的救助补偿等。① 在导致行政补偿产生的原因上，不应仅仅限于该合法的职权行为本身所造成的特别损失，还应及于合法职权行为的附随效果所造成的特别损失。行政补偿是在公用征收补偿的基础上发展起来的，最初仅指国家基于公共使用的目的征收相对人不动产时而为的给付。②

二 行政补偿的性质

关于行政补偿的性质，行政法学界的代表性看法有以下几种：第一是行政责任说。如李轩昂认为，行政补偿是因为行政主体的合法行为造成相对人合法权益的损害，依法由行政主体对行政相对人所遭受的损害予以弥补的责任。③ 第二是特殊行政责任说。如姜明安认为，行政补偿是一种特殊的行政责任，其特殊性表现在：一是该责任不以违法为构成要件，行政机关对其合法行为给相对人造成的损害依法负损害赔偿责任；二是该责任不以过错为构成要件，行政机关对其无过错行为造成行政相对人损害依法负无过错责任；三是该责任不以因果关系为构成要件（并非否认因果关系的存在，而是在补偿时不深究因果关系），对于法律规定的情形，行政机关对损害负结果责任；四是该责任不以行政机关及其公务员的侵权行为为构成要件，行政机关对特定相对人因公共设施或为社会公共事业而蒙受的损害要依法负公平责任。④ 第三是行政行为说。如张正钊认为，行政补

---

① 司坡森：《试论我国行政补偿的立法完善》，《行政法学研究》，2003年第1期，第46页。

② 王太高：《行政补偿制度研究》（苏州大学博士学位论文），2003年4月，第7页。

③ 李轩昂：《行政法精义》，前程出版社1986年版，第341页。

④ 姜明安：《行政案例精析》，中国人民公安大学出版社1991年版，第380页。

偿法律为行政主体设定的一种义务，因而行政补偿是基于行政主体的一种积极义务而实施的补救性行政行为。① 四是法定义务说。如胡建淼认为，行政补偿是对行政主体为实现公共利益而实施的一切行为所赋课的一种现代国家的法定义务。② 王太高在总结上述四种学说观点基础上，提出了自己对行政补偿性质的看法，他认为，行政补偿应该是根据公平负担的原理，对行政主体的合法行为及其附随效果造成公民、法人或其他组织合法权益特别损害进行补偿的一种现代国家的法定义务。③

熊文钊在《试论行政补偿》一文中，对行政补偿从全新的视角进行了论述，他将行政补偿的性质界定为一种具体行政行为，而不主张属于行政责任，因为行政补偿并不以行政违法或过错为要件，其与行政责任在构成要件上存在明显不同。他对行政补偿的概念界定为："行政补偿是指行政主体基于社会公共利益的需要，在管理国家和社会公共事务的过错中，合法行使公权力的行为以及该行为的附属效果使公民、法人或其他组织的合法财产及合法权益遭受特别侵害，以公平原则并通过正当程序对所遭受的损害给予补偿的法律制度。"熊文钊对什么是"公共利益"及其判断标准，也提出了自己的看法。由于我国目前对公共利益的考察是由政府部门完成，而且这种方式并没有一套可行的程序规则和救济手段，因此他提出了一套确立公共利益的标准：一是以国家的发展目标为标准；二是以是否属于公益事业为标准；三是以受益的数量为标准；四是以效益大于损害为标准；五是以是否合乎公共目的性为标准；六是以是否经过正当程序为标准。只有将这些标准与正当程序相结合，"公共利益"的真实性才能得到保证。④

三 行政补偿的制度建构

姜明安在《行政补偿制度研究》⑤ 一文中，对行政补偿制度的完善做了全面的构想。首先他通过两则典型案例，说明了我国制定《行政补偿

---

① 张正钊：《外国行政法概论》，中国人民大学出版社1990年版，第56页。
② 胡建淼：《行政法教程》，杭州大学出版社1990年版，第303页。
③ 王太高：《行政补偿初论》，《学海》2002年第4期。
④ 熊文钊：《试论行政补偿》，《行政法学研究》2005年第2期。
⑤ 姜明安：《行政补偿制度研究》，《法学杂志》2001年9月第22卷第128期。

法》的必要性，并且指出了构建行政补偿制度的意义：一是保护人权，建设社会主义法治国家的需要；二是保护市场主体利益，促进市场经济发展的需要；三是保护行政管理相对人积极性，维护公共利益的需要；四是保护奉献者利益，维护社会公正的需要；五是化解社会矛盾保障社会稳定的需要；六是保护外国投资者利益的需要。进而他介绍了世界各国在行政补偿制度上的理论依据，主要有公平负担理论、结果责任理论和危险责任理论三种。对于行政补偿的范围，姜明安认为，比行政赔偿的范围要大的多，具体范围应该包括七种情形：行政机关为救灾抢险而损害部分相对人利益；行政机关合法执行公务导致相对人权益受损；公民因主动协助公务和见义勇为使身体或财产受损；行政机关为了公共利益征收或征用相对人财产；国家组织实施的高危工程和相关活动致使公民身体或财产受损；行政机关根据政策的需要撤销或改变自己原已作出的行政行为，而致相对人利益损害；以及军事训练、演习致人身体或财产损害等。关于行政补偿的程序问题，他认为，应当设计行政程序和司法程序两种，而且行政程序应该是司法程序的必经前置程序。关于行政补偿的标准，他认为，应当以补偿相对人实际损失为准，但具体领域、具体事项的补偿标准，应以单行法律、法规规定，不宜作统一的相同规定。最后，他提出了建立我国行政补偿制度的立法思路，认为可行的方案是尽快修改《国家赔偿法》，在《国家赔偿法》中对行政补偿制度作出原则性的规定，并通过制定单行的具体领域的行政补偿的法律、法规，来构建我国的行政补偿制度。

关于我国行政补偿制度存在问题的原因，司坡森[1]和魏建良[2]都将其归结于两个方面：一是宪法缺失关于补偿的基本条款；二是现行有关补偿的单行法律、法规对补偿的标准规定不一、不成体系。对于我国行政补偿制度的立法建议，他们也都主张，首先要在宪法中增加行政补偿的条款，进而尽早制定统一的行政补偿法。

除上述问题外，学者们对行政补偿的其他问题也进行了研究，主要表现在以下五个方面：第一，有关行政补偿的原因。虽然学者们对导致行政

---

[1] 司坡森：《试论我国行政补偿的立法完善》，《行政法学研究》2003年第1期。
[2] 魏建良：《我国行政补偿法律制度的现状及其完善》，《浙江学科》2001年第4期。

补偿的原因行为大都肯定为合法公权力行为，从而将行政补偿与行政赔偿区别开来，但对行使该合法公权力行为的主体的认识，却并不一致。有学者将其局限于行政机关及其工作人员，有的认为是行政主体及其工作人员，有的则泛指国家机关和国家机关的工作人员，甚至还包括公共团体。由此也导致了学者们在概念用语上的差异，有的用"行政补偿"，有的则用"国家补偿"来表示。第二，对行政补偿原因行为的外延大小认识上有分歧。多数学者认为，这里的合法公权力行为只能是行政行为。也有学者认为，这种行为不应局限于行政行为，只要是行政主体为了公共利益而实施的一切合法行为，都可能引起行政补偿的发生。同时大部分学者认为，原因行为不包括抽象行政行为，但也有部分学者认为应当包括抽象行政行为。[1] 第三，对补偿范围的大小认识不完全相同。有学者认为，应将公权力行为的附随效果列入行政补偿范围，也有学者认为，应当将"公民、法人或其他组织为了维护和增进国家、社会公共利益而使自己的合法利益受到损失"的主动协助公务行为，包括在行政补偿之内。第四，对所应补偿的权益范围认识不同。有的学者着眼于有形的财产或经济方面的损失；而更多的学者则强调，不仅仅是财产方面的损失，而应是相对人的合法权益受到的损害。第五，所主张的补偿方式不一。有学者认为行政补偿的手段是单一的，只能是在财产上进行弥补即金钱给付。还有的学者认为，除了经济上补偿外，还可以从生活上或者工作安置等诸方面，对其所受损失予以补偿。[2]

---

[1] 参见刘嗣元《我国行政补偿制度初探》，《行政与法》1995年第3期。
[2] 参见马怀德《完善国家赔偿立法基本问题研究》，北京大学出版社2008年版，第341—342页。

第十二章

中国行政法学的发展趋势

全面回顾中国行政法学的发展，可以看到，成绩非常显著。这一时期，涌现了大量的学术成果与学术新人，推动了行政法学理论的深入，使行政法学逐步成为法学学科中的显学，学术影响力正在不断提升。并且，行政法学理论研究与法治实践的互动机制，也愈来愈产生了可喜的实践效果，行政法学研究对于行政处罚法、行政许可法的制定，行政复议、行政诉讼制度的完善，行政裁量基准的运用，行政指导制度的引入，政府信息公开制度的实践等，都发挥了明显的推动作用。

当然，作为一门新兴学科，行政法学本身在科学性、理论性方面还存在许多不足，无法与传统法学学科相提并论。从现实需求角度衡量，处于快速转型之中的中国社会对于行政法理论的需要，更是远远大于行政法学的供给能力。为进一步推动行政法学理论研究的深入，更好地满足实践的需要，有必要深入总结行政法学的成功经验，清醒认识目前所面临的深层次问题，并明确未来的发展方向。

一 中国行政法学的成功经验

从1978年至今，中国通过改革开放政策，实现了30多年的高速经济增长，综合国力和人民的生活水平均实现了大幅的提高，创造了人类历史上经济、社会发展的奇迹。30多年来，中国行政法学从无到有，取得了长足进展，为依法行政、法治政府建设作出了重要贡献。以下三方面的理论发展轨迹与实践应用过程，可以说是中国行政法学特有的成功经验。

第一，服务中心，突出主旋律。

以经济建设为中心，推动国家的全面发展，是中国共产党确立的基本发展战略。要实现经济发展，必须发挥市场配置资源的基础性作用，建设社会主义市场经济。为此，首要的任务是处理好政府与市场的关系，解决传统体制下政府管得过多，既管不好、也管不了的问题，建设法治政府、廉洁政府、服务政府、公开政府。这样的发展战略，尤其是法治政府建设的时代需要，为中国行政法学提供了难得的发展机遇与宽广的用武之地。对比分析可以发现，中国政府法治工作与中国行政法学的发展有高度的相关性，前者实际上为后者的发展提供了契机和动力。

根据国务院法制办原主任曹康泰的总结，我国政府法治的发展过程，可以划分为三个阶段：①

起步阶段（1978—1989年）。改革开放以后，邓小平深刻总结国际共产主义运动和我国革命与建设正反两方面经验，就加强民主法制建设作出了一系列精辟论述。这些论述集中到一点，就是只有实行"法治"，国家才能兴旺发达、长治久安。这标志着共产党治国理政的原则、理念和方式发生了重大转变，为依法行政的提出做了政治上和思想上的准备，奠定了理论基础。此后，我国大力加强民主法制建设，1982年制定了新宪法，先后出台了刑法、民法通则等一批基本法律。同时，为了适应改革开放和经济建设的需要，相继制定了中外合资企业法、外资企业法、经济合同法等一系列调整经济关系的法律、行政法规。

确立阶段（1989—1999年）。1989年公布的行政诉讼法，标志着依法行政进入了以监督行政权的行使、规范政府自身行为为重点的阶段，是我国推进依法行政进程中的重要里程碑。从1989年到1999年的10年间，我国还先后制定了行政处罚法、行政复议法等一系列规范行政行为的法律。1993年11月，中国共产党十四届三中全会作出了建立社会主义市场经济体制的重大决策。市场经济从一定意义上说就是法治经济，要求政府依法行政、依法办事。为了落实党中央的决策，全国人大常委会、国务院先后制定了价格法、商业银行法、广告法等一批规范市场经济的法律和行政法规。1997年9月，江泽民在党的十五大报告中提出了依法治国基本方略，指出一切政府机关都必须依法行政。在此期间，依法行政在政府工作中的地位和作用得以初步确立。

---

① 曹康泰：《我国政府法治建设30年》，《求是》2008年第24期，网络地址：http://www.npc.gov.cn/npc/xinwen/rdlt/fzjs/2008-12/22/content_1463038.htm。

全面推进阶段（1999年至今）。为了落实依法治国基本方略，1999年国务院召开全国依法行政工作会议，发布《关于全面推进依法行政的决定》，对推进依法行政工作作了专门部署。2003年3月，新一届国务院组成后修订的《国务院工作规则》，把依法行政正式确立为政府工作的三项基本准则之一，明确规定依法行政的核心是规范行政权力；2004年3月，国务院发布《全面推进依法行政实施纲要》，确立了建设法治政府的目标；2005年，重点抓了推行行政执法责任制工作；2006年，重点抓了行政复议工作；2007年，重点抓了市县基层政府依法行政工作。胡锦涛在共产党十七大报告中，明确提出了依法治国基本方略深入落实、法治政府建设取得新成效的要求。2008年5月，国务院发布了《关于加强市县政府依法行政的决定》。

非常巧合的是，我国行政法学发展也可以划分为三个阶段，[1] 以1989年的《行政诉讼法》和2000年的《立法法》制定为两个分界点。

第一阶段：1978年行政法学恢复、新生—1989年《行政诉讼法》之前。1978年，行政法学研究在经过了较长时间的停滞后得以恢复，学者们开始围绕着行政法学的调整对象、基本原则、内容体系等基本理论问题，进行了一系列的探索和研究，第一本统编教材[2]在1983年出现。这个阶段的我国行政法学的理论体系建构，更多的是以当时译介的苏联和东欧的行政法学著述为蓝本，渗透着浓厚的行政管理学色彩，行政法学论题都是在行政管理法制化的主题下展开的，对行政组织法、公务员法、行政行为的探讨，还未能完全摆脱行政学的藩篱。不过，该阶段实现了行政法学从无到有的发展，行政法学的基本架构、基本概念体系得以确立，为以后阶段的发展打下了基础。

第二阶段：1989年《行政诉讼法》颁布—2000年《立法法》之前。《行政诉讼法》的制定和颁布，不仅标志着我国社会主义民主与法制建设取得了长足的进步和发展，而且也表明行政法学理论的研究范式开始逐渐

---

[1] 对我国行政法学三十年发展的具体描述，可见如周汉华主编《行政法的新发展》，中国社会科学出版社2008年版，第3页；教育部人文社会科学重点研究基地——法学基地（9+1）合作编写《中国法学三十年（1978—2008）》，中国人民大学出版社2008年版，第193页。

[2] 王珉灿：《行政法学概要》，法律出版社1983年版。

趋于成熟。围绕《行政诉讼法》以及最高法院的司法解释,[①] 针对行政审判实践中出现的问题,在当时已经译介的一些外国行政法著述的影响下,学者们开始建构和讨论"行政行为"、"行政主体"、"行政相对人"、"行政法律关系"、"滥用职权"、"违反法定程序"等一系列概念,从而逐步建构起我国行政法学体系,实现了行政法学由行政科学向法律科学的转向。这一阶段是行政法学发展的第一个高峰,取得了丰硕的成果,大大地推动了行政法学研究范围的拓展和研究水平的提高。

第三阶段:2000年《立法法》颁布至今。这一阶段中,行政法方面的立法活动进入一个相对的平稳期,行政法学研究得以重新积淀,开始呈现更加多元化的特点。一方面,传统行政法学领域的研究更加深入。在行政法主体、行政行为、行政程序、行政救济、比较行政法等传统行政法研究领域,涌现出一大批集大成的、水平更高的专题性研究成果;另一方面,行政法学研究成果从总论拓展到分论,新行政法的影响逐步扩大,政府规制(管制)领域成为行政法学研究中的新热点。行政法学者们在研究中还借鉴和应用了来自其他学科的研究方法,比如公共选择理论、博弈论、利益衡量理论等政治学、经济学、社会学的研究方法。这个时期是行政法学孕育新突破的时期。

可以看到,30多年来,中国行政法治建设始终围绕经济建设大局进行,中国行政法学始终与中国的行政法治建设紧密联系,行政法与行政法学均有非常强的现实观照,不务虚,不空谈。考察中国改革开放的过程可以发现,不论是农村改革、国企改革还是市场体系建设,渐进性都是其中最为重要的特点。与经济改革的这一特点相适应,中国的行政法治建设体现出了非常明显的阶段性特征,往往是一个时期集中解决某一个重点问题,实现制度的渐进优化。比如,在中国行政法的第二个发展阶段,1990年出台了《行政复议条例》,1994年制定《国家赔偿法》,1996年制定《行政处罚法》,1999年制定《行政复议法》,2000年制定《立法法》,几乎每两年都有一次行政法的重大立法活动。深入观察可以发现,九十年代之所以成为行政法立法的高峰期,完全是因为经济改革发展到一定阶段以

[①] 主要是1991年的《最高人民法院关于贯彻执行〈中华人民共和国行政诉讼法〉若干问题的意见(试行)》和1999年的《最高人民法院关于执行〈中华人民共和国行政诉讼法〉若干问题的解释》。

后，亟须从制度上保证市场主体的合法权益，制约行政主体的权力行使，可以说行政法是经济改革的必然产物。进一步观察还可以发现，九十年代同时也是中国行政法学研究的第一个发展高峰时期，中国行政法学的发展是与行政法治建设的发展合拍的，这种"立法推动模式"充分说明，改革开放的时代既需要，同时也造就了中国行政法学。

第二，价值引领，高扬"控权"旗。

从农村改革到国企改革，从价格双轨制到市场体系改革系统设计，中国的经济改革是以"松绑"、"放权"为主线的市场体系再造过程，以打破高度集权计划经济体制的束缚，释放市场主体的积极性和创造性。同样，从事业单位改革、政府机构改革到行政审批制度改革，中国的行政体制改革也是以约束政府权力、划定政府作用的边界、防止行政权力滥用为核心。与这种改革主旋律相适应，"约束与控制行政权力的滥用"的控权思想一直是中国行政法与行政法学的主流思想，契合了从高度集权体制下解放出来的社会结构的需要，符合人民的期待，有很强的生命力，因而能够得到快速的发展。

这些年制定的重要的行政法律，如《行政诉讼法》、《行政复议法》、《行政处罚法》、《行政许可法》、《立法法》、《行政强制法》、《政府信息公开条例》、《国有土地上房屋征收与补偿条例》等，其所贯穿的一条共同主线，均是规范与约束政府权力。同样，这些年行政法学界讨论的热点问题，如行政法基本原则、法治政府目标、依法行政、行政程序法、行政诉讼法、裁量基准、行政指导等，也都是为了直接或者间接实现控制权力滥用的目标，法律制度的价值取向非常明确。总体上看，中国的法治政府建设进程，体现了很强的自我限权、"自我革命"的特征。不论是平衡论、服务论还是控权论，控权思想是整个中国行政法学界普遍认同的核心观点。

正因为如此，相比于刑法、民法等传统法律学科，行政法学在中国出现的时间虽然很晚，但行政法提出的很多行政法原则、观念，如法治政府、有限政府、服务型政府、依法行政、人权保障、政府透明等等，现在已经普遍被各界所广泛接受和熟悉，行政法专家在诸多重大社会热点问题上总能把握话语权，行政法建设毫无疑问已经成为理论热点领域。非常有意思的现象是，不但行政法学者对于控权价值有普遍的认同和坚守，从事行政审判工作的法官与从事政府法治工作的政府法制部门工作人员也都潜移默化受到控权理念的影响，并反映到其实际工作中。

第三，兼容并蓄，保持开放性。

以开放促改革，是中国改革的一条成功经验。中国的经济体制改革从一开始就体现了对外开放的特点，尽量与国际社会接轨，构建市场经济基本制度。同时，中国的改革一直坚持中国共产党的领导，坚持社会主义基本经济制度，坚持立足基本国情。在此过程中，如何处理好特殊性与普遍性的关系，既充分考虑中国国情，一切从实际出发，又吸收、借鉴世界各国的有益经验，一直存在一定的内在张力，在某些领域甚至引起许多不必要的争议。

在这方面，由于行政法与行政法学具有更多的操作性、技术性特点，在学习、借鉴各国普遍经验的过程中，避免了不必要的争论，基本没有遇到明显的意识形态方面的阻力，使行政法能够一直保持其开放、兼容的品格，与各国行政法发展保持紧密互动。无论是行政体制改革还是行政法立法，均大量直接借鉴了各国的最新经验。学术研究也是一样，从王名扬先生开创比较行政法学研究先河的"行政法学三部曲"[①] 开始，到内地与我国台湾地区年度行政法学术交流机制的形成，整个中国行政法学界始终注重吸收和借鉴各国有益的经验和先进理论，包括我国台湾地区的行政法理论成果。尤其是20世纪90年代中后期之后，随着一批年轻学者的海外学成归来和一大批德国、日本、美国、英国等国家行政法学原著的翻译和专门研究成果的问世，中国行政法学对各国行政法的了解跃升到一个新台阶，诸如行政行为效力理论研究、裁量基准制度的采用、监管理论的拓展、行政程序的探索，都能反映比较行政法学研究的影响。

二 中国行政法学面临的挑战

当然，作为发展中的中国行政法学，同样也面临着许多深层次的问题或者挑战。归纳起来，可以在以下三个方面，阐释其主要表现。不过需要预先说明的是，下面所述的行政法学领域所存在的问题，只是在一定方面或一定程度的现象，并且只是在不断改进过程中的阶段性现象。

[①] 指王名扬先生的三本著作：《英国行政法》，中国政法大学出版社1987年版；《法国行政法》，中国政法大学出版社1989年版；《美国行政法》，中国法制出版社1995年版。

第一，理论与实践脱节，缺乏学术独立性。

行政法治为经济建设服务，行政法学为行政法治服务，行政法治与行政法学始终围绕经济建设大局展开，其本身并没有错，也是中国行政法学的成功经验。但是，由于行政法学理论研究本身的滞后，加之整个社会环境的影响，导致了行政法学理论落后于行政法治实践，行政法治实践落后于经济发展实践的差序发展现象，出现理论与实践两张皮，法治与经济两张皮的问题，作为上层建筑的行政法治与行政法学反过来推动经济发展的作用得不到更充分的发挥。目前，行政法学理论对于行政法治实践提出来的很多问题，并没有做好充分的理论准备与学术阐释，行政法治实践还难以为经济建设发挥更为积极、主动的作用。这是中国经济发展模式与政治现代化路径，给行政法学发展带来的最大挑战。

行政法学研究中的理论与实践的脱节现象，最为突出地表现在两个方面，一是相形于强烈的现实需要，行政法学的学术形成机制尚缺乏浓烈的现实关怀；二是相形于实践的繁复现象，行政法学的知识体系与论证方法尚缺乏足够的建构能力与解释能力。

就其第一方面而言，当前的行政法学对于诸多重大的现实问题缺乏应有的关注，甚至处于失语状态。比如，对于近年来作为行政体制改革核心的行政审批制度改革，以及事业单位改革、国企改革、反腐败、地方政府行为短期化等，行政法学界研究得并不多。行政组织法虽然是行政法学界一些学者长期关注的领域，但更多是从法律角度的应然研究，缺乏对于机构改革的现实关注。至于对于诸如国家综合改革试验区改革、地方审批制度与行政体制改革、垄断行业改革、自贸区制度等这类更为前沿和现实的领域，行政法学界的关注就更少。可以看到，中国行政法学界关注的问题，更多来自理论体系本身的启发与拉扯，往往属于"理论需要"的自己设定议题，自己提供方案，而不是根据现实需要进行的回应，为社会关注的问题提供解决方案。这样的理论形成机制的运行结果，必然导致许多重大现实问题无法纳入行政法学术视野，而行政法学界关注的一些问题，有时亦很难获得社会的回应。比如，行政法学界这些年发表了大量的关于行政法基本原则的文章，但这些文章的影响基本停留在行政法学界，并没有产生更大的社会影响。再如，虽然行政法学界投入了很多资源研究行政程序法，湖南等地也相继制定了地方行政程序规定，但由于无法将行政法学术话语转变为社会共识，制定行政程序法的呼吁始终无法引起社会的回应，无法纳入国家层面的立法议事日程。理论与实践的脱节，导致的后果之一是实践缺乏理论的指引，中央政府虽然对于建设法治政府非常重视，但现实中更多看到的是体制不顺、思路不明、方法不对的随机反应，制度建设缺乏合理性与有效性。后果之二是理论缺乏实践支持，研究成果无的放矢，束之高阁，浪费社会资源，学术圈甚至陷入自娱自乐、自说自话的境地。

就其第二方面而言，是行政法学理论本身缺乏科学性和实践解释能力，无法形成自洽的理论体系。在这样的学术局面中，虽然看起来行政法学界有大量的论文不断发表，争论也不少，但其学术作用力其实非常有限，在很多情况下，真正的理论处于事实上的缺位状态，无法实现理论与实践的互动与结合。由于行政法是一门新兴学科，20世纪80年代初刚出现之时，基本搬用了本身也很欠缺的行政管理理论，同时翻译了一些苏联的国家与法的理论方面的论著，缺少民法、刑法等传统法学学科的理论积淀与厚度。《行政诉讼法》制定以后，受惠于大陆与我国台湾地区学术交流的便利，我国台湾地区学者的著述（大多源自德国、日本行政法理论）开始影响内地学者，并成为内地一些行政法学者了解各国行政法与行政法学的窗口。在这个过程中，由于缺乏实证研究方法和批判鉴别能力，加之受到外语条件、科研体制、考核标准等各个方面的影响，使相当一部分学者采用了简单的拿来主义方法，以国外的理论与制度来剪裁中国的现实，人云亦云，不求甚解，急功近利，追求短平快实际效果。从理论体系本身出发设定议题，更多时候变成为随机从不同国家的行政法理论出发，缺少主体自觉，缺少学术独立性。

由于中国国情的特殊性，加之大陆法与普通法本身在行政法制度与思维方式上所存在的根深蒂固的差别，这种不加鉴别的随机搬用必然导致水土不服、消化不良现象。将不同国家的制度拼合在一起，将不同背景的行政法理论交叉混用，看似丰富多彩，实则相互冲突，无所适从，甚至搬用的国家越多，自我迷失越严重。以行政法学界非常热衷的行政法基本原则研究为例，国内学者发表了大量的研究成果，几乎搬来了不同发达国家行政法所有的原则，如正当程序原则、自然公正原则、比例原则、法律优先原则、法律保留原则、依法行政原则、行政合法性原则、行政合理性原则等，普遍欠缺的是能够在我国宪法中找到依据，能够解释中国社会转型阶段各种现象的中国行政法的基本原则。这样一来，行政法基本原则的研究成果虽然汗牛充栋，但与实际生活实践相距甚远，没有什么现实意义。再如，对于行政行为理论，行政法学界近年来也着墨甚多，有大量的论文与专著发表。源于德国民法中的法律行为理论，并在德国、日本、我国台湾地区等行政法中具有基础性地位的行政行为理论，本身有非常明确的含义与相应的法律意义（包括行政程序法、行政实体法与行政诉讼法上的意义）。不过，普通法国家并不采用这套理论分析框架，大陆法系的代表之一法国虽然有行政行为概念，但其含义也与德国的大不相同。我国学者在讨论行政行为理论时，不同的学者根据自己的知识背景和研究旨趣，在完全不同的意义上使用同一概念，更为准确地说是使用同一词语，缺乏内在的实质上的一致性，从而导致学术对话的概念基础丧失。在这样的学术局面中，看似行政法学的研究成果众多，但理论建构的实际作用却非常有限，更无法成为制度构造的理论基础。

理论与实践脱节，如果仅仅只是学术自说自话，充其量只是学术资源的浪费。如果以与实践脱节的理论来指导实践，实际上还会误导实践，耽误实践，甚至阻碍实践，会给法治建设带来负面影响。例如，听证和裁量基准是近年来行政法理论界对实践影响比较大的两个领域，分别被当做重要的制度创新为实践部门所采纳。然而，由于缺乏全盘的制度设计，缺乏对于问题的实证分析，听证在实践中早已经变成为涨价与走过场的代名词，在公众心目中几乎成为一个贬义词。很多行政管理部门无视行政执法问题的症结所在，投入大量的人力、物力去制定详细的裁量基准，并将裁量基准作为制约行政执法权力滥用的关键制度设计，在目前的行政管理体制下，其实是舍本逐末的无用功，最终的结果一定是费力不讨好，不会有任何实际功效。其实，不论是听证还是裁量基准，在一些国家之所以非常有效，是因为它们具备了发挥功效的制度前提，首先解决了制度运行的大环境问题。在我国，如果不首先从实际出发解决行政权运行的大环境问题，而是直接引入听证、裁量基准等制度，不过是一些制度上的小修小补、小打小闹，其结果一定是理论期待上的南辕北辙，使引入的小制度最后都会被大制度环境融解而成为摆设。

第二，价值目标单一，难以适应转型社会需要。

"控权"一直是中国行政法学的核心价值追求，对于某些学者而言，甚至成为一种朴素的观念或者信仰。确实，"控权"在中国也具有极强的现实性和针对性，因为控制政府权力的任务远未完成，法治政府建设任重而道远。但另一方面,在社会转型时期,政府职能是多方面的,"经济调节、市场监管、社会管理、公共服务",每一项职能在社会转型阶段都不可或缺。政府必须守法,其实只是对于现代政府的最低要求。社会转型时期,政府还必须有效,必须实现善治,以便能够为公众提供更好的服务。面对这样的政府职能需求,"控权"既是有效的但又是有限的。

社会转型阶段,"控权论"在经济改革走出最初的"放权让利",进入系统的社会结构调整和政府职能重构阶段以后,必然面临理论上的缺陷和不足,无法客观界定政府职能的范围,充分发挥政府应该发挥的作用。无论是席卷全球的金融危机,还是房价高企、交通拥堵、教育资源配置不合理、看病难、看病贵、食品安全事故多发、社会矛盾凸显等问题,与其说是政府权力的滥用,不如说是政府在现代社会管理和公共服务方面的缺位,未能有效履行应有的职能。所以,作为转型国家,既面临着政府滥权的问题,需要继续控制政府权力的滥用;同时,也面临着政府缺位的问题,需要加强政府监管能力,有效提供公共产品。行政法学者除了告诉政府机关什么不能做以外,更重要的是要告诉政府机关如何能够把事情做得更好。这样,曾促使中国行政法快速发展的控权论,在一个需要政府更多、更好发挥作用的时代,已经明显力不从心,可以为实践所用的知识储备贫乏,无法为政府全面改革指明方向。

第三,驱动力量弱化,发展遭遇瓶颈。

中国行政法学的发展,很长时间里一直受惠于立法推动模式,在行政法学者以各种形式不断参与立法的过程中,相应地推动其理论研究的深入。尤其是20世纪90年代,行政法立法经历了一个高潮,行政法学理论也得到了长足的进步。然而,经济发展到一定阶段以后,必然带来社会财富的增加以及相应的财富再分配问题,这就会使公平问题更加突出,单纯追求效率的做法必须进行调整,以实现公平与效率的兼顾。近年来,中央政府明显更加注重社会公平、民生问题,注重化解社会矛盾,并作出了相应的战略调整,加大了社会立法的分量。但这种政策理念与方案的调整却对行政法学产生了一个结果,就是中国行政法之前所依赖的"立法推动模式"立即面临着立法资源的瓶颈限制,失去了传统的理论发展推动手段。我们可以看到,在2000年之后,尽管还有一些行政立法活动,比如制定了《行政许可法》、《政府信息公开条例》、《行政强制法》等,但与20世纪90年代相比,行政立法进入了一个相对平缓期,行政法学研究也相应地进入了一个相对的低谷期,发表的学术文章在数量与质量上都受到影响。可见,推动行政法与行政法学发展的既有模式亟须调整和创新。

三 中国行政法学的发展趋势

总结中国行政法学的成功经验,分析目前面临的理论创新与促进实践上的深层次问题,可以对未来中国行政法学的发展趋势有更为精准的把握,也会有更为充分的信心。

第一,理论联系实际,从实际出发,发挥理论的引领作用

中国行政法学要实现大发展,必须首先解决理论与实际脱节的问题。在理论与实践的关系上,行政法应该更多地从实际出发,深入了解实践并反过来推动实践发展,同时,更好地发挥理论的引领作用。法律理论缺乏问题意识,理论与现实脱节,从认识论来看,不外乎两种原因或者表现形式,一是认识主体闭门造车、无的放矢、空发议论、生搬硬套,脱离现实;二是认识主体过于靠近、迁就现实,只埋头拉车、不抬头看路,只见树木、不见森林,失去了主体独立性和对现实的客观评价与批判能力。原因与表现形式不一样,其实解决方案也大不一样。前者要求认识主体更多去贴近实际,贴近生活,从实际出发;后者要求保持主体独立性和主、客体之间适当的距离,更多从原则和理论出发,发挥理论的引领作用。

因此,行政法学发展与研究语境中的"从实际出发",包括两个方面的要求,一是要贴近,二是要超越。

从贴近的理念与视角来看,要缩短经济建设、行政法治实践与行政法理论研究之间的距离,加强实证研究和对重大现实问题的研究,消除两张皮、多张皮的现象,使行政法理论与法律制度更为准确地反映客观现实,为经济建设服务。为此,在学术议题的选择上,需要克服从理论体系出发设定议题,尤其是从国外行政法理论体系出发设定议题的研究方法,回归现实问题,直面现象,从中国实际问题出发提出和解决问题。中国用了三十多年的时间,实现了经济的腾飞和人民生活水平的改善,也维持了社会的和谐与稳定,这样的成就在世界历史上都是绝无仅有的。当然,在这个过程中,也产生了这样那样的问题,还有很大的制度改进空间。学术界需要从这场伟大的变革与转型中发现问题、提出问题、解决问题,揭示和解释中国实现巨变的内在机制,诊断其中存在的问题。只有这样的研究,才有理论生命力,才符合这个时代的要求,才有中国意识、中国气派,也才

能最终形成真正的中国行政法理论流派，对人类文明真正有所贡献。这方面，中国经济学研究可以为行政法学提供很好的借鉴。中国的过渡经济学之所以能够在重大问题上占据中心舞台，在国内外都比法学界有更大的话语权，并能够直接与国际一流学者进行对话，根源于其对中国现实问题的关注，找到了自己的立论之本。其实可以说，就行政法治与行政法学而言，这些年来，凡是从中国现实问题出发进行的行政法制度建设与学术研究，如行政诉讼制度的确立，行政处罚法的制定等，均取得了较好的效果；凡是简单从国外理论出发推行的做法，最为典型的是行政程序、裁量基准、行政行为等，效果都不是很好。

从超越的理念与视角来看，从实际出发，就是要超越经济建设、行政法治实践与行政法理论之间的单向递进线性关系，更多地从事物的普遍规律和基本原则出发，发挥行政法理论的引领作用，规范和引导行政体制改革与经济改革，实现体制、机制创新，使三者之间相互促进，相互依存，互为基础。

当前中国既处于发展的重要战略机遇期，又处于社会矛盾凸显期，社会管理领域存在的问题还不少，这是中国经济社会发展水平和阶段性特征的集中反映。在实践中，为了化解社会矛盾，维护社会稳定，各种形式的管理创新举措层出不穷。这些创新举措的涉及面非常广，既有市场手段，又有行政手段，还有技术手段；既有授益行政，也有规制行政；既有直接行政，也有间接行政。同时，这些创新举措往往是实践中的自发创造，成文法中一般没有明确的规定或者依据。从结果看，有些创新举措取得了很好的社会效果和法律效果，社会各界普遍欢迎；有些创新举措难以达到预期的目的，使制度更为复杂，问题更为隐蔽；还有些所谓的创新举措只会破坏政府形象和法治权威，导致严重的负面后果和官民矛盾。因此，在成文法不完备，社会管理压力加大的背景下，行政法研究可以高扬理论与原则大旗，可以为社会管理创新提供一个指导和评价标准，并使之逐步制度化，防范、制止那些缺乏理论上深思熟虑的所谓"社会管理创新"，因为缺乏理论指导的社会管理创新往往以此为名侵害公民权利，破坏市场秩序与法治权威。

经过三十多年的改革，不论是经济体制改革还是法治建设，能改的、好改的基本都已经改完了，剩下的都是硬骨头。所谓"改革进入到了深水区"，进一步改革的难度和阻力比任何时候都要大，继续依靠"摸着石头过河"的方式已经很难在实质上推进改革深入发展,因此必须发挥原则与理论的指引作用,通过理论指导下的顶层设计、系统规划,方能为改革描绘进一步前进的方向,推进制度的整体跃升。在需要改革事业"过大关"的特定历史时刻,行政法学高扬原则与理论的大旗,可以激发社会理性以进一步解放思想,提高改革决策的科学性、改革措施的协调性、改革程序的规范性、改革成果的普惠性以及各方面推进改革的积极性,更好更快地推进体制变革和制度创新。

自然规律有放之四海而皆准的公理、定律,而法律不同于自然规律,即使类似于合同自由、所有权绝对、过错责任这样的传统民法三大原则,在福利国家转化为现实以后也都不再永恒,被无所不在的国家干预主义所修正。因此,法律原则与理论必须立足于本国国情,不能动辄简单照搬照抄发达国家的做法,以致食洋不化,误国误民。但在另一方面,我们又要看到,尽管各国国情与法律传统不同,但法律制度与规范还是有很多的共同性与普遍性,可以相互借鉴甚至移植。因为法律制度调整的都是个人、社会与国家之间的权利义务关系,都是为了实现安全、平等、自由、民主等共同价值。尤其在全球化和国际合作与竞争进一步加剧的背景下,法律融合与行为规范的国际化已经成为一种大趋势。如同市场经济体制一样,人类法律文明的共同成果并无国界之分,而是人类的共同创造,并可应用于人类发展的共同需要。如果坚持抱残守缺、得过且过,或者骄傲自满、拒绝变革,最终都必然会为时代所抛弃。

我国由于部门法划分过于细碎,使法律人普遍难以具备认识事物普遍规律的能力,包括行政法理论在内的法学理论本身都缺乏哲学意义上的理论性。正是因为对于普遍规律一知半解,才会不自觉地陷入教条主义,如对发达国家的法制经验顶礼膜拜,简单地照猫画虎、照搬照抄,从国外理论出发设定本地议题。然而照搬照抄的结果必然是东施效颦,南辕北辙,效果不佳的实践教训必然会导致制度建设及其相关理论走入另一个极端,陷入经验主义,闭门造车,排斥外来先进经验和普遍原理。闭门造车也许能够应付一时,但长期的结果一定是制度失去竞争力和活力;或者面对实践中的复杂现象与紧张态势,无所适从,按下葫芦浮起瓢,最后病急乱投医,再次去照搬照抄其他国家的做法,陷入新一轮的恶性循环。观念是一切制度的基础,要跳出这种循环,除了提高认识事物普遍规律的能力以外,别无他途。从原则和理论出发,加强行政法学本身的科学性和国际对话能力，更好地发挥理论的引领作用，可以说是整个法律制度建设与社会运行机制良性循环的起点。

在行政法功能范围内与行政法学理论范畴中，要实现上述目标，必须借助于更具有指导性的科学研究方法和理论研究成果，① 当然包括比较行政法研究成果，必须实现政府法治推动方式与实现路径的根本性变革，② 必须丰富经济改革与发展的内涵。③ 要实现这些个"必须"，行政法学界就得必须振作前行。

第二，以善治为目标，实现多元价值追求。

在社会转型时期，对于行政权力需要客观分析，既要防止权力滥用，又要充分发挥政府的作用，弥补市场失灵，实现社会公平。因此，在行政法学的价值体系上，中国行政法学应从单纯的控权论向追求更加多元的价值体系转变，既有效控制行政权力的滥用，又有效提供公共产品，提供公共服务，实现善治目标。管制经济学家往往从三个不同的视角看待政府，认为政府既是掠夺之手，又是无形之手，还是帮助之手。④ 尤其经历了蔓延全球的金融海啸，应该说，世界范围的人们对政府的作用都看得更为全面。作为转型社会，中国既要继续解决政府权力高度集中的痼疾，又要加强政府监管能力建设，让市场在资源配置中发挥更大的作用，更好地提供公共服务。也就是说，中国需要在约束政府掠夺之手的同时，还需要培育无形之手，健全帮助之手，使政府职能得到更为全面的发挥。在中国，服务型政府目标的提出，其实反映的正是这种内在的规律。

---

① 从这个意义上看，中国行政法学在经历了九十年代的高潮期之后迅速进入相对平稳的发展阶段，可以看成是正在酝酿新一轮的理论大发展。

② 类似《行政许可法》这样的立法活动，其实就是以法治建设规范、指引、推动经济改革的尝试，然而，由于缺乏配套制度的支持，类似的法律规则在实践中很难起到应有的作用。因此，法治建设的反作用并不能仅仅停留在规则制定层面，必须进入到系统的体制重构层面。中国历史上对于"变法"含义的制度理解。可参见周汉华《法治之"法"析——清末变法思想的当代启示》，《清华法治论衡》第一辑，清华大学出版社2000年版。

③ 实际上，中国的经济体制改革已经进入到系统的体制、机制建设与呼唤法治建设的关键期，亟须实现根本性的变革。相关讨论可参见吴敬琏《改革：我们正在过大关》，三联书店2001年版，第79页。

④ 安德烈·施莱弗、罗伯特·维什尼编著，赵红军译：《掠夺之手》，中信出版社2004年版，第1页。

要实现这种转变,必须扩大行政法学的研究视野,不仅仅只是研究规制行政,更应该多关注给付行政,关注发展与公平问题。同时,在工作重点和研究方法上,行政法学需要实现三个转变:从单纯重视行政法总论和一般制度建设,向总论、分论并重和加强具体制度建设转变,通过总结具体领域的个别经验,回过头来进一步支持和深化总论的发展;从过于集中于事后司法审查制度的研究,向事前、事中、事后制度研究并重转变,更加关注行政过程本身;从注释法学单一学科知识运用,向跨学科、跨领域研究转变。只有在行政法学领域实现这些学术理念的转变,才能从传统行政法向现代行政法转变,实现价值目标的多元化。事实上,这些变化正在行政法学领域处于演化、发展过程之中,中国的新行政法可以说已经是呼之欲出。

第三,开展学术争鸣,形成不同学术流派。

学术要繁荣,必须有不同流派、不同观点的争鸣。为实现行政法学理论创新,在推动制度变革的组织形式上,必须发挥多主体、多中心、多学科的不同作用,实现优势互补,相互协作。可以看到,经过30多年的发展,中国行政法学的推动主体正在向多元化方向迈进,不但全国有700余所法律院系,而且立法、行政、司法以及其他不同主体,都在各自发挥着越来越大的作用;行政法学领域的年轻一代学者大批崭露头角,新问题、新领域、新方法不断涌现,学术多元化的格局正在快速形成过程之中。如果能够优化学术评价机制,鼓励展开健康的学术批评,消除学术行政化的负面影响,破除传统部门法学划分边界,就一定能够培育一个有利于理论研究和创新的土壤,实现行政法学理论在大时代中的大发展。

关键词索引

平衡论 1，2，7，8，10，24，32，74，204，326

控权论 2，7，10，24，32，33，326，331，335

行政法释义学 16，17，25，27，30

行政法学方法论 14，15，18，19，23，47，48，49，53，132，157

行政法基础理论 3，9，31，32，34，35，40，41，44，52，74

统一公法学 8，34，37，38，39，40

行政法基本原则 31，41，42，43，44，45，46，52，72，92，196，326，328，329

信赖保护原则 27，42，44，45，46，152，165，193，215，218，246

比例原则 13，27，43，44，46，149，176，179，180，184，185，196，214，237，329

正当程序原则 43，247，248，329

行政主体 6，11，27，35，57，58，59，60，61，62，63，64，65，66，67，68，69，75，76，77，78，79，80，82，83，84，85，86，87，90，91，94，95，108，111，125，126，158，159，160，167，168，169，170，173，199，203，204，207，208，210，211，213，214，215，220，222，223，224，225，226，227，228，229，230，232，233，238，239，243，291，311，318，319，321，325，326

公务员 57，58，60，61，62，66，67，69，70，71，72，73，74，89，223，224，225，250，313，318，324

行政相对人 6，35，58，61，74，75，76，77，78，79，80，81，81，82，85，86，89，100，106，107，108，112，127，

128，142，151，158，159，160，175，207，211，227，228，239，241，242，243，248，275，276，277，286，290，291，294，302，308，310，318，325

行政第三人 74，78，79，80，81

行政裁量 3，27，45，151，156，165，173，190，191，192，193，194，195，196，228，322

裁量基准 150，151，190，191，192，193，194，195，196，326，327，330，333

行政行为 6，10，13，15，17，18，19，20，21，22，23，24，25，27，42，44，45，46，48，60，62，72，74，75，76，77，79，80，82，83，84，85，86，87，88，89，90，91，92，93，94，95，96，97，98，99，100，101，112，125，129，143，151，156，157，158，160，161，163，166，167，168，173，176，177，178，199，202，203，204，206，207，209，210，212，214，215，217，218，228，229，241，242，243，244，245，246，269，273，275，276，277，278，280，281，284，286，297，318，319，320，321，323，324，325，327，330，333，

无效行政行为 20，92，93，95，98，99，100

行政行为的效力 79，82，92，94，96，99，100，101，129，185

具体行政行为 19，20，21，22，77，85，88，91，92，93，94，102，114，116，123，124，127，128，129，143，157，164，165，168，178，179，187，188，193，199，217，241，245，269，276，277，280，302，308，309，319

抽象行政行为 19，20，21，88，91，92，93，94，111，112，128，129，157，245，280，298，303，307，308，309，310，321

行政处理 21，22，27，129，187，200，209，216

行政立法 8，20，21，71，72，75，92，93，94，102，103，104，105，106，107，108，109，110，111，112，113，114，115，116，117，118，119，120，121，122，130，167，168，192，238，242，245，246，331

行政规定 102，108，122，123，124，125，126，127，128，130，269，270

行政规划 131，154，155，156，

157, 158, 159, 160, 161, 162, 163, 164, 165, 203

行政执法 26, 82, 90, 92, 107, 115, 116, 153, 167, 168, 169, 170, 171, 172, 173, 174, 184, 191, 193, 197, 201, 206, 207, 240, 245, 253, 276, 279, 280, 282, 324, 330

行政强制 29, 66, 166, 169, 173, 174, 175, 176, 177, 178, 179, 180, 181, 182, 183, 184, 185, 186, 187, 188, 189, 190, 214, 326, 331

行政强制执行 91, 173, 174, 175, 176, 177, 178, 179, 181, 182, 184, 185, 186, 187, 188, 189, 190, 200, 212, 247

行政强制措施 174, 176, 177, 178, 179, 180, 181, 189, 189, 190, 199, 247

代履行 180, 181, 182, 183, 184, 190

行政处罚 15, 6, 20, 21, 29, 66, 99, 150, 151, 153, 166, 168, 170, 185, 190, 191, 192, 193, 194, 195, 196, 197, 198, 199, 200, 201, 202, 242, 255, 276, 322, 323, 325, 326, 333

行政许可 6, 20, 21, 29, 66, 80, 131, 132, 135, 136, 139, 140, 141, 142, 143, 144, 145, 146, 147, 148, 149, 150, 151, 152, 153, 156, 169, 170, 242, 247, 251, 322, 326, 331, 335

行政审批 139, 140, 142, 143, 144, 145, 153, 326, 328

特许 137, 145, 146, 147, 148, 221, 231, 233, 234, 311

行政合同 21, 74, 76, 147, 203, 204, 209, 218, 219, 220, 221, 222, 223, 224, 225, 226, 227, 228, 229, 230, 231, 232, 233, 234, 235, 236, 237, 238, 303, 311

行政指导 20, 74, 76, 84, 125, 126, 203, 204, 205, 206, 207, 208, 209, 210, 211, 212, 213, 214, 215, 216, 217, 218, 322, 326

政府管制 13, 18, 28, 54, 132, 134, 135, 136, 138, 141, 142, 146, 147, 148, 149, 198

行政程序 2, 3, 6, 10, 34, 44, 62, 66, 75, 78, 80, 81, 86, 95, 20, 108, 111, 115, 131, 142, 150, 154, 162, 163, 188, 191, 205, 207, 208, 209, 210, 211, 215, 224, 225, 227, 228, 229, 234, 236, 237, 238, 239, 240,

242, 243, 244, 245, 246, 247, 248, 249, 250, 254, 271, 278, 320, 325, 326, 327, 328, 330, 333

听证 15, 75, 78, 81, 107, 111, 114, 116, 137, 150, 162, 187, 215, 240, 241, 242, 247, 274, 275, 281, 330

公众参与 4, 5, 24, 75, 102, 105, 109, 110, 111, 114, 137, 148, 155, 156, 162, 240, 241, 242, 243, 247, 251, 281, 284, 285

政府信息公开 131, 228, 229, 242, 249, 250, 251, 252, 253, 254, 255, 256, 257, 260, 322, 326, 331

个人信息保护 239, 253, 256, 257, 258, 259, 260, 261, 262, 263, 264, 265, 266, 267

电子政务 131, 253, 254, 257, 260, 266

行政复议 6, 29, 60, 81, 93, 102, 127, 128, 189, 216, 217, 248, 268, 269, 270, 271, 272, 273, 274, 275, 276, 277, 278, 279, 280, 281, 284, 292, 294, 295, 313, 322, 323, 324, 325, 326

行政诉讼 1, 6, 21, 22, 28, 29, 32, 35, 44, 51, 58, 59, 60, 61, 62, 63, 64, 69, 72, 74, 77, 79, 80, 81, 82, 86, 87, 88, 93, 97, 99, 100, 123, 124, 125, 128, 129, 130, 157, 159, 164, 178, 184, 188, 190, 199, 205, 216, 217, 222, 223, 223, 226, 233, 235, 243, 247, 249, 251, 254, 255, 268, 269, 271, 275, 279, 280, 281, 284, 286, 287, 291, 292, 294, 295, 303, 307, 308, 309, 322, 323, 324, 326, 329, 330, 333

行政监察 268, 281, 282, 283, 284, 285, 286, 287

信访 268, 282, 288, 289, 290, 291, 292, 293, 294, 295

国家赔偿 29, 60, 86, 117, 118, 153, 183, 186, 189, 254, 296, 297, 298, 299, 300, 301, 302, 303, 304, 305, 306, 307, 308, 309, 310, 311, 312, 313, 314, 315, 316, 317, 318, 320, 321, 325

公共设施 163, 299, 302, 303, 305, 311, 312, 318

行政补偿 189, 317, 318, 319, 320, 321

主要参考文献

著作

1. 包万超：《行政法与社会科学》，商务印书馆 2011 年版。
2. 崔卓兰、于立深：《行政规章研究》，吉林人民出版社 2002 年版。
3. 董炯：《国家、公民与行政法：一个国家—社会的角度》，北京大学出版社 2001 年版。
4. 冯军：《行政处罚法新论》，中国检察出版社 2003 年版。
5. 傅士成：《行政强制研究》，法律出版社 2001 年版。
6. 傅蔚冈、宋华琳主编：《规制研究》第 1 辑，格致出版社、上海人民出版社 2008 年版。
7. 高秦伟：《行政法规范解释论》，中国人民大学出版社 2008 年版。
8. 顾长浩：《中国听证制度研究》，法律出版社 2007 年版。
9. 郭庆珠：《行政规划及其法律控制研究》，中国社会科学出版社 2009 年版。
10. 何海波：《实质法治：寻求行政判决的合法性》，法律出版社 2009 年版。
11. 贺荣：《行政争议解决机制研究》，中国人民大学出版社 2008 年版。
12. 胡建淼主编：《行政行为基本范畴研究》，浙江大学出版社 2005 年版。
13. 胡建淼主编：《行政强制》，法律出版社 2002 年版。
14. 胡建淼主编：《行政强制法研究》，法律出版社 2003 年版。
15. 胡敏洁：《福利权研究》，法律出版社 2008 年版。

16. 姜明安：《法治思维与新行政法》，北京大学出版社 2012 年版。

17. 姜明安主编：《行政程序研究》，北京大学出版社 2006 年版。

18. 姜明安主编：《行政执法研究》，北京大学出版社 2004 年版。

19. 蒋红珍：《论比例原则——政府规制工具选择的司法评价》，法律出版社 2010 年版。

20. 金伟峰主编：《中国行政强制法律制度》，法律出版社 2003 年版。

21. 刘飞主编：《城市规划行政法》，北京大学出版社 2007 年版。

22. 刘恒主编：《典型行业政府规制研究》，北京大学出版社 2007 年版。

23. 刘恒主编：《行政许可与政府管制》，北京大学出版社 2007 年版。

24. 刘莘：《法治政府与行政决策、行政立法》，北京大学出版社 2006 年版。

25. 刘莘：《行政立法研究》，法律出版社 2003 年版。

26. 罗豪才等：《行政法平衡理论讲演录》，北京大学出版社 2011 年版。

27. 罗豪才等：《软法与公共治理》，北京大学出版社 2006 年版。

28. 罗豪才等：《现代行政法的平衡理论》（第二辑），北京大学出版社 2003 年版。

29. 罗豪才主编：《现代行政法的平衡理论》，北京大学出版社 1997 年版。

30. 罗豪才主编：《现代行政法制的发展趋势》，法律出版社 2000 年版。

31. 马怀德：《行政法制度研究与判例研究》，中国政法大学出版社 2005 年版。

32. 马怀德：《完善国家赔偿立法基本问题研究》，北京大学出版社 2008 年版。

33. 马怀德主编：《行政程序立法研究》，法律出版社 2005 年版。

34. 马生安：《行政行为研究——宪政下的行政行为基本理论》，山东人民出版社 2008 年版。

35. 马英娟：《政府监管机构研究》，北京大学出版社 2007 年版。

36. 莫于川：《地方行政立法后评估制度研究》，广东人民出版社 2012 年版。

37. 莫于川：《行政指导要论》，人民法院出版社2002年版。

38. 莫于川等：《法治视野中的行政指导》，中国人民大学出版社2005年版。

39. 皮纯协主编：《行政程序法比较研究》，中国人民公安大学出版社2000年版。

40. 沈岿：《公法变迁与合法性》，法律出版社2010年版。

41. 沈岿：《国家赔偿法：原理与案例》，北京大学出版社2011年版。

42. 石佑启：《论公共行政与行政法学范式转换》，北京大学出版社2003年版。

43. 宋功德：《行政处理——聚焦行政法上的陌生人》，北京大学出版社2007年版。

44. 宋功德：《行政法的均衡之约》，北京大学出版社2004年版。

45. 宋功德：《论经济行政法的制度结构》，北京大学出版社2002年版。

46. 宋华琳、傅蔚冈主编：《规制研究》第2辑，格致出版社、上海人民出版社2009年版。

47. 宋雅芳等：《行政规划的法治化——理念与制度》，法律出版社2009年版。

48. 王克稳：《政府合同研究》，苏州大学出版社2007年版。

49. 王青斌：《行政规划法治化研究》，人民出版社2010年版。

50. 王太高：《行政补偿制度研究》，北京大学出版社2004年版。

51. 王锡锌：《公众参与和行政过程》，中国民主法制出版社2007年版。

52. 王旭：《行政法解释学研究：基本原理、实践技术与中国问题》，中国法制出版社2010年版。

53. 王学辉、邓华平：《行政立法成本分析与实证研究》，法律出版社2008年版。

54. 熊文钊：《现代行政法原理》，法律出版社2000年版。

55. 薛刚凌：《行政法治道路探索》，中国法制出版社2006年版。

56. 闫尔宝：《行政法诚实信用原则研究》，人民出版社2008年版。

57. 杨海坤、章志远：《中国行政法基本理论研究》，北京大学出版社2004年版。

58. 杨建顺：《行政规制与权利保障》，中国人民大学出版社 2007 年版。

59. 杨建顺：《行政强制法 18 讲》，中国法制出版社 2011 年版。

60. 杨伟东：《行政行为司法审查强度研究——行政审判权纵向范围分析》，中国人民大学出版社 2003 年版。

61. 杨小君：《国家赔偿法律问题研究》，北京大学出版社 2005 年版。

62. 杨小君：《行政处罚研究》，法律出版社 2002 年版。

63. 杨小君：《我国行政复议制度研究》，法律出版社 2002 年版。

64. 杨寅：《中国行政程序法治论——法理学与法文化的分析》，中国政法大学出版社 2001 年版。

65. 叶必丰、周佑勇：《行政规范研究》，法律出版社 2002 年版。

66. 叶必丰：《行政法的人文精神》，北京大学出版社 2005 年版。

67. 叶必丰：《行政行为的效力研究》，中国人民大学出版社 2002 年版。

68. 应松年、薛刚凌：《行政组织法研究》，法律出版社 2002 年版。

69. 应松年、袁曙宏主编：《走向法治政府：依法行政理论研究和实证调查》，法律出版社 2001 年版。

70. 应松年主编《当代中国行政法》，中国方正出版社 2005 年版。

71. 应松年主编：《行政程序法立法研究》，中国法制出版社 2001 年版。

72. 应星：《大河移民上访的故事》，三联书店 2002 年版。

73. 于安：《降低政府规制：经济全球化时代的行政法》，法律出版社 2003 年版。

74. 余凌云：《行政法讲义》，清华大学出版社 2010 年版。

75. 余凌云：《行政契约论》，中国人民大学出版社 2006 年版。

76. 余凌云：《警察行政强制的理论与实践》，中国人民公安大学出版社 2003 年版。

77. 余凌云主编：《全球时代下的行政契约》，清华大学出版社 2010 年版。

78. 余凌云：《行政自由裁量论》，中国人民公安大学出版社 2005 年第 1 版，2009 年第 2 版，2013 年第 3 版。

79. 袁曙宏等：《公法学的分散与统一》，北京大学出版社 2007 年版。

80. 袁曙宏、宋功德：《统一公法学原论》，中国人民大学出版社 2005 年版。

81. 湛中乐：《现代行政过程论》，北京大学出版社 2005 年版。

82. 张树义：《变革与重构——改革背景下的中国行政法理念》，中国政法大学出版社 2002 年版。

83. 张树义：《中国社会结构变迁的行政法学透视——行政法学背景分析》，中国政法大学出版社 2002 年版。

84. 章剑生：《现代行政法基本理论》，法律出版社 2008 年版。

85. 张兴祥：《中国行政许可法的理论与实务》，北京大学出版社 2003 年版。

86. 章志远：《行政行为效力论》，中国人事出版社 2005 年版。

87. 赵宏：《法治国下的行政行为存续力》，法律出版社 2007 年版。

88. 赵宏：《法治国下的目的性创设：德国行政行为理论与制度实践研究》，法律出版社 2013 年版。

89. 周汉华：《现实主义法律运动与中国法制改革》，山东人民出版社 2002 年版。

90. 周汉华：《政府监管与行政法》，北京大学出版社 2007 年版。

91. 周汉华主编：《行政法的新发展》，中国社会科学出版社 2008 年版。

92. 周汉华主编：《行政复议司法化：理论、实践与改革》，北京大学出版社 2005 年版。

93. 周汉华：《中华人民共和国〈个人信息保护法〉（专家建议稿）及立法研究报告》，法律出版社 2006 年版。

94. 周汉华主编：《个人信息保护前沿问题研究》，法律出版社 2006 年版。

95. 周佑勇：《行政法基本原则研究》，武汉大学出版社 2005 年版。

96. 周佑勇：《行政裁量治理研究：一种功能主义的立场》，法律出版社 2008 年版。

97. 朱芒：《功能视角中的行政法》，北京大学出版社 2004 年版。

98. 朱芒、陈越峰主编：《现代发中的城市规划：都市法研究初步》（上下卷），法律出版社 2012 年版。

99. 朱新力、唐明良等：《行政法基础理论改革的基本图谱："合法性"与"最佳性"二维结构的展开路径》,法律出版社 2013 年版。

100. 朱新力主编:《外国行政强制法律制度》,法律出版社 2003 年版。

论文

1. 陈端洪:《行政许可与个人自由》,《法学研究》2004 年第 5 期。

2. 崔卓兰、蔡立东:《从压制型行政模式到回应型行政模式》,《法学研究》2002 年第 4 期。

3. 高秦伟:《行政法学方法论的回顾与反思》,《浙江学刊》2005 年第 6 期。

4. 高秦伟:《行政法中的公法与私法》,《江苏社会科学》2007 年第 2 期。

5. 关保英:《行政审批的行政法制约》,《法学研究》2002 年第 6 期。

6. 何海波:《司法判决中的正当程序原则》,《法学研究》2009 年第 1 期。

7. 何海波:《正当程序原则的正当性——一场模拟法庭辩论》,《政法论坛》2009 年第 5 期。

8. 胡建淼、杜仪方:《依职权行政不作为赔偿的违法判断标准——基于日本判例的钩沉》,《中国法学》2010 年第 1 期。

9. 胡建淼:《"其他行政处罚"若干问题研究》,《法学研究》2005 年第 1 期。

10. 胡建淼:《论中国"行政强制措施"概念的演变及定位》,《中国法学》2002 年第 6 期。

11. 胡敏洁:《给付行政与行政组织法的变革——立足于行政任务多元化的观察》,《浙江学刊》2007 年第 2 期;

12. 胡敏洁:《以私法形式完成行政任务——以福利民营化为考察对象》,《政法论坛》2005 年第 6 期。

13. 黄学贤:《形式作为而实质不作为行政行为探讨——行政不作为的新视角》,《中国法学》2009 年第 5 期。

14. 江必新、李春燕:《统一行政行为概念的必要性及其路径选择》,《法律适用》2006 年第 1—2 期。

15. 江必新、梁凤云:《政府信息公开与行政诉讼》,《法学研究》

2007年第5期。

16. 江必新：《中国行政合同法律制度——体系、内容及其构建（上）》，《中外法学》2012年第6期。

17. 江利红：《日本行政法政策论考察》，《法治论丛》2010年第4期。

18. 江利红：《以行政过程为中心重构行政法学理论体系》，《法学》2012年第3期。

19. 姜明安：《新世纪行政法发展的走向》，《中国法学》2002年第1期。

20. 姜明安：《全球化时代的"新行政法"》，《法学杂志》2009年第10期。

21. 金自宁：《探析行政法原则的地位——走出法源学说之迷雾》，《浙江学刊》2011年第4期。

22. 李洪雷：《规制国家中对行政解释的司法审查——以谢弗林判例为中心的考察》，《规制研究》第一卷，格致出版社、上海人民出版社2008年版。

23. 李洪雷：《行政法的适用与解释初论》，《法律方法与法律思维》第八辑，法律出版社2012年版。

24. 李洪雷：《行政法上的意思表示与法律行为》，《法哲学与法社会学论丛》（2006年第二期，总第十期），北京大学出版社2007年版。

25. 李洪雷：《论行政法上的信赖保护原则》，《公法研究》2005年第2期。

26. 李洪雷：《中国比较法研究的前瞻》，《法学研究》2012年第4期。

27. 李昕：《现代行政主体多元化的理论分析》，《行政法论丛》（第6卷），法律出版社2003年版。

28. 刘艺：《认真对待利益——利益的行政法意义》，《行政法学研究》2005年第1期。

29. 鲁鹏宇：《法政策学初探——以行政法为参照系》，载《法商研究》2012年第4期。

30. 鲁鹏宇：《论行政法的观念革新——以公私法二元论的批判为视角》，《当代法学》2010年第5期。

31. 鲁鹏宇:《论行政法学的阿基米德支点——以德国行政法律关系论为核心的考察》,《当代法学》2009 年第 5 期。

32. 鲁鹏宇:《日本行政法学理构造的变革：以行政过程论为观察视角》,《当代法学》2006 年第 4 期。

33. 罗豪才:《行政法的核心与理论模式》,《法学》2002 年第 8 期。

34. 骆梅英:《行政法学的新脸谱——写在读叶俊荣〈行政法案例分析与研究方法〉之后》,载罗豪才主编《行政法论丛》(第 9 卷),法律出版社 2006 年版。

35. 马怀德:《公务法人问题研究》,《中国法学》2000 年第 4 期。

36. 马怀德:《行政程序法的价值及立法意义》,《政法论坛》2004 年第 5 期。

37. 马怀德、张红:《论国家侵权精神损害赔偿》,《天津行政学院学报》2005 年第 1 期。

38. 马英娟:《大部制改革与监管组织再造——以监管权配置为中心的探讨》,《中国行政管理》2008 年第 6 期。

39. 莫于川:《公众参与：中国环境法制的民主化、法治化课题——从近年来若干重大环境事件分析入手》,《河南省政法管理干部学院学报》2011 年第 3 期。

40. 戚建刚:《风险认知模式及其行政法制之意蕴》,《法学研究》2009 年第 5 期。

41. 戚建刚:《极端事件的风险恐慌及对行政法制之意蕴》,《中国法学》2010 年第 2 期。

42. 戚建刚:《我国食品安全风险规制模式之转型》,《法学研究》2011 年第 1 期。

43. 沈岿:《行政法理论基础回眸——一个整体观的变迁》,《中国政法大学学报》2008 年第 6 期。

44. 沈岿:《重构行政主体范式的尝试》,《法律科学》2000 年第 6 期。

45. 宋华琳:《部门行政法研究与行政法总论的改革——以药品行政领域为例证》,《当代法学》2010 年第 2 期。

46. 宋华琳:《风险规制与行政法学原理的转型》,《国家行政学院学报》2007 年第 4 期。

47. 宋华琳：《论政府规制与侵权法的交错——以药品规制为例证》，《比较法研究》2008 年第 2 期。

48. 宋华琳：《政府规制改革的成因与动力——以晚近中国药品安全规制为中心的观察》，《管理世界》2008 年第 8 期。

49. 苏苗罕：《行政法视野中的规划咨询委员会问题研究》，《行政法论丛》（第 10 卷），法律出版社 2007 年版。

50. 唐明良、宋华琳：《行政法视野中的民营经济与政府规制改革》，《法治研究》2007 年第 2 期。

51. 王克稳：《论行政特许及其与普通许可的区别》，《南京社会科学》2011 年第 9 期。

52. 王克稳：《我国行政审批与行政许可关系的重新梳理与规范》，《中国法学》2007 年第 4 期。

53. 王天华：《裁量标准基本理论问题刍议》，《浙江学刊》2006 年第 6 期。

54. 王天华：《从裁量二元论到裁量一元论》，《行政法学研究》2006 年第 1 期。

55. 王万华：《行政程序法的立法架构与中国立法的选择》，《行政法学研究》2005 年第 2 期。

56. 王锡锌、章永乐：《我国行政决策模式之转型——从管理主义模式到参与式治理模式》，《法商研究》2010 年第 5 期。

57. 王锡锌：《行政程序法价值的定位——兼论行政过程效率与公正的平衡》，《政法论坛》2002 年第 5 期。

58. 王锡锌：《行政正当性需求的回归——中国新行政法概念的提出、逻辑与制度框架》，《清华法学》2009 年第 2 期。

59. 王锡锌：《自由裁量权基准：技术的创新还是误用》，《法学研究》2008 年第 5 期。

60. 王旭：《中国行政法学研究立场分析——兼论法教义学立场之确立》，《法哲学与法社会学论丛》第十一期，北京大学出版社 2006 年版。

61. 邢鸿飞：《政府特许经营协议的行政性》，《中国法学》2004 年第 6 期。

62. 杨建顺：《公共利益辨析与行政法政策学》，《浙江学刊》2005 年第 1 期。

63. 杨解君：《行政主体及其类型的理论界定与探索》，《法学评论》1999 年第 5 期。

64. 杨伟东：《行政的疆域及界定》，《法学论坛》2007 年第 4 期。

65. 叶必丰：《行政规范法律地位的制度论证》，《中国法学》2003 年第 5 期。

66. 叶必丰：《行政行为的分类：概念重构抑或正本清源》，《政法论坛》2005 年第 5 期。

67. 叶必丰：《我国区域经济一体化背景下的行政协议》，《法学研究》2006 年第 2 期。

68. 应松年、何海波：《行政法学的新面相：2005—2006 年行政法学研究述评》，《中国法学》2007 年第 1 期。

69. 应松年：《国家赔偿法修改中的几个问题》，《国家行政学院学报》2006 年第 4 期。

70. 于安：《论我国社会行政法的构建》，《法学杂志》2007 年第 3 期。

71. 于安：《论协调发展导向型行政法》，《国家行政学院学报》2010 年第 1 期。

72. 于立深：《概念法学和政府管制背景下的新行政法》，《法学家》2009 年第 3 期。

73. 余军、尹伟琴：《作为行政诉讼通道的功能性概念：行政处分（Verwaltungsakt）与具体行政行为的比较分析》，《政法论坛》2005 年第 1 期。

74. 余凌云：《公共行政变迁之下的行政法》，《华东政法大学学报》2010 年第 5 期。

75. 余凌云：《行政法上合法预期之保护》，《中国社会科学》2003 年第 3 期。

76. 袁曙宏：《论建立统一的公法学》，《中国法学》2003 年第 5 期。

77. 张红：《集中行使行政处罚权的行政机关：评估与前瞻》，《行政法学研究》2009 年第 1 期。

78. 张树义：《行政主体研究》，《中国法学》2000 年第 2 期。

79. 章剑生：《对违反法定程序的司法审查——以最高人民法院公型案例（1985—2008）为例》，《法学研究》2009 年第 2 期。

80. 章剑生：《行政诉讼履行法定职责判决——基于〈行政诉讼法〉第 54 条第 3 项规定之展开》，《中国法学》2011 年第 1 期。

81. 章志远：《行政裁量基准的理论悖论及其消解》，《法制与社会发展》2011 年第 2 期。

82. 章志远：《民营化、规制改革与新行政法的兴起——从公交民营化的受挫切入》，《中国法学》2009 年第 2 期。

83. 赵鹏：《风险社会的自由与安全——风险规制的兴起及其对传统行政法原理的挑战》，《交大法学》第 2 卷（2011），上海交通大学出版社 2011 年版。

84. 赵鹏：《知识与合法性：风险社会的行政法治原理》，《行政法学研究》2011 年第 11 期。

85. 郑春燕：《行政任务变迁下的行政组织法改革》，《行政法学研究》2008 年第 2 期。

86. 郑春燕：《现代行政过程中的行政法律关系》，《法学研究》2008 年第 1 期。

87. 郑雅方：《论行政裁量基准的实质渊源——以行政惯例为例》，《法制与社会发展》2010 年第 3 期。

88. 周汉华：《〈行政许可法〉：困境与出路》，见吴敬琏、江平主编《洪范评论》第 2 卷第 2 辑，中国政法大学出版社 2005 年版。

89. 周汉华：《从原则和理论出发，推动法治变革》，《法学研究》2011 年第 6 期。

90. 周汉华：《电子政务法研究》，《法学研究》2007 年第 3 期。

91. 周汉华：《行政许可法：观念创新与实践挑战》，《法学研究》2005 年第 2 期。

92. 周汉华：《互联网对传统法治的挑战》，《环球法律评论》2001 年第 1 期。

93. 周汉华：《政府信息公开：比较，问题与对策》，《环球法津评论》2001 年第 2 期。

94. 周佑勇：《裁量基准的正当性问题研究》，《中国法学》2007 年第 6 期。

95. 周佑勇：《行政法的正当程序原则》，《中国社会科学》2004 年第 4 期。

96. 朱芒:《"行政行为违法性继承"的表现及其范围——从个案判决与成文法规范关系角度的探讨》,《中国法学》2010年第3期。

97. 朱芒:《论行政规定的性质——从行政规范体系角度的定位》,《中国法学》2003年第1期。

98. 朱芒:《论我国目前公众参与的制度空间——以城市规划听证会为对象的粗略分析》,《中国法学》2004年第3期。

99. 朱新力、宋华琳:《现代行政法学的建构与政府规制研究的兴起》,《法律科学》2005年第5期。

100. 朱新力、唐明良:《现代行政活动方式的开发性研究》,《中国法学》2007年第2期。

后　　记

《行政法学的新发展》为中国社会科学院法学所主持编写的"法学研究新发展丛书"之一部，旨在描述和评析自2000年以来中国行政法学的发展状况。本书为集体合作的成果，参加者均具有法学所的学术背景，包括法学所的研究人员（含博士后）或博士研究生（毕业或在读），具体分工如下：

李洪雷（中国社会科学院法学所副研究员，法学博士），撰写第一章。

崔明逊（天津财经大学法学院讲师，中国社会科学院法学所博士生），撰写第二章、第四章。

许琳（中国社会科学出版社编辑，法学博士），撰写第三章。

丁渠（河北经贸大学法学院副教授，法学博士），撰写第五章、第十章。

汤洪源（西北政法大学行政法学院副教授，法学博士），撰写第六章、第七章。

李霞（中国社会科学院法学所助理研究员，法学博士），撰写第八章。

朱宝丽（山东建筑大学法政学院副教授，法学博士），撰写第九章。

邓小兵（兰州大学法学院副教授，中国社会科学院法学所博士后，法学博士），撰写第十一章。

周汉华（中国社会科学院法学所研究员，博士生导师，法学博士），撰写第十二章。

本书由周汉华任主编，负责大纲的拟定和全书的通稿；李洪雷任副主编,协助主编进行相关工作。

本书在引介相关文献时对其作者一律不附加职称、职务或学位,这并非对作者的不尊重,而只是为了保证行文之简练及避免可能发生的信息不准确,谨此说明。